# 上古汉语与格句式研究

潘秋平 著

商务印书馆
创于1897 The Commercial Press

2015年 · 北京

**图书在版编目(CIP)数据**

上古汉语与格句式研究/潘秋平著. —北京:商务印书馆,2015
(北大中国语言学研究丛书)
ISBN 978-7-100-11599-5

I. ①上… II. ①潘… III. ①古汉语—句法—研究
IV. ①H141

中国版本图书馆 CIP 数据核字(2015)第 222847 号



北大中国语言学研究丛书
**上古汉语与格句式研究**
潘秋平 著

---

商 务 印 书 馆 出 版
(北京王府井大街 36 号 邮政编码 100710)
商 务 印 书 馆 发 行
北京市艺辉印刷有限公司印刷
ISBN 978-7-100-11599-5

---

2015年11月第1版 开本 787×960 1/16
2015年11月北京第1次印刷 印张 32
定价: 78.00元

# 前　言

这本小书是我的第一部专著，而这些年来自己始终不敢有出版专著的念头，总觉得可以再等等，因此不论导师如何催促、鼓励，自己总不把这件事放在心上。2010年前后，大学方面的升等压力逼迫自己不得不面对专著的出版，而现在这本小书出版在即，心中惶恐万分。本书的序言本是由我的导师来撰写，但因他近来身体不适，因此在责任编辑的建议下，为了全书的完整性，自己便写了这个简单的前言。

本书是在我提交给香港科技大学的博士论文的基础上修改而成的。我的博士论文的题目是“Dative constructions and their extensions in Archaic Chinese: A study of form and meaning”（上古汉语与格句式及其扩展：形式和意义的探讨），内容尝试结合认知语言学和语言类型学的研究视角，分析上古汉语的与格句式。之所以选择这个题目，主要是考虑到汉语史研究对与格句式的分析和讨论大都是从结构主义语言学的角度出发的，而一些已知的语法现象却提示我们或可尝试从构式（construction）的角度对相同的课题进行再探讨。在撰写博士论文的过程中，导师一再提醒，认知语言学的解释力太强大了，必须对其加以限制，于是我就在这样的背景下尝试把认知语言学和语言类型学结合起来进行研究。

本书在修改的过程中，基本上保留了原有的骨架，但内容有所增删，主要改动有二：一是将语义地图模型这一能用以分析多义性的语言类型学手段引入上古汉语与格句式的讨论中，尝试为句式多义性的讨论做进一步的限制；二是改变原有平等对待三类上古汉语与格句式的分析模式，把分析重点放在双宾语结构和“于/於”类的与格句式上，而在这两者之间又更着重于对双宾语结构的讨论。前者是在原有的基础上一个相当自然的发展，而后者却是因为随着讨论的深入，许多和双宾语结构相关的问题一一浮现，迫使我们不得不面对。这些问题包括了如何有效判断双宾语结构这种句法形式，如何确定双宾语结构的句式意义以及上古汉语是否存在与格交替的现象等。此外，在上古汉语与格句式的讨论中引入语义地图模型也迫使我们思考如何解决断链的问题。由于侧重点有所调动，对上古汉语的"以"类与格句式的分析也就相应减少，因此博士学位论文中反复强调的主题，即上古汉语的不同与格句式皆和使动句式(causative constructions)具有平行性在本次修改中并未得到凸显，希望日后能把相关内容再补充进来。

本书定稿于2012年前后，而此后的两年，自己对书中所提出的一些问题又有了更进一步的思考和认识，也产生了一些新的想法。这些内容都在不同的会议上报告过，也得到了师长们的斧正，希望日后能在本书的基础上把新的内容补充进来，从而更准确地勾勒出上古汉语与格句式的历史面貌，进而在此基础上探讨与格句式的历史演变。我的导师一直鼓励我们拓宽视野，而我本人也希望在未来能以汉语史中与格句式的演变回应他近来所关心的"动后限制"和语言接触的课题。

本书的修订及出版获得中国教育部人文社会科学重点研究基地重大项目北京大学汉语语言学研究中心"汉语多功能语法形式的语义地图研究"(编号08JJD740058)及香港研究资助局研究计划"A Semantic Map Approach to Comparative Chinese Dialectal Grammar"(编号645510)的资助，特此致谢。

潘秋平

2014年2月于新加坡

# 目　录

# 第一章 导言

## 1.1 研究目的

本书的题目是“上古汉语与格句式研究”。我们采用贝罗贝(Peyraube 1988a, 1996)的汉语语法史分期,将上古汉语的使用范围限定在成书于公元前十世纪至公元前二世纪的汉语传世文献中。这一时期的重要作品包括了《尚书》、《左传》、《论语》、《孟子》、《韩非子》和《战国策》等。诚然,本书的内容是围绕着上古汉语的多种与格句式(dative constructions)而展开的,[①]而这些句式就包括了双宾语结构、以“于”为标记的与格句式和以“以”为标记的与格句式等,[②]但研究的最终目的既不是对这些不同的上古汉语与格句式进行全面的共时描写,也不是从历时角度对它们在汉语史上的演变做出探索。上述两方面的研究成果已相当丰硕,而其中一些著述也为我们全面认识上古汉语语法奠定了稳固的基石(参看 Peyraube 1987, 1988a, 1999a;贝罗贝 1986, 1998;邵永海 1990)。本书仅希望能在认知语言学的理论框架下,结合语言

---

① 本书采取贝罗贝理论框架中的与格句式(dative construction)的术语,而未采用双及物结构(ditransitive construction)这个术语,原因除了是为了能直接和贝罗贝的一系列重要研究加以联系,还因为学界对双及物结构的认识分歧颇大:时兵(2007)就认为“双及物结构”指的就是除主语和谓语之外连接两个宾语的结构,因此完全等同于双宾语结构;而刘丹青(2001)则认为双及物结构指的是一种论元结构,即由双及物(三价)动词构成的,在主语以外带一个客体和一个与事的结构,在句法上可以表现为多种句式,有的是双宾语句,有的不是。在以西文撰写的研究著作中也存在相同的问题,Goldberg(1995)的双及物结构(ditransitive construction)和双宾语结构完全对等,而 Malchukov, Haspelmath & Comrie(2007, 2010)则认为双及物结构包含了所有由三价动词所构成的句法结构。

② 时兵(2007)对于这三种与格句式有不同的术语,它们依序是双及物结构、向格结构和广义处置式。另外,以“于”为标记的与格句式也在一些研究中被称为介宾补语式。

类型学的最新研究成果，以上古汉语的与格句式为中心，重点探讨上古汉语的语法系统组织。

近年来，随着语法理论的不断向前发展，我们对于句法分析的看法已有了一些根本性的改变。过往的研究基本上是一种以动词为中心的分析模式，因此十分重视动词的论元结构，并强调了动词的论元结构如何映射到句法结构上。这样的工作深具意义，但是随着认识的深入，其中的局限性也日益突出（参看 Langacker 1987，1991a；Goldberg 1995，2006）。此外，这种以动词为中心的句法分析模式的一个必然结果就是把句式（construction）视为第二义（epiphenomenal），而不赋予它在句法分析中以独立的地位。认知语言学（Cognitive Linguistics），尤其是认知语法（Cognitive Grammar）（Langacker 1987，1991a，1991b，1999，2008，2009）和构式语法（Construction Grammar）[①]（Fillmore *et al*. 1988；Goldberg 1995，2006）的兴起让我们认识到语法具有符号性（symbolic）的特点，也即是句法形式（即句式）和词语形式在本质上都是一样的，均是音义结合体（a pairing between form and meaning）。正因为认知语言学认识到句式在句法分析中具有独立的地位，因此进而认识到它和词语形式一样，亦体现了多义性（polysemy）。这种多义性，虽然和词语层面的多义性在本质上没有区别，但由于是体现在句法结构层面上，因此我们称之为句式多义性（constructional polysemy）。在以往的汉语历史语法的研究专著中，语素或词始终是关注的重点，而句式的独立性往往被忽略，且其符号性和多义性的特点也不被承认。由此所造成的后果是，人们除了忽略句式本身具有赋予动词以额外论元的功能（可参看本书第五章关于“投”的讨论等）外，也对不同语句之间所存在的扩展（extension）关系缺乏必要和深入的讨论（可参看本书关于使之移至和使之拥有的讨论等）。[②] 须指出的

① 对于 Construction Grammar，学界有不同的中文翻译，除了构式语法外，还译为句式语法。

② 语句在这里和构式语法中的次句式（sub-constructions）相同，关于次句式的说明可参看 Croft（2003a）。

是，这里所谓的不同语句之间的关系，指的并不是一般主动句和被动句之间的转换或变换关系（如生成语法中的被动生成过程，参看冯胜利1997；石定栩 2008），更不是指不同与格句式之间的转换或变换关系（如生成语法中的双宾语结构如何由介宾补语式生成出来的过程，参看 Larson 1988；沈阳、何元建、顾阳 2001：210—225）。我们在这里所关心的，就思路而言和 Shibatani（1985）所讨论的何以被动语句会和其他语句具有一致的句法结构是相同的。正如 Shibatani（1985）所指出：

> 近年来越来越多的研究显示语言结构并不是孤立的，而是相互之间具有局部的相似处。这方面的认识促使某些语言学家对语法采取了非离散的观点。立足于原型理论框架的研究所取得的进展就是上述这种情况的体现。①

根据上述认识，Shibatani（1985）以被动语句为考察的中心，将被动语句和反身（reflexive）、相互（reciprocal）、自主（spontaneous）、潜在（potential）、尊称（honorific）等语句相关联起来，并说明它们之间的关系。他还指出：

> 虽然转换生成的研究已经很成功地说明了一些句式之间所存在的句法关系，但上述所考察的句式类型间的相关性已远远超越了视角狭窄的转换生成框架的讨论范围。②

---

① 原文为：Increasing awareness in recent years that linguistic structures are not isolated, but rather tend to show partial resemblances among themselves, has prompted certain linguists to adopt a non-discrete view of grammar. Research progress in the framework of prototype theory is one such manifestation.

② 原文为：While transformational studies have been most successful in explicating syntactic relationships among several constructions, the kinds of correlations among construction types examined here are beyond the scope of the transformational framework, which is too narrow in its perspectives.

这为我们接下来的工作做了个很好的注脚，而本书对于上古汉语与格句式的考察和探讨也正是延续了同样的精神，以期借此挖掘出隐藏于上古汉语语法系统中的规律。正如 Shibatani(1985)并未就被动语句而讨论被动语句，而是注意到被动语句和其他语句之间的相关性，本书的焦点虽然是与格句式，但是却也不把与格句式的讨论仅仅局限在给予类事件上，而是尝试把不同的与格句式放置在更宽广的上古汉语语法系统中来审视，以说明在上古汉语中对不同客观事件的句法编码何以采用相同的抽象句法结构。在 Shibatani(1985)之后所兴起的认知语言学除了在精神上和 Shibatani(1985)相互呼应之外，在理论上所提出的概念化过程(conceptualization)、意象(imagery)和句式意义(constructional meaning)等也让以句式为中心的句法分析路子得以深化。近年来，以句式为中心的句法理论也逐步为从事语言习得研究的学者所接受，而越来越多关于儿童语言习得的研究(如 Tomasello 2003)显示，以句式为中心的句法理论能更妥善地解释儿童如何习得语法，并取得和成人一样的语言能力。此外，最新的二语学习研究(Tyler 2012)也通过实际的教学试验说明了以句式为中心的语言教学模式能让学生在学习二语时取得更好的进展。这不仅说明以句式为中心的句法分析模式在理论的深度和广度上有所进展，还说明这个模式能更准确地反映语言习得及二语学习的认知机制和过程。在此背景下，本书将该句法分析模式引入汉语历史语法研究中是适当而必要的。

黄居仁、张丽萍、安可思、陈超然(1999)就总结了以句式为中心这种研究方法的特点以及这种理论运用于现代汉语语法研究上所取得的成果：

> 句式语法的最重要假设即是语言与语义不能纯由词汇(lexicon)与结构(structure)预测而得：语言中有某些特定的构造，称之为句式(construction)，带有特定的语义。因而语法的基本单位，必需包括了句式这个单位。汉语的研究也不乏使用句式语法者，例如 Ahrens(1994)证明双宾句式这个句式本身带有某些语意，而

使得"送、偷、赢、教、问、吃"等不同类的动词可以出现在这样的句式里。而且句式的语意与词的语意类似,一个句式可以有多义或可以衍生出其他有相关语意的句式,而语言活用的结果也可以得到某些动词因为出现在这样的句式里因而多了附加的语意属性。陈(超然)(1995)与 Chen(Chao-ran)*et al*.(1997)也是采取这样的一个方法来解释出现在存在句或隐现句(或称地方词倒置句式)的动词类,从而得出一种广义的创造动词,而这个语意属性[+create]就是由动词语意和句式交互作用所赋予的。例如,"撞"这个动词并不具有任何"隐现"意义,但是可以出现在所谓的存在或隐现句式里,如"张三的头上撞了一个包"。如果不相信有句式意义的存在,很难单从动词为中心的观点上来解释及预测上述活用的语言事实。

由此可见,采用这个理论角度来研究现代汉语中的语法现象的学者,人数虽不多,但依旧还是有一些(参看张伯江 1999,2000;郭锐 2003;沈家煊 2006;袁毓林 2010)。反观汉语历史语法的研究,目前尚未见到太多相关的论著。[①] 在这个背景下,本书的目的即是希望以上古汉语中一系列涉及"给予"语义域的句法形式,即与格句式作为考察对象,[②]坚持句式在语法分析中具有独立的地位,进而研究抽象的句法结构和意义之间相互联系的动因。此外,在这个理论框架下,由于句式也能赋予动词以额外的论元结构,因此我们也会讨论句式多义性背后所存在的句法问题。这方面的内容主要就是动词本身的论元结构以及动词和句式之间的互动关系。为实现这个目的,本书的分析将在认知语法的理论框架下展开(参看 Langacker 1987, 1991a, 1991b, 1999,

① 时兵(2007)虽然也以构式语法作为其描写和分析上古汉语双及物结构的理论框架,但是由于讨论的重点仅落在和给予事件有关的句式上,因此强调了双宾语结构和向格结构(即本书的以"于"为标记的与格句式)在语义上的不同,而并没有涉及构式语法所强调的句式多义性。

② 关于与格句式的定义,见本书第二章的讨论。

2008，2009）。这套语法理论最大的特点就是承认句法形式在语法分析中具有独立的地位，并且和词语形式一样，也体现了符号性（symbolic）和多义性（polysemy）的特点。这个理论框架也和 Goldberg（1995，2006）所提出的构式语法在精神上一致。由于采取的是一种以句式为本位的研究策略，所以我们虽以上古汉语的与格句式为基础，但并不仅仅把研究的视角局限在这种和给予事件相关的句式上，而在讨论句式的扩展时也必然会涉及其他的句法问题，如上古汉语的语法关系（grammatical relations）等。有鉴于此，我们希望这个研究一方面能证明运用认知语法的理论框架进行汉语历史语法相关研究的可行性及有效性，另一方面也能有助于增进对上古汉语语法的内部组织结构的了解，解决一些依旧存在于上古汉语与格句式范围内与范围外的悬而未决的争论，并提出新的研究议题。

在研究汉语与格句式的众多文献中，最重要且最具影响力的当属贝罗贝（Alain Peyraube）的一系列研究。他的著述极富开创性，以至于对这一课题进行任何后续研究都得先借鉴他的研究成果。本书当然也不例外，而贝罗贝有关上古汉语与格句式的分析自然也就成为我们从认知语言学的角度探讨上古汉语与格句式的起点。基于贝罗贝精彩的著述，我们有必要强调本书和前者之间的两处显著差别：

1. 理论定位方面，贝罗贝有关汉语与格句式的广泛研究主要侧重于语法化。Peyraube（1996）认为，与格句式提供了“另一个通过动词连用，将动词转换成介词的语法化过程的例证”，①并且“是词语兴替的经典例子”②。本书的理论兴趣不同，我们采取认知语言学的立场，尝试揭示上古汉语中多种与格句式所展示的句式多义性的现象，并从理论上说明这种句式多义性的动因，进而为我们从共时角度理解上古汉语的语法组织提供一个崭新的认识。我们关注的焦点是某个抽象的句法

① 原文为：Another case of a grammaticalization process which converted a verb into a preposition through a serial verb construction.

② 原文为：Classical examples of lexical replacement.

形式除了能用以表达给予事件外，还能表达其他非给予的事件，因此考察的对象虽以上古汉语的与格句式为主，但也不仅仅局限于表达给予事件的与格句式。[①]

2. 这种理论目标上的差异所导致的结果是，本书考察的时间范围不可避免地与贝罗贝不同。他的研究侧重于历时演变，即全面描写汉语史上不同时期的多种与格句式。我们的研究重点则是从理论的角度观察共时组成，我们把讨论限定在汉语史的上古汉语这一特定时期。这种切入角度看似与侧重历时演变的大部分汉语历史语法研究格格不入，但本书在考察上古汉语的与格句式的同时，也并未完全忽略历时演变的因素。我们在讨论中也会列举上古汉语中的一些经验事实，揭示上古汉语绝非铁板一块：不同年代的上古汉语传世文献在细致的描写下，即使是在同一种与格句式上，和动词的搭配关系也体现了一些细微且重要的历时变化。在此基础上，我们希望能从认知语法的立场说明上古汉语中句式和动词配价之间的问题，[②]还希望能进一步说明，在汉语语法史研究中曾引起激烈讨论的一些与上古汉语与格句式相关的问题，实际上是因为忽略了上古汉语语法内部所存在的历时演变所造成的。[③] 因此，本书虽探讨上古汉语的共时组成，也重视上古汉语内部发生的历时变化。换个角度说，正因为本书把考察的时间范围缩小了，因此才有可能揭示存在于这个时间范围内语法系统内部的细微变化。

---

① 许多学者都讨论“饮之酒”等句式的结构，但是却未把这种表示“使动”的双宾语结构和表示“给予”的双宾语结构联系起来加以考虑。正是因为未能深刻认识到给予双宾语句和使动双宾语句的相互关联正是上古汉语中的句式多义性特点的体现，因此也就未能发现其他与给予事件相关的句式其实也能用以表达使动事件。更具体和详细的讨论，请参见第五章。

② 在上古汉语与格句式的研究中，一般都深信给予动词能毫无困难地进入双宾结构，可是实际的情形却并非如此。相关的讨论，请参见本书第三章关于“赐”和“献”的讨论。这两个给予动词恰好在记录上古汉语的一些年代相对较早的文献中呈现出互补分布的情形，一直到了后来，这种互补的格局才被打破。此外，我们还可在言说类动词的“语”、“言”以及取得类动词的“夺”、“取”的使用上发现相似的现象。详见第四章。

③ 关于取得类动词能否进入双宾语结构，目前的研究存在着严重分歧。本书认为这种分歧的根本原因就在于忽略了“之”和“其”这两个代词在上古汉语内部的历时演变中功能有所改变。相关的讨论，请参见本书第四章关于“夺”和“取”的讨论。

无论是在本体论还是方法论上，本书和汉语历史语法领域中的研究著作的区别是，我们的研究策略是相对非传统的，但总的来说，我们希望读者能通过这一研究范式增进对上古汉语语法的认识。二十世纪七十年代由 Langacker 创立的认知语法（Cognitive Grammar）在过去的三十多年里发展迅速，影响巨大，并已广泛地被应用于不同语言的各种问题上，然而，我们目前对上古汉语语法的理解尚未受益于认知语法提供的有益途径。本书也许是第一本将汉语历史语法研究根植于认知语法这个理论框架下的学术著作，之所以采取新的研究范式并不是为了寻求新奇，而是表达了我们对当前汉语历史语法的主流研究范式，即"结构主义研究范式"（structuralist research paradigm）所存在的局限性的严肃关注。所谓局限性，指的是在以动词为中心的语法分析模式下，把同一种抽象的句法结构划分成不同语句，且不重视句法形式和意义之间的联系。这严重影响了我们对上古汉语语法结构组织的认识。对此，后面几个章节将做具体说明。

## 1.2　文献评论

本书文献评论分两部分。一般认为，上古汉语主要有三种与格句式。这三种与格句式是双宾语结构，以"于"为标记的与格句式和以"以"为标记的与格句式。我们第一部分首先讨论双宾语结构。它在三种与格句式中明显占据了核心地位，引发的争论也最为激烈。时至今日，一些关于双宾语结构的争议仍未得到解决。有鉴于此，我们将简要回顾这一结构的重要研究结论，并指出其局限性和有待解决的问题。第二部分则讨论由"以"和"于"等标记构成的另外两种与格句式。因过去的研究未给予足够的重视，以致专门研究"以"类和"于"类的与格句式的著述较少，因此该部分的研究焦点与前一部分不完全一致，内容重点将是对上古汉语语法分析本体论和方法论的讨论。如前面所述，我们将着重指出结构主义研究范式的问题。尽管文献评论有这样的分工，但在回顾上古汉语的双宾语结构时，我们同样会在一些关键的地方指出以动词为中心的结构主义研究范式如何局限了我们对双宾语结构的认识。

### 1.2.1　双宾语结构

贝罗贝(Peyraube 1987，1988a;贝罗贝 1986)认为上古汉语主要有三种与格句式或双宾语结构，即：

动词＋间接宾语(间宾)＋直接宾语(直宾)

动词＋直接宾语(直宾)＋于＋间接宾语(间宾)[①]

以＋直接宾语(直宾)＋动词＋间接宾语(间宾)

贝罗贝认为，第四种与格句式或双宾语结构“动词＋直宾＋间宾”也存在，但非常罕见。这四类与格句式或双宾语结构的相关例句如下：

[1] 公赐之食。(《左传·隐公元年》)

[2] 尧让天下于许由。(《庄子·逍遥游》)

[3] 孔子以其兄之子妻之。(《论语·先进》)

[4] 窃马而献之子常。(《左传·定公三年》)

萧红(1999)在一篇讨论古代汉语的双宾语结构的论文中就提出贝罗贝的第二和第三种与格句式的句法地位颇具争议性，并指出唐启运(1990)和向熹(1993)等都未把这两种与格句式看作是双宾语结构。鉴于这类争议，我们认为有必要分清“与格句式”和“双宾语结构”这两个术语的界限。大体上，贝罗贝将与格句式(dative construction)和双宾语结构(double-object construction)等同起来，在他绝大部分的著述中，这两个名词术语可相当自由地交替使用。这一点清楚地体现在他的一篇题为“The Double-Object Construction in *Lunyu* and *Mengzi*”(《论语》和《孟子》中的双宾语结构)的论文中。在这篇文章中，贝罗贝(Peyraube 1987)提出了《论语》和《孟子》中的与格句式共有三种主要类型。图 1.1 是这个讨论的总体大纲：

---

① 在本书中，我们对“于”和“於”不进行严格的区分。“于”和“於”在上古汉语中音值虽不同，但由于二者在上古汉语中的语法表现非常相似，所以本书对这两个语素不加以区分。这一处理也和魏培泉(1993)一致。有关这两个语素的具体讨论可参看 Pulleyblank(1986)。

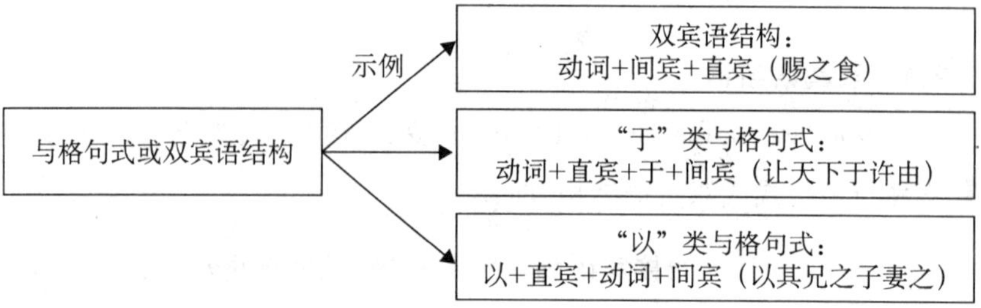


图 1.1[①]

这里的问题是，“双宾语结构”这个术语的外延究竟应该有多大？按贝罗贝的分析，“双宾语结构”不仅包括了含有两个句法宾语（syntactic object）的结构，也包括了含有介词宾语再加上一个句法宾语的结构。我们认为这和学界对双宾语结构的认识并不完全一致（参看 Dryer & Haspelmath 2011，更多的讨论见本书第二章），因此在这里做个初步建议，即“双宾语结构”指的是仅含有两个句法宾语的句法结构，而“与格句式”则包括上古汉语中语义域（semantic domain）涉及“给予”的所有结构。由此可以认为，与格句式是从语义上定义的，而双宾语结构则是从句法结构上定义的。两个术语的内涵虽有重叠，但并不完全一致，有关这两个概念的进一步讨论会在下一章进行。而做出上述区分后，我们便可以说“于”类和“以”类的与格句式虽都不属于双宾语结构，但由于它们都表达了给予类事件，因此都是与格句式的示例，可用图 1.2 说明：

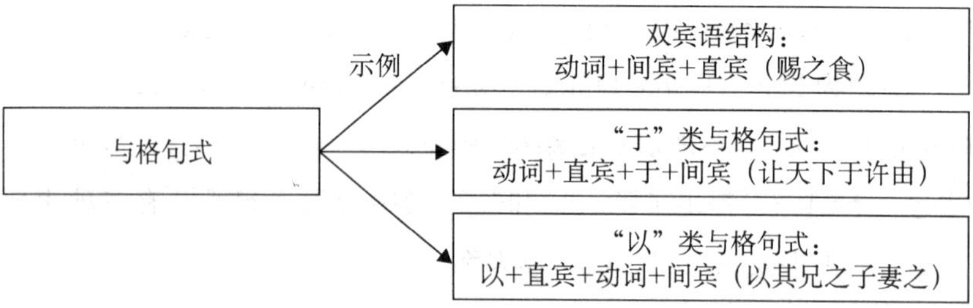


图 1.2

① 本章所采用的句法关系如直接宾语、间接宾语等皆接受贝罗贝（1986）的说法，对于如何从认知语言学的角度看待句法关系，我们将在下一章讨论。

由于把“与格句式”和“双宾语结构”加以区分，除了能避免术语上的纠葛外，在具体分析上古汉语中的一些语言现象时也能减少不少的争议[①]，因此本书坚持把这两个概念加以区分，这既是一种理论上的要求，也完全符合语言类型学上的证据。例如，现代英语的双宾语结构除了能表达给予类事件外，还能表达受益类事件等(Goldberg 1995：141—152)，如果我们还是把这两个概念完全等同起来，势必无法有效地说明现代英语里的情形。而更重要的是，对于人类语言中表达给予类事件的句法结构的研究在最近这几年里已取得了突破性的进展。Malchukov, Haspelmath & Comrie(2007, 2010)在考察了不同语言里的相关语言现象之后，给我们提供了一张和双及物结构(ditransitive)[②]有关的语义地图(semantic map)[③]：

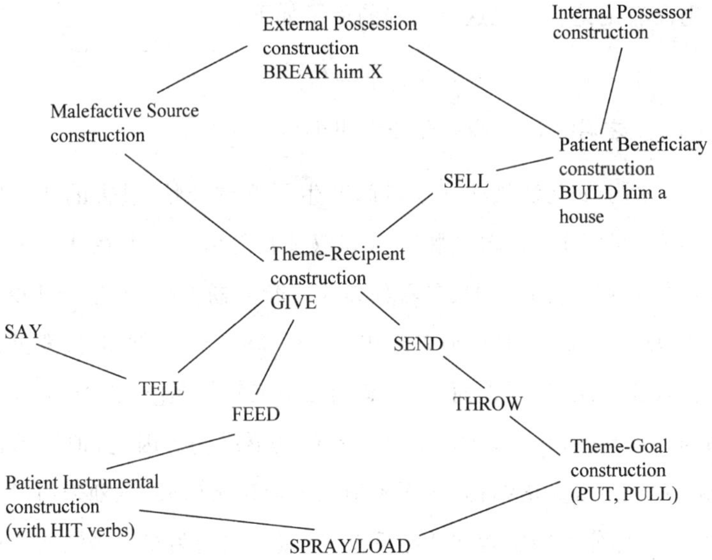


图 1.3　(取自 Malchukov, Haspelmath & Comrie 2007)

---

① 详见本书的第二和第四章。

② Malchukov, Haspelmath & Comrie(2007, 2010)中的双及物结构和本书中的与格句式相当。

③ 关于语义地图的说明，请参见本章 1.3.4 节的内容。

在 Malchukov, Haspelmath & Comrie(2007, 2010)中,由于双宾语结构是双及物结构的一种,因此这张语义地图非常明晰地表现了在人类语言中,双宾语结构并不一定仅仅局限在表达给予类事件上,还能表达言说类事件、受益类事件、受损类事件和外位领有类事件等。有鉴于此,在讨论上古汉语的与格句式时,把“与格句式”和“双宾语结构”加以区分是必要的,而当我们一旦把握住这两个术语的分界,就能在一些具体问题的分析上避免受到术语上的干扰,也能更清楚地认清问题的实质。

贝罗贝(1998;Peyraube 1999a)曾指出,上古汉语与格句式研究中依旧存在一些悬而未决且极富争议性的问题,例如该如何正确分析上古汉语中“动词+之+名词”的结构。这个争论已持续了几十年,但是迄今仍没有定论。体现这类结构的例子如下:

[5] 夺之牛。(《左传·宣公十一年》)

[6] 立之君。(《左传·襄公十四年》)

上述例子的句法结构在学者间产生了严重分歧,过去的几十年里逐渐形成了两大阵营:单及物阵营和双及物阵营。双方在认识上的巨大分歧是大家有目共睹的(参看何乐士 1980;杨伯峻、何乐士 1992;贝罗贝 1998;Peyraube 1999a;刘宋川 1998,1999 等)。例如,贝罗贝只承认一种双宾语结构,对他而言,只有内在语义特征是[+给予]的本义与格动词(lexical dative verb)才能进入双宾语结构。因此,他不承认例[5]和例[6]是双宾语结构,然而杨伯峻和何乐士(1992)、刘宋川(1998,1999)等大部分中国学者却持相反意见,接受它们为双宾语结构。正因为存在这样的分歧,因此上古汉语双宾语结构究竟有多少种类型始终无法取得共识。贝罗贝认为只有一个类型,而根据刘宋川的分析,上古汉语的双宾语结构可分为八个类型:给与类型、取得类型、告示类型、称谓类型、为动类型、使动类型、与动类型和处置类型。

回到“动词+之+名词”结构的问题,贝罗贝(1998:395)之所以不把例[5]和例[6]分析为双宾语结构,原因就在于“之”在此被分析为领格代词（定语），而非与格代词（间接宾语），而“之”的定性，则主要取决于前面动词的语义性质。换言之，在“动词＋之＋名词”结构中的“之”，若动词不是[＋给予]类本义与格式动词，这个“之”就必须被分析为领格代词“其”。根据贝罗贝的这个观点，只有[＋给予]类本义与格式动词能进入双宾语结构，[＋接受]类本义与格式动词和伸延与格式动词（extended dative verb）则被排除在外。由此可见，贝罗贝主要是根据动词的语义将例[5]和例[6]排除在双宾语结构之外。这个分析似有循环论证的嫌疑，由于贝罗贝把“与格句式”和“双宾语结构”等同起来，因此双宾语结构必然就只能是表达给予类事件的结构，而所有的非给予类事件就必然得排除在双宾语结构之外。与之相反的是刘宋川，他认为上述两个例子皆是双宾语结构，虽然他和贝罗贝取得了不同的结论，但却也是参照语义得出的。他指出，这些例句在意义上和最无可争议的表与格的双宾语结构有着共同特征，因此应分析为双宾语结构，但是究竟这个共同的特征是什么，他并未明言。对于贝罗贝不把例[5]和例[6]当与格句式看待，我们完全认同，因为根据前边的讨论，这两个句子所表达的并非给予类事件，但更为关键的是，由于与格句式和双宾语结构并非完全一致，因此就必须进一步追问这两个例子是否有资格被分析为双宾语结构，要回答这个问题，我们必须回头考察像例[7]这样最清楚不过的双宾语结构：

[7] 公赐之食。（《左传·隐公元年》）

所有讨论上古汉语双宾结构语句的学者都没有异议地承认上述这个例子是双宾语结构。这里要指出的是，得出这一结论的决定性因素无关乎代词“之”之前的动词的语义性质或整个句子的客观意义，而是和这个例子包含两个宾语的事实密切相关。由于例[7]中的代词“之”和名词“食”无法构成定中结构，而它们又分别和给予动词“赐”构成述宾关系，因此这个例子确实存在两个句法宾语，所以把这个结构称为双宾语结构。由于现有的讨论都未能明确地提出判别上古汉语中的宾语（包括直接宾语和间接宾语）的方法，因此在论证例[5]和例[6]的句法结构时，就不可避免地面临各种问题：刘宋川虽认为例[5]和例[6]皆是双宾语结构，但却未提出一个明确的说明，而仅笼统地指出它们与例[7]具有语义上的相似性；反观贝罗贝，他虽提出了明确的判断标准，但是这个标准却存在着进一步讨论的空间。贝罗贝认为双宾语结构具有两个宾语，一个间接宾语和一个直接宾语，而例[7]"赐之食"中的"之"是个间接宾语，原因就在于句子中的主要动词是"赐"，一个具有[＋给予]义素的动词。根据这个判断标准，例[5]和例[6]中的"之"必然就不能是间接宾语，因为这两个例子中的谓语动词，即"夺"和"立"，都不是给予类动词，因此绝不可能被分析为双宾语结构。① 上述简单的讨论揭示了上古汉语与格句式研究中一个关键问题，即到目前为止，我们对于上古汉语的句法关系，如直接宾语和间接宾语，都缺乏明确的说明，而这对我们判断双宾语构成是相当不利的。尽管贝罗贝提供给我们一个办法，且这个办法和目前的汉语研究以及其他现代语言研究（参看Pulleyblank 1995；Radford 1999：496）一致，但从理论上来说还有待商榷。Comrie（1989：66—67）在讨论语言类型学的问题时曾观察"间接宾语"在一般论著中的用法并提出下列的观点：

> 在传统语法中，这个术语被用得十分宽泛。例如，间接宾语可以不由介词引介而出现在直接宾语的前面（如 I gave John the book），或由介词引介而出现在直接宾语的后面（如 I gave the book to John）。作为一个语义角色的不同的句法编码，间接宾语这个术语的使用似乎指的是一种语义角色（在今天的术语用法中，

① 贝罗贝（1998）把例[5]和[6]中的代词"之"分析为领格代词"其"，因此这两个例句都是单宾语结构语句。我们认为在上述两个例子里，"其"虽然能在替代"之"之后不影响整个句子的意义，但是这不表示上古汉语语法系统就允许这种替代。我们在第四章将着重说明"之"和"其"在《左传》的不同取得类动词之后并不具有完全相同的句法分布，因此看不出这两个代词有混淆的现象。

即是接受者)，而不是一种语法关系；……①

可见，直接把间接宾语和接受者的语义角色等同是个相当普遍的做法。虽然如此，我们只要稍微看一看现代汉语里对主语、谓语和宾语等句法关系的认识，就知道把某种句法关系和某种特定的语义角色直接等同是不正确的。在讨论句法关系和语义角色之间的关系上，朱德熙(1982:111)很早就有一段十分精彩的论述：

主语不一定是施事，宾语也不一定是受事，不能把主语和宾语的区分理解为施事和受事的对立。……

主语、谓语是句法概念，施事、受事、与事等等是语义概念，这两方面虽然有联系，但不是一回事，不能混同。

任何语法分析在处理主语和直接宾语这两种句法关系时，一般都不会违反上述的认识，但是就恰好在间接宾语这个句法关系上，不少中外学者似乎都未严格遵守句法关系和语义角色分属两个不同概念的共识。由于本书希望从认知语法的角度讨论上古汉语所展现的句式多义性，因此不同的例子是否都具有相同的一种句法结构就成了这个讨论的基础。且就例[5]至例[7]而言，若例[5]和例[6]不是双宾语结构，那么上古汉语的双宾语结构作为一种与格句式就不体现句式多义性；反之，则体现了句式多义性，而这种多义性还有可能在世界上的其他语言中找到平行的例证。正因为如此，本书虽强调句式的独立性，但是却也无法回避对上古汉语的句法关系进行讨论。

除了对上古汉语的句法关系缺乏说明以致无法有效地判断上古汉

① 原文为：In the traditional grammar this term is used very loosely, as when, for instance, we are told that the indirect object may either precede the direct object without a preposition (as in I gave John the book), or follow the direct object with the preposition to (as in I gave the book to John). Since these are, rather, different syntactic encodings of the same semantic role, this use of the term indirect object seems to be referring to a semantic role (in more current terminology, recipient) rather than to a grammatical relation;...

语的双宾语结构，上述争议还显示了目前的上古汉语语法研究，和近代汉语、现代汉语的语法研究相比较，在研究角度和取向上鲜少借助跨语言研究的成果。我们知道上古汉语"动词＋之＋名词"的结构存在争议，而目前的讨论仍无法有效地解决问题，因此在这种情形下，当内部证据无法有效指引方向、形成共识时，适当地引入语言类型学上的外部证据作为参考显然是有必要的。这里举一个简单的例子来说明。现转摘上文中的例[6]于下：

[8] 立之君。(《左传・襄公十四年》)

历来对这个例子的句法结构存在着两种截然不同的分析：一派建议将这个例子分析为单宾语结构，另一派则认为该例中存在两个句法宾语。由于双方都无法给上古汉语的宾语(即直接宾语和间接宾语)下一个明确的定义，因此我们也就无法从句法分析的角度判断孰优孰劣。在缺乏一种可操作的判断标准的情况下，类型学上的证据便能为上述的争议提供重要的参考。一般来说，把例[8]中的"之"分析为受益者(beneficiary)应不会引起太多争论(参看贝罗贝 1998；Peyraube 1999a；刘宋川 1998，1999)，如果先不考虑这个例子的句法结构分析，这个句子至少表达了一个受益类事件。此结论应能同时为单宾语说和双宾语说的争辩双方所接受，继而再进一步来讨论这个例子的句法结构分析。根据单宾语说，被认为是单宾语结构的表示受益的事件在句法结构上显然和表示给予的事件的双宾语结构不具有相同的抽象句法结构；然而根据双宾语说，给予类事件和受益类事件在抽象的句法结构上存在共同点。如果我们观察有关与格表述的跨语言研究，就会发现世界上许多语言中存在一种反复出现的句法编码模式，被用来编码给予类事件这一人类基本经验的句法结构，常常延伸至编码受益这一性质更为抽象的事件上。因此，类型学的研究显示给予类事件和受益类事件之间存在密切关联。这一观察可由以下两组例子说明：

现代英语(Goldberg 1995：33—35)

[9] a. Mary gave Bill a book.

b. Chris baked Pat a cake.

夏莫罗语(Chamorro)(Newman 1996:217)

[10] a. Hu na'i i lebblu pära i taotao

I gave book to the man

I gave the book to the man.(我把这本书给那个人。)

b. Man-ma'cho'chu i famagu'un pära i atungu'niha

PL-work the children for the friends their[①]

The children worked for their friends.(孩子们为他们的朋友工作。)

这里最重要的并不是上述两组例句的特定句法结构，而是它们分别都使用了同一种句法结构来编码给予和受益这两种事件。带着这种认识重新审视例[7]和例[8]，就不难发现上古汉语的这两个例子也表现出相似的编码模式，而这一熟悉的模式在跨语言研究中可轻易识别。虽然这条参照跨语言模式的证据不可能成为判定例[8]的决定性标准，但当学界目前还缺乏一种能对上古汉语句法关系做明晰说明的理论，而我们又观察到例[7]和例[8]符合已被证实的跨语言模式时，就可以说得到了一种暗示，即两者拥有相同的句法结构。既然例[7]毫无争议是双宾语结构，那么例[8]也应以同样方式分析。此外，贝罗贝是因为例[8]中的动词不是个[+给予]的本义与格动词，因此才把代词"之"分析为领格代词"其"。这个论证显然无法普遍化，因为在现代英语里，非给予类的动词确实能进入双宾语结构(见例[9]b)。基于正反两面的考虑，我们认为例[8]应分析为双宾语结构，这一结论虽然和刘宋川(1998,1999)的完全一致，但整个推论过程却是截然不同的。

一旦例[8]被视为双宾语结构，就会对贝罗贝有关上古汉语与格句式的整体论述产生不小的影响。贝罗贝辨别出两大类与格动词，本义

① PL 为复数标记。

与格式动词和伸延与格式动词。他(贝罗贝 1998:396)认为:“有关本义与格式动词,与格的功能可以说已被包括在动词语义之中。语义上,两个参与者之间交换了直接宾语。这个交换可以有两个方向。”至于伸延与格式,“与格解释并不包含在动词语义中,而是由一个与格宾语或补语引出来”。此外,贝罗贝又根据本义与格式动词是否具备内在语义特征[+给予],将它们分为两类,即[+给予]的本义与格式动词和[+接受]的本义与格式动词。贝罗贝对于汉语与格句式研究的另一项重要贡献是总结出不同类型的动词在上古汉语的三种主要与格句式中的分布。他(贝罗贝 1998;Peyraube 1999a)指出,上述三类与格式动词并非毫无分化地进入这些句法结构:只有[+给予]类与格式动词可出现于所有三种与格句式中,而[+接受]类与格式动词和伸延与格式动词则只能出现在“动词+直宾+于+间宾”的结构中。换言之,只有[+给予]类可进入“动词+间宾+直宾”的结构。回到例[8],如果我们借助类型学上的证据而把这个例子的句法结构分析为双宾语结构,那么只有[+给予]类的与格式动词能进入“动词+间宾+直宾”的结论就得修改。此外,“立”并不是个本义与格式动词,但也进入了双宾语结构,而在贝罗贝的论述中,双宾语结构又等同于与格句式,因此我们也不得不承认“立”只能是个伸延与格式动词。这个结论会给贝罗贝所建构的理论框架带来一定的冲击。

我们不妨看一看上古汉语伸延与格式动词的具体例子。这个例子取自贝罗贝(Peyraube 1987:347):

[11] 施泽于民久。(《孟子·万章上》)

贝罗贝认为上述例子中的动词“施”是个伸延与格式动词,并且进一步指出,在这类例子中,与格的理解是由与格补语而非动词所引入的。这个分析其实就已隐约地承认了某种理论立场,即动词以外的句法结构能赋予动词以额外的论元。这其实已突破了以动词为中心的句法分析框架，[①]并已间接承认了句式本身具有独立的地位，且能赋予动词以额外的论元，但由于贝罗贝认为伸延与格式的现象仅出现在“动词＋直宾＋于＋间宾”的结构中，因此仍无法和认知语言学家一样，承认双宾语结构也具有赋予动词以额外论元的能力。之所以如此，我们怀疑这和贝罗贝坚持双宾语结构等同于与格句式的立场有关。由于例[11]的“施泽于民”表达的是给予类事件，而例[8]的“立之君”表达的却不是给予类事件，因此即使我们承认“立”是个伸延与格式动词，也无法有效地在贝罗贝的理论系统中解释“立之君”所具有的受益理解是如何获得的。我们须注意到，在讨论“施”时，贝罗贝提出与格的理解是由与格补语所引入的，因此即使我们依样画葫芦，承认与格宾语（即间接宾语）具有和与格补语一样的功能，能赋予动词以与格的理解，但仍无法有效说明“立之君”中的受益理解是怎么产生的。讨论到这里，我们须指出认知语言学所强调的句式多义性（constructional polysemy）在此能发挥的作用。

最后，我们不可忽视下例对贝罗贝所提出的伸延与格式动词的概念所带来的问题。下列的例子取自贝罗贝（1998）：

[12] 子文饮之酒。（《左传・僖公二十七年》）

贝罗贝承认例[12]是双宾语结构，而根据他的分析，非[＋给予]的本义与格式动词是不能进入双宾语结构的，因此他就必须假定，例[12]中的动词“饮”在语义分析上虽然不可能是[＋给予]的本义与格式动词，却“有[＋给予]的性质，基于在这里它的词义是：使别人饮、给别人饮”（贝罗贝 1998：397）。若仔细考察，我们不禁要问，动词“饮”在这个例子里是否也应被分析为伸延与格式动词？提出这个问题，是因为在现有的分析框架中，这个动词的基本意义并未涉及物件的转移，[②]因此按贝罗贝对伸延与格式动词所下的定义，其对与格的理解（即含有物件

---

① 以动词为中心的句法分析模式，详见本章第 1.2.3 节的讨论。

② 这虽是一个广为人们接受的结论，但是根据类型学上对饮食类动词的研究，情形或许不是如此。参见 Newman (ed.)(2009)。更多的讨论见本书的第五章。

转移的意义）并不是来自动词固定的词语意义。这里有两种情况。如果动词“饮”被当作伸延与格式动词，那么只有[＋给予]类与格动词可以出现于双宾语结构的结论就得进行修改。不然，就得把上述例子中的动词“饮”分析成内在语义特征是[＋给予]的本义与格动词。后者虽然是个可能性，[①]但却引出新的问题，即如果我们把“饮”分析为[＋给予]的本义与格动词，下面两个例子中的动词在表达致使意义方面和例[12]的动词“饮”相似，那么，按贝罗贝的分析思路，它们也应该被分析为具有[＋给予]的特征：

[13] 枕尸股。（《左传·襄公二十五年》）

[14] 生民心。（《左传·隐公元年》）

贝罗贝（1998；Peyraube 1999a）没有讨论这两个例子，尽管如此，要使其分析框架保持统一性和一致性，我们认为他不得不以和例[12]相同的方式处理例[13]和例[14]。若是如此，就需要给这两个例子中的动词另外增设意义，但是，为动词“枕”、“生”另设意义并不可行，因为我们不可能仿造之前的办法（即“饮之酒”是“给人们酒喝”），将这两个句子理解为“给尸体大腿来枕”、“给人民想法来产生”。从语法理论的角度上说，这也不是一个好的解决办法。采取由 Goldberg（1995）提出的构式语法理论或许是个更为合适的办法。她指出，构式的理论方法能避免在解释下面的例子时，为动词设置令人难以信服的意义的问题：

[15] She baked him a cake.

虽然这个英语例句的意义与例[13]和例[14]不同，但由于一些研究英语的语法学家为动词 bake 另外增设意义，所以问题的本质是相同的。针对给动词增设额外意义的做法，Goldberg（1995：9—10）提出了明确的批评：

要说明（上述例子），这种理论就得宣称 bake 存在一个特殊意

① 详见 Amberber（2009）的讨论。

> 义，该意义有三个论元：施事者、客体和预期接受者（intended recipient）。这实际上是说 bake 含有一种类似于“X 想让 Y 拥有 Z”的意义。……如果涉及到额外的意义，那么，上述每一个动词在基本意义和上述句法模式中表现出的意义之间，应该是含糊不清的。因此，我们理应在一些语言中观察到通过两个独立（无关联）的动词词根区分这两种意义的现象。……但是，就我所知，还没有一种语言是运用不同动词来表达（上述）不同意义的。①

Goldberg 认为，构式方法能使我们了解，上述例子中所具有的有意识转移的意义，是由构式导致的。她进一步强调：

> 也就是说，我们可以把构式理解为提供论元的句法骨架。例如，我们可以把双及物结构同施事者、客体和接受者的角色直接联系起来，然后再将创造类动词同双及物构式加以联系。我们不需要单独为出现在这个构式中的 bake 设定一个特定的意义。②

以此类推，我们也无须为“饮”、“枕”、“生”等动词另外设置意义，因为它们表现出的致使意义是由句式而非动词提供的。有人或许质疑，

---

① 原文为：To account for (the above example), such a theory would need to claim that there exists a special sense of *bake* that has three arguments: an agent, a theme, and an intended recipient. This in effect argues that *bake* has a sense which involves something like 'X INTENDS TO CAUSE Y to HAVE Z'.... If additional senses were involved, then it would follow that each of these verbs is ambiguous between its basic sense and its sense in the syntactic pattern above. Therefore we would expect that there would be some language that differentiates between the two senses by having two independent (unrelated) verb stems.... However, to my knowledge there is no language that has distinct verb senses for any of the meanings represented[above].

② 原文为：That is, we can understand skeletal constructions to be capable of contributing arguments. For example, we can define the ditransitive construction to be associated directly with agent, patient, and recipient roles, and then associate the class of verbs of creation with the ditransitive construction. We do not need to stipulate a specific sense of bake unique to this construction.

与格句式能给其动词提供致使意义这一立场是否可行。只要我们严格遵照认知语法的基本理论主张，采取这个立场是绝对可行的。Langacker 认为，句法结构是形式和意义之间的配对，它们像任何词语一样展示句式多义性。一个简单的实验便足以证明这一点。

在一篇从认知的角度处理通用给予动词（general purpose give verb）的语义延伸的高度原创性的文章中，Newman（1996）考察了“语言中一系列能与表‘给予’形位产生关联的附加语义，这些语义不仅仅只表达人与人之间具体事物的转让”[①]。根据他的研究，在人类语言中，表“给予”的语素的语义延伸包括：

人际交流（interpersonal communication）
致使/目的（causative/purpose）
允许/授权（permission/enablement）
接受者/受益者标记（recipient/benefactive marking）

若我们接受认知语法的理论假设，承认句法结构在本质上具有意义且能展示句式多义性，而这和词语一点分别也没有，我们就不难观察到，“给予”语素（即词语）和“给予”句式（此处的双宾语结构是“给予”句式的一种）在语义表述上的平行性：

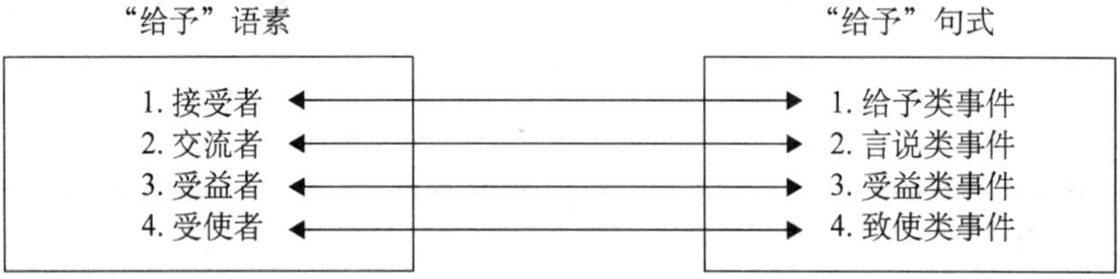


图 1.4

把出现在《左传》中的双宾语结构的例子纳入上图，可观察到一个更清晰的面貌：

① 原文为：The range of additional meanings which may be associated with the GIVE morpheme in languages. These will be meanings which involve something other than the transfer of some concrete object from one person to another.

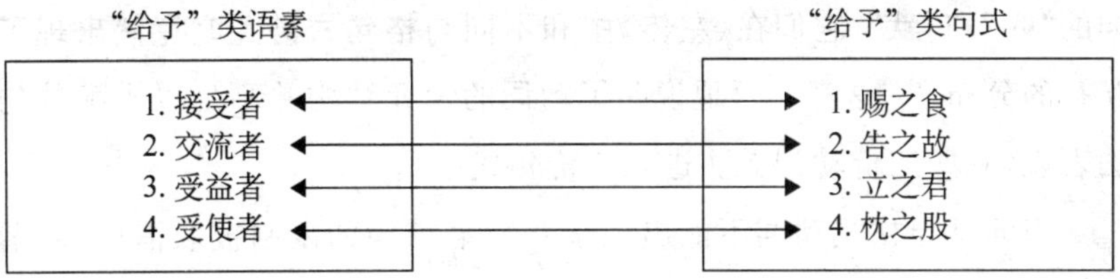


图　1.5

此外，类型学上的证据除了证明给予类事件和受益类事件经常采用同样一种句法编码方式，也证明了致使类事件在编码方式上经常借助表达给予类事件的句法结构。Kemmer & Verhagen(1994)就有力地提出了及物谓语的致使句式(transitive causative)(如 He had the servant taste the food)可被视为包含三个参与者的简单小句，如双宾语结构和工具小句等(如 I gave Mary a flower 或 She broke it with a hammer)。把这两方面的证据加以结合，无疑提示我们与格句式确实能给动词提供额外的论元，进而表达致使意义。

一旦将构式理论引入上古汉语与格句式的研究，上文所说的只有[＋给予]的本义与格动词能进入双宾语结构的结论就得修正。因为"饮"、"枕"和"生"等一系列动词虽没有[＋给予]的内在语义特征，却实实在在出现在"动词＋间宾＋直宾"的结构中。这一步的改动表面上虽仅是补充说明双宾语结构能和非[＋给予]类本义与格式动词搭配，但是由于在原有的分析框架中，隐藏了句式是动词配价能力的体现的理论假设(也即是只有三价动词才能进入三价的双宾语结构)，而上述的修正却承认了句式不是动词配价能力的表现(二价动词进入了三价句式)，因此实际上这已冲击了原有的分析框架的理论根基。在这种认识下，本书在不同章节中将以更多的证据证明若把句式视为动词配价能力的体现，将会面对许多的困难。一个最好的例子就是上古汉语的通用给予动词"与"，按贝罗贝的理论，它应能轻易地出现在上古汉语所有的与格句式中，但实际上的情形却并非如此。[①] 此外，同样是给予类动

① 详见本书第三章。

词的“赐”和“献”，它们在《左传》中和不同与格句式搭配时竟然出现了互补的分布。① 这都一再地说明了动词的论元结构并不足以支配其句法表现（一些三价动词无法进入三价句式中）。

当伸延与格式动词不能出现于双宾语结构的限制被取消后，所谓的仅有[＋给予]本义与格式动词能进入双宾语结构的严格条件已开始松动，而“夺”等取得类动词能否进入双宾语结构就成为另外一个值得我们重新审视的问题。如动词“夺”后头带两个名词性成分（或动词后带一个代词，而后面再紧跟着另一个名词性成分）的例子就存在两种对立的分析。相关例子如下：

[16] 夺司寇亥政。（《左传·哀公二十五年》）

[17] 夺之杖。（《左传·定公二年》）

文献中有关动词“夺”是否能和双宾语结构相容的讨论大多数都围绕着与例[17]相同的例子而展开。在这些例子中，表示属人来源（human source）的代词占据“夺＋之＋名词短语”结构紧靠动词后的位置。除了李佐丰（2003a：127—141）之外，大概很少有人重视例[16]那一类“夺＋名词短语$_1$＋名词短语$_2$”的结构。两类结构的本质区别在于，后者是由编码属人来源的名词占据紧靠动词后的位置。针对例[17]，何乐士（1980）提出了两个论点证明它是双宾语结构，但贝罗贝（1998；Peyraube 1999a）却认为它是单宾语结构，并充分地驳斥了这两个论点。对于动词“夺”，贝罗贝（1998：399）的分析如下：

> “夺”有抢、强取的意思。显然是[＋接受]与格动词。……“夺之名”和“夺其名”两个形式的同时出现可增加“之”＝“其”说法的可能性（但也并不是支持这个分析的论点），尤其是这两个形式在同一段落中出现。

① 详见本书第三章。

贝罗贝(1998:399)所说的段落见于下：

[18]（田恒）遂杀简公而夺之政……皇喜遂杀宋君而夺其政。(《韩非子·内储说下》)

显然，在成书于战国晚期的《韩非子》中，代词“之”和“其”确实已混淆了。贝罗贝也参考了唐钰明(1994)的论点，而根据唐钰明的分析，汉魏六朝时期的学者都把代词“之”注解为领属代词“其”。将所有证据做通盘考虑，持单宾说的立场确实是非常有力的，但是在这里，我们要拿出一份一直为大家所忽视的材料来说明把例[17]和例[18]中的代词“之”分析为领属代词“其”的结论或许还有进一步讨论的空间。这个例子就是：

[19] 君以其言授其事。(《韩非子·主道》)

这个例子和例[18]一样，都取自于《韩非子》。毫无疑问，动词“授”是[＋给予]类本义与格动词，而且也出现在毫无异议的双宾语结构中，如(邵永海 1990；相宇剑 2003:5)：

[20] 郑子皮授子产政。(《左传·襄公三十年》)

更值得注意的是，在《韩非子》中我们还发现下列的例子：

[21] 君以其言授之事。(《韩非子·二柄》)

就例[19]和例[21]中“其”和“之”的关系而言，领属代词“其”明显应分析为代词“之”。这两个例子的重要性在于它们和例[18]都来自于同一本书。因此，《韩非子》中的这两个代词间的界线虽然已变得模糊，但是如果不探讨两个关键问题，即究竟是在上古汉语的什么时候产生这种混淆，以及这种混淆是如何形成的，我们其实无法直接认定例[17]中的代词“之”应解读为领属代词“其”。考虑到例[19]中的“之”和“其”这两个代词在[＋给予]类的与格动词之后已混淆，因此更为合理的分析应是把例[18]中的领属代词“其”分析为代词“之”。由此可见，有关例[16]和例[17]究竟应分析为哪一种句法结构的争论尚未完全落下帷幕，而更多的讨论将在本书第四章进行。

### 1.2.2 “于”类和“以”类的与格句式

下文将通过对上古汉语“于”类和“以”类两种与格句式的讨论，解释无论在本体论或方法论上，结构主义研究范式都不能使我们感到满意的原因。围绕这两类句式所展开的讨论，尤其是对前一类结构的讨论，将有助于说明主流研究范式的局限性，以及采用新的研究范式如何能丰富我们对上古汉语语法的理解。

若说迄今为止，所有的汉语历史语法研究著作都采取了某种特定的理论假说以进行语法分析，这虽然不一定完全准确，然而它们却始终运用了某些特定的分析程序和手段，以致我们能把它们都笼统地归入同一种研究范式里。大致说来，大多数有关汉语历史语法的研究工作一般都采纳了结构主义传统。在这个框架下进行语法分析的语言学家主要是从结构上来进行语法分析，因此，若要理解汉语历史上某一种特定句法结构的变化，研究者就得谨慎选择不同时期的文献材料，然后再通过排比逐步追溯该句法结构变化的历程。例如，要研究汉语的被动结构，我们就得先考察《尚书》、《诗经》和《左传》等早期汉语文献，再逐步探讨成书较晚的文献中这类句法结构的发展变化。在这个过程中，我们观察到新的被动结构的出现，以及旧的被动结构的消亡。许多优秀且重要的研究正是采取了这种严谨的结构主义的分析办法，大大加强了我们对上古汉语中多种不同句法结构的理解（参看 Peyraube 1996 的介绍）。尽管这种方法迄今仍行之有效，但我们也必须认识到这种研究路子在本质上是高度受限的，如有关汉语被动结构的研究就只选择明显属于被动语态的例子，而完全不考虑和被动语句在句法结构上一致的其他语句。[①] 当我们对汉语历史语法的知识仍停留在初步阶段时，只能不可避免地采取某种高度受限的分析框架；但当我们在相关方面的知识已经突飞猛进时，就有扩大研究视野的必要，进而揭示上古汉语语法系统的内部组织。一个与之前的双宾语结构讨论有关的问题就是，为何上古汉语会运用同一种句法结构，即双宾语结构，来表达给予类事件、受益类事件

① 这一做法和 Shibatani(1985)强调被动语句经常和反身、相互等语句有关联相反。

和致使类事件。这个问题从未在现有的研究中被提出：贝罗贝的著述中由于把双宾语结构和与格句式等同，认为仅有[＋给予]本义与格动词能进入双宾语结构，因此上述的问题就无法产生；而刘宋川等虽然承认双宾语结构能有不同的类型，但是由于拘泥于结构主义的研究范式，仅对上古汉语的双宾语结构进行描写和分类，因此未能在上述的基础上再深入一步。句式多义性的现象并不仅体现在双宾语结构上，仔细观察以下例子便能使我们进一步认清这个现象在上古汉语中的普遍性。以下这些例子是以同一个抽象的句法结构来表达不同意义的：

[22] 获叔子与析朱鉏，献于王。(《左传・哀公八年》)

[23] 程郑嬖于公。(《左传・襄公二十三年》)

[24] 我不如颜羽，而贤于邴泄。(《左传・哀公十一年》)

[25] 郤克伤于矢。(《左传・成公二年》)

[26] 公居于长府。(《左传・昭公二十五年》)

上述五个例子都取自《左传》。总体上看，这些例子都反映了上古汉语某个特定历史阶段中的共时语法系统。个别来看，上述每一个例子在众多文献中通常被引述成不同语句的例句，如例[22]仅出现在与格句式的讨论中，例[23]和例[25]仅出现在被动句式的讨论中，例[24]则出现在比较句式的讨论中。在目前的研究中，这些例子极少放置在一起讨论，但是若采取一种认知的立场，我们就不能不提出如下的问题：为何上述五个例子都采用同样的一种句法结构：①

① 这类的问题极其容易在认知语法的研究思路中产生。Langacker(1987:47)就指出如果一个语言说"I am cold"，第二个语言说"I have cold"，而第三个语言说"It is cold to me"，这些不同的表述虽然都指向同一个客观的经验，但是它们的语义各有差异，因为它们分别采用了不同的图式来建构同样的一种基本的认知材料。这是从反面说，强调不同的句式有不同的意义。从正面说，Langacker(1991a:310)也指出"I remember my childhood very well"采用了现代英语的及物句式，和其他的高及物性事件一样，就在于通过隐喻把"记"的这个事件类理解为在思维的世界中碰触对方，这和在现实世界碰触对方是相似的，因此可采用相同的句法编码形式。这就强调了不同的客观事件若采用同样的句法结构，必定有相同的主观意义。若我们明白这个道理，就不难明白所谓的被动句(即例[23]和[25])、比较句(即例[24])等和与格句(即例[22])采取了相同的一种句法结构，这背后必然有一些深刻的原因。关于认知语法的语义观，详见第1.3节。

## 动词＋于＋名词短语

文献中已有许多有关“于”的讨论。王力(1989:140—141)曾指出，这个语素有七种用法，且都可归入某种单一的语法功能。诚然，相关文献并没有完全忽视“于”的多义性，但就我们所知，除了解惠全、洪波(1988)外，极少有研究超出王力的立场去研究这一语素多义性现象背后的动因，更别说从句式多义性的角度去进一步探讨这个语法现象。其中的原因可能有几个，但我们认为最重要的一点应是研究者并没有认识到，“于”这个语素的多义性并不是出于偶然，而是有动因的。除非我们承认，例[22]至[26]运用同一种语言形式(可体现为语素的多义性，也可体现为句式多义性)来表达不同客观意义是有动因的，不然根本不存在为何会有动因以及不同的语句如何受制于动因的问题。为了显示上述例子中“于”的多义性是有动因的，我们必须引入类型学对于多义现象的讨论。关于多义，Hopper & Traugott(2003:78)有一段极富启发性的说明：

> 什么才算是“合理的语义关系”，这个问题近来引起了相当激烈的争论。在参考了 Haiman 的一系列著作，尤其是其(1985a)的看法，Croft(1990)极富启发性地讨论了属同音现象的 two, to, too(都念[tu])和属多义现象的 to 之间的区别。后者在 I drove to Chicago 和 I told the story to my brother 中分别表方向和接受者。他建议采用由跨类型比较而得来的证据作为判断多义现象的主要标准：“如果许多不同的语言各自独立拥有相同的‘同音’现象，[①]那么这些同音语素所包含的意义必密切相关”。Two, to, too 在跨语言比较中通常倾向不用同一形式来表达；除了这三者

① 由于这个意思不容易以一句话翻译出来，我们这里就尝试举例加以说明。假如甲语言的某个语素有 A、B、C 三种意义，在缺乏论证的基础上，我们只能暂且把这种音义现象视为同音现象。要证明这个所谓的同音现象其实是一种多义现象，按 Croft(1990)的分析，我们就必须在其他非亲属语言中也发现相同的同音现象。由于这种同音现象在人类语言中反复出现，这就说明了音义之间的联系是有动因的，因此是一种多义现象。

> 缺乏历史关联性之外，上述的观察也为它们在英语中属同音现象提供了证据。然而在跨语言比较中，引介方向的和引介接受者的to通常，甚至是一般上来说，是由同一形式表达的（另见芬兰语中的-lle）。这一点连同它们的历史关联性都为说明多义现象提供了证据。①

严格遵照上述引文中对于多义现象的定义，过去在结构主义研究范式下进行的工作，尽管已经注意到了各种意义间的联系，但很显然地还未证明"于"具有的多种意义是一种多义现象，而不是同音现象。鉴于跨语言比较的证据过去较少被纳入上古汉语语法的相关研究中，这一点是可以理解的。参考 Hopper & Traugott（2003）的说明，我们认为有必要弥补现有研究的不足，因此将引入跨语言比较的证据说明"于"所承载的不同意义都是语言中的多义现象。

下文将显示，现代日语的 ni 和上古汉语的"于"之间在多个意义上有密切的平行关系。现代日语中的 ni 用法广泛，且标记形形色色的语义角色。它既可以充当处所标记和时间标记，也可以充当给予事件中的接受者或属人来源的标记。此外，它也可做感受者（experiencer）、被动句的施事者以及比较句中的比较标准的标记等（Kabata 2000）。现代日语中的这个 ni 呈现出的多种意义和语法功能和上古汉语的"于"

---

① 原文为：What constitutes a"plausible semantic relationship"has until recently been a matter of considerable debate. Drawing on Haiman, especially (1985a), Croft (1990) discusses a useful heuristic for the distinction between the homonym of *two*, *to*, *too* (all[tu]), and the polysemy of the directional and recipient meanings of *to* in *I drove to Chicago*, *I told the story to my brother*. He suggests that a major criterion is evidence from cross-typological comparison: "If many diverse languages independently have the same pattern of 'homonym,' then the meanings are closely related"(p. 166). *Two*, *to*, *too* do not tend to be expressed by the same form cross-linguistically; this, in addition to their lack of historical relatedness, provides evidence that they are homonymous in English. However, directional and recipient *to* are frequently, indeed typically, expressed by the same form cross-linguistically (cf. also-*lle* in Finnish). This, together with their historical relatedness, provides evidence that they are polysemous.

高度一致。观察到两种语言中的某个形式和多个意义在配对上所呈现出的平行性之后，我们不禁要问，这一现象背后的动因是什么？虽然我们不能完全排除汉语和日语间语言接触的可能性，但这种可能性极小，因为上述的形式和意义配对的现象也同样体现在尼罗—撒哈拉语系的伊克语(Ik)和卡努里语(Kanuri)的与格标记上(Heine 1990)。由于上述几个语言都反复出现了 Hopper & Traugott(2003)所谓的相同的“同音”现象，因此这应该是一种普遍存在于人类语言中的多义现象，而任何尝试从语言接触的角度去解释上述的现象，固然也未尝不可，但却违反了“奥柯姆剃刀原则”(Occam's Razor)。根据这个认识，我们认为从跨语言比较的角度来看，“于”所呈现出的一系列意义并不稀奇。因此，“于”的这些意义应被视为一词多义，而不是同音异义。接着，我们将展示上古汉语和现代日语间的平行关系。

1.2.2.1 “于”和 ni 的空间域用法

Kabata(2000:78—89)认为，虚词 ni 大致上可表示两种空间关系：一种是静态的处所关系，另一种是较为动态的向格(allative)关系，以标记人物移动的方向或最终目标。简而言之，ni 用在空间上时，可标记处所和目标。正如：

[27] Musume wa Tookyoo ni iru
daughter TOP Tokyo LOC exist. ANIM
My daughter is in Tokyo.(我女儿在东京。)

[28] Kare wa kyonen Tookyoo ni hikkoshi-ta
he TOP last year Tokyo ALL move-PAST
He moved to Tokyo last year.(他去年搬到了东京。)

“于”也有相同意义：

[29] 公居于长府。(《左传·昭公二十五年》)

[30] 卫迁于帝丘。(《左传·僖公三十一年》)

例[29]的“长府”是“居”的空间处所(location)，而例[30]的“帝丘”则是“迁”的空间终点(goal)，因此和日语的 ni 在功能上相对应。

#### 1.2.2.2 “于”和 ni 的社会域用法

Kabata(2000:91—131)认为,ni 也能展示同社会领域事件相关的广泛意义。社会领域实现为人际之间的互动,在该领域下,ni 在例[31]中标记给予事件的接受者,在例[32]中标记人际沟通交流事件的受话者,在例[33]中标记心理事件的感受者,在例[34]中标记被动句中的施事:

[31] Makoto wa sono omocha o Taroo ni age-ta
Makoto TOP that toy ACC Taro REC give-PAST
Makoto gave the toy to Taro.(Makoto 把那个玩具给 Taro。)

[32] Sakuya ryooshin ni denwa o kake-ta
last night parents ADR telephone ACC ring-PAST
I called up my parents last night.(我昨晚打电话给父母。)

[33] Taroo ni furansugo ga wakaru
Taro EXP French NOM understand
Taro understands French.(Taro 懂法语。)

[34] Boku wa okaasan ni hidoku shikar-are-ta
1SG TOP mother AGT-PASS severely scold-PASS-PAST
I was scolded by my mother severely.(我被母亲狠狠地责骂了一顿。)

“于”同样也有这四种意义。当句子中有“献”这类表物件转移的动词时,“于”标记接受者:

[35] 获叔子与析朱鉏,献于王。(《左传·哀公八年》)

当句子中有表达人际之间的交流的动词时,“于”标记受话者:

[36] 告于季孙曰。(《左传·襄公二十三年》)

"于"在上古汉语中也可标记感受者：

[37] 程郑嬖于公。(《左传·襄公二十三年》)

在例[37]中，动词"嬖"后头带了一个由"于"标记的参与者，而这个参与者"有感情"且涉及某种心理活动。

"于"也能标记被动句的施事：

[38] 郤克伤于矢。(《左传·成公二年》)

以上例子中，上古汉语的"于"和现代日语的 ni 各自独立展现了相同的"同音异义"模式，那么，这两个语素表达的多种意义也应密切相关。更有意思的是，两者的平行关系不止于此，都可以用来标记比较标准：

<u>上古汉语</u>

[39] 我不如颜羽，而贤于邴泄。(《左传·哀公十一年》)

<u>现代日语</u>

[40] Kare wa gakuryoku de wa ani ni
he TOP intelligence LOC TOP elder brother CRP
masat-te-iru
superior-ONJ-PROG
He is superior to his elder brother in intelligence.(他比他哥哥智力高。)

到目前为止，我们不仅证明"于"的多种意义应有关联，而且还说明这种多义性在人类语言中是反复出现的。要分析上古汉语中的这一种现象有两个办法：一是从语素的角度探讨多义性，二是从句法结构的角度讨论多义性。决定哪种分析方式能更为合理地概括所看到的语料，我们认为得重视下面这个例子以及它与现代日语的平行性：

<u>上古汉语</u>

[41] 楚王逐张仪于魏。(《战国策·楚策三》)

<u>现代日语</u>

| | | | | | | |
|---|---|---|---|---|---|---|
| [42] | Sensei | wa | Masao | ni | soko | e |
| | Teacher | TOP | Masao | CAUS-EXP | there | DIR |
| | ik-ase-ta | | | | | |
| | go-CAUS-PAST | | | | | |
| | The teacher made Masao go there.（老师让 Masao 去那里。） | | | | | |

极少有研究关注例[41]，而引起我们对这类例句加以关注的是齐世昌（1993）和 Reynolds（1996）的研究。虽然他们对这个例子的分析存在着分歧，但这并不妨碍我们从中发掘出一些有意思的现象。齐世昌把"于"分析成被动标记，并指出"楚王逐张仪于魏"的意思是"楚王使魏国逐张仪"，并对这个例子做出如下的分析：

> ……他动词与宾语组成的动宾结构，不是支配与被支配关系，而是兼有使动与被动意义，还能以"于"引进施动者或处所。对于这种非一般的使动用法，我们称之为使之被动用法。其相同的语义结构为使令兼语被动式。

Reynolds（1996）驳斥了这一看法，并认为比较理想的分析是把"于"分析成致使或感受者结构中的感受者标记。由于涉及面广泛，我们无法在这里展开全面的讨论，但是须指出的是我们不难从上述两位学者的研究中发现他们都一致承认例[41]表达了致使的意义。在这个认识基础上，我们能清楚地看到例子中的"于"标记了致使事件的受使者（causee），而很有意思的是，上古汉语中"于"的这种用法也能和现代日语中的虚词 ni 相对应。

回到该如何研究"于"在上古汉语里的多义性这一问题上，下面两张图或许能让答案变得更清楚些。

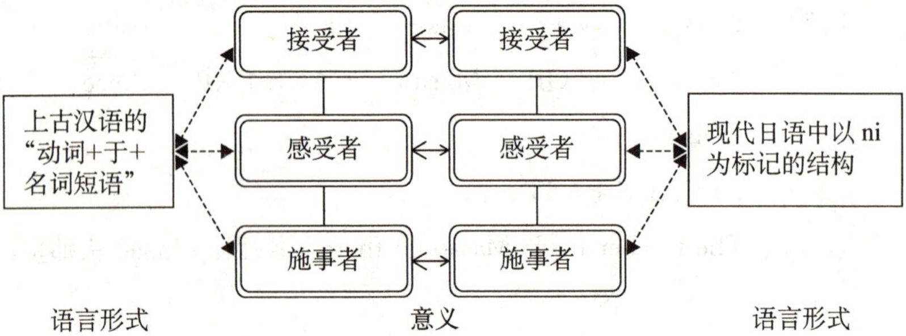


图　1.6[1]

值得注意的是，图 1.6 中的句法结构是“动词＋于＋名词短语”，而下图中的结构是“动词＋直宾＋于＋间宾”：

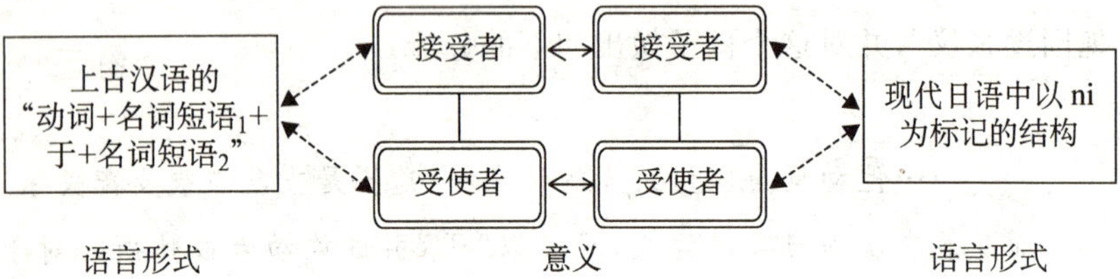


图　1.7

虽然“于”这个语素在上古汉语中的多种意义与现代日语的虚词 ni 的意义相互对应，但我们发现，这个语素的不同意义可根据它所出现在的句法结构而大致呈现出一种互补分布的情形，正如下图所示：

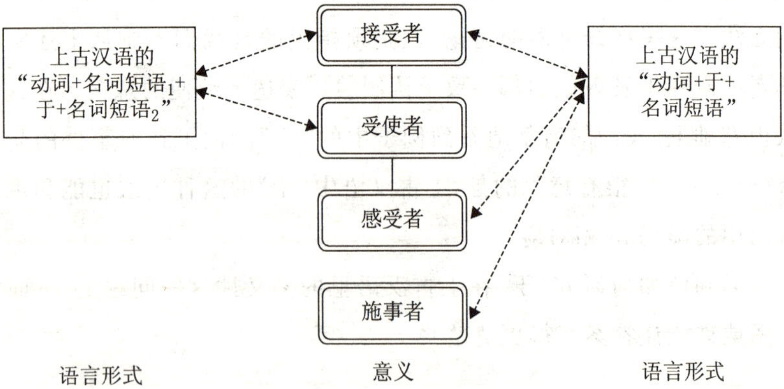


图　1.8

① 在本章中，单线条的方框代表语言形式，双线条的方框代表语言意义。

上述的观察充分显示，我们更应该通过采取句式为本位的研究方法来探讨“于”的多义性。一个更直接有力的论证涉及以下两个取自同一部著作的例子：

[43] 严遂重于君。(《战国策·韩策二》)

[44] 杜赫欲重景翠于周。(《战国策·东周》)

这两个例子的谓语动词是一样的，且句子里都有“于”，但是一旦句法结构改变了，即使主要动词保持不变，致使的意义也会丧失。如果我们从语素的多义性入手，将无法有效地解释这个现象。就上述所提到的现象，潘秋平(Phua 2009)也曾以语义地图模型说明由于“动词＋于＋名词短语”和“动词＋名词短语$_1$＋于＋名词短语$_2$”在概念空间上所勾勒出的连续区域并不完全一致，因此支持从认知语言学的角度把这两个句法结构视为不同的构式。

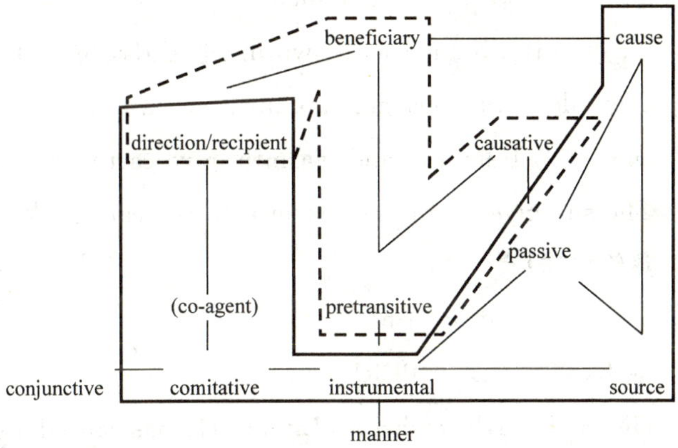


图 1.9

(虚线为“动词＋名词短语$_1$＋于＋名词短语$_2$”的语义地图，

而实线为“动词＋于＋名词短语”的语义地图)

这也间接说明了应采取句式为本位的研究方法来讨论上述的多义现象。

我们不仅观察到上古汉语语素“于”和现代日语虚词 ni 之间的平行关系，还注意到另一种以“以”为标记的语法结构也显示出类似的语义延伸。上古汉语中的相关例子如下：

［45］以戈击之。(《左传·哀公十五年》)

［46］尧以天下与舜。(《孟子·万章上》)

［47］赵以公子部为质于秦。(《战国策·赵策三》)

上述三例显然示例了下列语法结构：

以＋名词短语$_1$＋动词＋名词短语$_2$

这些例子中的语素“以”分别是工具、客体和受使者标记。将跨语言证据纳入此次讨论，我们又再一次发现，语素“以”和非洲特维语(Twi)之间存在类似的平行关系：

特维语(Lord 1993:66—67)[①]

［48］o-de enkrante tya duabasa
he-INST sword cut branch
He cut off a branch with sword.(他用刀砍树枝。)

［49］aivua de kannea ni ahuhuru ma asase
sun INST light and warmth give earth
The sun gives light and warmth to the earth.(太阳把光和热给地球。)

［50］o-de gwañ a-ba
he-INST sheep PERF-come
He has brought a sheep. [Literal: He has caused a sheep to come.]
(他买了一只羊。[字面意思:他使一只羊到来。])

两种语言的对应关系如下：

① 为方便比较，我们把特维语中的 de 注解为“工具标记”。

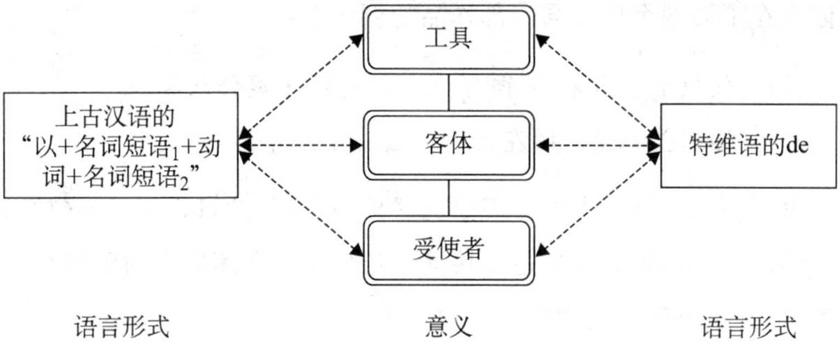


图 1.10

如同上述,构式方法能更有效地对我们所观察到的上古汉语语法现象进行说明,因此,如果我们将图 1.5、1.8 和 1.10 合并起来,同时用给予类事件替换接受者或客体,就能对图 1.2 做出修改,得到图 1.11,从而充分说明上古汉语的与格结构和致使动结构之间所存在的密切关联。

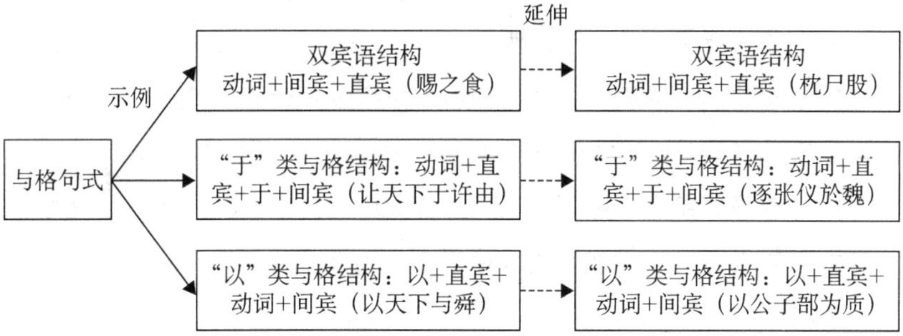


图 1.11①

对此持怀疑态度者自然可以假定一种根本的同音异义的视角,认为这些意义在上古汉语的语言使用者的大脑中并无任何关联,但面对上述这些反复出现的模式,采取这样的立场无疑是缺乏基础的。以上我们用致使结构来说明上古汉语语法形式和意义间的动因关联,同时要指出的是,上古汉语与格结构除了这一种语义延伸,“动词＋于＋间宾”的与格句式也存在语义延伸(Phua 2009)。我们想强调这种特殊的与格句式同感受者结构(experiencer construction)间的紧密关系,这明

① 这张图里的方框代表了句法结构。

显体现在下面两个出自同一部作品的例子上：

[51] 获叔子与析朱鉏，献于王。(《左传・哀公八年》)

[52] 程郑嬖于公。(《左传・襄公二十三年》)

由于在别的语言中也可观察到这种现象，因此，Langacker(1991a：327—328)指出，感受者角色和接受者角色在语法编码上的紧密联系出自概念动因，也就不足为奇了。他指出：

> 表感知、判断、感觉、感情或一般心理感受的动词(如“告诉”、“显示”、“好像”、“讨好”、“饿”、“冷”、“害怕”、“烦扰”和“满足”)经常和间接宾语共现，这证实了感受者角色是间接宾语的原型。另一具有原型地位的重要候选者是接受者角色(或广义地称为领有者)，即“给”及其他许多表转移的动词的间接宾语。争论哪种角色更为基本意义不大，因为两者通常关系密切，且难以区分。例如，“说”或“告诉”这类动词的间接宾语可感知话语并理解其意义，属于感受者；但也可被视为所传达信息的接受者兼领属者。即使在物质转移(“给”、“递交”、“投递”等)的情况下，接受者通常把转移的实体视为进入他的管辖，对所造成的领属关系有所认识，且享有其利益。①

---

① 原文为：Supporting the prototypicality of the *experiencer* role is the frequent occurrence of indirect objects with verbs of perception, judgment, sensation, emotion, or mental experience generally (e. g. tell, show, seem, please, be hungry, be cold, frighten, bother, satisfy). Another serious candidate for prototype status is the role of *recipient* (or more broadly, *possessor*), which indirect objects assume with“give”and many other verbs of transfer. There is little point in arguing that either role is more basic than the other, for in any case they are closely associated and often hard to distinguish. With a verb like“say”or“tell”, for example, the indirect object is an experiencer by virtue of perceiving the utterance and understanding its meaning, but can also be regarded as the recipient and subsequent possessor of the information conveyed. Even in cases of physical transfer (give, hand, deliver, etc.), the recipient typically perceives the transferred entity coming into his dominion, has knowledge of the resulting possessive relationship, and enjoys its benefits.

针对运用相同的句法结构编码所有物的物质转移(即与格)和心理经历等不同事件,上述引文提供了根植于人类认知的论证。本书自然不是第一个意识到同一形式不同意义之间的关联性,然而,在结构主义传统下展开的过往研究中,几乎没有著述认为需要阐述上述语义关联的原因。因此,本书希望强调,上古汉语多种与格结构的语义延伸背后,存在概念上的动因;同时,利用这些新发现的见解为过去的研究工作遗留下的问题提出一些初步的建议,以此说明结构主义研究范式强加于研究者的内在限制,进而突出认知语言学和语言类型学相结合的路子对于上古汉语语法研究的可行性。

### 1.2.3 结构主义研究范式的局限性

汉语历史语法研究并不承认句式具有独立的地位,因此不仅忽略了句式所存在的多义性,也无法认识到句式具有赋予动词以额外论元的功能。我们认为这和结构主义研究范式中的一些理论假设密切相关。下面将集中讨论其中最重要的两条假设:

1. 以动词为中心的由词到句法映射的组构立场
2. 意义是离散的实体

#### 1.2.3.1 以动词为中心的由词到句法映射的组构立场

Zhang Ren(2002)提出,以动词为中心的由词到句法映射的语法理论,最重要的特点就是把句法结构视为拥有严格的组构意义(strict compositional meaning)。若接受这种理论假说,句式意义(constructional meaning)以及句式多义性(constructional polysemy)显然是无法成立的。

**1.2.3.1.1** 上古汉语的动词在由词到句法映射上的灵活性

所有的语法理论都必须回答这么一个问题,即哪些因素决定了一个句子的基本句法结构?就这个问题,目前学界大体存在着两种截然不同的意见。结构主义研究范式以自下而上的角度进行句法分析,坚持以动词为中心的严格组构立场。这一研究范式认为词语的特征,尤其是动词的意义决定了其句法表现。具体言之,动词能带多少的论元就直接决定了它的句法结构。以现代英语为例，如果我们认为动词 kill 的意义牵涉了两个语义论元，即杀手和被杀的人，就能解释下面的例句何以一个合法，一个不合法：

[53] a. Terry killed John.

b. *Terry killed John the building.

根据动词 kill 的论元结构（即二价动词，其中一个论元是施事，另外一个是受事），我们就能说明以英语为母语的人为何不接受例[53]b。这个理论认为，句子的意义是由动词语义和相关论元以句法透明(syntactically transparent)的方式组合而成的。不难发现，动词的语法范畴在这种分析模式下享有特殊的地位，而这也和转换生成语法的映射原则(Projection Principle)高度一致：

映射原则——每一个句法层次的表现形式由词库映射而出，以保证词语的子语类特征。

在以动词为中心的句法分析模式下，由于动词的论元结构直接制约其句法表现，因此对动词进行细致的分类就成了一项极其重要的工作。以及物动词为例，由于不同的及物动词在句法表现上有差异，因此我们又可在及物动词中细分出一类名为双及物动词的子集。这类动词在表层结构中能带两个名词短语作为宾语，动词相关的子语类框架是[动词＋名词短语$_1$＋名词短语$_2$]，显示它们能带两个名词短语宾语：

[54] Terry gave[Mary][a present].

在现代英语中，表层结构只要遗漏任何一个名词短语宾语，就立刻使句子不合语法，这为上述映射原则提供了进一步的证据：

[55] a. *Terry gave[Mary].

b. *Terry gave[a present].

现有的上古汉语语法研究也没有违背这个研究取向，也根据动词的不同句法表现，把它们划分为不及物、及物和双及物（或本义与格）等大类。我们这里介绍李佐丰(2003a:195—214)的分析，他把上古汉语的动词进行了如下的分类：

类 1－1：真自动词

类 1－2：准自动词

类 2－1：真他动词

类 2－2：准他动词

四类动词的例子如下：

类 1－1：卒、往、薨、宿

类 1－2：来、败、伤、兴

类 2－1：知、言、杀、请

类 2－2：赐、授、予、赏

这一方案根据动词是否具有出现在某些具体句法框架中的能力，把它们加以归类。很显然地，这种分析方式存在着逻辑上的循环论证的问题，即单单因为动词出现在及物框架中，就把它称为及物；此外，我们也不清楚，动词的不同语义论元是如何映射为句法角色的。例如，李佐丰对动词“怒”和“杀”做了不同的分类：前者属于 1－2 类，而后者属于 2－1 类。即使两者可以出现在相同的及物框架里，如例[56]、[57]所示，李佐丰仍然把它们派入不同的类别，只因前者的宾语可以在毫无限制的条件下映射为句法主语，如例[58]所示：

[56] 若二子怒楚，楚人乘我，丧师无日矣。(《左传·宣公十二年》)

[57] 子行杀侍人。(《左传·哀公十四年》)

[58] 公怒。(《左传·桓公二年》)

我们不认为这是划分动词的正确方式，因为我们能找到反例，证明动词“杀”也能出现在不及物框架中：

[59] 严遂、韩廆争而哀侯果遇贼；田常、阚止、戴驩、皇喜敌而宋君、简公杀。(《韩非子·内储说下》)

李佐丰淡化了出现于不及物框架中的部分 2－1 类动词的重要意

义，认为这些例子全部是用于对偶和排比的孤证。但例[59]却证明了他的解释并不完全可信。由动词向句法映射所出现的灵活性除了能在许多不同的语言中轻易地观察到外（参看 Zhang Ren 2002：9—10），也能在上古汉语中看到：

[60] 神赐之土田。（《左传・庄公三十二年》）

[61] 晋侯以乐之半赐魏绛。（《左传・襄公十一年》）

[62] 皆赐玉五瑴，马三匹。（《左传・庄公十八年》）

在李佐丰的分类下，“赐”属于 2-2 类动词。我们通常称之为双及物动词或本义与格式动词，且带两个宾语，如例[60]所示。把例[61]至[62]一并加以考虑，可发现它也能带一个宾语。但对于以动词为中心的分析方式来说，更严重的问题是，“赐”也可出现在不及物的句法结构中：

[63] 赐以酒。（《汉书・高帝纪》）

此外，更令人好奇的是，所谓的及物动词“杀”也能带间接宾语①：

[64] 丈人智惑于似其子者，而杀于真子。（《吕氏春秋・疑似》）②

下列的例子将进一步证明，上古汉语的确有许多动词能轻易地出现于直接宾语和间接宾语的句法框架中，且不改变客观意义：

[65] a. 晋居深山。（《左传・昭公十五年》）

b. 居于旷林。（《左传・昭公元年》）

[66] a. 重耳居蒲城。（《左传・庄公二十八年》）

b. 居于郓。（《左传・昭公二十六年》）

[67] a. 秋，邾人戕鄫子于鄫。（《左传・宣公十八年》）

---

① 这里的“间接宾语”是一种句法关系，并不仅仅对应于接受者的参与者角色，因此和贝罗贝（1986）的“间接宾语”是有差距的。关于上古汉语的“间接宾语”的讨论，详见本书第二章。

② 我们将在第二章讨论与格标记“于”处于及物动词和其直接宾语间的现象。读者务请注意，在这个例子中，丈人并没有打算要杀他真正的儿子。

b. 大子无道，使余杀其母。余不许，将戕于余。（《左传・定公十四年》）

由于结构主义的研究范式坚信句式是动词的配价能力的体现，因此当面对同一个动词出现在两种或两种以上的句法结构中，由于无法有效地解释这种动词在映射上所体现的灵活性，因此往往都提出了些特设的解释。就上述的例子，一些学者就认为介词“于”的存在“是不应有的”（杨伯峻 1985），而又有一些学者则认为“于”毫无意义，它的出现是为了音律上的和谐（陈祥明 2000）。这些解释的背后其实都贯穿着一种相同的理念，即动词的论元结构决定了它的句法表现：“居”既然是个二价动词，就应该出现在及物句式中，而不应该出现在不及物句式中。但是，对于在结构主义研究范式下工作的学者来说，真正感到棘手的问题在于上古汉语同一个动词除了可出现在两种不同的句法结构中，而且还会导致意义发生变化。处所动词“居”就是一个好例子：

[68] 先王居梼杌于四裔。（《左传・昭公九年》）

我们只要比较例[65]和[68]就能发现谓语动词虽然是一样的，但一个表达是静态的位置，而另外一个则是动态的位移。类似的例子也能见于与格句式的讨论中，例如“饮”这个二价动词也能出现在双宾语结构和以“于”为标记的与格句式中：

[69] 子文饮之酒。（《左传・僖公二十七年》）

[70] 令尹欲饮酒于子氏。（《左传・昭公二十七年》）

面对许多对以动词为中心的句法分析模式不利的证据，从事汉语历史语法研究的学者也尝试在这一个研究范式下提出解决的方案。一个很好的例子就是贝罗贝。对于例[69]，他承认是双宾语结构，而为了解决“饮”为何能出现在一个三价动词的句法结构中，他提出例[69]的动词“饮”具有[＋给予]的性质。换言之，上古汉语的动词“饮”可以分为“$饮_1$”和“$饮_2$”。前者是个一般的二价动词，而后者则是个三价动词。由于“饮”具有变读的文献记录（周法高 1962：78），因此只要我们接受上古汉语具有音变构词的现象，把“饮”分拆成“饮$_1$”和“饮$_2$”其实并不会造成严重的问题，但是当面对缺乏变读的文献记录的词时，把动词进一步分拆显然是不理想的。这样的例子并不少，其中一个就是“生”：

[71] a. 天生民而立之君。（《左传·襄公十四年》）

b. 无生民心。（《左传·隐公元年》）

这种困境其实是因为这套语法理论坚持以动词为中心的严格组构的立场所导致的：为了坚持动词是支配句法结构的唯一要素，且采取严格组构的立场就必然迫使学者们在面对由动词到句法的灵活映射时，无可避免地得为动词增添新的义项来解释其句法表现。沈家煊（2006：83—84）就以“他扔我一个球”和“他吃我一个桃儿”中的“扔”和“吃”为例说明这种分析办法的潜在问题：

> 从词义出发主张“扔”和“吃”这样的动词是二价动词的人无法说明为什么它们在双宾语句里能直接跟三个名词性成分发生联系；如果从形式（同现的名词性成分）出发说它们就是三价动词，这又有悖于我们的直觉：从这些动词本身的词义来说不像是三价动词。有人用“兼价”或“变价”来解决，说它们既是二价动词又是三价动词，或说本来是二价动词，但在双宾语句式中是三价动词；拿“扔”来说，“作为二价动词没有给予义，作为三价动词有给予义”。（马庆株 1998：284 页）这样就得承认有两个“扔”，一个是二价的“扔”，一个是三价的“扔”，至少得承认“扔”有两个义项，一个表示给予，一个不表示给予。这样做的代价比较大，因为这样的动词不是一个两个，为数还不少（参看马庆株 1983），——标明有两个义项使系统的简单性受损。更重要的是这仍然违背我们的直觉，任何一部词典都不会在“扔”下另外列出一个表示给予的义项，或在“吃”下另列出一个表示取夺的义项。说“扔”这类词有两个义项还缺乏心理学上的证据，也就是没有心理现实性。
>
> 如果不考虑动词的词义坚持“扔”可以是三价动词，那就有循

环论证之嫌：说"扔"是三价动词的唯一根据是它能在双宾语句中跟三个名词性成分发生联系，而要说明为什么"扔"能跟三个名词性成分发生联系，唯一的根据是它是个三价动词。这势必导致"词无定价，离句无价"的后果。这种后果是大家不愿接受的。

沈家煊的这个批评对上古汉语语法分析是深具意义的。由此可见，从句式的角度入手来探讨上古汉语的与格句式，除了得注意不同语句之间的扩展关系外，还由于语句之间的扩展关系其实也涉及了动词和句式之间的互动关系，因此在接下来的讨论中，我们也无可避免地必须讨论动词所表达的意义如何促使它融入或不融入句式的意义中。①

**1.2.3.1.2** 替代方案：自上而下的构式方法

自上而下的以句式为中心的分析模式是自下而上、以动词为中心的分析模式的替代方案。它是认知语法以及整个认知语言学最重要的原则之一。在认知语法看来，句法不是一个自足的形式系统，它在本质上跟词汇一样是一个约定俗成的象征系统，因此人类的语言系统中存在着不同的句式，而所谓句法其实指的就是句式有组织的总汇（a structured inventory of constructions）。根据这个看法，句式再也不是仅仅由词所临时组构成的句法单位，而是像词语一样，也具有自己的独立地位。根据 Goldberg(1995:4)，构式(construction)的定义如下：

当且仅当 C 是一个形式与意义的组合，且它的形式(Fi)或意义(Si)的某些方面不能完全地从其组成部分或从其他已确定的结构中得到预测和理解。这时，我们称 C 为一个构式。②

---

① 例如通用给予动词能进入次要宾语型的双宾语结构，但却不能进入以"于"为标记的与格句式，这都能通过动词和句式之间的互动关系来说明，详见本书第三章。更多的讨论还涉及"赐"和"献"的互补分布，以及"投"和不同与格句式的搭配关系等，详见本书第三和第五章。

② C is a CONSTRUCTION iff$_{def}$ C is a form-meaning pair <$F_i$, $S_i$> such that some aspect of $F_i$ or some aspect of $S_i$ is not strictly predictable from C's component parts or from other previously established constructions.

可见，句式是复杂的语义结构同表达该语义结构的句法形式（一般通过词序或某种标记达成）之间的配对。因此，每个句式不仅能展现该句式组成部分的意义如何与句式的整体意义相联系（即保证了合成性），同时也能显示句式组成部分未能表达的，而由该句式编码所产生的额外意义（即驳斥了严格的合成性）。简单地说，就是每个句式都有自己的语义内容，且超过其组成部分的总和。下面是 Goldberg (1995) 中的经典例子：

[72] Harry sneezed the tissue off the desk.

Sneeze 在英语里基本上是个不及物动词，如 Harry sneezed。它本身不带直接宾语或介词短语，但当它能出现在现代英语的“V＋NP＋PP”的使之移至句式（caused motion construction）中，其后面紧跟直接宾语（the tissue）和介词短语（off the desk）时，产生的就不仅仅是 sneeze，the tissue 和 off the desk 等意义的总和。Sneeze 本是从鼻道急促有力地排出空气，但 sneeze the tissue off the desk 却表示通过打喷嚏施力于纸巾，并造成纸巾从桌上掉下的结果。我们在这里须指出，由于构式语法强调了若要证明某个构式的存在，就必须先证明这个构式的某些方面不能从构式的构成成分中得到完全预测，因此这不免让人以为构式语法中所说的构式都是人类语言中一些较特殊的语言现象。陈保亚（2009：131—132）就指出：

> ……传统语法中也有关于固定格式的说法，比如汉语：
>
> 连 X 也 Y
>
> 越 X 越 Y
>
> 其他语言中也有许多类似的用法。Goldberg（1995，2006）开始从理论上解释固定用法，提出构式（construction）的概念，认为构式是不能直接从组成部分预测的模式。

这其实并不一定准确，因为按认知语法的分析，就是“$NP_1+V+NP_2$”这个看似由词一步步组构成的句法形式其实也是个构式。Langacker(1991b:222)就讨论过下列的这组例子：

[73] a. Line A intersects line B.

b. Line B intersects line A.

这两个句子所编码的虽都是同一个客观的静态事件，但仔细推敲，可发现它们并不完全同义：这一组例子显示了两个名词词组之间具有一种不对称的话语关系，而这一关系恰好在 a、b 句中是相反的。如何解释这两个例子所具有的不同的不对称性？这绝不可能源自于动词或名词词组。在这个情形下，唯一的解释就是“$NP_1+V+NP_2$”这个句法形式本身就是个象征单位，具有自己特定的语义，表达了一种不对称关系。按认知语法的说法，“$NP_1+V+NP_2$”和“由施事者或感受者发动的不对称的交互作用”①(Langacker 1990)联系，是个象征单位。

这一看法从根本上背离了主流研究范式，因为它假定句式是编码语义的装置，并且挑战了严格合成性的概念。这种观点认为，句式和词语皆是象征性单位，且占据象征性连续统(symbolic continuum)的两极，如图 1.12 所示：

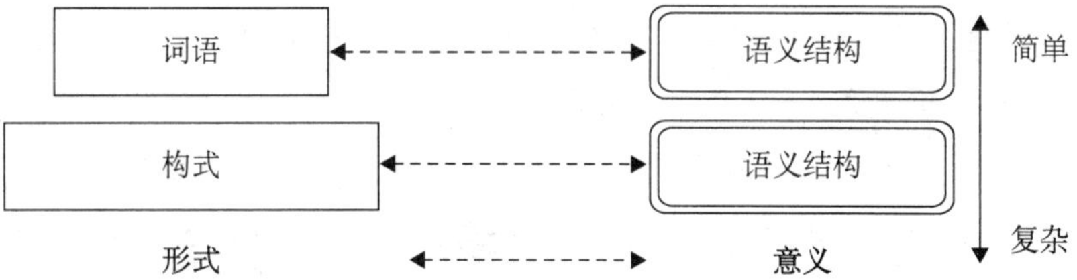


图 1.12

根据这一理论假设，我们可以进一步提出，一个句式表达了某种独立的事件结构，如事件的理想化认知模型(Lakoff 1987)或典型事件模

① 原文为：An asymmetrical interaction that is in some sense initiated by the agent or experiencer.

型(Langacker 1987，1991a，1991b)。对此，沈家煊(2006:82—95)在讨论句式和配价时就做了以下精辟的总结：

> 为了更好地说明动词和相关名词性成分组配上的合格性，我们按照Goldberg(1995)的思路，提出如下的处理办法：将配价看作是句式的属性，另一方面，动词的词义应该用“理想认知模式”来描述。

具体说明如下：

> “句式配价”是指抽象的句式配备的，与谓语动词同现的名词性成分的数目和类属(指施事、受事、与事、工具等)。为了与传统所说的“(动词)配价”相区别，可以改称为句式的“论元”(arguments)。按照这个定义，“他扔我一个球”属于三价句式，跟“他送我一本书”一样有三个论元，一个施事，一个受事，一个与事，尽管动词“扔”的词义只涉及两个参与角色；而“(她结婚)你送什么？”属于二价句式，含两个论元，一个施事，一个受事，尽管动词“送”的词义涉及三个参与者角色。同样，“王冕死了父亲”属于二价句式，跟“他丢了一枚戒指”一样含有两个论元，而“王冕的父亲死了”则属于一价句式，只包含一个论元。……
>
> 更着重指出的是，不同的句式有不同的意义。例如“王冕死了父亲”和“王冕的父亲死了”这两个句式，前一句强调王冕因父亲去世而损失惨重，而后一句只是表王冕的父亲去世这一事实。这可以从下面的例句中看出：
>
> (8) 王冕七岁上死了父亲
>
> ?王冕七十岁上死了父亲
>
> 显然这是因为古稀之年父亡不像幼年丧父那样是个重大损失。……
>
> 句式的配价或论元主要是由句式整体意义所决定的，“王冕死

了父亲”所属句式的整体意义要求这个句式有两个论元，“王冕的父亲死了”所属句式的整体意义只要求这个句式有一个论元。

根据这个认识，我们之前所提到的由词到句法在映射上所呈现的灵活性就已不再是那么出乎人们意料，而应该是一种相当普遍的语言现象。虽然如此，这并不意味着每个动词都能毫无困难地出现在任何句法框架中。沈家煊（2006:82—95）就指出：

先来看动词的参与角色与句式论元之间的匹配。这种匹配遵循“语义一致原则”：如果参与角色可视为论元的一个实例（instance），则两者在语义上相一致。以表示给予的双宾语句“她送我一件毛衣”为例：

| | | | |
|---|---|---|---|
| 给予句式的论元 | [施事 | 与事 | 受事] |
| | \| | \| | \| |
| 动词“送”的参与角色 | [送者 | 收者 | 所送物] |

送者是施事的一个实例，收者是与事的一个实例，所送物是受事的一个实例。

动词“扔”的参与角色只有两个，即扔者和被扔物，为什么能进入三个论元的给予句式？因为动词的词义不仅仅是参与角色，而是一个ICM。[①]只存在一个“扔”，这个“扔”的词义是一个ICM，在这个ICM中就包括这样一些背景知识：人们经常扔球给别人接，扔烟给别人抽等，但不经常扔铅笔给别人写、扔收音机给别人听：

(9) 他扔我一只球。
他扔我一支烟。
？他扔我一支铅笔。
??他扔我一台收音机。

---

① ICM指的是理想化的认知模式，请参见张敏（1998）第二章。

简而言之，动词的意义本身不完全支配动词的句法表现，任何动词出现在某种句法框架的可能，取决于动词的词汇语义和相关语法构式的独立语义结构之间的相互作用(参看 Goldberg 1995; Croft 2012)。

上面着重说明句式在句法分析中具有独立地位，进而强调语言系统中的每一个句式都是有意义的(meaningful constructions)。正因为每一个句式都有意义，因此就具有了自己的论元结构。句式的论元结构可以和动词自身的参与角色完全匹配，如双宾语结构要求三个论元，"送"这个动词的认知基体也恰好具有三个参与角色；但也可以不匹配，"扔"这个动词就仅有两个参与角色。须指出的是，"扔"虽然在进入了双宾句式之后，表面上增加了一个论元，但是句式本身的论元结构却丝毫没有改变，依旧是三个论元，一个施事，一个受事，一个接受者，并一同表达了客体领有权的转移。Goldberg(1995)中的 sneeze 的情形也和"扔"相仿。举这两个例子的目的就是为说明句式具有意义，因此我们在句法分析中必须赋予它们一定的地位。除此之外还须指出的是，自上而下的以句式为中心的分析模式还有另外一层常被忽视的意义。我们这里就以 Goldberg(1995)中的 bake 这个例子加以说明。Bake 和"扔"一样，只有两个参与角色，但也同样进入了双宾语结构。值得注意的是，当"扔"进入三价的双宾语结构，整个句子的意义还是表明客体领有权的转移，但是当 bake 进入三价的双宾语结构后，整个句子的意义就有了细微的改变，表达的是客体领有权的预期转移(intended transfer)，因此从这个角度来看，句式的论元结构虽然还是三个，但是具体的内容已产生了改变：一个施事，一个受事，一个受益者。通过这个例子，我们发现句式除了具有意义外，还和词语一样，能展现多义性。这种多义性就是本研究所说的"句式多义性"。"句式多义性"的产生和"词语多义性"的产生的机制一样，都是通过认知层面上的转喻(metonymy)和隐喻(metaphor)来进行的。

#### 1.2.3.2 客观主义语义观及其局限性

虽然研究汉语历史语法的学者没有明确地表示自己如何分析语义，但我们大致可以揣测，他们在总体上还是遵循了主流分析所依据的原则：

语言表达式的意义是由它在客观或真实世界中所对应的内容而赋予的。①

(Lakoff 1987, 1999)

这一立场有客观主义形而上学(objectivist metaphysics)的哲学基础。大体上，这种客观主义立场在回答“什么是意义”时，已假定了头脑是反映自然的一面镜子。也就是说，“语言和思想中的符号有可能对应真实世界的实体和范畴。客观主义的形而上学假定世界上确实具有使符号和世界一一对应的某种结构。符号通过与世上事物的常规对应获得意义。因此，当符号系统以这种方式联系世界时，就可被称作现实的再现”(Lakoff 1987)。②照此看来，人类大脑在语言组织上只承担了非常有限的作用，而人们在讨论意义时就可不必运用大脑而让语言形式所表达的意义和客观世界的实体或事件直接对应起来，就如下图所示：

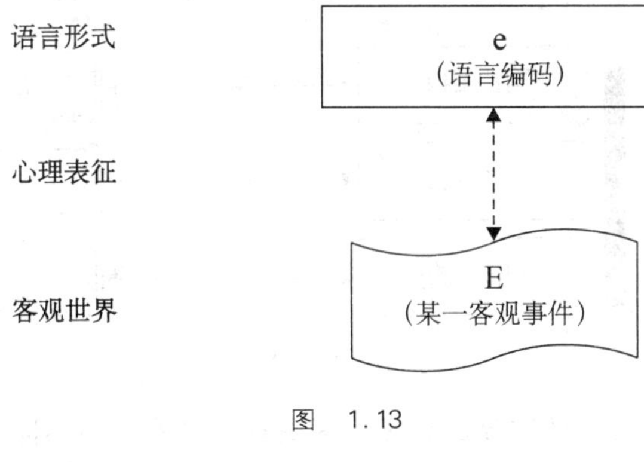


图　1.13

① 原文为：The meaning of a linguistic expression is given by what it can correspond to in the objective or real world.

② 原文为：It is possible for the symbols used in language and thought to correspond to entities and categories in the real world. Given the objectivist metaphysics, the world can be assumed to have the kind of structure that makes such symbol-to-world correspondences possible. Symbols get their meaning via a conventional correspondence with things in the world. Thus, a system of symbols, linked to the world in this way, can be said to be a representation of reality.

我们不能低估客观主义的语义观对句法分析所产生的影响。既然意义根植于客观的真实世界，任何语言形式只要表达了客观真实世界中的不同事件，就必须被分析成具有不同的意义。即使我们在语言中发现，同一种语言形式或句法结构用来编码客观真实世界中的另一类事件，这种形式和意义的配对仍必须以不同的方式处理。以下二图最能描述这种理论假设。在面对句法结构呈现和多种意义匹配的现象时：

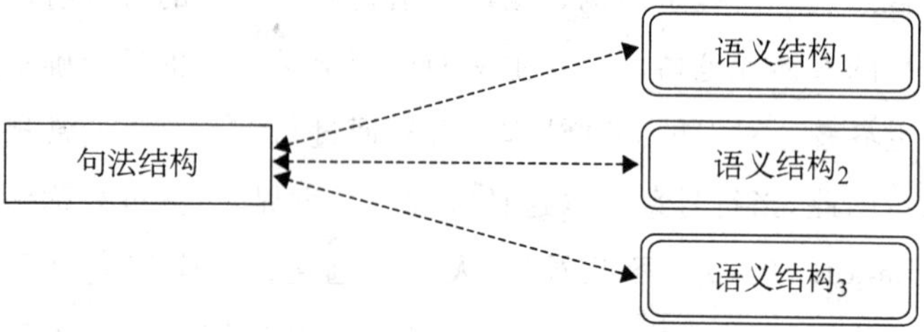


图 1.14

遵循客观主义语义观的句法分析通常采用以下分析模式：

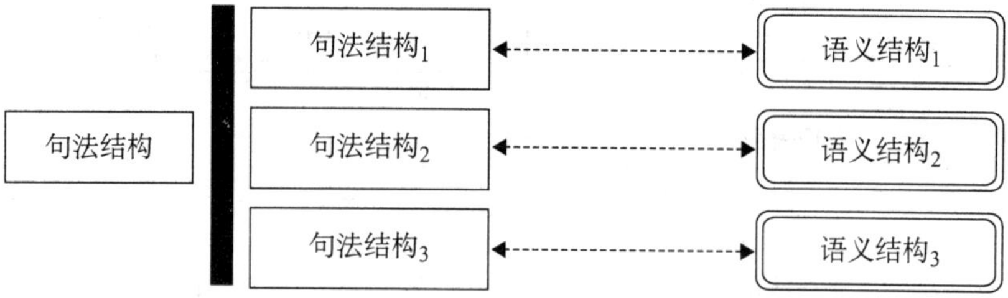


图 1.15

由于每个语义结构分别对应于客观真实世界里的不同事件，所以客观主义语义观的分析者根本不能想象运用单个复杂语言形式（即句法结构）可表达多种意义，即使他们可能承认该构式中某个语素也许存在多义性。因此，在汉语历史语法的众多文献中，针对介词“于”和“以”，长久以来为学者所提出与接受的分析可由以下二图来总结。首先是介词“于”：

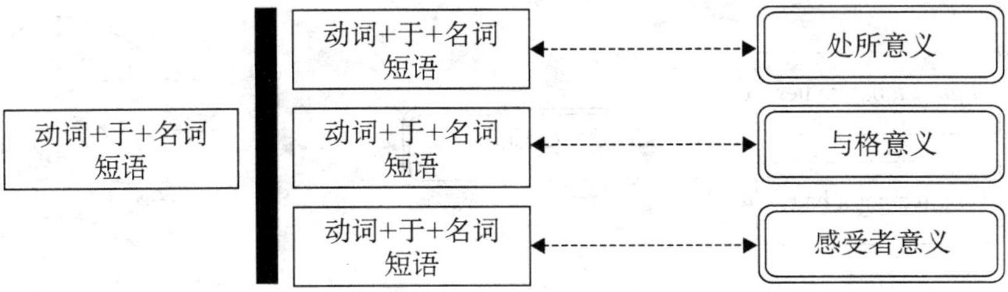


图　1.16

其次是"以"：

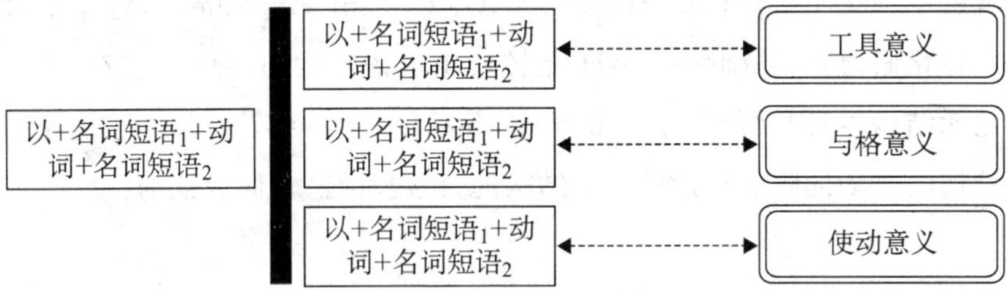


图　1.17

理论上，接受客观主义立场来处理语义对于我们认识人类语言以及对任何语言中语法组织的探讨都有深远的影响。按照客观主义的语义观，如果一种语言以两种不同的复杂语言形式编码客观真实世界中的相同事件，那么这两种复杂形式必须分析成拥有同样的语义结构，如下图所示：

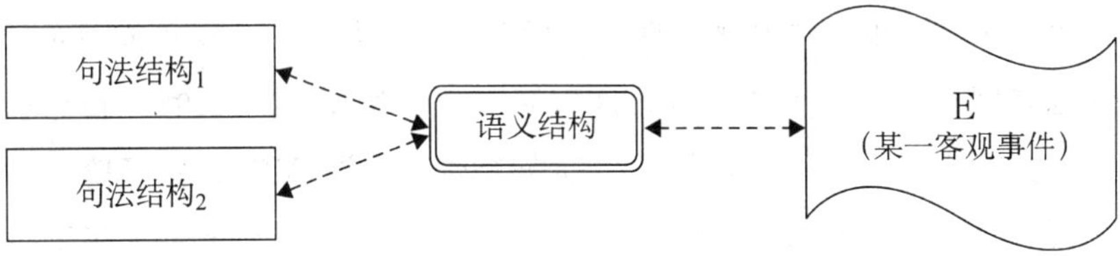


图　1.18

由于这里的语义是按客观主义的立场来理解的，因此上图中的语义结构就必须和客观的真实世界中的某个实际事件相对应。我们发现，生成语法对现代英语的与格交替（dative alternation）现象所做的分析正是在这样的理论基础下进行的：

图　1.19

此外，这种对语义的理解以及对句法形式和意义之间的关系的理解就成为UTAH(Uniform Theta Assignment Hypothesis，题元指派一体化假设)的基础。UTAH是转换生成语法的一块理论基石，认为论元结构本身与题元阶层(thematic hierarchy)一致，同时，句子的深层结构就是动词阶层构造的论元结构的直接投射。该假说认为：

> 各项目间的相同题元关系是由这些项目在深层结构中的相同结构关系所表示的。[①]
>
> (Radford 1999)

UTAH已被应用在现代英语和现代汉语共同的与格交替研究上(Larson 1988；顾阳 1999)，而这一假说对于我们研究上古汉语与格句式的意义还未得到学界的充分认识。有鉴于此，我们接下来将对严格按照客观主义的语义观来处理和分析上古汉语与格句式所可能面对的问题和困难做出简短的讨论。这里简单地介绍Larson(1988)在分析与格交替现象上的重要贡献。他首先为动词短语(VP)设置了阶层结构，使之包含两个动词短语壳。在他的分析中，客体(theme)成了下位动词短语的指示语(specifier)，而目标(goal，加上介词to)则是它的补足语(complement)。由于上位动词短语的词首是个轻动词，因此下位动词短语的词首可通过位移而与这个轻动词结合并生成出send a let-

① 原文为：Identical thematic relationships between items are represented by identical structural relationships between those items at the level of D-structure.

ter to Mary 的句子。这个分析可参考下列的树形图：

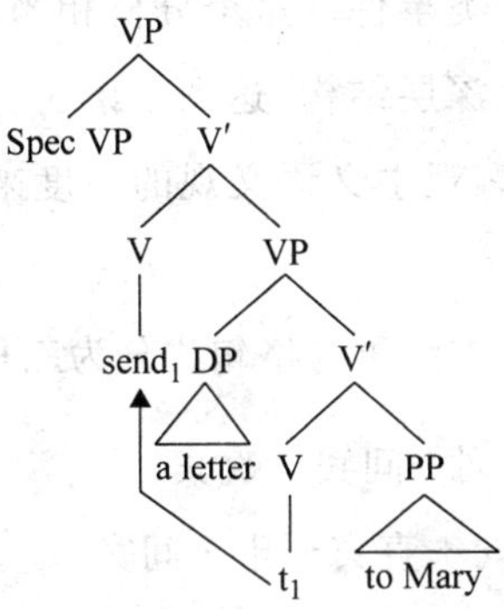


图　1.20(取自 Harley 2002)

根据上述(参考图 1.19)，由于现代英语与格交替现象所涉及的两种句法结构(介宾式和双宾语式)在意义上都和客观世界的给予类事件对应，因此这两种句法结构必须具有共同的深层结构，而由于 Larson (1988)认为 send a letter to Mary 是基础句式，因此 send Mary a letter 就必须依靠句法操作由基础句式衍生出来。为了建立两种句法结构之间的转换关系，Larson(1988)对于下位动词短语进行了类似被动化的操作(passive-like operation)，把目标移位至指示语位置，使客体占据附加语(adjunct)的位置，和被动式中 by 短语所在的位置类似，此时就产生了与格交替的变换。这个分析可参考下列的树形图：

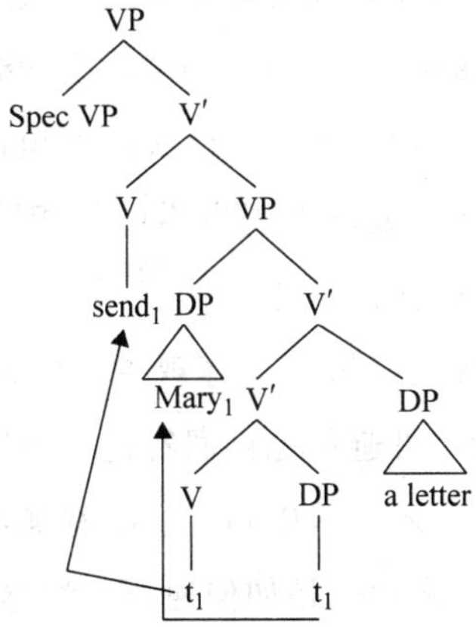


图　1.21(取自 Harley 2002)

这两种参与与格交替的句法结构被看作意义相同，因为两者都编码了客观世界中的给予类事件。这个分析相当精彩，它能把不同表层的句法结构归于同一个深层结构，达到了语法分析中的精简原则。虽然如此，我们认为采取客观主义语义观的角度来分析上古汉语与格句式仍存在一些问题。

贝罗贝（1986）将上古汉语与格句式分为三种，分别是：

1. 双宾语结构：动词＋间宾＋直宾
2. "于"类结构：动词＋直宾＋于＋间宾
3. "以"类结构：以＋直宾＋动词＋间宾

现有的对于上古汉语与格句式的研究大多认为这三种与格句式虽然表层结构并不相同，但都和真实的客观世界的给予类事件对应，因此虽未明言，但骨子里却已隐含了一种客观主义的语义观。这和转化生成语法理论对语义的看法是一致的。由于现有的研究从未从语法理论的角度去探讨上古汉语中的与格交替现象，因此我们这里就立足于客观主义的语义观，尝试根据上边的介绍来分析上古汉语与格句式，以说明其中的困难。这样的尝试以及说明是有必要的，这也将间接帮助我们解释本书的理论倾向。根据转换生成语法的分析，参与与格交替现象的不同句法结构中的一个必须是基础句式。Larson（1988）虽认为 send a letter to Mary 的介补式是基础句式，但这在转换生成语法学界里仍有争议（参看 Larson 1988; Aoun & Li 1989 等）。须指出的是，在这个争议的背后，其实隐藏了一个巨大的共识，那就是参与与格交替现象的不同句法结构既然编码客观世界中的相同事件，它们的深层结构就必须相同。很显然，他们争论的焦点只限于究竟应以哪一个与格句式作为基础句式。我们如果接受客观主义的语义观，并在这个基础上进行句法分析，也就无可避免地得回答这个问题：上古汉语既然有三种与格句式，究竟哪一个才是基础句式。唯有确定了基础句式，才能进一步去讨论另外两种与格句式是如何通过句法操作手段从这个基础句式衍生出来的。在 Larson（1988）的分析里，介宾补语式（例如 send a letter to Mary)被认为是深层结构，之后再通过移动(move)而产生双宾语结构(例如 send Mary a letter)，因此如果把这个分析套用在上古汉语的语料上，我们就必须假定下列例子是从“于”类与格句式(或介宾补语式)衍生出来的：

[74] 与之琴。(《左传·成公九年》)

如果这个假说是正确的，我们必须先假设“NP 与琴于之”是对的。我们固然可以重复上述的句法操作手段，如“于”由于在深层结构中和下位动词“与”相邻而结合成为 V+P 的句法单位，而后又因上位动词(或轻动词)的关系而被移动至上位动词词首 v 的位置。在被移动至轻动词位置时，“之”原本作为动词“与”的域内论元先是失去了 PP 下 NP 的位置而成为 $V^1$ 下的 NP，后又因“与(于)”往轻动词位置移动而失去了格，最后移动到 VP 的标示语的位置。同样的，属动词域外论元的“琴”于此时也经历“被动”过程而降格至 $V^1$ 的一个附加语位置，最后形成了上古汉语“与之琴”的双宾语结构。这个过程固然精彩，但问题是在上古汉语的传世文献中，我们却从没见过“NP+与+IO+于+DO”的用例。换言之，上古汉语的通用给予动词“与”只和双宾语结构搭配而不和“于”类与格句式搭配。这显然不符合转换生成语法所提出的与格句式的分析模式。我们当然还可以在这个理论框架下设想另外一个出路以解决上述的问题。那就是承认双宾语结构为基础的底层结构，而认为“于”类与格句式是从双宾语结构衍生出来的。这固然解决了“与之琴”的问题，但是却也产生了新的问题。且看下例：

[75] 尝献马于季孙。(《左传·哀公六年》)

根据徐子宏(1989)和邵永海(1990)对《左传》中的“献”的穷尽性考察，这个动词并没有出现在双宾语结构中。可见，即使我们把双宾语结构视为基础的底层结构，依旧解决不了问题。正因为存在着许多的问题，这不得不让我们怀疑采取立足于客观主义语义观的句法分析模式是否可行。

在进入正题前，我们先总结一下认知语法的一些基本原则以及分析工具。

## 1.3　理论基础

这一节我们着重说明认知语法的基本原则和分析手段。此外,因为本书也从句式多义性的角度讨论上古汉语的与格句式,因此在这一节里也会说明语义地图模型能如何帮助我们对句式多义性进行讨论。

### 1.3.1　概念化和主观主义的语义观

认知语法对语义(meaning)的认识体现了一种新的切入角度,并且突破了客观主义语义观的局限性,认为人类的主观思维在语义处理中扮演着重要的角色。Langacker(1991b:2)提出了这个主张:

意义等同于概念化(Meaning equates conceptualization)

虽然这个句子很简单,但它却准确地指出了语言分析中的意义并不仅仅等同于客观世界的物或事,而且还包含认知主体(即人)对客观世界的物或事的认知过程。我们把这个认知过程叫作概念化(conceptualization),而按 Langacker(1987,1991a)的分析,概念化就是以不同的方式构想和描绘相同客观情景的能力。他要传达的最基本信息是,意义不能简单等同于真实世界的客观内容,它是由客观内容(content)和主观识解(construal)相互作用而成的。一个经常被用来说明这个道理的例子就是 hypotenuse (即直角三角形的斜边)。Hypotenuse 这个词语确实只不过是一条直线,但是我们也知道任何一条直线并不都是 hypotenuse,原因就在于它是直角三角形的一边,因此要理解这个词语,就必须在大脑中激活(activate)直角三角形这个客观内容,而 hypotenuse 就是这个客观内容的某个被凸现的部分。采用认知语法的特定术语来分析 hypotenuse,我们就可以说这个词语以直角三角形为其基体(base),而由于词语的意义等同于概念化,因此在这个基体上被"注意的焦点"或被突显的部分就叫作勾勒(profile),而勾勒就是这个词语所标示(designate)的那一部分述义。[①] 这个分析可用下图来表示,粗线部分表示概念化过程中的勾勒,而勾勒也就是这个词语的意义。

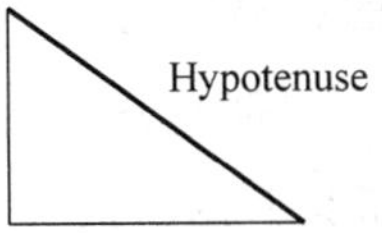


图 1.22

必须指出的是,hypotenuse 和 right-angled triangle (直角三角形)这两个词语的意义虽然不同,但它们其实都拥有了相同的基体,这就说明了主观认知在语义分析上扮演着重要角色。就 right-angled triangle,我们以下图来说明它的意义:

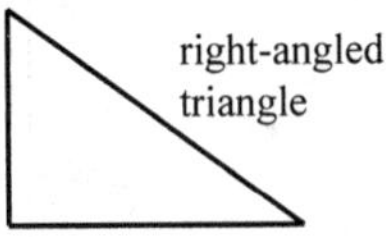


图 1.23

基体和勾勒是认知语法进行语义分析时最重要的两个术语。一个语法形式必然激起某种基体,而这个基体就包含了一组概念性的内容。在这个基体中,某些子结构会被突显,这就是勾勒。因此,如果共同基体上被勾勒的部分不同,那么激起相同基体的语法形式也自然而然地拥有不同的意义。Above(上)和 below(下)这对反义词就常常被用以说明上述的道理。这两个词语意义虽然不同,但是却激活相同的基体:

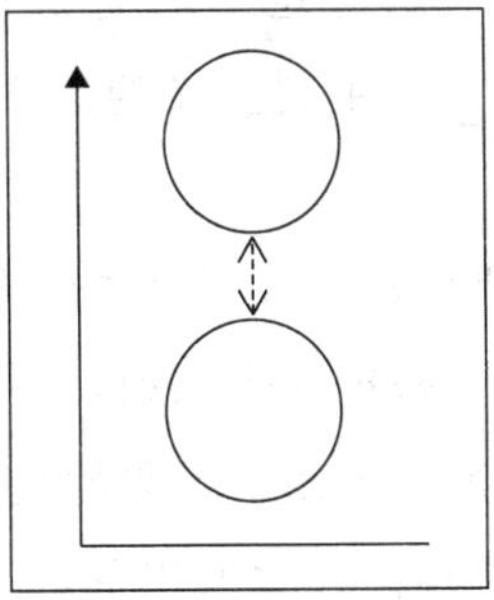

图 1.24

① 这个说明参考了沈家煊(1994)。

由于这两个词语表达的都是两个物体之间的一种空间关系，并且拥有相同的基体，因此为了说明它们的意义，基体中的两个物体在不同的词语中就必须获得不同的突显和勾勒。认知语法中的射体（trajector, tr）和坐标（landmark, lm）都是表达勾勒关系的重要术语，是用以标明基体中被勾勒的物体所具有的不同突显度：最突出的物体被称为射体，是被论述或评估的对象，也是勾勒关系中的主要焦点，而另一个物体一般就被处理为次要焦点，即坐标。利用这两个术语，我们就能说明 above（上）和 below（下）虽然基体相同，被勾勒的对象也相同，但是意义却不相同：

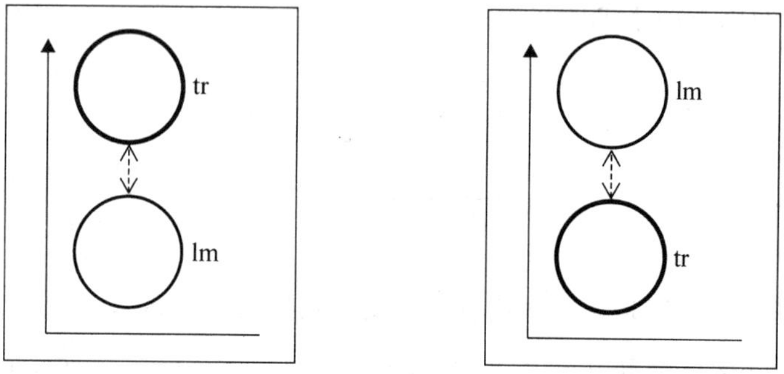


图 1.25　（图左为 above，图右为 below）

我们在前一小节中说明了以动词为中心的句法分析模式的局限性，进而提出须以自上而下的以构式为中心的句法分析模式来对上古汉语与格句式进行讨论。这个研究取向应该是正确的，认知语言学界以外的学者也逐渐支持与认可这个取向（Croft 2001, 2012；LaPolla 2012）。这里我们就尝试说明主观主义的语义观和以构式为中心的句法观的关系。

认知语法的一个重要理论基础就是词语形式和句法形式没有本质的不同，均是音义结合体。根据这个认识，每一个句法形式都有自己独立的意义，而不同的句法形式即使所编码的是客观世界中的相同事件，它们的意义也并不一定得相同。之所以如此，关键就在于认知语法强调了意义不是客观的，而是在基体中的主观勾勒。这个道理在我们上边讨论 hypotenuse 等词语时就已清楚说明了。一旦把握了这个道理，

就能明白为什么 Langacker(1987:39)不同意转换生成语法对现代英语中的与格交替现象所做的分析:

按照与格转移规则,(13)(a)这样的底层结构可衍生出(13)(b)这样的句子。

(13) (a) He sent a letter to Susan.

(b) He sent Susan a letter.

这些句子真值相同,描述同一个事件时可互换使用,但我认为它们在语义上是不同的(参看 Goldsmith 1980)。由于(13)(a)使用了介词 to,它强调了在以 Susan 为目标的情况下,该信件经过的路径。相比之下,(13)(b)强调的是 Susan 成为信件领属者的结果;我假设这种领属关系以 Susan 和 a letter 的并置以及线性顺序为象征。我不认为(13)(b) 缺少路径概念,也不认为(13)(a)缺少领属概念:两种概念都不同程度地存在于各句中。事实上,我认为这些概念在上述两句中相对突显(salience)的不同,这是因为它们分别由 to 和名词性成分并置进行象征化。语法结构的不同致使每个句子突出所构想情景的一个方面,而牺牲另外一面;我觉得两个例句是通过不同意象(image)来表达事件的。[①]

---

① 原文为:Consider the rule of Dative Shift, which supposedly derive sentences like (13)(b) from underlying structures like (13)(a)。

(13) (a) He sent a letter to Susan.

(b) He sent Susan a letter.

These sentences have the same truth value and can be used interchangeably to describe the same event, but I suggest that they nevertheless differ semantically (cf. Goldsmith 1980). Because (13)(a) employs the preposition *to*, it emphasizes the path traversed by the letter with Susan as goal. By contrast, (13)(b) emphasizes the resulting state in which Susan possesses the letter; I will assume that this possessive relationship is symbolized by the juxtaposition and linear order of Susan and a letter. I do not claim that the notion of a path is lacking in (13)(b), or the notion of possession in (13)(a): both are present to some degree in each sentence. Instead I claim that the relative salience of these notions differs in the two examples owing to their respective symbolization by *to* and by the juxtaposition of nominals. The differences in grammatical structure thus highlight one facet of the conceived situation at the expense of another; I will say that the two sentences present the scene through different images.

Langacker(1987:40)还进一步指出：

> 句法自主理论对真值语义有一种自然倾向。基于真值而等同意义和语义，会使13(a)-(b)这对句子同源而生的观点变得合理，并忽略了语素和句法所提供的语义。但对于认知语法而言，意义存在于规约意象的层级。我们不能忽略to这样的语素所表达的语义，即使它代表的只是一种受空间关系制约的，更抽象化的比喻意义的延伸。语法构式强制性地赋予概念内容特定的结构，照此来看，把两种方式视为相同材料的不同表述是没有意义的：在那些材料是什么以及要表达什么内容方面，它们体现了在实质上截然不同的构想。①

在认知语法中，句法形式所具有的独立地位是明显被提高了，而且由于对意义的理解已有了新的角度和观点，因此表层不同的句法形式编码的虽是相同的客观事件（如主动句和被动句，又如参与与格交替的不同的与格句式），但由于它们的概念化过程并不相同，因此具有不同的句式意义。从这个角度着眼，如果我们采取一种以句式为中心的研究策略，焦点自然而然就会落在揭示语法系统中不同句式之间的功能差异上，以及回答为什么客观世界中的不同事件会采取同样的一种句法编码方式。这个研究角度目前尚未见于当前的上古汉语语法研究

---

① 原文为：Theories of autonomous syntax have a natural affinity for truth-value semantics. A truth-value account of meaning and semantic equivalence makes it plausible to derive sentence pairs like (13)(a)-(b) from the same source, ignoring the semantic contribution of grammatical morphemes and syntactic constructions. But for cognitive grammar, meaning resides in hierarchies of conventional imagery. The semantic contribution of a grammatical morpheme like *to* therefore cannot be ignored, even if it represents a figurative extension of the spatial to into more abstract domains. A grammatical construction imposes and symbolizes a particular structuring of conceptual content, and in this perspective it makes no sense to regard the two approaches as alternate accounts of the same data: they embody substantially different conceptions of what those data are and what has to be said about them.

中。当前的研究范式由于坚信意义和客观世界中的概念内容一致，因此认为不同的句法形式只要在客观意义上一致就必然是同义的，而这些不同句式之间也就存在着一定的关系：

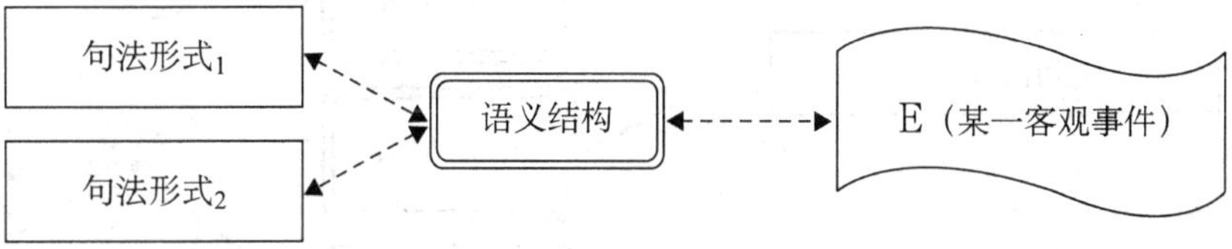


图　1.26

下图展示了在这一个范式下如何构想语法组织这一更为复杂的问题。只有粗线方框代表当前研究范式感兴趣及关注的问题，以此揭示某种特定语言的语法组织：

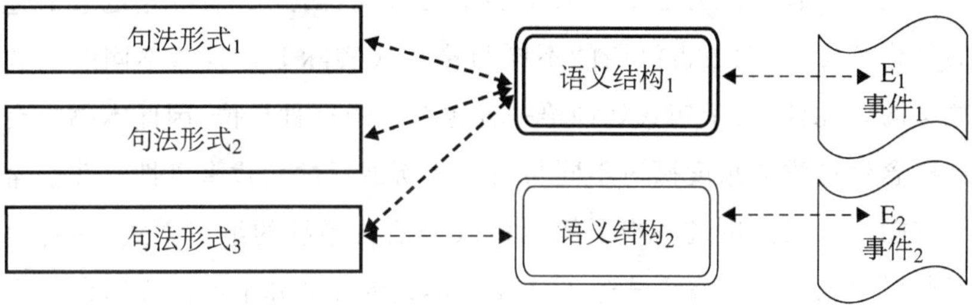


图　1.27

我们可以清楚地看到，这一研究范式所关注的是直接对应客观世界中的事件的意义而非句法形式本身，因此即使面对第三种句法形式被用以表达客观世界中的两个不同事件，采取这一研究范式的学者也并不认为这个现象会带来严重的问题。正因为我们的焦点已转移，更关注语法系统中的句法形式在形式和意义之间的关系，尤其是当我们发现在没有亲属或接触关系的语言中，某种句法形式和多个意义之间的配对关系经常反复地出现，也即是在句法的层面上出现了上文中所提到的相同的“同音”现象，我们就不能不承认认知语法所强调的句式确实在人类语言系统的语法组织上有其重要的作用：

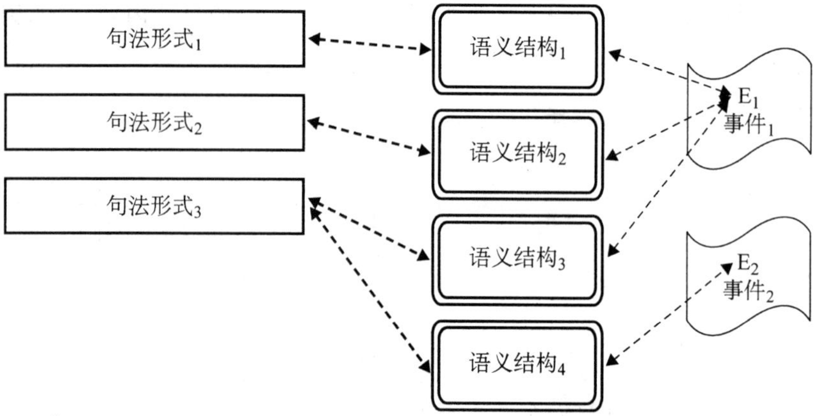


图 1.28

在上古汉语语法研究中，这无疑是一种新的研究角度和新的句法分析模式。我们认为这是个值得尝试的方向，因此本书将立足于上述的理论基础，说明上古汉语的不同与格句式实际上是具有不同的句式意义的。此外，由于句式如词语一样也是个象征性单位，因此本书也会从概念化过程的角度探讨不同与格句式所展示的句式多义性。我们希望这能帮助我们更进一步了解上古汉语语法系统的组织方式，而且本书所揭示的这种组织方式也不违反人类大脑在认知上的内在运作。

### 1.3.2 句法形式及其意义等同于句式

前面提到，语法形式（包括词语形式和句法形式）在认知语法中享有重要的地位。必须指出的是，句法形式本身虽是一种复杂的语法形式，但在展现图式（schema）和示例（instance）的范畴化关系上，和其他范畴（category）并没什么两样。其特征可概括为：

> 单位[A]是[B]和[C]的图式；[B]和[C]例示，或详细阐述[A]：示例继承图式的规格，但以更多具体细节充实图式。不同示例以不同方式充实图式。从另一个角度，我们可以说，图式把所有示例的共同点抽象化。下面是图式和其示例间关系的“图式化”

表达。[1]

（Taylor 2002:124）

上述的说明可由下图来表示：

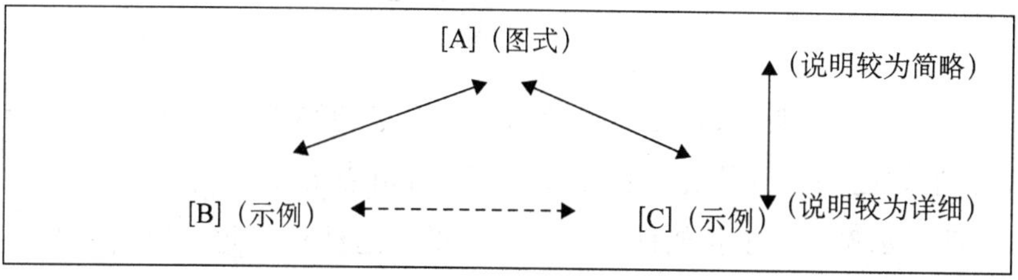


图　1.29（取自 Taylor 2002:125）

由于范畴有大有小，因此这里就以一个最简单的词语所构成的范畴来使上述的说明更为具体：

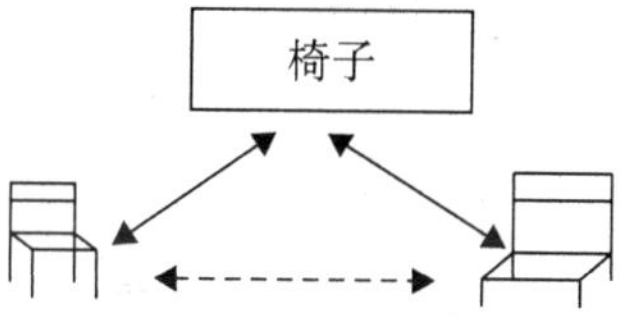


图　1.30

两个示例[B]和[C]间是由相似性产生关联的；"[B]和[C]相似，正因为两者继承了[A]图式的规格"（Taylor 2002:125）。[2] 图 1.31 进一步说明了上述的图表：

---

① 原文为：Unit[A]is schematic for[B]and[C]; [B]and[C]instantiate, or elaborate [A]. An instance inherits the specifications of the schema, but fleshes out the schema in more detail. Different instances flesh out the schema in contrasting ways. Alternatively, we can say that the schema abstracts what is common to its instances. Below is an illustration of a more "schematic" representation of the relation between a schema and its instances.

② [B]and[C]are similar, precisely in respect to the fact that they both inherit the specifications of the schema[A].

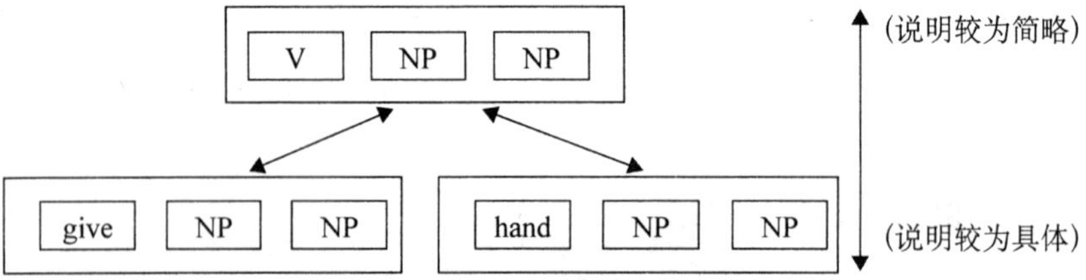


图 1.31

图 1.31 表明，只要把不同动词代入图式的"V"中，就能使复杂的语言形式进一步具体化。由于 give 和 hand 都是表领有权转移的动词，两个示例是基于相似性而建立关系的。这纯粹是句法形式的范畴化关系。必须强调的是，我们尚未在讨论中纳入这些示例的语义极(semantic pole)。随着意义的引入，问题将变得格外复杂：

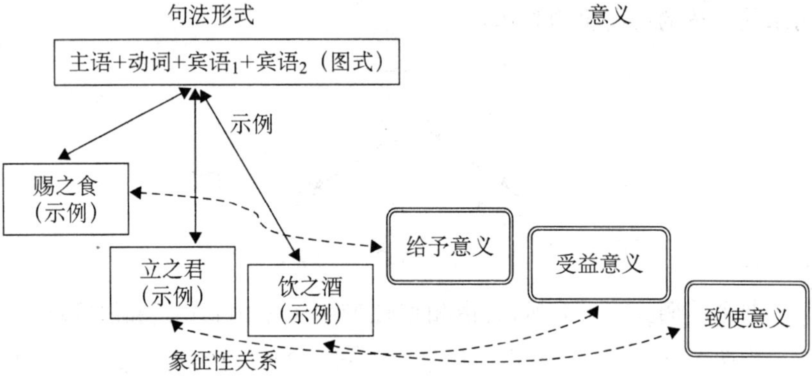


图 1.32

我们也可用同样手段处理上古汉语中以介词"于"为标记的与格结构：

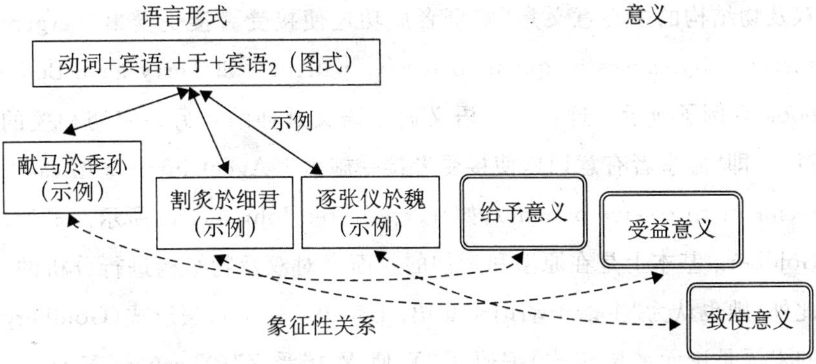


图　1.33

一旦纳入语义极，就不能平等地对待同一图式的三个示例，因为它们之间的关系并不对称。为体现这些示例间的不平等关系，我们必须修改图 1.29：

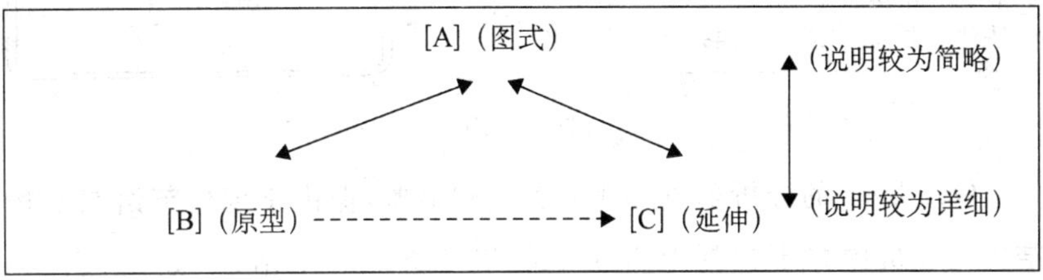


图　1.34

须注意的是，[B]和[C]之间现在变成单向箭头，以表现两个示例间的不对称关系。和[C]相比，[B]在该范畴中较为基础与中心，被称作原型成员，而[C]则是同一范畴的边缘成员。图 1.34 中，某一范畴的定性是在两个不同层面进行操作的，较为抽象的图式层面和更加具体的原型层面(categorization by schema and categorization by prototype)。认知语法中"名词"范畴的语义特征最能说明这个问题(Langacker 1991a)，而句法形式的语义特征自然也不例外。

先来看 Goldberg 从构式语法角度对现代英语双及物结构(即我们所说的双宾语结构)的分析，这也许能为我们解释图 1.32 的例子提供新见解。简单来讲，Goldberg(1995：31—39)认为，双及物结构和一组密切关联的意义相关，而不是具有单一固定的抽象意义。因此，她提出双及物结构的中心意义是“施事者成功地使接受者接受受事”(Agent successfully causes recipient to receive patient),如 Terry gave Ben a book 等例子所示。这一中心语义通过语义延伸纳入另一密切相关的意义,即“施事者有意识地使接受者接受施事”(Agent intends to cause recipient to receive patient),如 Terry baked John a cake 所示。显然,Goldberg 基本上是在原型和延伸的层面来对双及物结构进行分析的。此外,她也认为“主语+动词+宾语$_1$+宾语$_2$”这个句法形式(Goldberg 的术语是论元结构构式)编码了“X 使 Y 接受 Z”(X causes Y to receive Z)的基本事件,即从更高的图式层面涵盖上述两个示例的抽象意义。下图表示了现代英语双及物结构的形式和意义之间所具有的象征性关系:

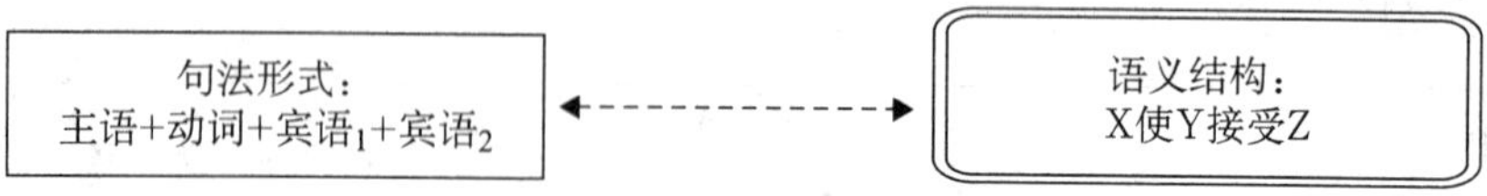


图 1.35

Goldberg 的分析虽值得我们关注和借鉴,但由于现代英语双及物结构的成员中并不包括上古汉语的使动类双宾语结构(如“饮之酒”等),因此我们这里就面对一个如何有效说明这类双宾语结构的生成过程的难题。解决这个问题的方法有两种。第一种是 Newman(1996)提出的。根据他对于不同语言中的通用给予动词(即如现代汉语的“给”等)的调查研究,双宾语结构的语义延伸可由与格用法而来。因此,致使意义可看作双宾语结构众多密切关联的意义中的一种。Newman(1996:173—174)认为:

> “给”的一种延伸涉及操纵他人,以便让那个人做某些事情;这种意义就好比英语里的 have someone do something, get someone to do something 和 arrange for someone to do something,即具有“操纵”意义。这种由“给”承载的意义可见于不少语言……不仅有从给予者到致使者的映射,也有从接受者到受使者的映射。

> 给予者和致使者不仅都牵涉到人，而且那个人是拥有意志力并挑起行动的施事者。接受者和受使者的共同点在于，有人因他人的行动而经历某些行为变化。如果把事件行为的责任识解为把实体交给受使者，人们或许也能看到客体间的平行关系。照此看来，“给”框架中的三个显著实体全部对应操纵框架中的实体。[①]

认知语言学中还有另一种解决这个问题的办法，就是为双宾语结构设置某种高度抽象与图式化的意义。若采取这个方法，我们首先得把构式而不是原则视为语法的基本单位。这种观点认为语法是“有组织的规约语言单位的总汇”(structured inventory of conventional linguistic units)，既然一个单位“为说话者组构‘预先包装好’的配件”(constitutes for the speaker a “prepackaged” assembly)，它“不要求创造新结构所需的结构上的努力”(does not demand the constructive effort required for the creation of novel structures)(Langacker 1987:57)。Talmy(2000a:1)也明确阐释了这一想法：

> 语言的基础设置是它拥有两个子系统，可称作“语法”和“词汇”(下文将进行定性)。原则上，语言被设想为只有词汇这一单个系统，那为何还需要这种普遍性分支呢？本章的解释是，这两个子系

---

① 原文为：One extension found with GIVE involves the manipulation of another person in order to have the person do something, a sense which we may render in English as have someone do something, get someone to do something, arrange for someone to do something. This is what may be called the“manipulative”meaning. It is a meaning which is carried by GIVE in a number of languages ... there is not only a mapping from the GIVER onto the human causer, but also from the RECIPIENT onto a human causee. GIVER and human causer have in common that a person is involved and that a person is a volitional human agent, instigating an action. RECIPIENT and human causee have in common that a person is experiencing some change in their behavior due to the actions of another person. One might also see a parallel to the THING by construing the responsibility for the act as an entity passes over to the causee. Understood in this way, all three of the salient entities in the GIVE frame correspond to entities in the manipulation frame.

统有不同的语义功能，这些功能不可缺少且相辅相成。为进行更进一步的解释，我们首先需要注意，句子（或话语中的其他部分）激起听话者某种特别的经验性复合体，此处称为认知表征（cognitive representation）或 CR。句子的语法和词汇子系统概括性地说明 CR 的不同部分。句子的各语法元素共同决定 CR 的大体内容，与此同时，各词汇元素则提供内容要素。因此，语法规格为句子提供了概念框架，也可将其想象为由词汇说明的概念材料的骨骼结构或棚架材料。[①]

**根据这一方法，我们可把原型和延伸层面的具体意义归入一种高度抽象与图式化的意义中：**

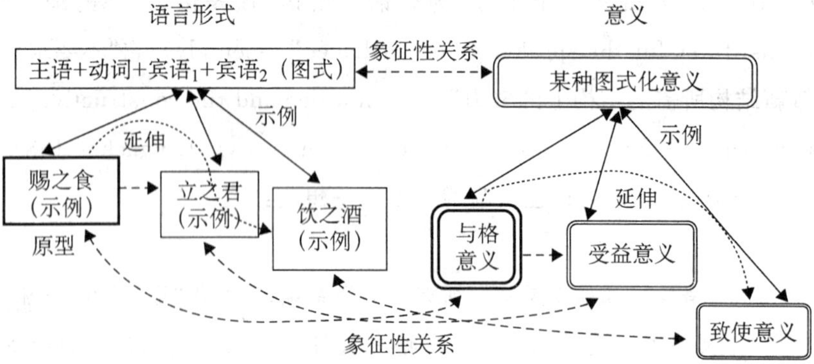


图 1.36

① 原文为：A fundamental design feature of language is that it has two subsystems, which can be designated as the grammatical and lexical (as these are characterized below). Why is there this universal bifurcation when, in principle, a language could be conceived having only a single system, the lexical? The explanation in this chapter is that the two subsystems have distinct semantic functions, ones that are indispensable and complementary. To develop this account further, we must first note that we take a sentence (or other portion of discourse) to evoke in the listener a particular kind of experiential complex, here termed a cognitive representation or CR. The grammatical and lexical subsystems in a sentence seem generally to specify different portions of a CR. Together, the grammatical elements of a sentence determine the majority of the structure of the CR, while the lexical elements together contribute the majority of its content. The grammatical specifications in a sentence, thus, provide a conceptual framework, or, imagistically, a skeletal structure or scaffolding for the conceptual material that is lexically specified.

然而，图式化意义从何而来呢？Langacker(1987:381—382)认为：

我们对图式化网络的定性强调了它们的“静态”特征，然而，把它们视为动态、持续发展的结构也很重要。语言使用的压力会定型、维持与修改图式化网络。这种压力的定位是编码，即互动关系，是已经形成的规约单位和由它们引起的特定用法之间的范畴化行为。[①]

Langacker(1987:382)针对图式化网络的增长提出如下的观点：

我们必须把影响网络进化的多种能力归因于语言使用者。其中最基本的也许是提取图式的能力，这些图式体现了较为具体结构的共性。如果没有这种能力，每种经验都将自成一体；它使说话者通过消减特殊细节以及调整独特性的具体程度来合并某些经验，并将之归入某一相同的普遍类型。初始范畴原型的产生被定性为低层图式的提取。我还说过，图式化是第二基本能力，即促成延伸的可被察觉的相似性。范畴从原型向外的增长因此伴随着高层图式这一向上增长的形式。[②]

---

① 原文为：Our characterization of schematic networks has emphasized their“static” properties, but it is important to regard them as dynamic, continually evolving structures. A schematic network is shaped, maintained, and modified by the pressures of language use. The locus of these pressures is coding, i. e. the interactive relationship — in the form of categorizing activity — between established conventional units and specific usage events they are invoked to sanction.

② 原文为：We must attribute to the language user various capacities that effect the evolution of a network. Most fundamental, perhaps, is the ability to extract schemas that embody the commonality of more specific structures. Without this ability every experience would remain sui generis; it enables the speaker to unite certain experiences as tokens of the same general type, through cancellations of idiosyncratic detail and adjustments in level of specificity. The emergence of an initial category prototype has been characterized as the extraction of a low-level schema. I have also claimed that schematization figures in the second basic capacity, namely the perceiving the similarities that motivates extension. The outward growth of a category from its prototype thus tends to be accompanied by upward growth in the form of higher-order schemas.

Langacker有关图式化网络增长的理论假说可由Israel(1996)关于Way构式增长的实证研究获得进一步的补充。他(Israel 1996：225—226)专门指出：

> 定性way-构式增长的基本动向看似非常直截了当。早期与该构式有关的谓语显得更加寻常与图式化，而后期的谓语则包括了临时形式——拟声动词，以及许多不寻常和非常特殊的次级词语。由于其用法开始包括越来越多不常见的动词，该构式的概念范围也渐渐扩大：该构式初期只限于同运动或路径直接有关的动词；后期，该构式也接纳了那些仅能勉强或偶然和表达实际运动沾边的动词。①

根据这些极富新意的想法，我们认为可将上古汉语双宾语结构这个范畴里的关系做如下处理：

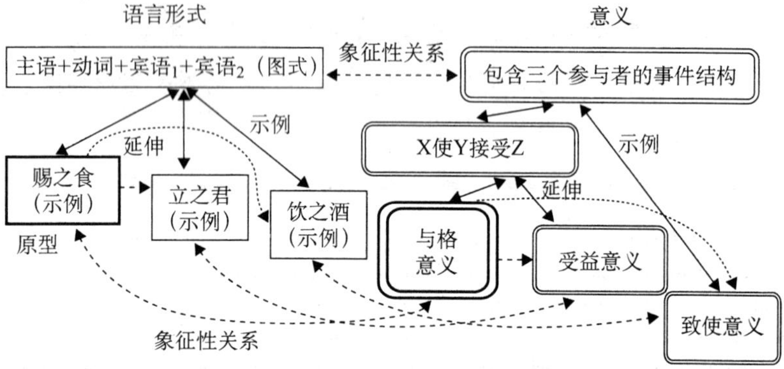


图 1.37

① 原文为：The basic developments that characterize the growth of the way-construction appear to be remarkably straightforward. Early predicates associated with the construction tended to be less unusual and more schematic, while later predicates include nonce forms —, onomatopoetic noisy verbs, and generally a variety of unusual and highly specific subordinate-level words. As usage began to include increasingly recherché sorts of verbs, the construction's conceptual range gradually expanded; in early stages the construction was limited to verbs which were somehow directly related to motion or path creation; in later stages, the construction allows verbs which are only marginally or incidentally related to the actual expressed motion.

图1.37较Goldberg的方案而言,能解释更大范围的跨语言材料,并且能把和给予意义相关的句法形式范畴化。看待最高次序的图式意义有两种方式,第一种方式是将其当作双宾语结构的三种意义的抽象化意义,另一种方式虽然比较复杂,但却是通过更为动态的角度,把范畴向外增长归因于最高次序的图式意义。不论采取哪一种解释,背后的基础都是给予类事件是人类的基本经验,而为表达这一基本经验则需要具体的句法形式。这一句法形式一产生就成为语言系统中“有组织的规约语言单位的总汇”的一分子,因此是人类语法组织中预先准备好的单位,而这个单位就和词语一般地固着(entrenched)。涉及三个核心参与者(如使某人喝酒)的致使事件对于人类经验来说,要比给予类事件生僻得多。因此,要编码这一事件,要么得创造独立的句法形式,要么为了经济的缘故,说话者可以使用自己语言的语法系统中已存在的资源来完成这一任务。照此看来,选择最初编码给予类事件的句法形式正是因为它为编码其他涉及三个核心参与者的非基本经验提供了模板。Kemmer & Verhagen(1994)对致使式语法以及事件的概念结构的研究证明了这一观点。他们在大量跨语言证据的基础上,明确提出最好把分析型致使(analytic causative)结构当作简单的表达式的延伸。其中,及物谓语的致使(即causatives of transitive predicates,如He had the servant taste the food)被视为以包含三个参与者的简单小句(如I gave Mary a flower或She broke it with a hammer,主要是双及物和工具小句类型)为模型。

须指出的是,我们这里虽提出了个方案说明以句式为中心的句法分析模式如何处理句式内部的范畴化关系,而表面上看来,这个方案似乎肯定了具体的句法形式和具体的图式意义之间存在着普遍性的关联(如人类语言中的双宾语结构和某些特定意义相联系),但据目前本书所提供的材料来看,这仍不是定论,而我们将在本章后面的内容中借助语义地图模型对这个问题进行更多的讨论。

### 1.3.3　辐射状范畴下的语法范畴(句式以及句法关系等)及其局限性

在正式讨论上古汉语的与格句式及其延伸之前,我们得总结目前为止讨论过的内容,并进一步阐明一些关键性的想法。贯穿上文的重要线索是,句法形式和词语一样,在本质上具有象征性的特点,也展示了多义性。务必注意的是,句法形式所承载的多个意义,也和词语所承载的多个意义一样,它们之间的地位并不平等,且存在着原型和非原型的范畴化关系。我们在上边虽已初步引用了原型理论以说明句式这个语法范畴的内部范畴化关系(即句式所编码的不同客观事件之间虽相关,但地位并不平等),但我们在这里还是希望对“原型”(prototype)这个概念再加以说明,原因就在于认知语言学对于所有的语法范畴的分析和处理都坚守了这样一种范畴化关系,这当然也包括了对不同词类和句法关系的分析和处理。此外,我们也希望借此说明从原型理论出发来分析句式多义性虽然有其必要性和合理性,但是也存在着明显的局限性,而这个局限性使得我们必须把认知语言学和语言类型学中所探讨的多义性的最新分析模式结合起来。该模式就是语义地图模型(semantic map model)。

我们在上边曾以“椅子”为例说明原型范畴下的范畴化关系,而根据 Lakoff(1987:41)的观点,书桌椅(desk chair)是“椅子”这个范畴中最具代表性的原型成员,而摇椅、理发椅或电动椅等其他边缘成员和原型成员之间的关系就属于延伸的范畴化关系,如图 1.38 所示:

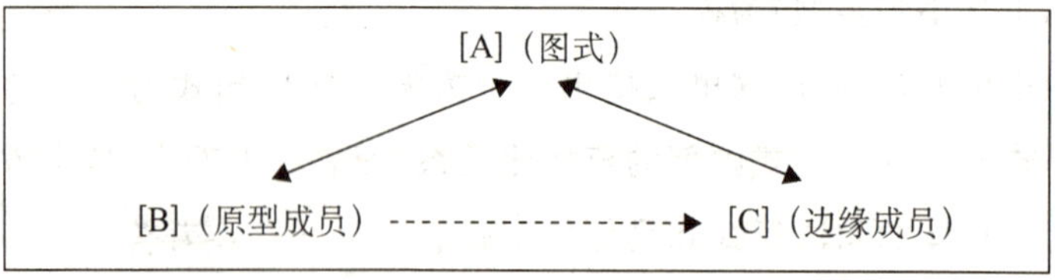


图　1.38

原型成员和边缘成员显然不等同,但它们的确表现出一定的相似性,因此被归于同一个范畴。由于从认知的角度所进行的语言研究已肯定了语言在组织上运用的是一般认知能力,而不是特殊的语言机制

(参看 Tomasello 2003;Tyler 2012),因此很自然地,在语言描写和分析上的众多范畴,如名词、动词、主语、宾语等,必然也体现出原型效应。张敏(1998:87)就此指出:

> 实际上,Langacker 的名词定义正是由较原型的具体的可数名词出发,逐渐扩展到物质名词(mass noun,如"water")、集合名词(如"archipelago、team")、表心理活动的名词(如"love、envy")以及由动词经名词化而来的名词(如"arrival、explosion")等。

不仅词类体现原型效应,就是句法关系也是如此。Bates & MacWhinney(1982)通过语言习得的研究提出原型理论可以用来定性主语的句法关系。他们指出:

> 原型主语既是施事者,又是话题。

在以原型理论为基础的范畴化关系中,和原型成员非常接近的事物绝大多数都属于该范畴,并且是相对较好的例子,但即使不属于原型施事者或话题的名词短语其实也能成为主语,只要它们具备施事者或话题的某些特征(参看 Langacker 1987,1991a;Croft 1991,2001)。这个看法体现在下图中:

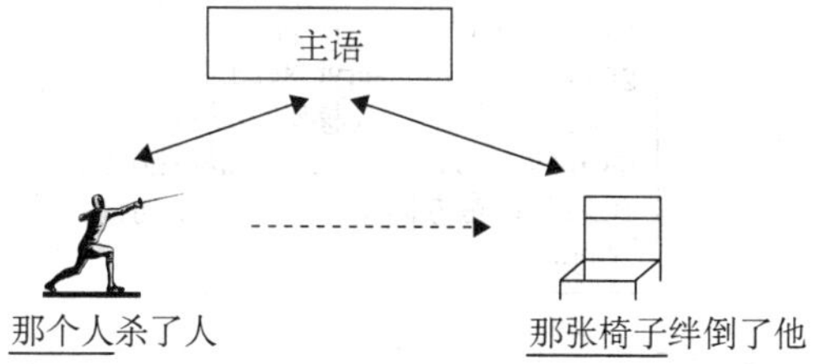


图　1.39

由此可见,词类和句法关系等语法范畴都体现了原型效应,而我们也可以把具有这个性质特点的范畴称为辐射状范畴(radial category)。不仅如此,根据之前的讨论,句法形式这个语法范畴也具有相同的性属特点。Hopper & Thompson(1980)就有力地证明了及物句式也是一种辐射状范畴。Hopper 和 Thompson 确立了及物性的十个参数,每个参数都规定了可以衡量小句的等级,并根据这些参数确定了及物句式的原型和非原型成员(参看 Langacker 1987,1991a,1991b),而我们可用下图来表现及物句式作为辐射状范畴的特点:

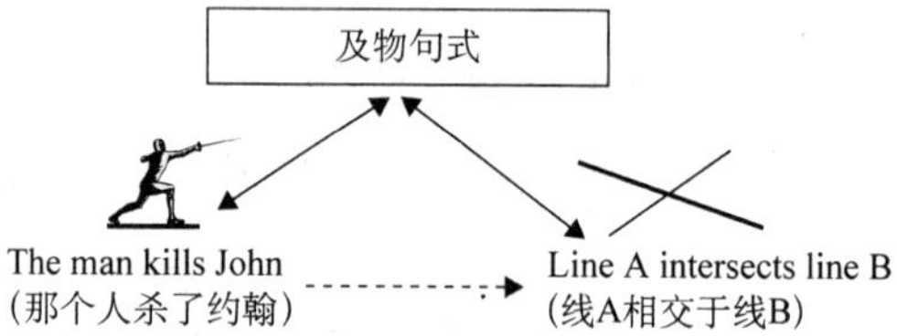


图　1.40

采取原型范畴或辐射状范畴的角度来看待与格句式,那么很自然地,我们就会得出和 Goldberg(1995)相似的结论:

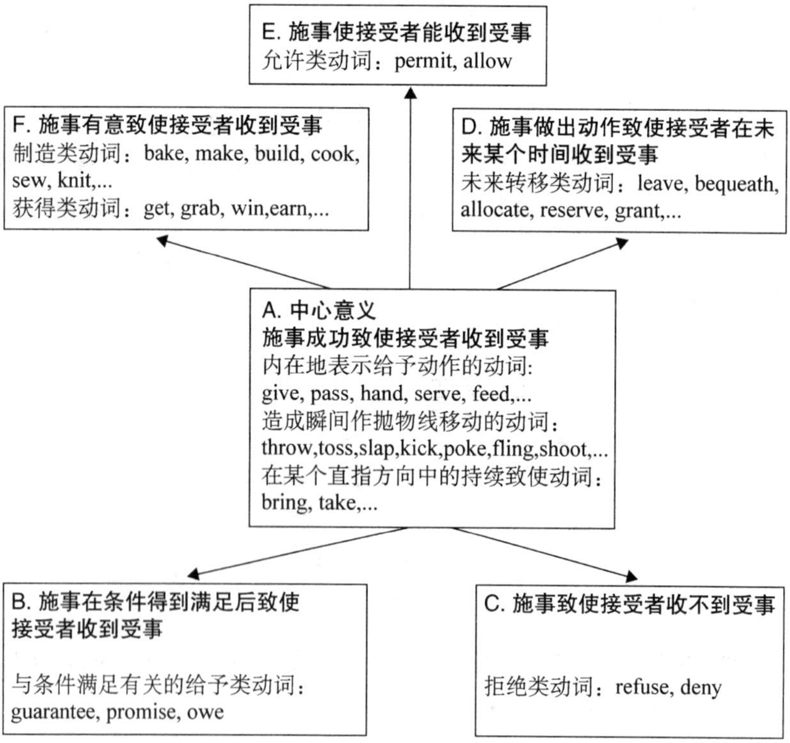


图 1.41　(取自 Goldberg 著、吴海波译 2007:38)

图 1.41 和图 1.36、图 1.37 并没有本质上的不同，它们都显示了与格句式是个体现原型效应的范畴，因此我们这里就以图 1.41 为主来进行进一步的讨论。根据图 1.41，Goldberg 认为现代英语的双及物结构（即等于本书的双宾语结构）有一原型成员，而其他的成员都是由原型成员延伸和发展出去的。从这个角度来分析语言的句法现象，必然会有不同于以动词为中心的分析模式的新发现，但是我们必须认识到这个分析本身存在着一个致命的弱点，那就是在处理句式多义性时，它无法有效地证明双及物结构下不同成员之间的亲疏远近关系。具体而言，就是上述的分析无法有效地说明原型成员和非原型成员亲疏远近的关系。我们只要仔细观察图 1.41，就能发现 Goldberg(1995)对于为什么不同的非原型成员都必须从同一个原型成员延伸发展出来，而非原型成员之间完全不存在相互的延伸发展关系的结论缺乏既必要又有效的证明和论述。由于缺乏这方面的讨论，因此不论是 Goldberg (1995)对现代英语的双及物结构所做的分析（图 1.41），还是我们之前对上古汉语与格句式所做的分析（图 1.36、图 1.37），都严格遵守了以句式为中心的分析模式，而所面对的问题也是一致的。

有鉴于此，我们引入语言类型学中的“语义地图模型”来补充认知语法和构式语法等在处理句式多义性方面的这一弱点。只要稍微比较下列 Malchukov, Haspelmath & Comrie(2007,2010)所提出的双及物结构概念空间，就能发现它和图 1.36、图 1.37 以及图 1.41 在处理与格句式内部的范畴化关系上有着明显的不同：

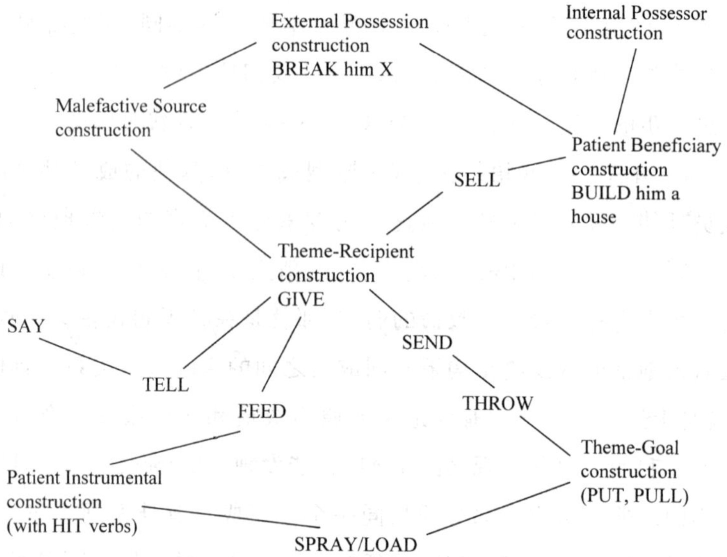


图 1.42 双及物结构的概念空间(取自 Malchukov, Haspelmath & Comrie 2007)

由于"语义地图模型"还是一个较新的分析手段,其主要是用来分析语素或词的多义性,而现有的研究又极少以之来探讨体现在句式层面上的多义性,因此我们将在下一节对语义地图模型进行简要说明,然后在此基础上说明图 1.42 的双及物结构的概念空间如何能帮助我们对句式多义性进行讨论。

### 1.3.4 语义地图和句式多义性的研究

"语义地图"是类型学(typology)中研究多功能语法标记的新工具,也是目前所知的研究多义性最好的方法。前人对于多义性的研究固然有重要的贡献与成就,但大多未能明确说明如何准确判断一个语素究竟属于同音还是多义现象,而语义地图能为一个多功能语素建立起二维的构架,并揭示这些功能之间亲疏远近的关系,也能从历时的角度描写其语义演变的过程。相较于其他方法,语义地图更具优势(参看 Haspelmath 2003)。其中两名研究语义地图的重要学者是 Haspelmath 和 Croft。Croft(2001:92—98)对"语义地图"(semantic map)与"概念空间"(conceptual space)做出了区分,而 Haspelmath

(2003)则在很多时候并不严格区分这两个概念,本书将采取 Croft (2001)的区分。

“概念空间”反映人类的大脑如何组织概念与概念之间的关系。它通过跨语言比较研究而建立,并假定是为世界语言所通用的(language-universal)。图 1.43 即是与格(dative)与相关功能的概念空间。

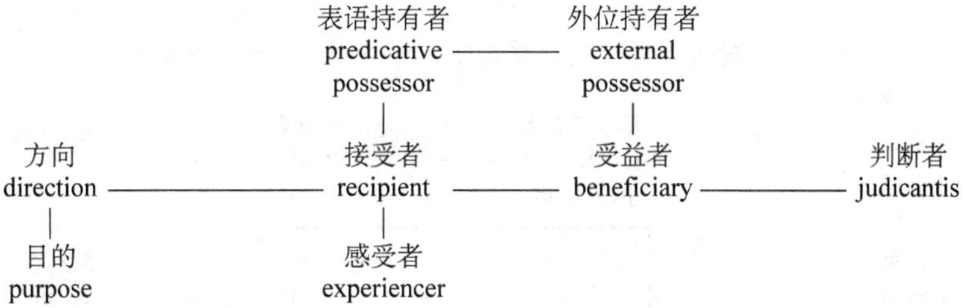


图 1.43　与格与相关功能的概念空间(取自 Haspelmath 2003:213)

“语义地图”则具有两层含义,一是泛指语义地图模型(Semantic Map Model)这一方法,二是强调它是与特定语言有关的(language-specific)这一特性。就后者,Croft 提出了“语义地图连续性假说”(Semantic Map Connectivity Hypothesis),他(Croft 2001:96)认为:

> 任何与特定语言或特定构造相关的范畴投射到概念空间时必须是一个连续区域。[1]

图 1.44 和图 1.45 分别是现代英语 to 和现代汉语普通话“给”的语义地图。这两个与格介词的多功能占据了概念空间中的某个连续区域,如下图所示:

---

① 原文为:Any relevant language-specific and construction-specific category should map onto a CONNECTED REGION in conceptual space.

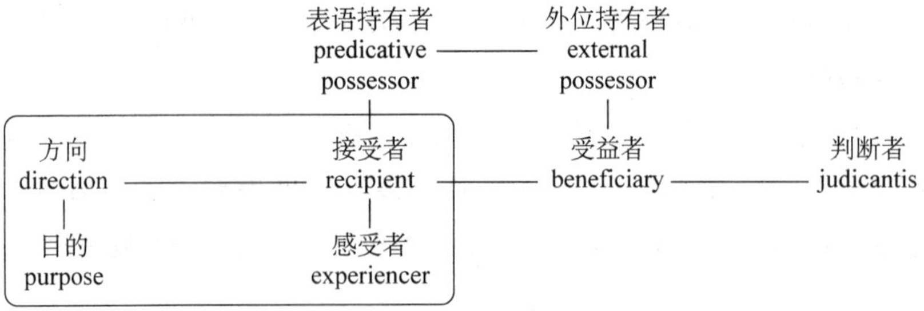


图 1.44 现代英语 to 的语义地图(取自 Haspelmath 2003:213)

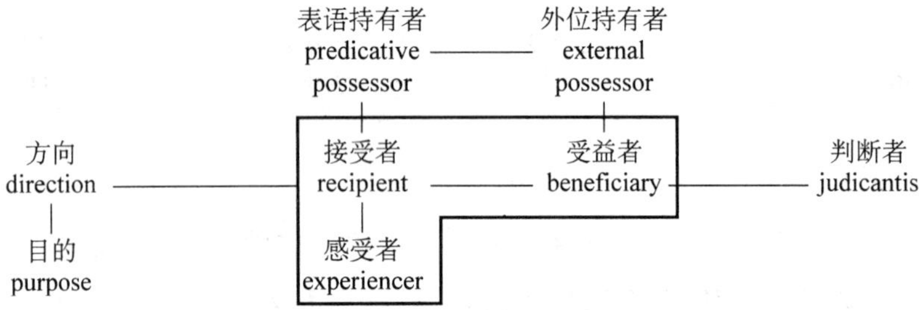


图 1.45 现代汉语普通话"给"的语义地图

由是观之,英语的 to 和汉语的"给"这两个多功能语素共用一个相同的概念空间,却又分别占据了这个概念空间中的不同区域。因此,它们所表示的功能部分重叠但不完全对等。总之,"概念空间"是人类普遍通用的底图,而"语义地图"则是特定语言在底图上的具体表现。换句话说,"语义地图"是特定语言在概念空间中所占据的某个连续区域。

**1.3.4.1 语义地图模型的建立**

语义地图模型的建立有两个主要的步骤:

1. 概念的选择

在开始建立概念空间之前,我们必须考虑该把什么概念放入图中。概念的选择并非任意的,而必须是人类大脑所能区分的。在操作方法上,只要有一个语言使用不同的形式来分别表达两个不同的概念,那么这两个概念就能在概念空间中被区分开来(Haspelmath 2003:217)。①

① 原文为:In order to justify this distinction on our semantic map, we need at least one language that has different formal expression for the two functions.

例如德语使用 zu 或 nach 来表示方向(direction),而用“与格”来表示接受者(recipient),因此“方向”与“接受者”这两个概念就必须在概念空间里被区分开来。

2. 概念的排列

概念的排列必须符合以下的操作原则:概念的排列必须使每个多功能语素(multifunctional grams)能够占据概念空间中的某个连续区域(Haspelmath 2003:241)。[①] 假如有任何语法语素的多项功能投射至概念空间时无法形成连续的区域,并出现断链的现象,那么这个概念空间将会被证伪。接下来,本文将以实际的操作方法,介绍 Haspelmath(2003)如何建立起“目的”(purpose)、“方向”(direction)、“接受者”(recipient)这三个概念的排列位置。

英语的 to 能够表示“方向”、“接受者”和“目的”。如果仅看这个语言,这三个概念将会有以下三种可能的排列方式:

(1) 目的—方向—接受者

(2) 方向—目的—接受者

(3) 方向—接受者—目的

根据语义地图的操作方法,只要同一个形式能够表达两个概念,即表示这两个概念是相连的。表 1.1 表达的是英语 to、法语 à、德语 zu 的不同功能:

表 1.1　英语 to、法语 à、德语 zu 的功能表

| | 目的 Purpose | 方向 Direction | 接受者 Recipient |
|---|---|---|---|
| 英语的 to | + | + | + |
| 法语的 à | − | + | + |
| 德语的 zu | + | + | − |

① 原文为:The functions must be arranged in such a way that all multifunctional grams can occupy a contiguous area on the semantic map.

法语的 à 能够表示“接受者”和“方向”，因此一旦把法语的资料加入，排列(2)的可能性将被排除。另外，德语的介词 zu 能表示“目的”和“方向”，但不能够表示“接受者”，这说明“目的”和“方向”这两个概念直接相连，所以排列(3)的可能性也被排除。

上文已提到了 Croft 的“语义地图连续性假说”，即任何与特定语言或特定构造相关的范畴投射到概念空间时都必须是一个连续区域(Croft 2001:96)。因此，概念的排列必须使每个多功能语素能够占据概念空间中的某个连续区域。如此一来，我们将得到排列(1)的位置，如下图所示：

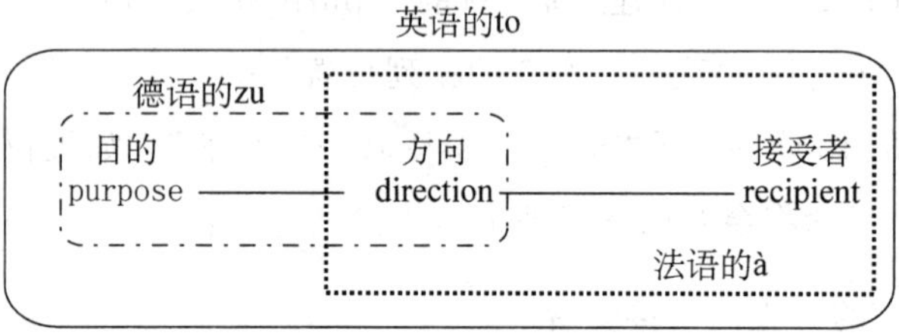


图 1.46　目的、方向、接受者的排列位置

除了通过跨语言研究之外，我们也能使用同一个语言来建立起概念空间。Haspelmath (2003:218) 指出：

> 我们甚至不需要跨语言比较来建立语义地图，因为我们只须用部分功能重叠的语素就能画出语义地图。当然，这些功能分布有所重叠的语素，最容易在检验不同的语言时发现。①

例如法语 à 及一些与格的附着语素(dative clitic)拥有部分重叠的功能，但 à 能够表示“接受者”、“感受者”、“方向”及“表语持有者”，而与格的附着语素则能表示“接受者”、“感受者”、“受益者”及“外部持有者”

① 原文为：So strictly speaking, one does not even need cross-linguistic comparison to construct a semantic map, because all we need is different grams with an overlapping distribution. But of course such different grams are most easily found by examining different languages.

(Haspelmath 2003:219)。因此,结合这两个多功能语素,我们能够建立起"接受者—感受者"的联系,而只要加入更多部分功能重叠的语素,我们即能得到一个更加完整的概念空间。下图是 Haspelmath 所提出的与格概念空间以及法语 à 和与格映射在这个空间上的连续区域:

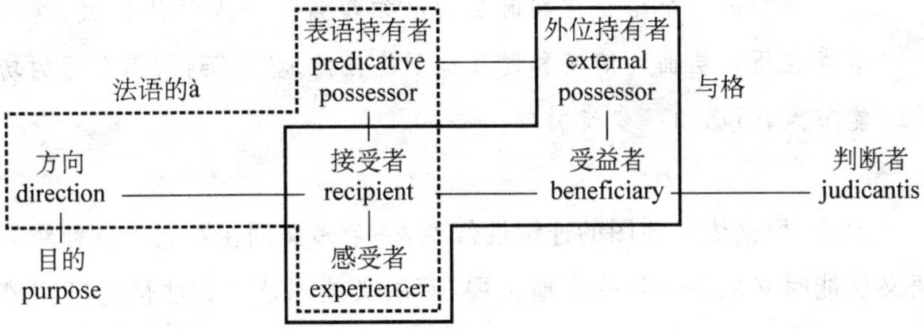


图 1.47 法语 à 及与格的范围(取自 Haspelmath 2003:219)

1.3.4.2 语义地图模型的优点

语义地图模型有下列几点好处:

1. 能够解释语言中的多义性结构

"多义性"存在于每个语言中,它指的是一个语法形式具有两个或两个以上不同但又相互关联的意义或功能。语义地图的基本前提是多义性并不是任意或偶然的,而是源于概念的相近(Haspelmath 1999:126)。语义地图整理(arrange)及组织(organize)多义词的各项功能,并揭示它们之间的内在关联。回到英语 to 的例子,to 能够表示"方向"、"接受者"、"目的"和"感受者",而如图 1.44 所示,语义地图证明了 to 的多功能并非任意的,而是因为这些功能的概念相近。

2. 能够预测历时的演变

Haspelmath(2003:233)表示除了概括不同语法意义在共时层面的关系,语义地图还是揭示语法意义历时演变规律,尤其是语法化的重要工具。[①]他还指出语义地图可被看作一套历时演变的途径,而一个标

---

① 原文为:In addition to summarizing the synchronic relationships between different grammatical meanings, semantic maps can also be an important tool for diachrony, in particular grammaticalization studies.

记在共时层面的多义现象只是其历时引申的结果。之所以能如此，是因为语义地图预测历时演变的方法在于其能证明某些演变必须在另一些演变之前。[①] Haspelmath(2003:233)接着指出：

> 就如同一个语素在共时层面必须覆盖一个连续的区域，这个语素在历时层面的演变和发展也不能任意地“跳”到相隔很远的功能节点，而必须一步步引申。[②]

因此，根据语义地图的连续性假说，一个多义词在发展出各种新的语义功能时必然是一步一步地扩展，而语义地图这一方法恰能证明哪些语义功能的扩展在先，而哪些在后。另外，Haspelmath(2003:233)还指出：

> 只要把语义地图中的连接直线换成箭头，就能看到语义演变的方向。[③]

图 1.48 是将图 1.43(与格与相关功能的概念空间)中的连接直线换成箭头后所得的历时演变图。图中的语义演变方向是已经证实的历时演变途径。[④]

从英语 to 和法语 à 的例子看来，这两个多功能语素都是从“方向”引申出“接受者”这一功能，因此印证了图 1.48 的历时演变途径。

---

① 原文为：The simplest way in which semantic maps make predictions about diachronic change is by showing that some changes presuppose others.

② 原文为：Just as synchronically each gram covers a contiguous area, so diachronically a gram cannot arbitrarily“jump”to a distant function, but must be extended step by step.

③ 原文为：This directionality can be encoded easily on semantic maps by turning the neutral connecting lines into directed arrows.

④ 由于文献的不足，Haspelmath(2003:234)无法确定“外部持有者”与“判断者”的历时演变途径。

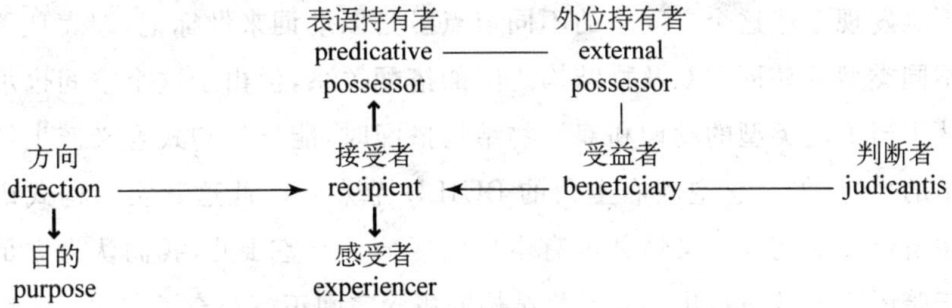


图 1.48　与格与相关功能的历时演变图

### 1.3.4.3 句式多义性和语义地图

上面我们简单地介绍了“语义地图模型”的大体情形和操作手段，由此不难发现，语义地图在研究语言的多义性现象上还是主要集中在词的层面，而不太重视句式所呈现出的多义性。在这个背景下，Malchukov, Haspelmath & Comrie(2007,2010)所提出的下列概念空间就显得特具意义。

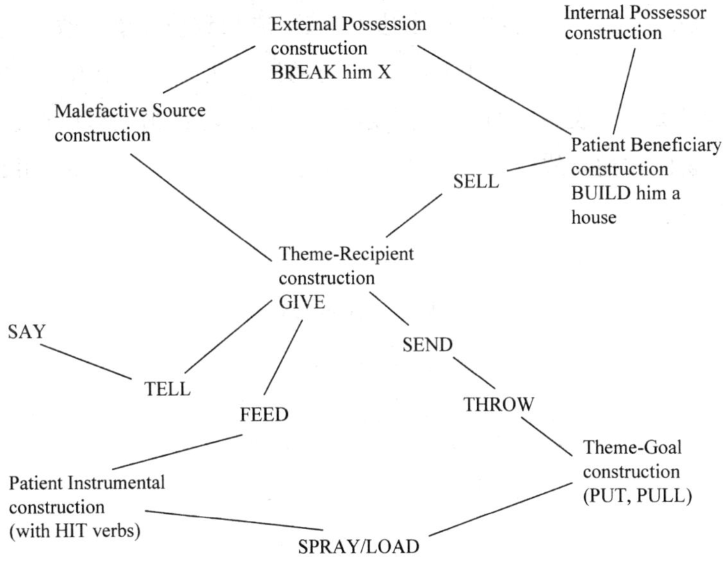


图 1.49　双及物结构的概念空间

须指出的是，Malchukov, Haspelmath & Comrie(2007,2010)并未明确地指出图 1.49 是能用以讨论句式多义性的概念空间，而仅说上述这张图体现了动词和双及物结构的搭配关系。虽然如此，我们却也不难发现上述这个空间里的不同节点虽是以动词来做标记，即表现了不同类型的动词和双及物结构之间的搭配关系，但由于这个空间也承认了当不同类型的动词和双及物结构搭配时，能导致句式意义产生细微的变化（如概念空间右上角的 BUILD 节点），因此这其实和构式语法所倡导的句式多义性并没有本质的区分。有鉴于此，我们认为立足于跨语言比较所得出的双及物结构的概念空间正好补充了构式语法在处理句式多义性上的弱点。我们可以图 1.49 中的 GIVE、SEND、THROW 和 BUILD 等四个节点来说明这个作用。和前三个节点有关的例子如下：

[76] GIVE 节点：She gave him a book. 给他一本书。

[77] SEND 节点：She sent him a book. 送他一本书。

[78] THROW 节点：She threw him a ball. 扔他一个球。

Goldberg(1995)认为这三类动词和双宾语结构相互搭配时，就构成了双宾语结构的原型成员，表达了"施事成功致使接受者收到受事"的中心意义。据此（见图 1.50），这三类动词虽然在意义上有一些不同（如"给"类动词表达了"内在地表示给予动作"，而"扔"类动词表达了"造成瞬间作抛物线移动"等），但在和双宾语结构的搭配关系上并没有任何不同。

**A. 中心意义**
**施事成功致使接受者收到受事**
内在地表示给予动作的动词：
give, pass, hand, serve, feed,...
造成瞬间作抛物线移动的动词：
throw,toss,slap,kick,poke,fling,shoot,...
在某个直指方向中的持续致使动词：
bring,take,...

图 1.50 现代英语双宾语结构的原型成员

张伯江（1999）对现代汉语的双宾语结构的分析和 Goldberg (1995)相近，分别把"给"类（GIVE）和"扔"类（THROW）的双宾语结构等同视之，并认为这两类动词皆是双宾语结构句式的原型成员，而由"寄"类（SEND）动词所构成的双宾语结构则是从原型成员扩展出来的。这个特点可从图1.51的粗线椭圆形的区域中看到：

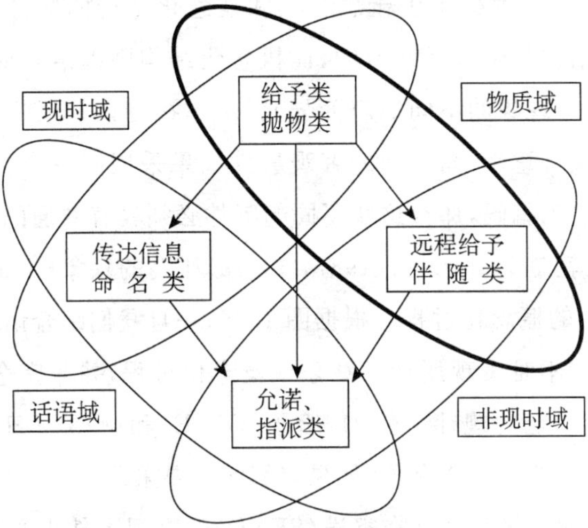


图1.51 "远程给予"双宾语结构源自于"给予类"和"抛物类"双宾语结构

若把图1.50、图1.51和图1.49进行比较，我们可发现双及物结构的概念空间对于这三类动词的处理确实显示了它们之间的亲疏远近的关系，而且也进一步地揭示了这三类动词在和双及物结构搭配上的蕴涵关系。根据图1.49，上述的三类动词之间的关系应是：

GIVE — SEND — THROW

"给"类 —"寄"类 —"扔"类

这表示了如果"给"(GIVE)类和"扔"(THROW)类动词都能进入某种类型的双及物结构，则"寄"(SEND)类动词也是如此。可见，图1.49的概念空间整理及组织了双及物句式下的不同意义，并揭示了它们之间的内在关联。须指出的是，这样的整理和组织并不是依靠隐喻或转喻的语义演变理论推导出来的，而是完全建立在跨语言比较的实证基础上。这说明了句式多义性并不是任意或偶然的，而是源于概念的相近。如果我们把这三类动词视为三种不同的客体转移的情景或事件(例如"给"是实时当场的客体转移，而"寄"和"扔"虽然也表达了转移事件，但却不是实时当场的转移)，那么我们其实就可发现上述概念空间所提供的序列其实是不同的客观情景或事件之间的亲疏远近的关系。Croft(2001)就提出了概念结构和概念化结构的区分。根据这个认识，概念结构是全人类共通的，而概念化结构则因语言而异(也因同一语言对同一现象的不同识解而异)。本书接受认知语言学的理论假说，承认句式有意义，而不同的客观事件如果采用同一个句式(或抽象的句法形式)来编码，那么这些不同的事件必须具有共通的意义。这个共通的意义就是 Langacker(1987, 1991a)所谓的意象(imagery)，也是 Croft(2001)的概念化过程。根据图 1.49，一旦我们结合语言类型学的研究视角，就不难发现所谓的意象或概念化过程，并非完全是任意的，而是遵循着一定的规律。例如，给予(GIVE)和抛掷(THROW)两类客观事件都和客体转移有关，如果它们之间要采取同一种编码方式(即句式)，其中的规律就体现在寄送(SEND)的客观事件也必须采取相同的编码方式(或句式)。有鉴于此，我们认为语义地图模型的最新发展恰好弥补了从句式的角度来研究语言现象的不足。

## 1.4 本书的组织

本书的主要研究对象是上古汉语的与格句式，鉴于有关与格句式研究的成果颇为丰硕，因此可以说，本书在选材上没有太多的新意。然而本书和之前一系列相关研究的主要区别在于研究的理论框架不同。以往的研究，从根本上说，是建立在以动词为中心的句法分析模式上，强调动词的论元结构对句法表现的支配作用，并且在处理意义时接受了一套客观主义的哲学观。本书尝试改变这一研究现状，希望能在认知语言学和语言类型学的理论框架下，重新讨论和分析上古汉语与格句式这个课题。之所以能够在这个时间点开展这项工作，完全有赖于前辈学者们给我们奠定的稳固基础，因此本书虽在理论框架的选择上和前辈学者们有所不同，但是如果书中的讨论有所发明，这些发明都应被视为是前辈学者们研究成果的自然延伸。

根据现有的认识，上古汉语与格句式大致有四个不同的类型，而本书就集中讨论其中两个比较重要的类型：一个是双宾语结构，另外一个是以“于”为标记的与格句式(也叫介宾补语式)。我们立足于认知语言学的理论基础,承认句式在语法分析中具有独立的地位,并尝试说明上述两个句法形式也和其他语法范畴(如词、词类、句法关系等)一样,均体现了原型效应,也展示了句式多义性。任何与格句式都离不开对给予类事件的编码,而该事件就涉及了客体从给予者到接受者的领有权转移,并且是一种人类生活中的基本经验。根据认知语言学对句式的认识,我们也发现用以编码基本经验的句式经常通过隐喻性延伸,进一步编码客观世界中的其他事件。由于本书的研究对象是与格句式,因此如果以给予类事件作为这个范畴的一个核心成员,我们就不难发现它和构成该范畴的其他成员(如受益类事件)密切相关。该如何来表现这种范畴化关系?我们尝试在认知语言学的分析框架下引入语言类型学中的语义地图模型,并且根据 Malchukov, Haspelmath & Comrie (2007,2010)所提出的双及物概念空间,提出上古汉语的双宾语结构和介宾补语式所体现出来的句式多义性正如下图所示:

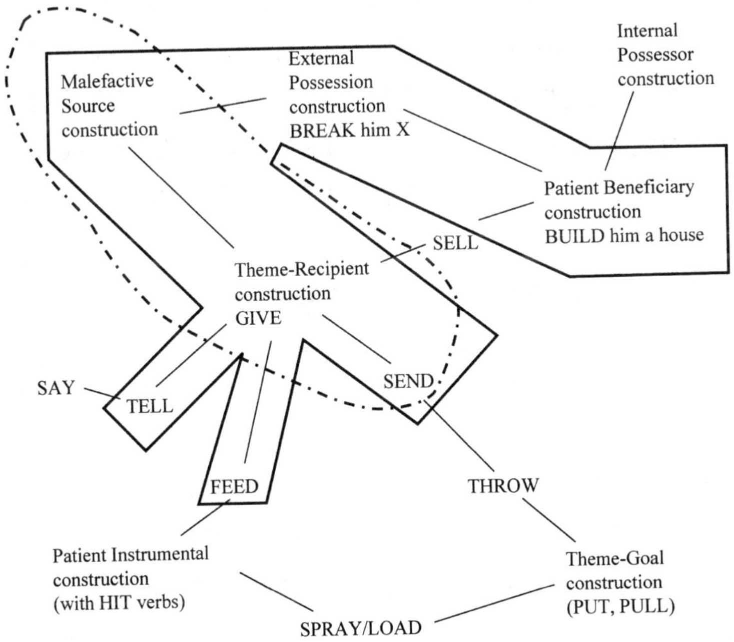


图 1.52 上古汉语的双宾语结构(实线)和介宾补语式(虚线)的语义地图

本书的组织如下。第二章将对上古汉语的与格句式及其所引发的相关问题进行考察，并提出我们的解决方案。在这个讨论中，我们将着重说明与格句式和双宾语结构不完全等同，而以往在一些具体问题上的许多争议就恰好源于没有很好地把这两个不同的概念加以区分。在此基础上，我们提出了判断双宾语结构的理论基础，指出现有的判断双宾语结构的标准所存在的局限性，因此提出了一个消极的办法，即只要动词后的两个体词性成分之间不构成定中关系，便可判定为双宾语结构。此后，我们定义了“直接宾语”、“间接宾语”等句法关系，这两者间的区别也一直为现有的研究所忽视。在明确了上古汉语的句法关系的基础上，我们讨论了双宾语结构和于字结构的句法结构关系，并参考了语言类型学的最新研究成果，指出了传统意义上的双宾语结构是次要宾语型的与格句式，而“V＋直接宾语＋于＋间接宾语”是间接宾语型的与格句式。我们还讨论了次要宾语型和间接宾语型的与格句式的关系，指出如从客观主义语义观的角度出发来进行研究，两者之间的关系是等同的。其中一个为句法底层，通过句法变换规则生成另一个，就如生成语法对于语言中的与格交替现象的研究一样。而我们不同意这一分析办法，提出应以句式为基本的句法组织单位，不同的与格句式和给予类事件的编码其实涉及了不同的意象。为说明这一点，我们进一步考察了间接宾语型的与格句式和使之移至句式的关系，并且指出这种由概念隐喻所导致的衍生关系其实是具有历时意义的。

第三章从共时角度讨论上古汉语的原型与格句式（即编码给予类事件的结构）。讨论首先采取了类型学的办法，区分了通用给予动词和给予类动词，并考察这些动词和不同与格句式的搭配问题。考察结果显示，上古汉语的通用给予动词“与”和一些给予类动词，如“赐”在《左传》中完全无法进入“V＋直接宾语＋于＋间接宾语”的与格句式，而另外一些给予类动词，如“献”，则完全无法在《左传》中进入“V＋间接宾语＋直接宾语”（按本书的术语，其实应是“V＋主要宾语＋次要宾语”）的双宾语结构。换言之，这两批动词和不同的与格句式之间呈现了一种互补的关系。在这个描写的基础上，我们进一步提出了一条句法规则来解释这种分布。虽然如此，句法规则毕竟还是无法达到充分解释的目的，为此我们进一步借助 Goldberg(1995)、Langacker(1991a)和 Rappaport Hovav & Levin(2008)等的观点，承认句式具有意义，并尝试勾勒出不同与格句式的句式意义，以此为基础来讨论动词和不同与格句式的搭配关系，进一步解释上述所发现的句法分布。

第四章是讨论取得类动词和双宾语结构的问题。就取得类动词能否进入上古汉语的双宾语结构的争论已持续了许久，因此我们首先回顾这场争议，并尝试总结出争议之所以产生和持续的症结。我们认为一个导致争议无法获得解决的根本原因在于过往的研究都忽视了方法论的讨论，进而无法就所达致的任何结论取得共识。在这个认识下，我们指出从语义和句法变换分析的角度来研究相关的问题虽然是学者们经常采取的办法，但是从理论上说，都存在着无法克服的局限性。有鉴于此，我们认为要解决取得类动词能否进入双宾语结构的问题，唯一的方法就是得解决"之"和"其"的问题。我们采取了结构主义的办法，仔细考察它们出现的句法环境、意义以及和它们分别搭配的取得类动词的特点。这个考察揭示了不同的取得类动词在和"之"、"其"的搭配上其实并不完全一致，其中"夺"和"取"呈现出一种互补的分布，而这恰好和第三章中关于给予类动词中的"赐"和"献"的描写一致。根据这个考察，再结合第三章所建立起来的论点，即双宾语结构的判断必须采取消极的标准(即动词后的两个体词成分不构成定中关系就是双宾语结构)，我们认为"之"和"其"在上古汉语的分别还是清楚的，因此当取得类动词中的"夺"出现在"V＋之＋NP"的结构中时，这个结构应判定为双宾语结构。这个结论的好处就在于它和李佐丰(2003a:127—141)考察"夺$+NP_1+NP_2$"后所得出的结构分析是一致的。接下来，我们正视持相反意见的学者所经常引用的一批说明"之"和"其"在上古汉语已混淆的例子，并对它们进行分析，以进一步证明我们的结论的合理性。为达到这个目的，我们承认上述材料的真实性，并将材料按其所出现的时间顺序加以排列，发现"之"和"其"已混淆的材料大多集中在战国后期。对此，我们也考察了给予类动词，并发现了同样的现象。之前研究的一个最大的隐含假设就是，一发现“之”和“其”在上古汉语中有混淆的现象，就根据古书上的注释假定了混淆的方向是“之”理解为“其”。我们结合对取得类动词之外动词的考察结果，提出和上述分析相反的结论，即“其”理解为“之”。这个结论的最大好处在于能和汉语史的发展挂钩。

第五章是讨论双宾语结构这种与格句式在句式意义上的扩展。本章希望能结合构式语法和语义地图模型，把句式多义性的论述建立在一个更坚实的基础上。我们立足于认知语言学的基本理论假说，承认句式是独立的句法分析单位，且具有意义，因此先讨论一系列能清楚显示概念隐喻(conceptual metaphor)和转喻(metonymy)在起作用的例子，如“告之故”、“教之忠”等。接着我们立足于构式语法和语义地图模型来讨论“投”等“扔”(THROW)类动词和双宾语结构的关系。这类动词的特殊性就在于在上古汉语较早期的传世文献如《左传》中，不和双宾语结构搭配，但是到了较后期的传世文献如《战国策》中，却出现了“投之一骨”等例子，这说明了它已开始进入了双宾语结构。从构式语法的角度，我们否定这一现象显示了动词的论元结构已改变，并提出了双宾语结构作为一种独立的构式能给动词赋予额外的论元。在此基础上，我们进一步结合语义地图模型，说明和“投”有关的历时演变发展其实是符合类型学上所揭示的语言规律。接着，基于第二章对上古汉语语法关系的理解以及第四章关于“之”和“其”的讨论，我们将证明具有其他争议性的例子，如“立之君”、“枕之股”等也确实属于双宾语结构，因为例句中的“之”不等于“其”，因此包含了两个句法宾语。

第六章主要是在第五章的基础上展开，目的是探讨存在于《左传》中的一种特殊双宾语结构。根据本书前五章的讨论，我们可以把不同的双宾语结构勾勒在 Malchukov，Haspelmath & Comrie(2007，2010)所提出的双及物结构的概念空间上。

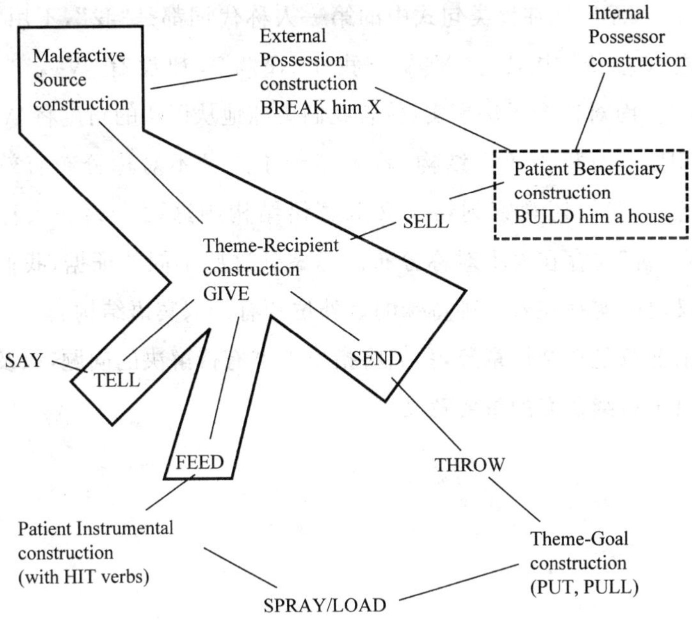


图 1.53 《左传》双宾语结构的语义地图(存在断链现象)

一旦如此,就可发现存在着断链的现象,而这违反了“语义地图连续性假说”。出现断链现象有两个可能性:在理论层面上,双及物结构的概念空间还建立得不够完善,或者是在事实层面上,我们对于上古汉语双宾语结构的认识还不够深入。采取第一个解决方法的代价相当高,因为得另外为跨语言中所存在的现象做出解释。本章认为我们只要立足于一个由上至下的语法分析模式,承认句式具有独立的意义,且稍微调整思路,不把二价动词直接排除在双及物结构之外,或许就能找到解决上述问题的切入口。我们接着讨论《左传》中“伐我北鄙”一类的“$V_{军事}$＋我＋$NP_{处所}$”的例子。一般倾向于把这些例子都分析为单宾结构,但我们观察到,若把“我＋$NP_{处所}$”分析为表领属关系的无标志定中结构,虽然不会引起太大的争议,但是在“$V_{军事}$”位置上出现的动词可包括伐、侵、取、入、焚、袭等,而“$NP_{处所}$”的位置上也会出现“北鄙”、“西鄙”、“保城”、“鉴川”等处所名词或地方名词,唯独在第一人称代词“我”的位置上是不能被“吾”所取代的。按照“我”和“吾”都能做定语的说法,从理论上而言,两者应该是相通的,可是,在《左传》里却观察不到这样的分布，而出现在该类句式中的第一人称代词都是“我”，不用“吾”。换言之，《左传》中只有“$V_{军事}$ + 我 + $NP_{处所}$”，却没有“$V_{军事}$ + 吾 + $NP_{处所}$”。面对这个语法事实，倘若我们单纯地从语法的角度将“$V_{军事}$ + 我 + $NP_{处所}$”分析为单宾结构，就不能给予这种不对称分布有效的解释。此外，我们还观察到给予义双宾语结构中这两个第一人称代词“我”和“吾”也存在着不对称分布。考虑到这些不同的证据，我们认为上古汉语确实存在着一种特殊的表外位领有的双宾语结构。

第七章是总结性章节，我们将指出本书有待解决的问题，以及这些问题对于后续研究的重要意义。

# 第二章　上古汉语的双宾语结构及以“于”为标记的与格句式

## 2.1　引言

这一章，我们将着重讨论贝罗贝(1986;Peyraube 1987, 1988a)所确立的第一和第二类上古汉语与格句式。根据贝罗贝的分析，前者的句法结构如下：

动词＋间接宾语＋直接宾语

由于谓语动词带了两个句法宾语，因此这类结构也被称为双宾语结构①。如：

[1] 阳货欲见孔子，孔子不见，归孔子豚。(《论语·阳货》)

后者的句法结构则是：

动词＋直接宾语＋于＋间接宾语

由于我们尚未对这个句式进行必要的讨论和说明，因此为了论述的方便，可暂且把这类以“于”为标记的与格句式称为于字结构。如：

[2] 献马于季孙。(《左传·哀公六年》)

本章将集中讨论以下几个问题：

1. 与格句式和双宾语结构之间的关系

2. 判断双宾语结构的理论基础

---

① 须指出的是，在贝罗贝的理论框架中，双宾语结构由于和与格句式没有任何区别，因此双宾语结构还可包括本书中其他类型的与格句式。

3. 定义“直接宾语”、“间接宾语”等句法关系

4. 双宾语结构和于字结构中的句法关系

5. 不同的与格句式和给予类事件的编码

这五个问题环环相扣，密切相关。前一个问题构成下一个问题的讨论基础，而最终的目的有二：从消极面着眼，本章希望指出当前汉语历史语法研究对与格句式的讨论所存在的局限性，而这种局限性的根源就在于采取了一种以动词为中心的句法分析模式；从积极面着眼，本书尝试运用认知语言学所提供的句法分析方法，讨论上古汉语的句法关系，进而在这个基础上结合语言类型学对双及物结构的研究成果，说明上古汉语的双宾语结构和于字结构的特点。本章还承认句式本质跟词语一样，是一个约定俗成的象征单位，并在此基础上初步说明上古汉语的不同与格句式在编码给予类事件时，其实是存在着基式生成和非基式生成的区别的。由于后者在编码给予类事件这种人类的基本经验上采用了更基本的使之移至句式（caused motion construction），因此本章也尝试指出基式生成和非基式生成的区别具有历时意义。

## 2.2 与格句式不等同于双宾语结构

由于贝罗贝（Peyraube 1987）把与格句式（dative construction）和双宾语结构（double object construction）完全等同起来，而根据第一章所述，其作为一种理论观点，能对处理上古汉语的语法现象起着指导作用，并引导分析者采取某种分析角度以致取得某种结论，正如仅承认给予类双宾语结构而否定其他类型的双宾语结构的存在。有鉴于此，这个问题就成了我们讨论的起点。本书不同意把与格句式和双宾语结构完全等同起来，并认为有充分理由把与格句式和双宾语结构区分开来。我们的立场是，与格句式是从语义上定义，而双宾语结构则是从句法结构上定义的。所谓从语义上定义，指的就是从事件（event）的角度把所有用来编码给予类事件的句式都统称为与格句式。根据这个定义，我们除了赞同贝罗贝（1986）所划分的四类与格句式外，还认为应包括下列的句式：

动词＋于＋间接宾语

例如：

[3] 革车八百乘、甲首三千，以献于公。（《左传·哀公十一年》）

现有的认识是把“动词＋于＋间接宾语”视同为“动词＋直接宾语＋于＋间接宾语”，前者只是因省略了直接宾语而已，但是这不论是在材料上还是在理论上均有说不通的地方。[①] 和与格句式不同的是，双宾语结构不是从语义上着眼，而只有具有两个句法宾语的形式才能被划入双宾语结构的范围。以下我们将从与格的源头开始论述，并结合类型学上的证据和讨论，为我们的立场做出说明。

### 2.2.1　与格和与格句式

逻辑上，若我们不了解什么是“与格”，就无法明确划分上古汉语与格句式的范围。传统语法从形式上定义“与格”，因为这个术语本来指的是存在于有形态屈折变化的语言里的一种特殊格位。迄今为止，尚无十分有力的证据能证明上古汉语的名词性成分具有表明该成分同动词或管束该成分的谓语之间的关系的词缀。[②] 假如“与格”的定义仅仅局限于出现在名词性成分上的形态屈折变化，那么任何有关上古汉语与格句式的讨论都无法展开。在这方面，现代英语或许可以提供示范，说明如何在缺乏明显形态屈折变化的语言中发现“与格”。根据转换生成语法的分析框架，“尽管与格形式和受格形式在形态上并无分别，但现代英语的间接宾语（如 I gave him some 中的 him）实则包含了与格

① 见本书第七章。

② 上古汉语缺乏格位差异在龚煌城（2002:430）有关藏缅语言格助词的研究中得到了最好的概括。通过比较藏缅语和阿尔泰语系的格助词，他总结道：由于藏缅语有格助词而上古汉语没有，则要么上古汉语的格助词脱落，要么藏缅语创造了格助词。从文献的时间跨度来看（汉语文献早至公元前10世纪，而最古老的藏语文献也不早于公元8世纪），藏缅语很有可能创造并从阿尔泰语系借用格助词。

这种形态标记[①]”(Radford 1999:496)。上述定义颇令人感到棘手,因为若不首先确立“间接宾语”这一句法关系,“与格”便无从说起。英语中的间接宾语通常指参与所谓与格交替(dative alternation)的名词性成分,在这个过程中,介词 to 的宾语移位至紧靠动词后的位置,而介词同时脱落。一旦我们把眼光放宽,而不仅把讨论的范围局限在现代英语,就会立刻发现上述的定义问题重重。以古英语为例,它的语法系统除了有介词外,还有表示格位的形态标记。有趣的是,同样的一个引入处所的介词,如 in,on,ofer,既能带与格的名词补足短语,又能带宾格的名词补足短语(Van Langendonck & Van Belle 1998:119)。显然,间接宾语并不一定就包含与格,而这就说明了转换生成语法对于间接宾语和与格的分析无法为我们辨别上古汉语的“与格”提供有效的指引。既然如此,我们建议从认知和类型学的角度来研究同一个问题。

Croft(2001)结合了认知语言学和语言类型学两个方面的研究成果提出了激进构式语法(Radical Construction Grammar)。他指出了现有的句法分析中存在着方法论上的投机主义(methodological opportunism),并反复强调,用以判定某一种语言(如现代英语)中的语法范畴的手段,在另外一个语言中或许根本就不存在,因此判断语法范畴的标准无法普遍化,而须根据不同的语言的实际进行编码(Croft 2001:35—45)。例如,形态屈折的标准常用以区分某些语言中的词类,由此,数、性别、格的形态屈折确立了名词,主谓一致、时态、体貌和语气的屈折则确立了动词(Croft 2001:29);然而,对于现代汉语及其祖语等孤立型语言而言,形态屈折变化显然不能作为判断词类的标准。有鉴于此,我们认为要理解什么是“与格”,须回归认知语言学的根本主张,即把“与格”视为一种体现原型效应的语法范畴(Næss 2009)。既然如此,“与格”这种形态范畴的内部就有典型和非典型成员的分别。正如 Comrie(1989)所指出,在许多情况下,格位的使用往往会和某个

---

① 原文为:Indirect objects in Modern English (e.g. *him* in *I gave him some*) carry dative case, even though dative forms are not morphologically distinct from objective forms.

语义角色紧密相关，而就一般的情形而言，这个语义角色就是这个格位标记的典型成员。目前学界的一个普遍共识是，与格的典型成员通常是给予事件中的接受者角色（Van Belle & Van Langendonck 1996；张伯江 1999）。根据这个共识，我们认为上古汉语的“与格”只能参照表达给予类事件的句法结构（即给予类结构）来界定。这一提议确实在某方面和贝罗贝的整体分析框架相吻合，即不严格区分与格句式和表达给予类事件的句法结构。但实际上并非如此。上古汉语有三种主要表达给予类事件的句式，然而这三种句式中接受者的语义角色的编码并不和屈折语言中具有与格标记的名词性成分形成简单的对应关系。从跨语言的角度来看，接受者的角色也可由与格之外的其他形态格标记来表示。比如，同样是接受者的语义角色，例[4]用了与格标记，而例[5]则用了领格标记：

尼瓦尔语（Newari）（Langacker 1991b：252）

[4] ji-n　raam-yaata　kitaab　biyaa

I-ERG　Raam-DAT　book　give①

I gave Raam a book.（我给 Raam 一本书。）

现代希腊语（Kakouriotis 1994：7）

[5] o　pateras　tu　ton　estile

the father　CL：GEN　CL：ACC　sent②

The father sent it to him.（父亲送它给他。）

可见，给予类事件中的接受者并不一定是由与格来标记，而这也完全符合了认知语言学的根本主张，即同一种客观事件可由于识解（conceptualization）的不同而产生不同的语法编码（Langacker 1987，1991a，1999，2008）。此外，由于“与格”是个体现原型效应的语法范畴，因此接受者的语义角色虽是与格标记的典型成员，但与格的这种格

① ERG 和 DAT 分别表示作格和与格。

② CL：GEN 表示附缀：领格，而 CL：ACC 则表示附缀：宾格。

位标记却不仅仅局限在接受者这种语义角色上。例[6]就明确地说明与格标记也可用以标记比较结构中的比较对象：

拉丁语(Van Hoecke 1996:11)

[6] Mortem　servituti　antepono

Death-ACC slavery-DAT prefer-1SG

I prefer death to slavery.(我宁可死也不要被奴役。)

最能说明这种与格的多功能性现象的就是语义地图(Haspelmath 2003;Næss 2009)。根据前一章的介绍,语义地图是类型学中一个新的研究方法,主要处理语言单位的多意义或多功能的现象。以下是一张通过跨语言比较而建立起来的和与格有关的概念空间:

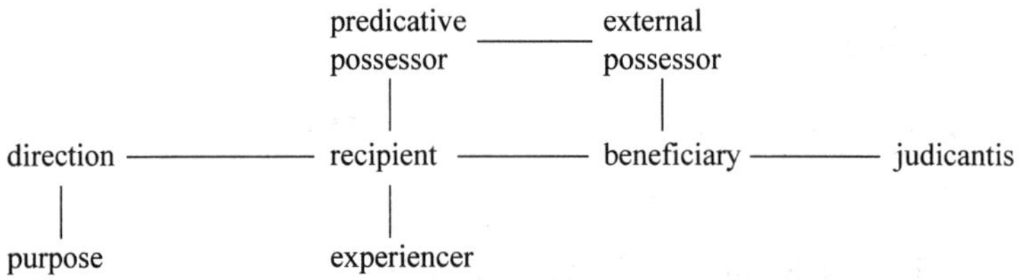


图 2.1　(取自 Haspelmath 2003:215)

法语的空间介词 à 和与格标记在概念空间上切割出不同的连续不断的区域:

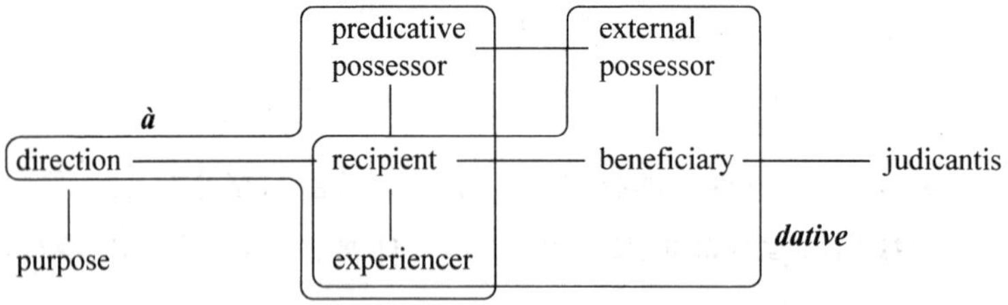


图 2.2　(取自 Haspelmath 2003:215)

从图 2.2,我们能清楚地观察到与格作为一种格位标记除了能用以标记接受者外,还能标记其他的语义角色,如受益者(beneficiary)、感受者(experiencer)等。此外,其他的虚词也能扩大自身的语法功能,用以标记接受者,如上图中法语的空间介词除了能标记处所终点(direction)外，也能标记接受者(recipient)。根据这个认识，我们认为与格的这种形态标记和接受者的语义角色之间的关系可由图 2.3 说明：

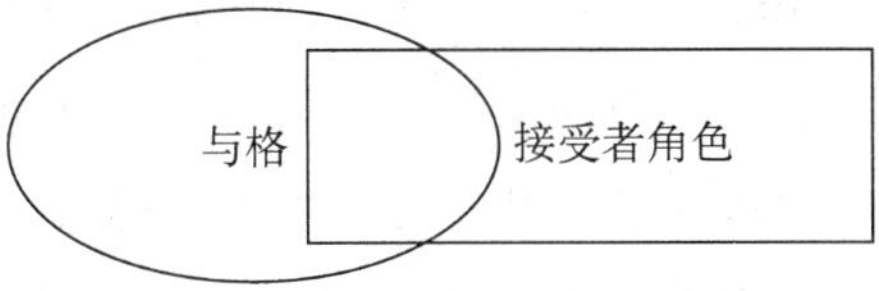


图　2.3

图 2.3 显示与格作为一种形态标记，除了能标记接受者外，还能标记其他的语义角色。此外，它还体现了接受者这一语义角色能接受与格的形态标记，也能接受其他的形态标记。若将这层认识扩展到没有形态屈折变化的语言，我们则认为，与格句式只能通过表达给予类事件的句法结构(简称给予类结构)来确立。两者的关系可由图 2.4 表示：

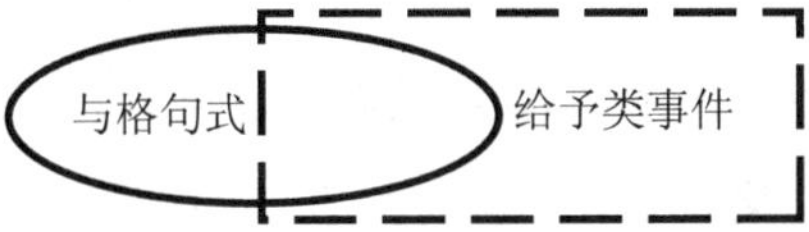


图　2.4

图 2.4 试图说明与格句式既可用以编码给予类事件，也能编码其他非给予类的事件，因此与格句式显然不是给予类事件的子集。换言之，从句式的角度着眼，与格句式也是个体现原型效应的语法范畴，因此为方便讨论，本书把两者共有的重叠部分视为原型的与格句式，而把不和给予类事件重叠的部分称作非原型的与格句式。此外，本书还会进一步提出非原型的与格句式是原型的与格句式的语义延伸与扩展，因此我们也把非原型的与格句式称为延伸式与格句式(extended dative construction)。我们只要稍微修改图 2.4 就可得出图 2.5：

图　2.5

图 2.5 显示，在现有的研究中，把“与格句式”和给予类事件直接等

同，在术语的使用上明显不恰当，因为现有研究的考察范围主要还是集中在表达给予类事件的句法结构上，因此更合适的术语应该是给予类句式（即是 GIVE construction，参看 Newman 1996），而不是与格句式。虽然如此，但由于“与格句式”（dative construction）这个术语已广泛应用（Peyraube 1996），因此保留这一术语，并以此涵盖贝罗贝所确立的上古汉语三种主要给予类句式，才是个切合目前实际的做法。换言之，本书所谓的“与格句式”实际上是指给予类句式，研究的对象其实就是用来编码给予事件的句式及这些句式的语义扩展。在这个认识下，我们可不必再严格区分原型的与格句式和给予类结构，但若采取一个较严格的标准，我们所讨论的三种给予类结构中，唯有由介词“于”引介接受者的结构能被视为真正的与格句式，如例[7]所示：

[7] 献马于季孙。（《左传·哀公六年》）

至于其他两类给予类结构中的接受者角色，本书认为它们其实是被赋予了潜在的宾格，因此是直接宾语。① 这样的处理方式与认知语法的理论高度一致，即同一个客观事件可因不同的识解而产生不同的句法编码方式。这个道理其实并不难懂，就拿感冒这个客观事件来说，不同的语言可因对相同事件有不同的感知而采取不同的句法编码方式：现代英语把这个事件感知为一个领属事件，因此其表达为“I have a cold”；而现代汉语则采取了另外的句法编码方式。给予类事件中必然存在接受者，但是这个语义角色在不同的语言中既可以编码为与格（如上述的尼瓦尔语），也可编码为宾格（如拉丁语，参看 Malchukov，Haspelmath & Comrie 2007），还可编码为领格（如上述的现代希腊语）。因此出现在上古汉语三种给予类结构中的接受者并不一定得强制地以潜在与格或间接宾语的地位出现。基于这样的考虑，我们承认在例[7]中，作为给予类事件的接受者的“季孙”确实包含了潜在的与格，但同样的说法并不适用于例[8]中的接受者：

---

① 有关直接宾语的讨论，请参看 2.3.1.1。

[8] 以其帑赐彭封弥子。(《左传·哀公二十五年》)

虽然“彭封弥子”也是给予类事件的接受者,但如果因此而把它分析为具有潜在的与格却是极为不恰当的。因为它占据紧靠动词后的句法位置,而这正是上古汉语直接宾语的结构位置,并且还能够轻易地为代词“之”所替换。[①] 贝罗贝把“彭封弥子”的句法关系分析为具有潜在与格的间接宾语。若孤立地来看,这无可厚非,但考虑到任何一种句法结构并非孤立地存在于说话者的大脑中,再加上句法关系同语义角色并不存在简单的一对一的对应关系,因此如果我们采纳了贝罗贝的提议,把例[8]中的“彭封弥子”分析为间接宾语,那么我们就须说明例[9]中的名词性成分“王”何以不能也被分析为间接宾语。

[9] 王寝,盗攻之,以戈击王。(《左传·定公四年》)

这是个极其复杂的问题,而若要取得进展,我们就必须对上古汉语的句法关系有明晰的认识。从理论建构的角度出发,我们必须严格区分与格句式和给予类句式;但在实际的操作上,这不可能完全做到,因为两者等同的观念在文献中是如此根深蒂固,以至于只要背离这个主流立场,就会引来不必要的纠纷和混乱。因此,本研究接受这个两难的困境,不严格区分与格句式和给予类句式。自此开始,文中的“与格句式”不仅仅指“于”作接受者角色标记的句式,还包括所有的给予类句式。既然此处的与格句式是用以包括任何表示给予类事件的句式或结构,那么本研究认为与格句式的定义主要还是着眼于其语义。

下一个问题是双宾语结构的定义。上文提到,贝罗贝(Peyraube 1987)把双宾语结构和与格句式等同起来,并且交替使用两个术语。下图是其框架大纲的总结:

---

① 请参看 2.3.2 节。

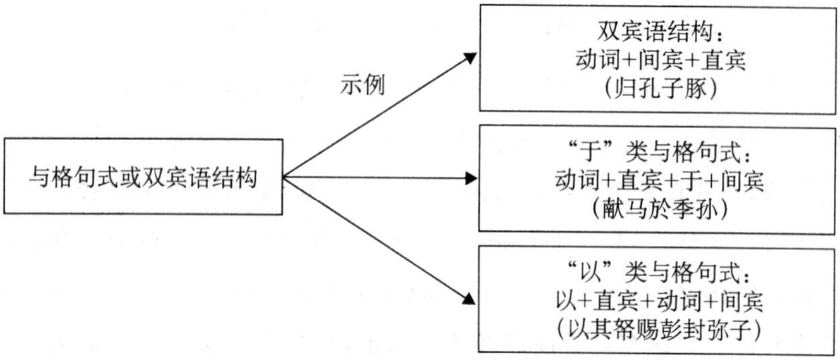


图　2.6

须强调的是，贝罗贝的理论框架有如下的特点：

1.“双宾语结构”表示这一结构具有两个宾语，因此，在这个框架下，所谓的宾语不仅包括动词后的宾语、还包括动词后的介词宾语以及动词前的介词宾语。

2. 介词宾语也可以是间接宾语或直接宾语。

贝罗贝把间接宾语等同于接受者，很显然地，在他的分析框架内的“间接宾语”这个句法关系完全靠语义角色来界定。考虑到上古汉语的句法关系须在表达不同事件的句式中保持一致，①我们提出另一个替代方案：

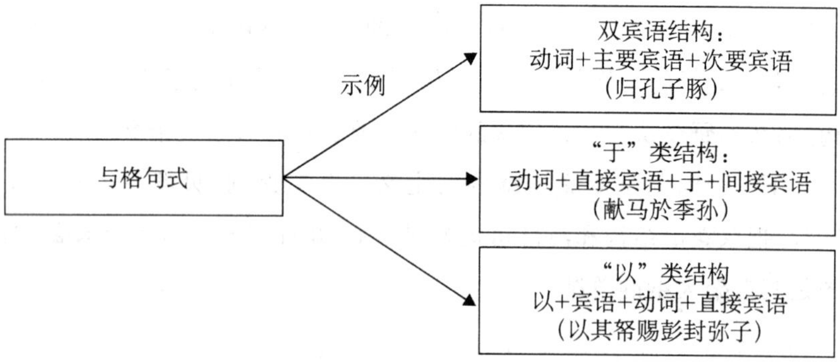


图　2.7②

① 《左传》中的“杀苌弘”和“赐彭封弥子”都是“V＋NP”的线性序列，而如果把“间接宾语”直接和接受者挂钩，那么前者就是“V＋直接宾语”的结构，而后者则是“V＋间接宾语”的结构。按这种分析，句式中的句法关系将依据不同事件编码而改变。

② 详见 2.4 节。

在此方案下，间接宾语的句法关系仅限于介词“于”之后的句法宾语，这一点符合 Langacker（1991a：324）提出的结论：间接宾语在某些方面类似宾语，但在语法上有别于直接宾语。此外，紧挨在动词后头的宾语也被一致分析为直接宾语。更多有关上古汉语句法关系的讨论将在本章的 2.3 节进行，但我们先得交代这一方案对接下来的讨论的意义。根据前面的讨论，与格句式表示给予类事件，是从语义上定义的；因此，上古汉语不同与格句式间的内在联系如下：

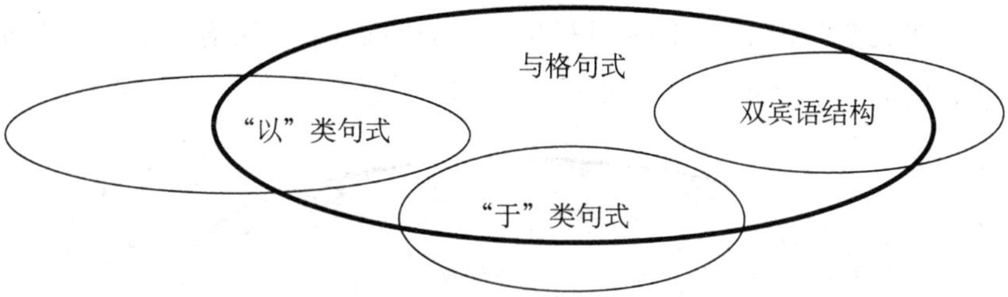


图 2.8

纳入实例，整张图所要表达的意思将更为清晰：

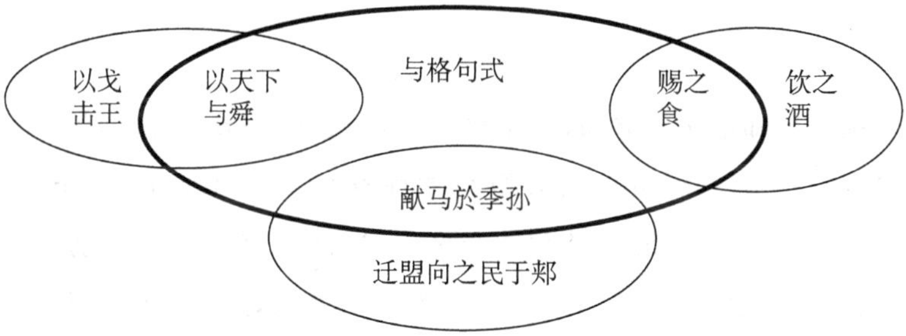


图 2.9

比较图 2.9 和 2.10，我们明显看到，上古汉语双宾语结构的范围和与格句式的范围并不完全相同。双宾语结构也包括明显不属于给予类事件的例子，如“饮之酒”（参看柳士镇 1998：18—22；邵永海 1990；刘宋川 1998，1999；相宇剑 2003 等）。

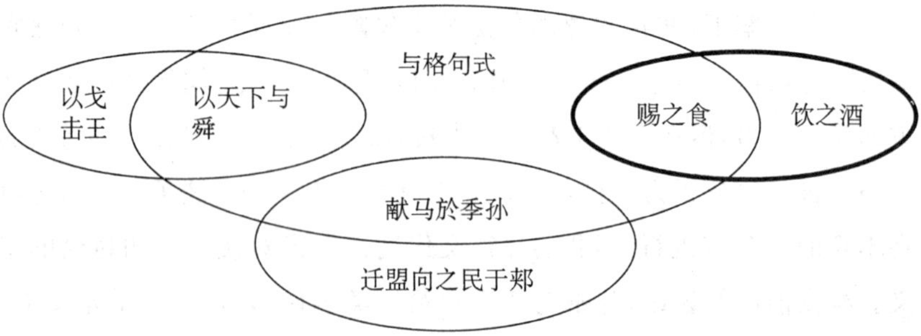


图 2.10

在这个基础上，我们便可提出这样的问题，上古汉语与格句式的研究到底应涵盖和揭示哪些问题？答案就在图 2.11 中：

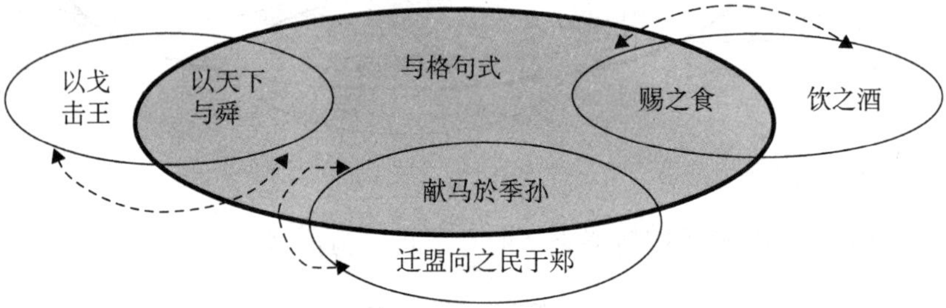


图 2.11

根据认知语法的立场，一个语言的语法(grammar)指的就是由这个语言中的句式所组成的有组织的库存(a structured inventory of constructions)。据此，上古汉语与格句式的研究有两个重要方面。首先，研究须涵盖深色区域的三个句法结构。其次，这三个句法结构虽都编码了客观世界中的给予类事件，但根据 Bolinger(1977)所提出的同构原则(Principle of Isomorphism)以及 Croft(2001)提出的对立原则(Principle of Contrast)，这三种句式在语义上应有不同。同构原则规定，一种形式同一种意义相关联，而对立原则认为，假如同一语言有描述“相同”经验的两种不同语法结构，那么这两种不同的结构便对这种经验进行不同的概念化过程。任何的研究如果接受了语言中既存在着同构原则，也存在着对立原则，就应尽力去展示它们如何体现在特定语言中。为实现这个目标，我们的研究必须能揭示上古汉语不同与格句式的不同语义结构。此外，句法结构的本质具有符号性，且体现了图2.12所示的原型效应：

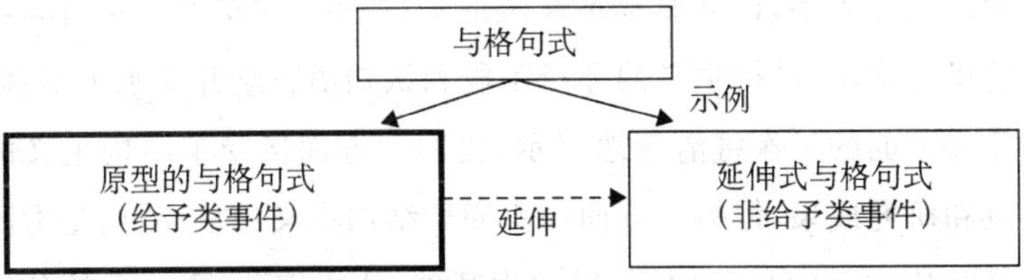


图　2.12

因此，研究与格句式也必须弄清不同与格结构的语义延伸，如图2.11所示。必须强调的是，同一句法结构下与格表述同非与格表述之间既然采用了相同的一种抽象的句法结构，那么根据认知语法的立场，它们在语义结构上也应具有相似性，而我们的研究也应能把这种相似性揭示出来，进而说明原型与格句式和非原型与格句式（或延伸式与格句式）之间的联系（见图2.13）：

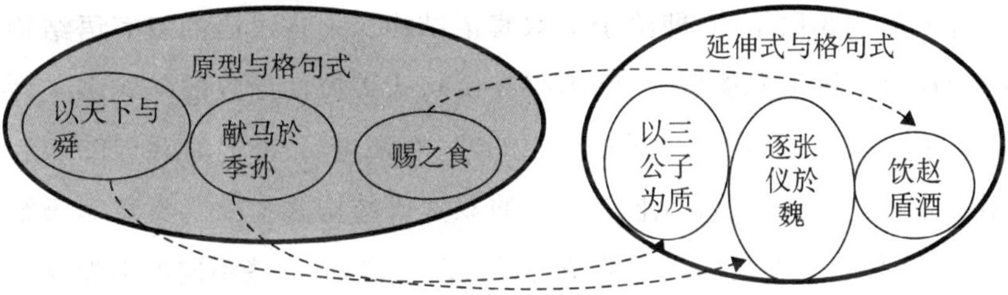


图　2.13

我们理解的延伸性与格结构是从原型与格结构延伸而来的。在此基础上，致使结构即是延伸性与格结构中的一种。

### 2.2.2　上古汉语的双宾语结构

由于要从句式多义性的角度探讨上古汉语的与格句式，进而以此揭示上古汉语的语法组织系统，因此在确定了与格句式和双宾语结构分属不同的范围和领域，彼此之间虽有交集但却不完全一致之后，我们就能借双宾语结构这种与格句式来探讨可能存在于上古汉语中的句式多义性。虽然如此，由于现有关于上古汉语的双宾语结构的研究一般都是在结构主义的范式下进行的，因此一旦改变研究范式，转而从认知语言学的角度入手，许多原本不起眼的问题就一一成为了我们的绊脚石。这里须指出，结构主义的分析手段和认知语言学并非水火不容，相互排斥。下面的工作将清楚地展示，我们一方面接受了结构主义的分析手段和研究成果，但另一方面却不囿于结构主义的框架，而是力图在了解了结构主义的局限性后，以此为基础，从更细致、更全面的角度对上古汉语的双宾语结构进行讨论。

**2.2.2.1 判别双宾语结构的困难**

我们之前已确立了与格句式和双宾语结构的分界，并着重提出了与格句式必须从语义着眼，而双宾语结构则必须从句法结构入手。在本节中，我们将着重探讨双宾语结构的定义。双宾语结构是一种语法范畴，但对于这个范畴到底在上古汉语中应包括多少成员以及多少不同类型的成员，学界的看法并不一致。若采取贝罗贝的分析，上古汉语只有一类双宾语结构，即给予类双宾语结构。上古汉语的双宾语结构既然仅有一种语义类型，也就不存在由句式扩展而导致的句式多义性的现象了。反之，若采取邵永海(1990)、刘宋川(1998)、时兵(1999)和相宇剑(2003)等的分析，上古汉语的双宾语结构除了给予类双宾语结构外，还有其他不同的语义类型的双宾语结构，而这些不同的类型就能允许我们从构式的角度探讨它们之间所存在的句式多义性。值得注意的是，后一批学者仅一致地承认上古汉语的双宾语结构不应只是给予类双宾语结构而已，他们彼此对于上古汉语的双宾语结构究竟存在多少不同的类型却意见不一。我们且以下例说明：

[10] 围其东门五日而还。(《左传·隐公四年》)

就画黑线的部分，邵永海(1990)基于动宾结构后带时间性、处所性或动量性成分的结构，认为应处理为动宾结构带补语，而不看作双宾语结构，把它的句法结构分析为：

动词＋宾语＋补语

相宇剑(2003)的看法则完全不同，认为“五日”不是补语，而是宾语，因此上述的例子是一种双宾语结构。此外，我们还发现不同学者虽都承认某个具体例子是双宾语结构，但是究竟应归入哪一种语义类型的双宾语结构，也存在分歧。就以下例来说：

[11] 秋九月，晋侯饮赵盾酒。(《左传·宣公二年》)

邵永海(1990)从变换的角度认为这是工具类双宾语结构，而相宇剑(2003)则从语义的角度认为这是使动类双宾语结构，而更要一提的是，相宇剑的分析中也有一类工具类双宾语结构，名称和邵永海的一样，涵盖的例子却丝毫没有共通点。正如例[12]所示：

[12] 道之礼则。(《左传·文公六年》)

由此可见，如果我们想进一步从句式的角度讨论上古汉语的双宾语结构，就必须首先确定上古汉语的双宾语结构的范围，而要达到这个目的，须建立起一套判断双宾语结构的标准。问题就在于如何建立起一套既能从理论上言之成理，又能在实践上贯彻如一的标准。我们只要稍微审视各家对于双宾语结构的定义，就会发现这些定义在具体实践的层面上遇到了不少的难题。杨伯峻、何乐士(1992:561)对于双宾语结构有下列的定义：

> 双宾式就是指一个动词后边出现两个宾语。这两个宾语各自跟动词发生关系，它们彼此之间没有结构上的关系。

邵永海(1990)的观点也是如此：

> 作为一种特定的句法格式，双宾语结构应该从形式上加以规定，如朱德熙先生所定义：“双宾语构造是一个述语同时带两个宾语，这两个宾语各自跟述语发生关系，它们相互之间没有结构上的关系。”

相宇剑(2003)的定义也没有脱离上述的框架：

> 双宾语句是指一个述语动词同时带两个宾语的句子，这两个宾语分别同述语动词构成述宾关系，而彼此没有结构关系。

迄今为止，学者们对双宾语结构的认识大体上都不会和上述的定义有太大的差距。据此，双宾语结构的表层结构应是：

$$动词+宾语_1+宾语_2$$

根据这个定义，我们可进一步提出双宾语结构必须同时满足下列两个条件：

1. 两个宾语各自和述语动词构成述宾关系
2. 两个宾语相互之间没有结构上的关系

这个定义虽然明晰，但实际操作起来却不容易。且以例[10]为例，邵永海认为“围其东门五日”中的“五日”是补语，而相宇剑则认为是宾语。由此可见，要判断上古汉语的双宾语结构，更关键的问题还在于须能判断出上古汉语的宾语。我们发现许多学者在说明上古汉语有许多不同类型的双宾语结构时，没有一一证明述语动词后的两个名词词组都分别和述语动词发生关系，也未证明两个名词词组之间没有结构上的关系。这固然是操作上不完善之处，但若仔细考虑，操作上的这种局限性其实和上述定义无法有效地提供一个判断上古汉语的宾语的手段有着深刻的关系。我们认为，一个有效的双宾语结构的定义须在面对下列的线性序列时，能清楚地分辨出述语动词后的两个名词词组的句法地位：

$$动词+名词词组_1+名词词组_2$$

既然目前广泛现行的判断标准由于缺乏判断宾语的手段而在面对“围其东门五日”一类的例子时显得无能为力，我们就不能不考虑贝罗贝(贝罗贝 1986；Peyraube 1987，1988a)在一系列关于与格句式的研究中所采取的双宾语结构的判断标准。根据贝罗贝的分析，双宾语结构必须具有如下的句法结构关系：

动词＋间接宾语＋直接宾语

符合这一句法结构形式的例子如下：

[13] 阳货欲见孔子，孔子不见，归孔子豚。(《论语·阳货》)

“孔子”是接受者，在该小句中占据紧靠动词后的位置。上古汉语还存在另一种颠倒了直接宾语和间接宾语的双宾语结构：

动词＋直接宾语＋间接宾语

例如：

[14] 窃马而献之子常。(《左传·定公三年》)

这个判断标准在实践上的最大优势就在于若严格遵循这个标准将能清楚地辨别出一批毫无争议的双宾语结构的句子。这虽是个优点，但若仔细考虑，不难发现它之所以能取得这个结果，最根本的原因就在于定义中的“间接宾语”完全和给予类事件中的接受者(recipient)严格地对应起来。这种处理方式最终只确立出一种双宾语结构，而下面的这个例子，虽已广泛为学者们接受是双宾语结构(参看邵永海1990；刘宋川 1998，1999；时兵 1999；相宇剑 2003 等)，则须立即被排除：

[15] 枕尸股。(《左传·襄公二十五年》)

这个例子不包括在贝罗贝的双宾语结构的例句中。因为贝罗贝坚信只有具有[＋给予]特征的本义与格动词能进入上古汉语的双宾语结构，因此我们可以合理地推测例[15]之所以会被排除在双宾语结构之外，表面上是因为它的句法结构不符合定义，即“尸”在这里不是接受者。实质上还是因为这个例句不编码给予类事件，这显然是事件的语义因素在起着主导的作用。我们还有另一方面的证据支持这一看法。虽然在针对另一批不同的例子时，贝罗贝是基于句法结构上的原因把它们排除在双宾语结构外，但我们很难设想，如何将同样的论证运用在例[15]上。例如，贝罗贝不承认"立之君"(《左传·襄公十四年》)和"夺之杖"(《左传·定公二年》)等是双宾语结构的例句，原因是第三人称代词"之"在这里可被分析为领格代词"其"(贝罗贝 1998；Peyraube 1999a)。若采取这个解释，这些例子自然可被视为单宾结构，而非双宾语结构；但问题在于例[15]中紧靠动词后的位置是名词而非代词，所以我们在缺乏判断上古汉语的宾语的共识标准基础上其实是没有办法证明"枕尸骨"不是双宾语结构的。总之，例[15]被排除在双宾语结构之外，既然无法从句法结构上证明，我们有理由怀疑根本的原因就在于这个例句所编码的并不是给予类的事件。换言之，贝罗贝就双宾语结构所提出的判断标准虽和其他学者提出的判断标准有相似的地方，但根据上述的讨论不难看出也明显地参考了事件的语义。

上边的简要总结突出了有关上古汉语双宾语结构的两种不同立场，它们在双宾语结构的判断标准上各有不同，唯一的共识是当给予类动词(即贝罗贝讨论中的[＋给予]本义与格动词)管辖两个动词后的名词词组时，这一句法结构形式毫无疑问就是双宾语结构。除此之外，大家对于上古汉语的双宾语结构其实是存在着严重的分歧的，而这种分歧对于我们力图要从句式多义性的角度来理解上古汉语的语法组织系统是不利的。有鉴于此，对于上古汉语双宾语结构的判断标准进行检讨和重建是一项刻不容缓的工作。

2.2.2.2 **判断双宾语结构的几点建议**

由于当前的判断标准无法满足要求，因此建立起一个既在理论上言之成理，而在实践上又能确实操作的判断双宾语结构的标准就成了当务之急，我们认为这个判断标准须建立在以下四点基础上。

**2.2.2.2.1** 句法关系是判断双宾语结构的基础

在提出双宾语结构的判别标准前，让我们再稍微回顾一下之前的两种判断办法。第一种办法认为双宾语结构的句法结构是：

$$动词＋宾语_1＋宾语_2$$

而第二种办法则把双宾语结构中的两个宾语加以限制：

动词＋间接宾语＋直接宾语

不论采取哪一个办法，都不理想。第一种办法的标准似乎过宽，基本上只要任何述语动词之后带上两个名词性成分，一般都能轻易通过检测；而第二种办法则失之过严，以致能通过检测的例句屈指可数。因此，我们须提出一种折中和平衡的观点以准确地把握上古汉语的双宾语结构。要完成这个任务，前提是我们须对上古汉语的句法关系(grammatical relations)有准确的认识。缺乏这个基础，一切关于双宾语结构的讨论其实都是枉然的。一旦我们从句法关系的角度入手，就能更深刻地理解上述两种定义都不理想。所谓“句法关系”，指的是一种存在于句法层面上的结构关系，而这种结构关系和语义关系并不直接对应。朱德熙(1985：28)在下列的文字中有明确的表达：

> ……凡主语都指施事，凡宾语都指受事，凡关系语都指与事或工具。如果真是这样，那么主语、宾语等等跟施事、受事等等岂不就是一回事，我们可以直接管主语叫施事、管宾语叫受事、管关系语叫与事、工具，何必另立主语、宾语、关系语等等名目呢？这种办法的实质是取消句法成分的概念，完全根据语义来分析句子。

句法关系和语义关系既然不存在一种严格的一对一的对应关系，因此在判别句法关系时，就必须考虑句法表现或句法分布。这个精神完全贯穿在朱德熙的一系列研究中，而严格按照这个思路来审视现有的两种双宾语结构的定义，隐藏于其中的问题自然就会浮现。我们且以下列两个例子来进行说明：

[16] 楚子赐之金。(《左传·僖公十八年》)

[17] 窃马而献之子常。(《左传·定公三年》)

不论是采取哪一个定义，都无法有效地说明述语动词后的两个宾语的不同语法表现：如果认为这两个例子的句法结构都是“动词＋宾语$_1$＋宾语$_2$”，则无法解释为什么同样是宾语，代词“之”永远只出现在第一个宾语的句法位置;而如果采取贝罗贝的分析模式,认为它们的句法结构分别是"动词+间接宾语+直接宾语"和"动词+直接宾语+间接宾语",那也不妥当,因相同的一种句法关系竟然有完全截然不同的语法表现,如代词"之"在例[16]中是间接宾语,而在例[17]中则是直接宾语。此外,第二种判断标准中的"间接宾语"也不符合类型学的关于"间接宾语"在致使句式(causative construction)中的功能的论述。Comrie(1976,1989)根据跨语言的证据总结出间接宾语在人类语言中经常用以标记受使者(causee):

[18] Dişçi mektub-u müdür -e imzala-t-tı

dentist letter DO director IO sign Caus Past①

The dentist made the director sign the letter.(那位牙医让董事签了那封信。)

而这和上古汉语语法讨论仅把"间接宾语"限制在接受者的语义角色显然是不同的。

这说明了要建立起一个可行的判断标准以提取出上古汉语的双宾语结构,我们将无法回避对上古汉语句法关系的讨论。通过这个讨论,我们希望能说明什么是宾语、直接宾语、间接宾语和补语等句法关系。

**2.2.2.2.2** 对双宾语结构中的两个宾语都和述语动词发生关系的理解

在理论上,根据结构主义研究范式所提出的双宾语结构的判断标准要求同时满足两个条件,即两个宾语各自和述语动词构成述宾关系,以及两个宾语相互之间不存在结构上的关系。这两个条件,一个从正面说,一个从反面说,缺一不可。就第二个条件而言,之所以要求两个宾语之间不能构成结构关系,其目的不外就是说明述语动词后的两个名词性成分不能是定中的修饰关系。换言之,如果这两个名词性成分不是定中的修饰关系,就有可能是双宾语结构。之所以说有可能,原因

---

① 这里的 DO 和 IO 分别指的是直接宾语和间接宾语。

就在于上古汉语的语法分析体系中有“补语”的句法关系，因此当面对下列的线性序列时，如果序列中两个名词词组之间不构成定中关系，它们除了可能是双宾语结构外，最末的名词词组还可能是补语，而不是宾语。

动词＋ 名词词组$_1$＋名词词组$_2$[①]

正因为有这层考虑，因此在判断标准中才须引入第一个条件，即两个名词词组须和述语动词同时构成述宾关系，以利用这个标准来排除具有下列句法结构的例句：

动词＋宾语＋补语

这个处理固然有一定的道理，但须指出的是，由于上古汉语的研究中始终缺少一个能准确分辨出宾语和补语的标准，因此如何严格执行上述标准中的第一个条件也是个未知数。此外，如果我们不把视角仅仅放在上古汉语上，不难发现第一个条件其实也不是毫无问题的。这里先举出一个现代汉语的例子：

[19] 吃了他三个苹果。

就这个例子的句法结构，从事现代汉语研究的学者众说纷纭，但是陆俭明(2003:152)却另辟蹊径，从语义指向的角度充分证明了上述的例子应分析为双宾语结构：

“吃(了)他三个苹果”，这是一个单宾结构还是一个双宾结构？语法学界意见不一。按“单宾结构”说，认为“他三个苹果”只能被分析为表示领属关系的偏正结构，它作“吃(了)”的宾语；按“双宾结构”说，认为“他三个苹果”可以不分析为偏正结构，而将“他”分析为“吃”的与事宾语，“三个苹果”分析为“吃”的受事宾语。

语义指向分析可以为“双宾”说提供一种新的分析角度——利

① 须指出的是，一些学者在处理“为之田”一类的例子时，并不同意其句法结构中的第一个单位是动词，而认为是介词。这又使问题更加复杂。详见本书第五章。

> 用“总共”、“一共”一类副词在语义指向上的特点，说明把“吃了他三个苹果”分析为双宾结构是可取的。

这个结论是可信的，而徐杰（2001：202—206）也根据形式语法的约束原则论证了上述例子的结构应是双宾语结构。在分析“吃（了）他三个苹果”的句法结构时，来自不同方面的证据都有力地指向双宾语结构。例[19]既然是双宾语结构，按结构主义的办法，其结构的层次分析如下（陆俭明 2003：154）：

吃了　他　三个苹果

________　________（述宾）

____　__（述宾）

我们不难发现“吃（了）他”似乎不满足层次分析在语义方面的要求。吴竞存、侯学超（1982：43—44）曾以“吓了他一跳”为例说明层次分析法中的语义要求：

> 又如“吓了他一跳”，可以作下面的切分：
>
> 吓了他一跳（A）
>
> 按说，“吓”是带体词宾语的动词，可以带“他”，“他”与“一跳”能成主谓结构，切分为递系结构在功能上应当是能够成立的。但是在结构体“他一跳”里，“一跳”表动作，而上引语段里的“一跳”是表动量。“他”跟表动量的“一跳”没有组合关系。所以A的切分是不正确的，正确的切分应当是：“吓了他/一跳”（B）。
>
> 由此可知，语段的切分，除要满足结构、功能的要求外，还要使切分不致破坏或改变被切分语段的意义。①

① 这里的（A）和（B）指的是不同的句法层次结构。

依照同样的道理，“吃(了)他”即使结构上能成立，但却无法形成语段的意义，因此上边对“吃了他三个苹果”所做的切分是值得讨论的。有鉴于此，陆俭明(2003:154)在具体分析例[19]的句法结构后就进行了一番补充说明：

> 有同学可能会提出这样一个问题：“吃了他”不能单说，能看作述宾结构吗？能，只是这种述宾结构是黏着的，不是自由的。这类黏着的述宾结构虽然不多见，但也不是只这一种，例如：“我真想睡他三天三夜。”这句话里的“他”绝对不可能跟“三天三夜”组合，只能分析为跟“睡”组合，而因此形成的“睡他”，也是一个黏着结构。

这个解释不免有些牵强，尤其是考虑到“吃了他”或“睡了他”即使在结构上能通过句法检测，但从结构主义的角度着眼，这里的“吃了他”和“睡了他”，在语义上，都无法和语段另外一部分的结构体组合成“吃了他三个苹果”或“我真想睡他三天三夜”中的整体意义。我们这里所遇到的问题其实就揭示了结构主义的语法观所倡导的层次分析法在具体分析双宾语结构时的局限性。这是一种要求二分的结构分解办法，因此任何的语段都必须逐层按二分的法子分解到词为止，如：

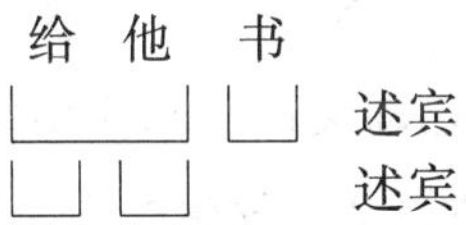


同是双宾语结构，但“给他书”能采用二分的办法，而“吃了他三个苹果”却不能，当然也可以说这是因为前者是典型的双宾语结构，而后者不是。这或许对，但倘若我们不把眼光仅局限在现代汉语上，就会发现人类语言中的双宾语结构其实并不都能按上述的这个分析来进行。现代英语的双宾语结构就是个很好的例子。Goldberg(1995)中提到的 John baked Mary a cake 一类的例子在现代英语中是毫无疑问的双宾语结构，但是 baked Mary 在结构上根本无法成立。此外，更值得注意

的是，在现代英语中，和现代汉语“给他书”对应的给予类双宾语结构（如 John gave Mary a book）中的述语动词和表接受者的名词也无法构成直接成分，因为 gave Mary 在句法结构上根本无法成立。可见，对现代英语双宾语结构的分析并不能采用一种二分的结构分解法。

上述的讨论旨在指出，在双宾语结构的分析上，所谓的两个宾语须和述语动词发生关系必须有个更明确的界定。我们认为张伯江（1999）对现代汉语双宾语结构的讨论值得借鉴。他指出：

> 为了突出这个句式整体的语法语义独立性，我们打算放弃带有强烈结构分解色彩的“双宾语”的说法，而使用“双及物式”（ditransitive construction）这个术语来指称讨论的对象。虽然这两种说法都涉及动词和动词后两个独立名词成分的问题，但一个用的是分解的视点，另一个体现的是整体的视点，它们有实质的区别。这个区别可以用下图表示：
>
> 双宾语：V ¦ $N_1$ ¦ $N_2$
>
> 双及物格式：[V ¦ $N_1$ ¦ $N_2$]

把双宾语结构记为“V＋$N_1$＋$N_2$”虽然存在着把名词和宾语等同的问题，但是这个句法表述却突出了双宾语结构中的两个宾语是在同一个句法结构层次上和述语动词发生关系。这个认识具有更大的说服力，因为它除了能说明现代英语的情形，也能说明希腊语这种有形态屈折变化的语言中的情形：

希腊语（Anagnostopoulou 2003:10）

[20] Dhidhaksa ta pedhia ghramatiki

Taught-1sg the children-ACC grammar-ACC

I taught the children grammar.（我教孩子语法。）

在讨论上古汉语的双宾语结构时，要求两个宾语和述语动词有述宾的结构关系是正确的，但是不能过于严苛地要求这种述宾关系必须完全在一个分解的基础上体现出来，即任何一个宾语都能独立地和述语动词构成直接成分，这是不合理的。为了说明两者的重要区别，我们把这种不合理的要求概括为“两个宾语必须分别受述语动词的支配”。我们认为在判断上古汉语哪些例子应属于双宾语结构时，不能采用“支配”的办法，否则将产生许多无谓的纠葛。

**2.2.2.2.3** 变换分析不能用以判断双宾语结构

Croft(2001)严肃地批评了现代语言学语法范畴判断方法论上的投机主义(methodological opportunism)。所谓方法论上的投机主义，就是采用循环论证来证明某个语法范畴的存在。这一批评极具启发意义，有助于我们检讨如何鉴定上古汉语的双宾语结构。我们将以下列一组例子来说明 Croft 的思路：

[21] a. A mule kicked John.

a.' John was kicked by a mule.

b. John weighs 80 kg.

b.' *80 kg are weighed by John.

c. Hemingway lived in this house.

c.' *This house was lived in by Hemingway. ①

根据 Croft(2001)的介绍，在判断现代英语的直接宾语时，一般都采用两条标准：一是直接出现在述语动词后；二是能在被动句中充当主语。根据第一条标准，例[21]三个主动句(即[21]a、[21]b 和[21]c)中直接出现在动词后的成分都应是直接宾语，但根据第二个标准，三个主动句动词后的成分仅有一个能出现在被动句的主语位置，因此并不全都是直接宾语。虽然面对这样的问题，当前的句法分析仍坚持在这样的方式下进行工作。上述的例子揭示了两个值得深思的问题：第一，该如何选用判断语法范畴的标准；第二，属于同一个语法范畴的成员是否

① 例子中的 ' 代表由主动句所形成的被动句，而*则代表句子不合语法。

必定有完全相同的句法表现。

不少学者在判断上古汉语的双宾语结构时，对于给予类双宾语结构的判定，一般不存在争议，但是一旦涉及非给予类的例子时，总会产生许多的争议。究其根本，就在于他们选取了某个适用于给予类双宾语结构的句法标准，并强制要求其他语义类型的双宾语结构也必须完全符合这一标准。如果符合，就是双宾语结构，不然就不是。我们这里举一个上古汉语的例子作进一步说明。取得类动词能否进入双宾语结构一直都缺乏共识，而为了解决这个争议，学者们采用了句法变换分析的标准，提出“动词＋名词词组$_1$＋名词词组$_2$”的线性序列只要能变换为某个句法结构，它就是双宾语结构，否则就不是。例如，何乐士(1980:285)就认为“夺＋之＋NP”能转换成“向＋之＋夺＋NP”，因此是双宾语结构。具体的分析如下：

[22] 夺之杖 → 向之夺杖

反观唐钰明(1994)则指出“夺＋之＋NP”由于不能转换成“V＋之＋以＋NP”或“以＋NP＋V＋之”，因此“夺＋之＋NP”是单宾结构。他的分析如下：

[23] 与之语三日而授之政。(《说苑・尊贤》)

　　→与语三日，授之以政。(《史记・孔子世家》)

[24] 牵牛以蹊人之田而夺之牛。(《左传・宣公十一年》)

　　→*牵牛以蹊人之田而夺之以牛。

这样的讨论存在很多问题。且不说例[22]中的“向之夺杖”这样的例句是否能在上古汉语的文献中找到，即使在上古汉语的文献中确实能找到例[23]中的例句，如“授之以政”，把不同年代的文献摆放在一起是否合适也是个不能不考虑的问题。但这些问题都不是关键，关键的问题其实还在于我们在多大程度上能完全根据句法变换分析的办法来判断语法范畴。换言之，我们能否说一旦能进行某种变换就是属于某种语法范畴，而不能进行某种变换的就一定不是。上边所指出的皆是实际操作层面的问题，而这里提出的却是个理论层面的问题。即使操作层面的问题能妥善解决，但不解决理论层面问题，那也是枉然的。

我们认为须先了解句法变换分析的本质才能判断这个方法是否适用于判断语法范畴。不妨来看下列几个现代汉语的例子：

[25] 老张杀了小明。

[26] 小强思念了小花。

[27] 买来了这本书。

[28] 买来了一本书。

一般来说，大家都接受这四个例句中的“小明”、“小花”、“这本书”、“一本书”都是现代汉语普通话中的直接宾语。一个很直接的证据就是它们和动词之间能插入“了”这个结构助词。虽然都是直接宾语，但是它们的句法表现却不一定完全相同。我们观察到例[25]可以变换成被动句（即“小明被老张杀了”），或是把字句（如“老张把小明杀了”），然而例[26]却不能进行相同的句法变换，也即是不能变换成被动句（如“小花被小强思念了”）或是把字句（如“小强把小花思念了”）。虽然如此，在现代汉语的句法分析中，似乎并没有学者会因为变换不成功而否定例[26]是述宾结构。另外，例[27]和[28]两个例句几乎完全相同，唯一的不同就在于出现在动词后的名词词组是否有定。我们发现例[27]可以变换为把字句（如“把这本书买来了”），而例[28]则不能做相同的变换（如“把一本书买来了”）。句法变换纵然不成功，但是却也不会有人因此而否定例[27]和[28]是述宾结构。

根据这个简单的讨论，我们认为一个句式是否能变换成另一种句式，原因很多，如根据朱德熙（1990：212）对把字句的说明，“把”字的宾语在意念上总是有定的，因此例[28]的“一本书”虽然和例[27]的“这本书”一样都是直接宾语，但是因词组中的中心语受不定数量词“一本”的修饰，因此违反了把字句对介词宾语的有定要求而无法变换为把字句。可见，不同的句式有其自身特定的句法和语义要求，因此绝不能依靠两个不同句式之间的句法变换关系来判断例句是否属于相同的语法范畴。具体言之，在讨论取得类动词能否进入上古汉语的双宾语结构时，即使唐钰明(1994)证明了“夺之牛”无法变换为“夺之于牛”或“夺之以牛”,这都无法说明“夺之牛”不是双宾语结构。对于坚持以句式变换分析办法来判断上古汉语的双宾语结构这种语法范畴的人来说,更为棘手的其实还在于我们也能在给予类双宾语结构中找到无法变换成功的例子,如“赐之金”(《左传·僖公十八年》)。我们可仿照上边说明“夺之牛”不是双宾语结构的论证过程:

[29] 与之语三日而授之政。(《说苑·尊贤》)

→与语三日,授之以政。(《史记·孔子世家》)

[30] 牵牛以蹊人之田而夺之牛。(《左传·宣公十一年》)

→*牵牛以蹊人之田而夺之以牛。

[31] 楚子赐之金。(《左传·僖公十八年》)

→*楚子赐之以金。①

虽然如此,我们从不否定“赐之金”是双宾语结构。此外,“饮之酒”虽是个大家所承认的双宾语结构(邵永海 1990;贝罗贝 1998;相宇剑 2003),但却也无法通过上述变换分析的办法来确定其句法结构:

[32] 子文饮之酒。(《左传·僖公二十七年》)

→*子文饮之以酒。②

由此可见,句法变换分析办法的关键问题就在于忽略了不同的句式具有不同的句法和语义上的要求,因此变换成功固然可以说明两个例句是属于同一种句法结构,而一旦遇到变换不成功的情形时,就无法判断两个例句不属于同一种句法结构。总的来说,变换句式的分析方式不能完全有效地用以分析“动词+名词词组$_1$+名词词组$_2$”的线性序列是否是双宾语结构。正因为如此,我们发现迄今为止,还未有任何的论著能借助句法变换分析的法子,透彻地证明其所认定的不同语义类

---

① 《左传》中虽有“以崔子之冠赐人”(《左传·襄公二十五年》)的例子,但是却没有一例是“以”的介词词组出现在动词后的。也见刘耀华(1995)关于这方面的统计。

② 《左传》虽有一例“饮以酒”(《左传·桓公十六年》),但是却找不到一例是“饮之以酒”。

型的双宾语结构就是双宾语结构。

**2.2.2.2.4** 双宾语结构是一种原型范畴

根据之前的讨论，我们发现双宾语结构必须带两个宾语，但并不是所有不同语义类型的双宾语结构里的宾语都能分别受动词的支配(即在一个分解的层面和动词构成述宾关系)，也不是所有不同语义类型的双宾语结构能承受相同的句法变换方式。就以下面两个现代汉语例子而言：

[33] 给了小强一本书。

[34] 吃了小强三个苹果。

例[33]中的两个宾语“小强”和“一本书”都和动词“给”构成述宾关系，而且也能分别受这个动词的支配，因此具有如下的变换分析结果：

[35] 给了小强。(回答“给了谁”)

[36] 给了一本书。(回答“给了什么”)

反观例[34]，这个例子已通过其他的法子证明是双宾语结构，因此两个宾语“小强”和“三个苹果”都应分别和动词“吃”构成述宾关系，可是和例[33]不同的是，这两个宾语不能都受动词“吃”的支配：

[37] 吃了三个苹果。(回答“吃了什么”)

[38] *吃了小强。

尽管陆俭明(2003)尝试说明例[38]是黏着式的述宾结构，但是一个最直接的问题就是为什么同是双宾语结构，例[33]中的两个宾语都能直接和动词构成非黏着式的述宾关系，而例[34]中的两个宾语中却有一个必须被分析为黏着式的述宾关系。所谓的黏着式的述宾关系，其实就是一种不典型的述宾关系，而这也提示我们双宾语结构并没有适应所有不同语义类型的双宾语结构的句法特征。我们并非首个提出这种想法的人，张伯江(1999)对马庆株(1983)的批评就体现出了同样的意思：

> 我们几乎找不到适合所有类型的一条或几条句法特征。……我们还没看到双宾语句式的概括的语义描述，动词小类的语义类型本身不等于这个格式的总体语义概述。

根据这个认识，我们认为人类语言中的双宾语结构作为一种语法范畴是无法用经典理论的方法来加以界定的。为此，有必要对范畴这个概念的定义有一番认识和理解。随着认知语言学的兴起，一直存在着范畴化的“经典理论”和“原型理论”两种认识观的竞争。张敏(1998：50—90)对这两种不同的范畴理论有如下的介绍和说明：

> 被 Lakoff 称作范畴化的“经典理论”的传统观念肇始于亚里士多德对本质属性和非本质属性的形而上学的区分。它认为概念的类来源于客观世界里既定的范畴，与进行范畴化的主体无关；而范畴的归属是由概念的本质属性决定的。它包含以下的基本假设：(1)范畴是由充分特征和必要特征的合取定义的；(2)特征是二元的(binary)；(3)范畴有着明确的边界；(4)范畴的所有成员地位相等。这样定义出来的范畴自然是绝对的、离散的。这种范畴观长期以来在绝大多数学科中不是被看作一种经验假设，而是作为一个自然而然、天经地义的真理而被普遍接受。现代语言学主流不仅深受其影响，而且还进一步将它精细化，如分析出不可分割的抽象的特征元素，并用这类特征的集束定义各类语言范畴，如音位、基本语义单位、词类等。尽管经典理论指导下的语言分析取得了很大的成绩，但近二三十年来认知科学的研究发现很多概念范畴和语言范畴不是传统的理论所能概括的，这显示更精细的认知和语言研究要求一种新的范畴化理论。

有别于范畴化的“经典理论”，“原型理论”强调的是：

> ……(3)自然类的边界往往是模糊的，相邻范畴常常不是由严

> 格的边界截然分开，其边缘成员往往混入对方的类别。例如Labov实验中的cup和bowl等。(4)自然类各成员地位并不平等，其中有较好的和较差的成员之分。例如，在“鸟”的类别中，知更鸟和麻雀就是较好的典型成员，而鸵鸟、企鹅则处于范畴的边缘，是较差的成员。最好的成员即最具原型性(prototypicality)的成员，其与最差的成员之间，可有等级之别。(5)范畴中原型性更高的成员具有更多的与同类其他成员共有的属性，并具有更少的与相邻类别的成员共有的属性；也就是说，就属性而言，原型成员最大限度地区别于其他范畴的原型成员。而非原型成员(或曰边缘成员)则相反，它们与同类其他成员共有的属性较少，而与相邻范畴共有一些属性。

由此可见，根据上述的讨论以及这里对于范畴化两种理论的介绍，人类语言中的双宾语结构应被视为一种体现原型效应的语法范畴。一旦我们接受这个结论，就能明白何以同样都是双宾语结构，但是它们的句法表现却不完全相同。正如张敏(1998:78—79)所指出的，如果仅认识到某个语言范畴所体现的原型效应，那还不够，我们还应该挖掘这种现象的本质，即弄清哪些因素促成了原型现象。他以词类的个案对此进行说明，对于我们理解双宾语结构的原型现象是有启发的：

> 词类这种语法范畴具有原型效应，这其实并不是认知语言学家的新发现，人们早就认识到了这一现象，尤其是传统语法学家，尽管他们未必用上面的术语去概括。Crystal(1967)曾明确提出，词类存在着边界模糊的现象，某个类别里典型的中心成员具有最多的划类特性，而非典型的边缘成员则具有较少的特性。Quirk等人(1985)所著的英语描写语法也特别强调了类别隶属的程度之别。汉语语法学家对这个现象也并不陌生，不少人都注意到，无论采用什么样的标准，词类都不容易分得干净利落。人们在具体划类时常出现的各种争论，其对象往往是边缘性的类别成员；但哪些

是典型的成员，哪些不是，大家一般不会有异议。例如，像“桌子”“打”之类的词就是较典型的名词和动词，它们具备相应词类的绝大部分特征，如“桌子”可作主语、定语和定中结构的中心语、可受个体数量词（如“一张”）的修饰，等等，“打”可加“了、着、过”，可重叠，等等；而像“礼节”“可能”之类就缺乏不少名词、动词常见的特征（如前者不能受个体数量词修饰，后者不能带时态助词、不能重叠等），因此典型性较弱。近年来，汉语语法学家还作出了更进一步的尝试，运用了“模糊集（fuzzy set）”和“连续统（continuum）”之类概念说明这些现象（陈宁萍 1987）。

不过，如上所述，认知语言学家认为原型效应只是一种现象，仅仅注意到类属的不确定性和边界的模糊性还远远不够，若停留在这一层，我们对词类的认识实际上并未深化多少，这也是认知语言学家不太在意连续统的概念及 Zadeh 模糊集理论的一个重要原因。他们强调的是挖掘这种现象之下的实质，即弄清楚是哪些因素促成了原型现象。其具体研究显示，词类成员体现在句法形式特征方面的典型程度是与其语义和功能方面的典型程度高度相关的，因此，这种原型效应是由语义功能因素促动的，故必须重视对词类的意义基础的研究。这是与认知语言学的一贯主张一致的，也正是其词类范畴化理论有别于一般的“模糊”“连续”说的新意之所在。

既然形式可看作是由语义、功能所促动的，因此一个语法范畴在表层形式上的差别其实就反映了底层的语义构造的差别（戴浩一、张敏 2003）：

尽管我们认为名词动词之别可以得到语义上的定义和解说，我们并不排斥对它们的区分进行形式上的界定。实际上，语言范畴毕竟是语法的类，若分出来的类别在句法功能上没有相应的表现，那么，它们是不能称作语法范畴的。这里要强调的是，尽管名动之别有其形式上的依据,其形式表现并不能全然看作这两个基本范畴的实质,它们更像其底层语义构造的表征。换言之,底层的语义差别为表层的形式差别提供了激发动机,而表层的形式差别是底层差别的显现方式,是将底层差别规约化的结果。

根据这个认识,戴浩一、张敏(2003)就探讨了现代汉语的词类范畴。以名词这个语法范畴为例,他们指出了并非所有的名词都能与上述各类量词相搭配:

表 2.1

| | 个量 | 集量 | 度量 | 临量 | 不定量 | 类量 |
|---|---|---|---|---|---|---|
| [1] 书 | + | + | + | + | + | + |
| [2] 水 | − | − | + | + | + | + |
| [3] 衣物 | − | + | + | + | + | + |
| [4] 礼节 | − | − | − | − | + | + |

根据认知语法的分析(Langacker 1987, 1991a, 1999),一个最具原型性的名词,即是指称一个在量和质上都最具明晰性的实体的词,而一个不甚“原型”的名词,即是指称一个在量和质上明晰程度不够的实体的词。以此为基础,我们不难发现表 2.1 中的“书”这个词所指称的是个离散的、有形的,且占有三维空间的实体,符合认知语法对原型名词的认识,而这个词在现代汉语中能与所有类别的量词共现。反观其他的非空间领域的抽象实体,如“礼节”,这个词不论在量或质上都不是十分明晰,而体现在句法形式上也面对某些限制,使得它不能和某些量词共现。由此可见,词类语义和句法界面之间存在着对应的关系,而我们能以此来说明某个语法范畴的原型成员和非原型成员之间的差异。

一旦明白上述的道理,就能理解之前所指出的,虽然所有的双宾语结构中都有两个宾语,但并非在所有不同语义类型的双宾语结构中,这两个宾语都必须为动词所支配的句法现象,其实正是双宾语结构原型性的体现。此外,我们所指出的不同的双宾语结构并不存在着完全一致的句法变换方式,也可在同样的思路中获得解释。讨论到这里,不能不提出一个疑问,即是双宾语结构的原型成员是什么?就这个问题,许多研究都一再指出是给予类事件(Goldberg 1995;Ahrens 1995;张伯江 1999 等),我们同意这个结论。原因有二:

第一,根据认知语言学对时间概念的探讨,我们知道时间概念在几乎所有已知人类语言中都是(程度不等地)以空间的概念通过隐喻概念建立起来的。之所以如此,就在于空间概念比时间概念具体。给予是人类生活中最基本的活动,它要求即时性、在场性,而物体从一个人的领有域转移到另外一个人的领有域,也都是能通过人类生理上的视觉和触觉系统感知到的,因此比其他所知的以双宾语结构来编码的事件都来得基本和具体。现代英语的双宾语结构能表达受益类的事件,如 baked him a cake,我们只要稍微分析这个事件就能发现其中所蕴含的受益对象无法直接为人类生理上的视觉和触觉系统感知到,因此把受益类事件和给予类事件相比较,可发现后者显然比前者更基本、更具体。根据原型理论,一般而言,原型成员总是比非原型成员具体,而这就很好地体现在上边对名词的讨论上。

第二,从句法表现的角度着眼,表给予事件的双宾语结构所受到的限制往往最少。以现代汉语为例,它的两个宾语除了能和动词构成述宾的关系外,还能分别受动词的直接支配。反观其他类型的双宾语结构,所面对的限制就更多了。

**2.2.2.2.5** 小结

我们在这一节里会先总结上边关于双宾语结构的多方面讨论,然后再说明应如何有效地界定上古汉语的双宾语结构。首先,在现有的分析中,双宾语结构的判定一般都认为须符合两个条件:一是动词后有两个宾语;二是动词后的两个名词性成分之间不存在结构关系。前一个条件是从积极方面入手,而后一个条件是从消极方面着眼。所谓从积极面入手,也就是只要我们掌握了判断上古汉语的宾语(即直接宾语和间接宾语)的分析手段,我们就可以根据这个分析手段来判定动词后的两个名词性成分都是宾语,这个讨论我们留待下一节进行。但是假若我们严格地贯彻认知语言学的理论精神，双宾语结构作为一个语法范畴体现了原型效应，而构成双宾语结构中的两个宾语同样也是语法范畴，势必也会体现原型效应。正因为构成双宾语结构中的两个宾语，有的可能是典型的宾语，而有的可能是非典型的宾语，因此它们必然也不会有一致的句法表现。这方面的内容将会在下文详细交代，而一旦我们深切明白这个道理，就不难明白为什么许多现代汉语研究在讨论双宾语结构时，都未能在众多的例子中找到若干条，甚至是一条共同的句法特征。有鉴于此，当面对下列上古汉语的例子时，要从积极面的角度去证明它们是双宾语结构，其实是一项很不容易，且吃力不讨好的工作。且看下列的例子：

[39] 楚子赐之金。(《左传·僖公十八年》)

[40] 枕尸股而哭。(《左传·襄公二十五年》)

[41] 公衣之偏衣，佩之金玦。(《左传·闵公二年》)

[42] 晋侯饮赵盾酒。(《左传·宣公二年》)

[43] 不如早为之所。(《左传·隐公元年》)

[44] 天生民而立之君。(《左传·襄公十四年》)

[45] 犹欲其入而闭之门也。(《孟子·万章下》)

[46] 牵牛以蹊人之田而夺之牛。(《左传·宣公十一年》)

[47] (颜回)少孔子三十岁。(《史记·仲尼弟子列传》)

[48] 围宛城三匝。(《史记·高祖本纪》)

[49] (蒙恬)开榆中地数千里。(《史记·项羽本纪》)

[50] 杀之南里。(《左传·宣公三年》)

例[39]是毫无异议的双宾语结构，但何以这是上古汉语中的双宾语结构，却从来没有研究对之进行过正面的论述。一个最直接的答案就是这个例子表达的是给予类事件，而给予类事件必须涉及三个参与者，于是这个事件中两个位于能量流下游的参与者(downstream participant)①

① 参见 Langacker(1987，1991a，1991b)。

就充当了动词后的宾语。此外，这两个宾语也都能受动词支配：

[51] 楚子赐之金。(《左传·僖公十八年》)

[52] 公疾，遍赐大夫。(《左传·昭公三十二年》)

[53] 春，虢公、晋侯朝王，王飨醴，命之宥，皆赐玉五瑴、马三匹，非礼也。(《左传·庄公十八年》)

这个办法的最大问题就是无法普遍化，即使其中的一些例子(如例[40]至[42])能按照上述的方式加以变换，也要遇到其他的问题：

[54] 晋侯饮赵盾酒。(《左传·宣公二年》)

[55] 将饮马于河而归。(《左传·宣公十二年》)

[56] 栾宁将饮酒。(《左传·哀公十五年》)

例[54]虽然表面上和例[51]一样，通过变换方式，让两个宾语同时受动词支配，但是若仔细考虑，就可看到这其中还是有分别。例[51]至[53]的"赐"始终是同一个"赐"，而例[54]和[56]的"饮"虽是同一个"饮"，但例[55]的"饮"却是个表致使的"饮"，[①]因此这样变换出来的结果是不应和"赐之金"相提并论的。

正因为从积极的角度去论证"动词＋名词词组$_1$＋名词词组$_2$"这个线形序列是双宾语结构会遇到困难，而且根据我们对双宾语结构这个语法范畴的本质的认识，其原型效应也必定导致我们无法找到一条或多条的句法特征来判定某个线形序列是双宾语结构，因此我们认为在接下来的讨论中，不妨改从消极面入手去证明某个线形序列是双宾语结构。根据这个方案，我们首先可从逻辑上列出"动词＋名词词组$_1$＋名词词组$_2$"可能在上古汉语里具有的几种不同的句法结构，而其中的一种是双宾语结构，而后只要能证明"动词＋名词词组$_1$＋名词词组$_2$"这个线形序列不属于别的句法结构，就能按非此即彼的逻辑，说明它是双宾语结构。这个办法虽然未从学理的角度被明确地提出来，但是却隐含在许多关于双宾语结构的讨论中。以现代汉语来说，在论证"吃他

① 参见本书第五章。

三个苹果”是双宾语结构时，陆俭明(2003)就部分采取了消极的策略。不妨再看一看陆俭明在一开篇的这段话：

> “吃(了)他三个苹果”，这是一个单宾结构还是一个双宾结构？语法学界意见不一。按“单宾结构”说，认为“他三个苹果”只能被分析为表示领属关系的偏正结构，它作“吃(了)”的宾语；按“双宾结构”说，认为“他三个苹果”可以不分析为偏正结构，而将“他”分析为“吃”的与事宾语，“三个苹果”分析为“吃”的受事宾语。
>
> 语义指向分析可以为“双宾”说提供一种新的分析角度——利用“总共”、“一共”一类副词在语义指向上的特点，说明把“吃他三个苹果”分析为双宾结构是可取的。

由于“总共”、“一共”在语义指向上所指向的数量成分不能受限制性定语的修饰(如总共/一共红的三个苹果)，而“给他三个苹果”又可受“总共”、“一共”修饰，因此“他”和“三个苹果”不可能构成定中关系。既然这个线形序列不能是单宾语结构，那么它就应该是双宾语结构，尤其是“总共”、“一共”能修饰给予类的双宾语结构。在上古汉语的研究中，我们也能找到一个从消极面立论的例子。李佐丰(2003a:127—128)在谈到如何判断上古汉语的双宾语结构时就指出：

> 双宾语在意义和功能上都有自己的特点。
>
> 从意义上看，名$_1$和名$_2$经常表示两类不同的实体，往往是名$_1$表示人，名$_2$表示物。而名$_1$和名$_2$又与动词之间分别存在着不同的语义关系。……
>
> 从功能上看，双宾语的特点有两个。
>
> 一、第一个特点名$_1$是“人名”，同时名$_1$与名$_2$不构成联合、同位结构，便构成双宾语。……

第一个特点很显然就是采用了非此即彼的论证方式。有鉴于此，我们认为双宾语结构既然是个体现原型效应的语法范畴，因此在论证不同的例句是否是双宾语结构时，可放弃正面的、积极的论证过程，而采取反面的、消极的办法。就目前对上古汉语双宾语结构所进行过的研究来看，“动词＋名词词组$_1$＋名词词组$_2$”除了有可能是双宾语结构外，还可能是单宾语结构。这两种可能性都能见于一系列重要的相关论著中(参看贝罗贝 1998；Peyraube 1999a)，因此我们只要能否定两个名词词组之间具有定中的结构关系，其实就已在判断过程上前进了一大步。这里是说前进一大步，而不是说已达到目标，根据邵永海(1990)提到的上古汉语有“补语”这种句法关系，我们还必须否定另外一个可能性。这个可能性就是：

动词＋宾语＋补语

这涉及了“宾语”和“补语”等句法关系的判断标准，但我们在接下来关于上古汉语的句法关系的讨论中将否定“补语”的地位。从认知语言学的角度看，上古汉语的“补语”是一种很不典型的“宾语”，它们之间其实并没有本质的分别。一旦把“补语”收归于“宾语”，采取消极的论证办法，则只要能否定“动词＋名词词组$_1$＋名词词组$_2$”是单宾语结构，它就是双宾语结构。

## 2.3　上古汉语的句法关系

为了判断哪些例子应属于双宾语结构，我们有必要对上古汉语的宾语有明晰的认识。宾语是语法理论中所谓的句法关系，因此接下来要讨论的是上古汉语的句法关系。这个问题在现有的研究中一直没有获得足够的重视，因此立足于它之上的许多重要问题也未能获得妥善的解决。此外，不同学者进行句法分析时，总是在缺乏明确定义的情况下，使用“直接宾语”和“间接宾语”等术语来描述语言现象，使问题变得更复杂。我们深刻了解一个章节的篇幅并不足以解决如此复杂的问题，而要完全掌握上古汉语的句法关系，则须依靠更多、更深入的研究，但由于本书尝试以上古汉语的双宾语结构来探讨句式多义性的问题，因此为能判定双宾语结构，对于宾语的分析就成了件刻不容缓的工作。由于缺乏前人的研究可资参考，我们除了了解和思考前人按结构主义对上古汉语进行分析所遇到的困难外，还会参考不同语法理论对宾语这个句法关系的讨论，以期说明如何提取出上古汉语的直接宾语和间接宾语。首先，来看下边四个例子：

[57] 周人杀苌弘。(《左传·哀公三年》)

[58] (蒙恬)竟斩阳周。(《史记·项羽本纪》)

[59] 晋居深山。(《左传·昭公十五年》)

[60] 居于旷林。(《左传·昭公元年》)

例[57]至[59]中，动词后紧跟着一个名词性成分，其结构形式如下：

动词＋名词词组

这三个例子都是动词后带了一个名词性成分，但是究竟这个名词性成分的句法地位是什么，大家的意见并不完全一致。这里的关键是，该不该把上述三个例子中动词后的名词性成分都一致地分析为宾语？若是如此，是否就意味着只要是直接出现在动词后的名词词组都是宾语？第一个例子大家毫无异议，但是接下来的两个，名词性成分虽和处所有关，却并不容易判断。有的学者认为这两个例子是述补结构，但有些却认为例[58]的“阳周”是补语，而例[59]的“深山”是宾语。此外，倘若例[59]中的名词性成分是宾语，那么例[60]中同样表示处所的名词性成分由于须有介词引入，其句法地位和例[59]是否有分别，这也是个必须解决的问题。

### 2.3.1　直接宾语和间接宾语

本小节我们尝试对上古汉语的直接宾语和间接宾语做出讨论，进而在此基础上讨论双宾语结构中的句法关系。

#### 2.3.1.1 直接宾语

如何在人类语言中提取出宾语，这一直都是理论语言学家和语言类型学家所面对的难题。然而，在绝大多数从事汉语历史语法研究的学者中，却没有多少人把这一个课题当成研究对象。汉语历史语法的权威性著作，如王力（1980，1989）、潘允中（1982）、杨伯峻和何乐士（1992）、孙锡信（1992）以及向熹（1998）等，虽采用了“宾语”的术语来描述汉语不同阶段里的语法现象，但对于这一术语，却缺少一个恰当、明确和透彻的定义。例如，在判断“居深山”里紧靠动词后的名词性成分是否是宾语的问题上，学者们存在不小的分歧：有的把“深山”当作宾语，有的则采用了“补语”这个传统的术语，认为它是动词的附加语（adjunct），而不是论元（argument）。

在这种情况下，我们唯有参考不同的语言学派对于句法关系的讨论。迄今为止，语言学研究大体可分为两大阵营，即形式语法学派和认知功能学派。两大学派对于该如何研究人类语言的结构，不论在本体论上，还是在方法论上，都明显不同。这种不同也自然体现在句法关系的探讨中。对形式语法学派来说，句法关系中的主语和宾语皆是一种纯粹的形式结构关系，因此在界定它们时无须参考语义。根据这个认识，形式语法学派中较为传统的做法就是通过树形图来定义主语和宾语：主语和宾语分别是受句子直接支配的名词短语和受动词词组直接支配的名词短语（Chomsky 1976）。这种做法对现代英语也许有效，但对上古汉语能否有效，我们很是怀疑。原因很简单，这一方案无法提出一种实际有效的操作方法来判定例[57]至[59]中紧靠动词后的名词性成分究竟是否受到动词词组的直接支配。由于上古汉语语法的分析体系中一直都有“宾语”和“补语”的纠葛，因此如果我们无法有效地分辨出动词后的名词性成分究竟该安置在树形图中的论元位置还是非论元位置，这里头就存在着循环论证的问题。一般来说，把例[57]中的这一成分分析为受动词词组直接支配的宾语，大多数人都不会怀疑，但真正的考验却在于对另外两个例子的分析。就这两个例子中动词后的名词性成分的句法地位，从事汉语历史语法研究的学者观点不一。遗憾的是，形式语法学派所提出的方案无法为我们释疑，且更为麻烦的是，形式语法学派虽认为句法关系的判定无须参考语义，但是下边取自该学派一部重要的入门教科书（Radford 1999）的一段话却显示，他们在分析句法关系上存在着前后不一致的立场：

> 在 She gave him them 一类句子中，动词 give 传统上被认为带两个宾语，即 him 和 them；第一个宾语 him（代表接受者）称作**间接宾语**，第二个宾语 them（代表礼物）称作**直接宾语**；相关的结构被称作**双宾语结构**。[①]

此处，间接宾语的定义显然是参照它所表达的语义角色（即接受者），而不是按照树形图上的形式关系来判定的。鉴于形式语法学派这种不一致的立场，我们决定不采取形式语法学派的理论来定义上古汉语的句法关系。

与形式语法学派不一样的是，认知功能学派在探讨人类语言中的句法关系上，由于引入了原型理论，再加上对语义有了更深刻的分析，因此能从一个全新的角度给我们的研究提供有益的启示。和形式语法学家不同的是，认知类型学家不认为句法关系是纯形式，且毫无意义的，他们认为能从语义的角度给句法关系下定义。须注意的是，这里的语义指的不是形式语法学派所倡导的客观语义，而是在结合了人类的主观认知能力、认知过程以及客观的认知材料后所产生的一种主观语义。在这方面，Langacker（1987，1991a，1999，2008）的一系列研究值得我们高度重视。他的观点是，主语和宾语等句法关系代表了人类语言中的一种普遍的语法范畴，要界定这个范畴就须了解这个范畴的特征包括一个原型成员（prototype）和一个高度抽象的图式（schema）。根据这个思路，句法关系这个语法范畴充分地体现了原型效应（prototypical effect），里头有不同的成员，而不同成员之间并不绝对平等。由

---

① 原文为：In sentences such as *She gave him them*, the verb *give* is traditionally said to have two objects, namely *him* and *them*: the first object *him* (representing the recipient) is termed the *indirect object*, and the second object *them* (representing the gift) is termed the *direct object*; the relevant construction is known as *double-object construction*.

此，句法关系的提取须从两个不同层面来进行：一是从图式的角度定义范畴(categorization by schema)；二是从原型的角度定义范畴(categorization by prototype)(参看 Taylor 2002：123—137)。两者之间的关系可用图 2.14 来表示：

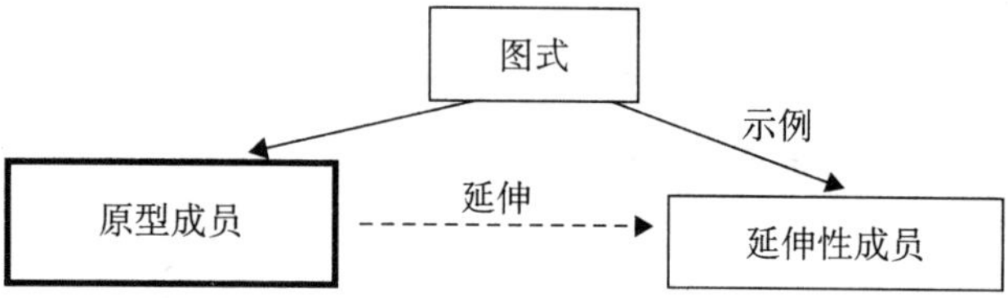


图 2.14[①]

从图式的角度入手定义句法关系，强调的是以事件为单位，因此主语和直接宾语都是事件中被勾勒(profiled)的焦点参与者(focal participants)：主语是最突出的小句参与者(most prominent clausal participant)，而直接宾语则是第二突出的参与者(second-most prominent participant)。至于主语和直接宾语何以会如此安排，Langacker 指出，原型主语在四个话题性因素上地位极高，这些因素包括语义角色、移情作用、有定性和图形/背景组织。这里，我们虽无法深入复杂的细节，却能通过话题性因素中的语义角色来探讨事件中的不同参与者如何投射到句法层面上的句法位置。限于篇幅，我们把讨论限定在无标记编码(unmarked coding)上，至于有标记编码(marked coding)[②]，读者可参看 Langacker(1987，1991a，1991b，1999，2008)。

从原型的层面定义句法关系，认知语法认为，原型主语既是事件施事者，又是小句的主要话题，而原型宾语则是事件的受事者，也是小句的次要话题。Langacker(1991a：306)进行了如下的论述：

话题性因素可按其客观性程度来进行等级排列，而这里所谓的客观性指的是这些因素和事件之间的关系(而不仅仅是该事件

① 这里的延伸性成员等同于第一章的边缘成员。

② 被动语态是一种有标记编码，即及物事件中的受事者被映射到主语。

如何被识解)。其中最客观的因素就是实体的语义角色,也即是这个实体在事件中的参与性质。从原型的角度入手,主语是施事者,因此也是能量流(energy flow)沿着行为链(action chain)传递的起点。如果被勾勒的关系包含明显带有施事性质的角色的参与者,在默认情况下,该参与者都会被编码为主语。选择其他任何参与该事件的实体充当主语(如在被动句式中)都需要有特别的动因,因此皆属于有标记编码的范围。①

我们可从上述引文中总结出一个类似类型学的蕴含序列:如果一个语言有主语(不论其编码方式是依靠格标记,还是语序),其最典型的成员就是施事者。同样的,如果这个语言有宾语(不论其编码方式是依靠格标记,还是语序),其最典型的成员就是受事者。在这个认识下,我们可从事件出发,观察上古汉语一般是如何编码具有高及物性的事件,如杀害一类的事件:

[61] 周人杀苌弘。(《左传·哀公三年》)

在这个杀人事件中(事件以动词“杀”来表达),我们能观察到施事者(即进行谋杀动作的人)和受事者(即被谋杀的人)在无标记编码的情况下,按照它们参与该事件的性质,被分别映射到主语和宾语的句法位置。鉴于在语法理论的讨论里,宾语还可分直接和间接宾语,我们认为此处的宾语应被称为直接宾语。由此可以证明,上古汉语的直接宾语是能从句法结构上加以确立的,即:紧靠动词后的位置上的是直接宾语。这是无标记编码情况下的一起杀人事件,被杀者“苌弘”是小句的

---

① 原文为:We can rank the topicality factors by their degree of objectivity, in the sense of being intrinsic to the event described (not just a matter of how it is construed). The most objective factor is an entity's semantic role, i. e. the nature of its participation in the event. Prototypically, the subject is an agent and hence the starting point with respect to energy flow along the action chain. If the profiled relationship includes a participant whose role is clearly agentive, its choice as subject represents the default-case option; choosing any other participant (as in a passive) requires special motivation and falls under the rubric of marked coding.

直接宾语，图式表现(schematic representation)如下：

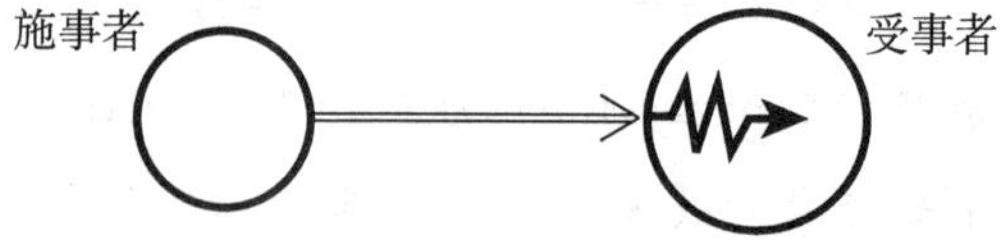


图　2.15

当一个事件既包括了具有意愿性的、责任性的、控制性的施事者，又有明显受影响的受事者，在无标记编码的情况下，一般都不难预测从词语到句法的映射情形。我们可把上述的事件称为典型的及物事件，但并非每个包含两个参与者的事件都是如此。当面对某种偏离(如图2.15所示)图式的事件时，比如当参与事件的感受者(experiencer)和刺激物(stimulus)之间通过心理接触(mental contact)建立联系时(如图2.16所示)，这一个事件按认知语法的观点，可在某些语言里以另外的句法形式编码，但也能因语言使用者观察到两个事件之间其实存在着相似点，而通过识解(conceptualization)这个认知过程把它们处理为同样的句法编码。如此，感受者虽已不是引发某种能源流转移的起点，而刺激物也未受到影响，但依然因识解的关系而被分别映射到主语和直接宾语。Langacker(1990:233)就认为，从图式的角度看，上述所介绍的两种情况"我们可以说是某种由施事者或感受者发起的不对称互动"①。

图　2.16

上古汉语表达非典型及物事件的例子如下：

[62] 赵鞅杀士皋夷，恶范氏也。(《左传·哀公三年》)

① 原文为：We can speak of an asymmetrical interaction that is in some sense initiated by the agent or experiencer.

“恶”是个心理动词，这个例子中的感受者可被识解为从心理上“伸手接触”另一个参与者。所以，即使没有能量传递给这个参与者，我们也可通过识解，把位于不对称关系中的次要参与者投射为直接宾语。[①]基于上述简要的讨论，直接宾语这个语法范畴的内部关系如下：

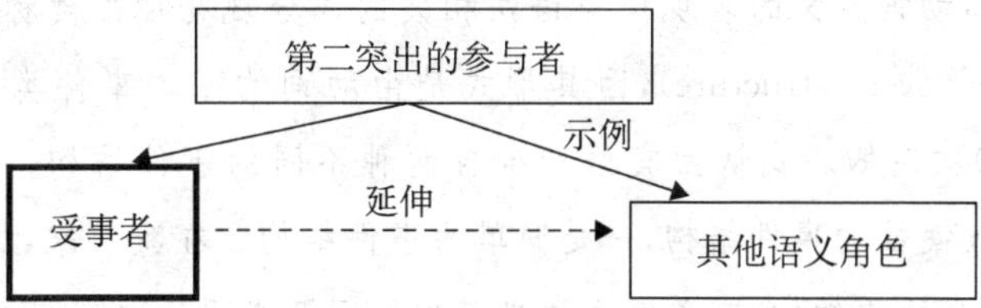


图　2.17

上古汉语的直接宾语必须占据紧靠动词后的位置，[②]但是，相反的说法是否能成立？这是个令人深感困扰的问题。在现有的分析中，许多学者都认为并非所有处于紧靠动词后位置上的名词性成分都是直接宾语。在下面两个例子中，处于这一位置的名词性成分一般都不分析为直接宾语：

[63] 与韩、赵战浍北。(《战国策·魏策一》)

[64] (蒙恬)竟斩阳周。(《史记·项羽本纪》)

但对于下列两个例子，目前的看法仍存在分歧。

[65] 重耳居蒲城。(《左传·庄公二十八年》)

[66] 襄公适楚矣。(《左传·昭公七年》)

有的论著把例[63]至[66]中动词后的名词性成分都一致地分析为补语，但有的则认为前二者是补语，而后二者是宾语。我们认为第二种分析有一定的道理，因为在这四个例子中，动词后的名词成分虽都指向地名，但它们在事件的语义结构中的地位并不完全相同。Levin(1999)曾就宾语的问题指出：

① 必须指出的是，心里事件等非原型及物事件可采取其他编码方式。例如，动词“恶”的两个参与者角色(感受者和刺激物)也可映射为间接宾语，如“卫侯始恶於公叔戌”。

② 这一说法不适用于代词，因代词可从其标准句法位置上移位。

> 要对及物动词的“宾语”进行有成效的探讨，我们可立足于最近都在讨论的关于动词的语义结构、表现以及论元的指派。近期的许多研究都同意“事件”(event)是意义在语言表现上的重要组织概念。其中，动词意义的表现中与语法相关的成分现在往往被称为“事件结构”(event structure)，因其形式是由动词的基本事件类型(event type)决定的。我认为宾语产生自两种不同的事件结构：一是复杂的、致使性的事件结构，一是简单的事件结构。在我看来，这为解决那些众所周知的、有关宾语语义基础的问题指明了道路。①

可见，我们可参考事件的结构来进行宾语的提取。此外，Croft(1994,1998)也提出了相同的论点。Croft(1994)认为，动词代表了自成一体的事件，每一个动词都会为它的语义特征引发某种概念基体。在这个基体内，描述动词语义特征所需的参与者数量将被加以说明。因此，例[62]中的动词“杀”将引发下面的语义结构(以认知语法的术语，即等于认知基体和勾勒的相加)：

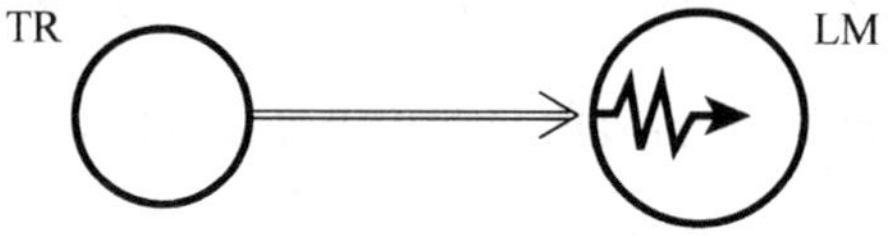


图 2.18

同时，例[65]中的动词“居”将引发下面的语义结构：

① 原文为：The notion “object” of a transitive verb can be fruitfully explored in the context of recent work on the structure and representation of verb meaning and the licensing of arguments. Much recent research has converged on the notion “event” as an important organizing notion in the linguistic representation of meaning, and the grammatically-relevant component of a representation of verb meaning is now often called an “event structure” because its form is determined by the basic event type of the verb. I suggest that two distinct event structures can give rise to objects: a complex, causative event structure and a simple event structure. I argue that these two sources for objects shed light on some of the well-known challenges associated with the semantic underpinnings of objecthood.

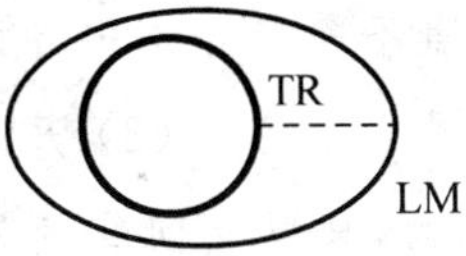


图　2.19

动词“居”根据本身的语义特征也涉及两个参与者。由于主语和直接宾语能从典型成员扩展到非典型的成员，因此我们也可将例[65]中把“居”这一静态事件编码为及物句式理解为原型的及物句式的延伸(extension)。然而这并不是重点，最重要的是在图2.18和图2.19所表达的语义结构中，编码为直接宾语的坐标(landmark)都是相关动词的事件结构中的一部分。基于这个认识，把例[63]和[64]中紧靠动词后的名词性成分排除在直接宾语的范畴之外，这似乎言之成理，因对于例[63]的“战”和例[64]的“斩”而言，它们的语义结构中并不包含处所为其事件结构的一部分。换言之，虽然例[63]的“浍北”和例[64]的“阳周”在句法表层上所占据的位置和例[65]的“蒲城”以及例[66]的“楚”一样，但是对于动词所编码的事件来说，例[63]和[64]中出现在动词后的名词性成分并不是参与者(participant)，而是背景(setting)(参看 Langacker 1990：230—237)。背景和参与者的区别就和语法理论中的论元(argument)和附加语(adjunct)的差别对应。根据这个认识，把例[65]和[66]分析为述宾结构，而把例[63]和[64]分析为述补结构是合理的。换言之，在面对上古汉语的材料时，当面对以下的线性序列时我们可以按照动词所表达的事件结构来判断动词后的名词词组是直接宾语还是补语。

动词＋名词词组

潘秋平(Phua 2008)正是采用了这个办法来讨论上古汉语的宾语问题。这样的处理虽采用了认知语言学的分析角度，却也不违背现有的研究成果。余贞洁(2003)就指出：

面对这些语言事实，我们只能说，(1) 处所词语作补语有没有用介词引导体现的是特定时代的语言面貌和作者的用词习惯。

(2) 处所词语作补语需不需要介词引导跟谓语动词本身、处所词语本身的特点有着极大的关系。(3) 凡是动词之后的处所词语，尤其是没有介词引导的，只要它回答的是该动作行为发生“在何处”或“源自何处”的问题，而非“干什么”的问题；只要它表明的是动作行为的发生处所，而非动作行为的涉及对象，无论有无介词引导，我们均应视之为处所补语。

上述的讨论固然言之成理，但是却未能完全贯彻认知语言学的理论精神。如果严格按照上述所说的，可推想在人类语言中一切不存在于动词所承载的事件结构中的语义角色就完全不会被投射到直接宾语。换言之，只有论元才能充当直接宾语，而非论元就一定不能。这个推论并不正确，因为现代汉语就有如下的例子：

[67] 吃餐馆。

[68] 写毛笔。

这两个例子在现代汉语的分析中都是述宾结构，并引发了许多的讨论(Lin 2001；冯胜利 2000)。如果“吃餐馆”中的“餐馆”虽然不是“吃”的论元，也能在现代汉语中被分析为直接宾语，那么我们也并没有很好的理由坚持说“战浍北”中的“浍北”和“斩阳周”中的“阳周”一定就只能是补语。其实，若我们严格贯彻直接宾语是一个体现原型效应的语法范畴，那么在理论上或材料上都没有任何的原因阻止我们这样做。我们只要稍微比较现代汉语的“吃餐馆”和上古汉语的“战浍北”的表现，或许就能明白何以它们的分析会不一样。把“吃餐馆”分析为述宾结构，除了因“了”能插入两个词之间，还因为“吃餐馆”能变换为“吃不吃餐馆”，其语法表现和“吃饭”一致。虽然“餐馆”无法像“饭”一样被提升为被动句的主语，但是至少在现代汉语中还是找到了一两条标准说明“吃餐馆”和“吃饭”的句法结构应该是一致的。反观“战浍北”，如果我们要测试这个结构是否是述宾结构，既缺少了体标记的手段，也缺少了构成反复问句的手段。此外，被动句也不是个好办法，因为上古汉语中有不少的述宾结构完全没有相应的被动句，如：

[69] 以其帑赐彭封弥子。(《左传·哀公二十五年》)

[70] 重耳居蒲城。(《左传·庄公二十八年》)

[71] 襄公适楚矣。(《左传·昭公七年》)

有鉴于此，就现有对上古汉语的研究以及我们进行到现在的讨论，除了发现名词词组出现在动词之后这个语序的标准外，确实还无法找到其他的标准说明何以下列的例子全都是述宾结构：

[72] 周人杀苌弘。(《左传·哀公三年》)

[73] 以其帑赐彭封弥子。(《左传·哀公二十五年》)

[74] 赵鞅杀士皋夷，恶范氏也。(《左传·哀公三年》)

[75] 重耳居蒲城。(《左传·庄公二十八年》)

[76] 襄公适楚矣。(《左传·昭公七年》)

当然，我们之前尝试借助动词的事件结构来区分论元和非论元，试图把出现在动词后的论元分析为直接宾语，而把出现在动词后的非论元分析为补语，但这种限制无法从认知语法的理论中获得支持，也能轻易为现代汉语的例句所证伪。由此，我们认为在上古汉语中区分宾语和补语或许本身就是个错误，尤其是考虑到在上古汉语中所建立起的“补语”概念其实和产生于中古汉语的动补结构中的“补语”概念(梅祖麟 1991;吴福祥 2000)迥然不同。须注意的是，这里并不是说不能有“补语”这个语法范畴，而仅是说在上古汉语的语法系统中，其实并没有很强大的证据足以说明设立这个语法范畴的必要性。一旦打开了这个关口，就不难明白上古汉语所建立起来的宾语和补语的区别其实仅是论元和附加语的区别，而在句法层面上，附加语其实也具备了充当动词的直接宾语的能力，再考虑到上古汉语的“补语”和一般所说的“补语”不同，因此我们认为上古汉语语法分析中所谓的“补语”其实就是一种不典型的“宾语”，两者之间并没有本质上的分别。

我们的这个做法在理论上也是能成立的。关于论元和附加语的区别，Croft(2001)曾作出极富启发性的说明。以 Randy chased the dog in the park(Randy 在公园里追狗)为例，Croft 指出，论元和附加语的区别并非截然分明，而是具有连续统(continuum)的性质：

> “追赶”(chasing)是一项须于某个地方进行的活动：它须发生在某一个处所，涉及追赶者和被追赶的实体。这显然不适用于所有的谓语，比如，我们不能说*Randy was widowed in the park(*Randy 在公园里丧偶)或者*Randy inherited a million dollars in the park.(*Randy 在公园里继承了 100 万块钱)。因此，追赶事件的处所是“chase”(追赶)这个语义结构里的次结构(substructure)。……
>
> 然而，由“in the park”(在公园里)详细说明的“chase”(追赶)这个次结构在描述追赶事件的语义特征上，远没有“Randy”和“the dog”(那只狗)详细说明的“chase”(追赶)这个次结构明显。①

Croft(2001:280)总结说：

> 换言之，在仔细考查之下，论元和附加语的普遍句法角色消失了。②

换言之，所谓的论元和附加语其实是一个连续统，两者之间并没有清楚的分界，因此把它们视为非此即彼是个错误的认识。回到例[63]和[64]，我们清楚地看到，处所确实是不同动作事件中的一个次结构，

---

① 原文为：Chasing is a localizable activity：chasing takes place in a location, as well as involving a chaser and a thing being chased. This is not true for all predicates; one cannot say for instance that **Randy was widowed in the park* or **Randy inherited a million dollars in the park*. Hence the location of the chasing event is a substructure of the semantic structure of chase...

However, the substructure of *chase* elaborated by *in the park* is much less salient in the characterization of the chasing event than the substructures of *chase* elaborated by Randy and the dog.

② 原文为：In other words, under scrutiny, arguments and adjuncts as global syntactic roles evaporate.

它在突显度上虽明显次于施事者和受事者等次结构，但由于论元和附加语并非截然二分，其间有个连续地带，因此在这两个例子里，“战”和“斩”等事件都是必须在某个地点或场所进行的活动，和“丧偶”一类的事件不同。若严格遵循认知语言学对范畴的认识，直接宾语这一语法范畴在人类语言中也会体现原型效应，而这个认识也为现代汉语的例子所证实（参看陶红印 2000；Zhang　Ren 2002），因此我们认为在以前的分析中不把处所“浍北”和“阳周”等分析为直接宾语，而分析为补语，这不论是在理论上还是在材料上都无法自圆其说。根据这项建议，对于“动词＋名词短语”的线性序列，我们认为都应一致地分析为直接宾语。这更符合认知语法的句法分析精神。

2.3.1.2 间接宾语

我们在前一个小节按认知语法对句法关系的说明建立起上古汉语的“直接宾语”的概念。这个做法有一个特点，就是依照事件结构来说明某个动词的参与者如何映射到句法层面的不同句法关系上。本节我们将采取同样的办法，说明上古汉语的“间接宾语”的概念。

此前的有关提议说到，在无标记编码的情况下，当小句的两个参与者详细说明动词的次结构时，射体（trajector）将被映射到主语，而坐标（landmark）将被映射为直接宾语。这种说法在很大程度上是正确的，但还不能完整概括所有情况。在讨论上古汉语的由词语到句法的映射中，一种错误的观念就是以为处于能量流（energy flow）下游的参与者总是被映射为直接宾语。这显然是不正确的，因为我们发现有一部分这样的参与者在线性序列上必须由“于”来引入，如例[77]中，“王”是郑伯厌恶的对象，由“于”引入。我们把由“于”引入的名词词组都一致分析为间接宾语，因此在例[77]中，“王”就充当了“恶”的间接宾语：

[77] 郑伯由是始恶於王。（《左传·庄公二十一年》）

与转自例[62]的下例相比：

[78] 赵鞅杀士皋夷，恶范氏也。（《左传·哀公三年》）

“恶”是个心理动词，而一般而言，心理动词的句法表现总是不易捕捉(Croft 1991)。至于心理动词为何显示不规则的由词语到句法的映射,Levin(1999)提出了与认知语法主张一致的看法:

> 之前有关及物性的研究反复提出,及物动词存在语义原型(如 Croft 1991;DeLancey 1984;Lakoff 1977)——大致上是用于定义 CTVs[①] 的特征。可以通过是否符合原型判断动词,那些不怎么符合该原型的动词——即 NCTVs[②]——被认为不太可能展现及物动词的行为特点。[③]

她进一步观察到,非核心及物动词(NCTV)的独特性质不仅仅是不符合及物原型而已,由此认为:

> 与及物原型的不符反映在这类动词拥有与核心及物动词(CTV)截然不同的事件结构上,而且,这些动词之所以展示出独特的句法表现就源于这样的事件结构。[④]

根据目前的讨论,我们可以得出如下结论:小句中只有详细说明动词次结构的中心参与者可被当作句法宾语。句法宾语还可进一步被分成直接和间接宾语两个次范畴,同时,虽然两种宾语都位于动词后,但只有间接宾语由介词"于"标记。这个结论和 Langacker 对间接宾语的阐述一致,他认为间接宾语是"某些方面类似宾语,但语法上不同于直

---

① CTV 指核心及物动词(core transitive verb)。-s 表示复数。

② NCTV 指非核心及物动词(non-core transitive verb)。-s 表示复数。

③ 原文为:Previous work on transitivity has repeatedly suggested that there is a semantic prototype for transitive verbs (e. g. Croft 1991, DeLancey 1984, Lakoff 1977) — roughly the characterization that defines the CTVs. Verbs can be assessed according to their fit to the prototype, and those that fit the prototype less well — that is, the NCTVs — are also considered less likely to show the behavioral properties of transitive verbs.

④ 原文为:The failure to meet the transitive prototype is reflected in such verbs having a fundamentally different event structure than the CTVs and that these event structure differences are behind the distinctive properties displayed.

接宾语的动词补足语”(Langacker 1991a:324)。正如我们在处理直接宾语时指出，论元和附加语并非截然二分，而构成一个连续统，因此当面对下面的例子时，我们固然可根据这些语义角色在事件中所表现的突显度(saliency)来判断它们都不是间接宾语，但为贯彻认知语法的理论精神，我们认为在例[79]、[80]中，动词后由介词“于”标记的名词性成分虽没有说明动词所表述的事件的显著次结构，也应分析为不典型的间接宾语。

[79] 丁未，战于宋。(《左传・桓公十二年》)

[80] 哭于大门之外。(《左传・成公二年》)

直接宾语和间接宾语都是语法范畴，而自第一章开始，我们就一直反复强调认知语言学中对范畴的认识是立足于原型理论。根据这个理论，一个范畴内就包括了典型的成员和非典型成员，而这些不同成员又都可以统摄在一个非常抽象的图式成员之下，如下图所示：

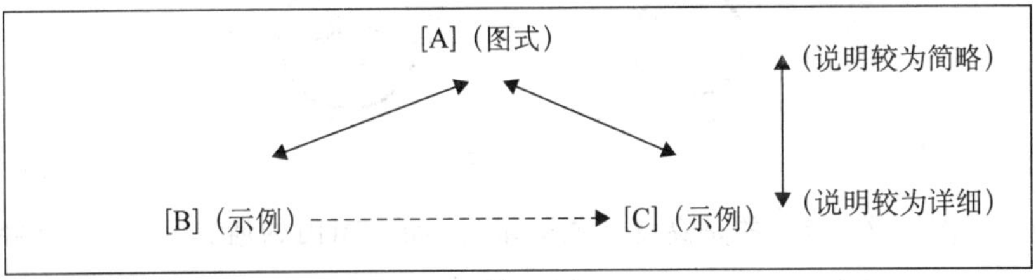


图　2.20

按这个理解，直接宾语和间接宾语作为一个范畴必定都分别有自己的典型成员，而在上边的讨论中，我们已指出事件中的受事就是直接宾语的典型成员，而正是在这个基础上，直接宾语这个范畴就通过扩展而把其他不同语义角色的参与者加以涵括。间接宾语作为一个范畴也应该是如此，但是我们该怎样去发现这个范畴的典型成员呢？在回答这个问题之前，让我们观察下列一组例子。

[81] a. 获叔子与析朱鉏，献於王。(《左传・哀公八年》)

b. 献马於季孙。(《左传・哀公六年》)

c. * 献於马於季孙。

这组例子是学界在讨论上古汉语的与格句式时经常引用的，并非新材料，但是例子虽简单，其中却隐含着一些重要的信息。仔细观察可发现，它们揭示了直接宾语和间接宾语之间的形式区别（即有无“于”的标记）其实是由概念动因所造成的。这一组例子中的动词“献”所表述的事件总共需要三个参与者，但只有接受者这个参与者角色能充当间接宾语，而客体的参与者角色则完全被禁止占据相同的句法位置。这说明了间接宾语的编码具有认知上的动因。尽管直接宾语和间接宾语都编码动词所表述的事件的坐标（landmark），但是，只有不受来自上游源头能量传输影响的坐标，才能为间接宾语所编码。所谓影响，指的是空间的位置产生位移或事物的状态产生变化。因此，这也直观地解释了为何在给予类事件中，只有接受者这个参与者角色能被编码为间接宾语，而客体一定不能。直接宾语和间接宾语在概念化上的差异，可借助下列两张图来表示。

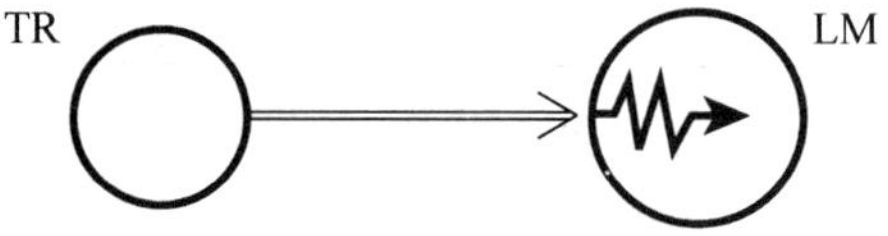


图 2.21

图 2.21 展示的是高度及物的事件，如圆圈内的箭头所示，坐标经历了某种状态变化，因此在下例中，被映射为直接宾语：

[82] 周人杀苌弘。（《左传·哀公三年》）

图 2.22 中，射体（trajector）和坐标在图式上建立起感官接触（sensory contact）：

图 2.22

体现上述勾勒关系的例子是：

[83] 仲见于齐侯。(《左传·文公十八年》)[1]

感官经历一般不会造成坐标在状态或空间位置上的变化，因此这一事件中的坐标被编码为间接宾语。[2]

明白了间接宾语这个范畴背后所具有的概念动因，我们认为典型的间接宾语应该是一个事件中不受来自上游源头能量传输影响的参与者角色。能符合这个要求的可以是和空间事件有关的一系列语义角色，如处所、空间终点等，也可以是给予类事件中的接受者。例子如下：

[84] 冬，狄围卫，卫迁于帝丘。(《左传·僖公三十一年》)

[85] 获叔子与析朱鉏，献于王。(《左传·哀公八年》)

上述的认识也能为语义地图所证实。Haspelmath(2003)曾提出下列和与格有关的概念空间：

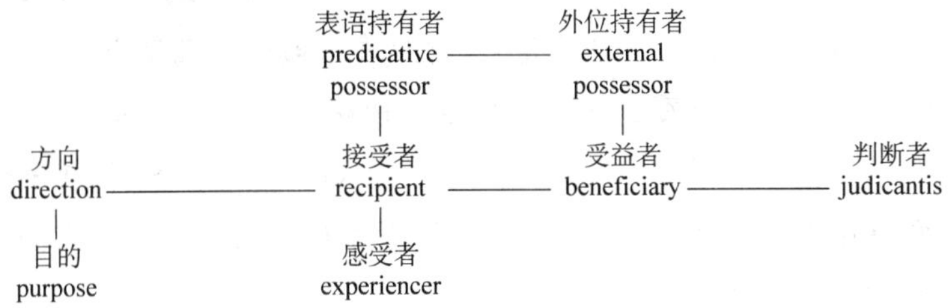


图　2.23

在这个概念空间上，可看到方向(direction)，即空间终点，和接受者(recipient)相邻，而它们恰好就是我们所认定的典型的间接宾语：

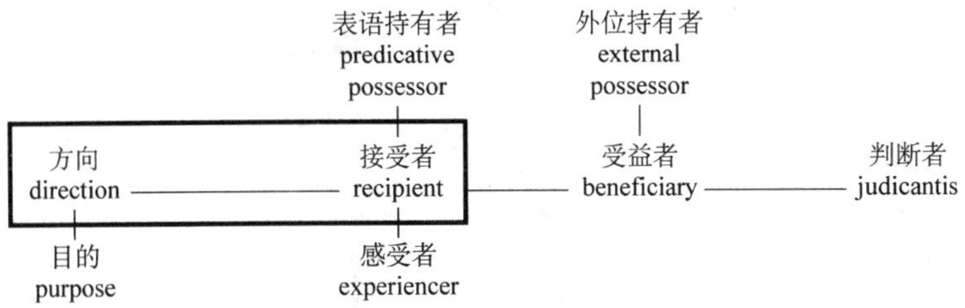


图 2.24　上古汉语间接宾语的语义地图

---

① 与之相左的一种看法是将之视为被动结构。

② 关于动词和其宾语之间有时会有语素“于”的问题，学者们普遍上是从韵律的角度论证。这里的说明已证明这样的观点是站不住脚的。详见第七章。

此外，正如 Langacker(1991a:327—328)所指出的：

> 间接宾语是能被有效地定义为目标域中的积极感受者。按此理解，这一个图式定义能对绝大多数的中心成员进行说明，并为延伸至其他成员提供了合理的基础。间接宾语常常与表知觉、判断、感觉、情感或一般心理活动的动词(如 tell, show, seem, please, be hungry, be cold, frighten, bother, satisfy)同时出现，这一点就支持我们把感受者角色作为间接宾语的原型成员。另一个可享有原型成员地位的是接受者角色(或广而论之，领属者)，这体现在间接宾语常和 give 及许多其他表客体转移的动词一起共现。论证感受者和接受者谁更为基本是毫无意义的，因为在任何情况下，两者紧密联系，常常难以区分。以动词 say 或 tell 为例，凭借着对话语的感知和对意义的理解，言说事件中的感受者充当间接宾语，但这个感受者也可被视为言说信息的接受者以及随后的领属者。即使在客体转移(如 give, hand, deliver 等)的情况下，接受者通常也能感知到客体进入其领有域，并且对由此产生的领有关系有所认识，而享有其利。①

---

① 原文为：It is usefully characterized as an **active experiencer in the target domain**. Properly understood, this schematic definition handles most central cases and provides a reasonable basis for extension to other senses. Supporting the prototypicality of the experiencer role is the frequent occurrence of indirect objects with verbs of perception, judgment, sensation, emotion, or mental experience generally (e. g. "tell", "show", "seem", "please", "be hungry", "be cold", "frighten", "bother", "satisfy"). Another serious candidate for prototype status is the role of recipient (or more broadly, possessor), which indirect objects assume with"give"and many other verbs of transfer. There is little point in arguing that either role is more basic than the other, for in any case they are closely associated and often hard to distinguish. With a verb like"say"or"tell", for example, the indirect object is an experiencer by virtue of perceiving the utterance and understanding its meaning, but can also be regarded as the recipient and subsequent possessor of the information conveyed. Even in cases of physical transfer ("give", "hand", "deliver", etc.), the recipient typically perceives the transferred entity coming into his dominion, has knowledge of the resulting possessive relationship, and enjoys its benefits.

接受者(recipient)和感受者(experiencer)虽是两种不同的参与者角色,但是却有密切的相关性,因此我们也发现“于”除了能标记处所终点和接受者外,还能引入感受者:

[86] 王姚嬖于庄王,生子颓。(《左传·庄公十九年》)

“嬖”是心理动词,由于产生这一心理活动的是“庄王”而不是“王姚”,因此例[86]中的感受者无疑被映射到间接宾语的位置,正如给予类事件中的接受者一样。[①] 另一个例子是:

[87] 时则有若伊尹,格于皇天。(《尚书·君奭》)

按照屈万里(1997)的解读,“皇天”在这里应被理解为感受者,因此“格”这个心理动词的感受者明显被映射到间接宾语。将之体现在概念空间上,我们发现这三个参与者角色构成一个连续的区域:

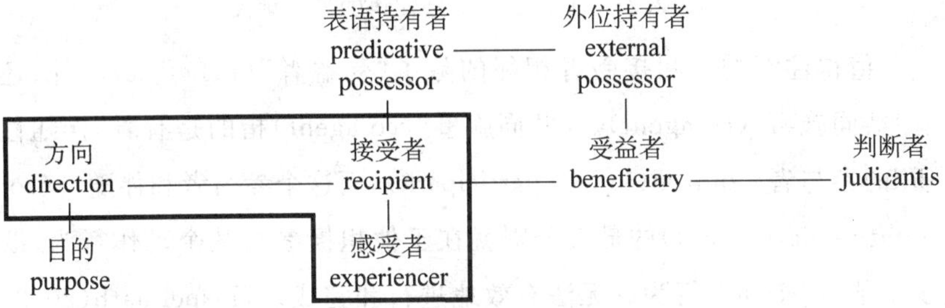


图 2.25　上古汉语间接宾语的语义地图

语义地图模型的一个特点就是我们可以把不同的概念空间联系起来,组构成一个更大的概念空间。具体而言就是在人类大脑里形成一张概念地图,目的是为了说明不同概念之间的亲疏远近的关系。就目前所看到的研究而言,不同的论著只处理人类大脑中的完整的概念空间中的某个部分或区域(partial representation),因此有许多概念未必都在同一张特定的图中标示出来。我们若能把目前不同研究中所提出

---

① 过去的许多研究将这一例子当作被动结构的示例,如杨伯峻和何乐士(1992:671)。我们难以在这里仔细讨论这一问题,但值得注意的是,他们的分析并未解释感受者和接受者在语言编码上的紧密联系。

的概念空间结合起来，就能有效地从一个宽广的角度发掘出人类大脑里的一个较为完整的概念空间。具体的操作方法是，在目前的研究所提出的不同概念空间中，只要发现某个具体概念在不同的概念空间中有所重叠，就以这个概念为枢纽而把不同的概念空间联系起来，组织成一个更大、更完整的概念空间。除了图 2.23 外，Haspelmath(2003)还提出与工具有关的概念空间：

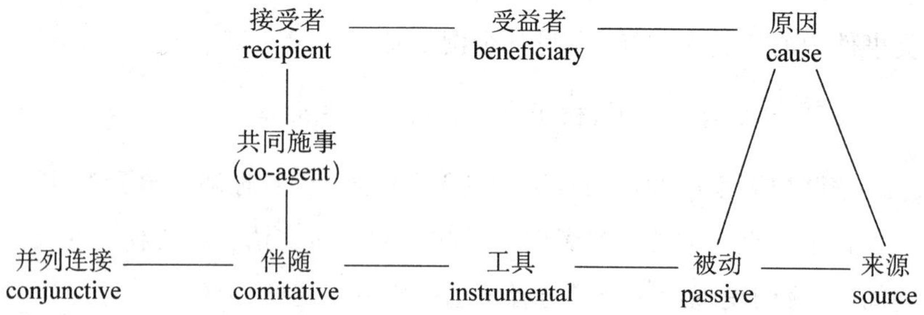


图 2.26　上古汉语间接宾语的语义地图

值得注意的是和接受者相邻的除了“受益者”(beneficiary)外，还有“共同施事”(co-agent)。“共同施事”(co-agent)指的是有着“伴随性质”的参与者(comitative-like participant)，而这个参与者和伴随者(comitative participant)的最大分别就在于他积极参与某个动作行为，缺少了他，这个动作行为就无法有效地进行和完成。Haspelmath(2003)以英语里的“X fought with Y”与“X kissed with Y”来说明共同施事这个概念的上述特点，然而他也承认并未掌握足够的跨语言证据来证明“共同施事”须作为接受者(recipient)和伴随者(comitative)两个概念相互连接的枢纽，因而为它画上了括弧。由于接受者在两个概念空间中是个共同的概念，因此可借助它把“共同施事”和“伴随”嫁接给图 2.23 的概念空间：

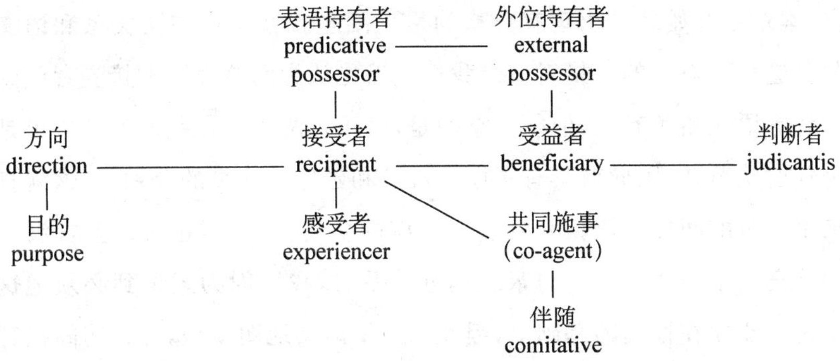


图 2.27 扩大了的概念空间

在《左传》中,"于"除了能引入前述的参与者角色外,还能引入积极参与动作的共同施事,如:

[88] 晋赵婴<u>通于赵庄姬</u>。(《左传·成公四年》)

此外,解惠全、洪波(1988)也指出"于"在《左传》中能引入受益者:

[89] 仲尼曰:"叔向,古之遗直也,治国制刑,不<u>隐于亲</u>。"(《左传·昭公十四年》)

把这几个参与者角色都标志在图 2.27 上,依旧可发现它们能构成一个连续的区域:

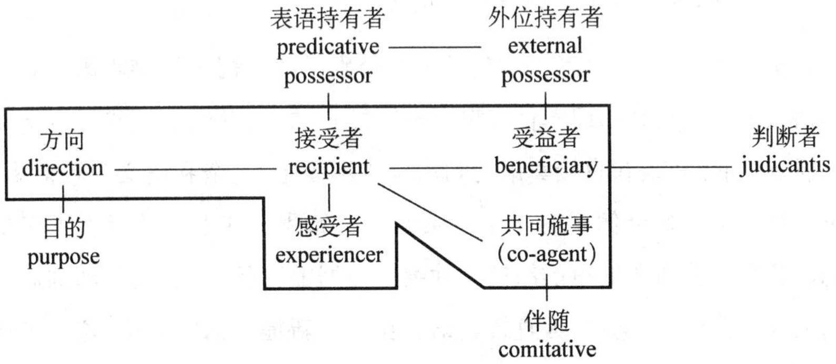


图 2.28 上古汉语间接宾语的语义地图

对于上古汉语句法关系的处理,本书坚守认知语法的理论基础,把句法关系视为体现原型效应的语法范畴。以间接宾语这种句法关系而言,本章一开始就指出现有分析的最大问题就在于把句法关系和语义角色进行一对一的严格对应。我们虽然也认为间接宾语和接受者或感受者等语义角色有关,但须注意的是,由于句法关系在我们的分析里是个辐射状范畴,因此就具有了原型成员和延伸性成员的分别,而这就打破了原有的间接宾语仅和接受者对应的格局。此外,在讨论上古汉语间接宾语不同成员之间的亲疏远近关系时,我们因为意识到必须把这个讨论建立在稳固的基础上,因此引入了语义地图模型,并说明间接宾语(也即是"于+宾语"的构式)所涵盖的不同语义角色除了能在概念空间上构成连续区域外,彼此之间还能形成有序的亲疏远近的关系。

根据这个小节的讨论,我们对上古汉语的直接宾语和间接宾语有了初步的认识。在这个基础上我们就可以进一步讨论双宾语结构中的句法关系。

### 2.3.2 双宾语结构中的句法关系

这一节我们重新探讨上古汉语双宾语结构的句法关系。以下两个例子都毫无疑问是双宾语结构:

[90] 赐齐侯胙。(《左传·僖公九年》)

[91] 献玉斗范增。(《汉书·高帝纪》)

贝罗贝认为,上述两例的句法关系分别是:"动词+间接宾语+直接宾语"(例[90])和"动词+直接宾语+间接宾语"(例[91])。我们可清楚地看到,间接宾语和直接宾语的句法位置不固定,完全和语义角色对应。贝罗贝对上述两个例子的句法关系的分析和我们在上一节对上古汉语句法关系的分析所取得的结论有冲突。根据前边的讨论,紧靠动词后的名词性成分应一致分析为直接宾语。在我们新提出的方案中,这一名词性成分在给予事件中究竟是客体还是接受者其实是无关紧要的,真正要紧的是这一成分能具体说明给予类动词的语义特征,且是处于能量流下游的两个参与者中的一个。这和传统关系语法(relational grammar)所主张的一致,即是,在 I gave John the book 的例子中,不考虑语义角色,名词短语 John 是直接宾语，同时把间接宾语这一术语限定在 I gave the book to John 一句中的相同论元上。不仅如此，以认知语法为理论框架对现代英语的"与格交替"(dative alternation)现象所进行的分析也支持我们的方案。Langacker(1991a:326)就指出：

> 英语中的与格交替，简单来说，就是两种彼此共存的句法结构在选择次要参与者角色(移动者或接受者)上的不同。这种交替现象并未如众多生成语言学者所论述的那样，指向表层和底层句法关系的差异，或是促成从与格 -to 句式衍生出双宾语结构的规则。①

因此，按认知语法的分析，I mailed Zelda the notice 中的名词性成分 Zelda 是真正的直接宾语，而不是由间接宾语冒充得来的(Langacker 1987:39—40,51)。

上文将紧靠给予类动词后的名词性成分确立为直接宾语，因此，我们认为上古汉语双宾语结构的句法关系该是：

动词＋直接宾语＋宾语

这个建议也完全符合今天类型学上关于双及物结构的讨论(参看 Malchukov, Haspelmath & Comrie 2007)②，但我们还是希望能以更多的证据来说明上述分析的合理性。把紧靠动词后的宾语分析为直接宾语的观点可由代词"之"的句法分布来进一步证明。Reynolds(1996)称这一代词为"广义的宾语标记(generalized object marker)"。Reynolds (1996:49—50)认为：

① 原文为：The alternation in English dative shift is simply a matter of co-existing constructions involving different selections of secondary figure (mover vs. recipient), and it does not point to any discrepancy between the surface and underlying grammatical relations or motivate a rule deriving the double-object construction from the dative-to construction as many generativist linguists have argued for.

② 详细的讨论见本章 2.4 节。

“之”这个代词是检验古代汉语动词的另一个有效标准。若这一个代词处于句尾，那么它之前的词即总是承担起及物动词的功能。因此，可把它分析为一种广义的宾语标记。①

由于句法宾语还可细分为直接宾语和间接宾语，“广义宾语标记”的概念仍然过于模糊。Reynolds 对此也似有所觉察，因此他（Reynolds 1996:50）又进一步指出：

然而，我们认为“之”作为动词的一种普遍性测试还不完整。主要原因是它不会和不及物动词共现。②

这里所谓的不及物动词应该也包括“献”一类的例子：

[92] 获叔子与析朱鉏，献于王。（《左传·哀公八年》）

“献”能否说是不及物动词，这里暂且不讨论，但仔细考虑 Reynolds 这个观察，可推想他其实指明了代词“之”不能在介词“于”后出现的现象。这的确是“之”的重要特征。在及物句式中，它能轻易占据直接宾语的位置：

[93] 郑人恶而杀之。（《左传·哀公五年》）
[94] 以戈击之。（《左传·襄公十八年》）

同时，我们找不到任何的例子足以表明代词“之”能由介词“于”引介给动词，而根据我们的分析，介词“于”刚好也是间接宾语的语法标记，因此，“之”不能在间接宾语的位置上出现。批评者也许会怀疑这个观察的有效性，因为大家普遍认为，上古汉语的语素“焉”是由介词“於”

---

① 原文为：Another strong test for verbs in Classical Chinese is the use of the particle 之 *tjeg*. If this particle is sentence final, the word preceding it is always functioning as a transitive verb. It may therefore be treated as a generalized object marker.

② 原文为：As a general test for verbs, however, we believe that *tjeg* is less than complete. The main reason is that it does not appear with intransitive verbs.

加代词“之”构成的。为求简洁，我们可将这个认识表述为：

焉＝於＋之

如果这一等式属实，我们认为代词“之”不能出现于介词“於”之后的结论就是错误的。至于“於”和“之”在上古汉语的传世文献中不能搭配的原因，一种可能的解释就是这两个语素紧密融合，以至于两者都丧失了独立身份，而它们之间的内在结构关系也因此变得模糊不清。这种看法有其缺点。诚然，“焉”的意义大致对应于介词“於”和某一代词语素的合成意义，但这仅仅是一种猜测，并不能成为“焉”的具体来源的明确证据。此外，我们也怀疑上述等式的准确性。如果该等式是正确的，那么“焉”的音值须等同于“於”和“之”音值的融合，但事实显然不是如此。上古汉语中，“焉”属于元韵部，而“之”属于之韵部，因此任何有关“焉”来自于“於”和“之”融合的说法显然是站不住脚的。这是因为它难以解释“焉”的鼻音韵尾的来源。此外，除了“於”以外，上古汉语还有另一个“于”。由于“於”和“于”这两个介词在上古汉语中的句法表现相同，因此本书并未做区分，但实际上它们在上古汉语中是声母各异的两个不同语素。有鉴于此，即使我们退一步说，承认“焉”真的是由“於”和“之”融合而成，以致无法观察到代词“之”充当“於”的宾语，但由于“焉”并非由“于”和“之”(因为“焉”和“于”的声母不同)融合而成，那么我们至少应该观察到介词“于”和代词“之”的搭配。显然，事实并非如此。这有力地证明了关于上古汉语中代词“之”只占据直接宾语而非间接宾语位置的观点。

基于上述考量，我们接下来将探讨代词“之”在双宾语结构中的分布。这个代词只能出现在紧靠动词后的位置，且被禁止进入动词后的第二个位置。这种语法表现强有力地说明双宾语结构中紧靠动词后的位置是直接宾语的句法位置，并支持我们所提出的双宾语结构中的句法关系。因此，在我们的分析框架中，被映射到这一个句法位置的名词性成分，不论其语义角色都会被一致地分析为直接宾语。下列几对显示紧靠动词后的名词性成分由代词“之”替代的例句最能说明问题：

[95] a. 赐齐侯胙。(《左传・僖公九年》)

b. 神赐之土田。(《左传·庄公三十二年》)

[96] a. 献玉斗范增。(《汉书·高帝纪》)

b. 窃马而献之子常。(《左传·定公三年》)

目前的研究对上述两对例句中的句法关系所做的分析呈现出不同的结果:前者是"动词＋间宾＋直宾"结构,而后者是"动词＋直宾＋间宾"结构。这里提出的替代方案把投射在紧靠动词后位置上的名词性成分一致分析为直接宾语。这一分析方式的主要优点在于,它捕捉到了例[95]b 和[96]b 中代词"之"的语法分布的平行关系。

另一项语言证据也能证明我们的立场,即第一人称代词"吾"在双宾语结构中的语法表现(参看周法高 1993:107)。众所周知的是,代词"吾"可脱离直接宾语位置,并移位至否定副词和动词之间的位置,如例[97]所示:

[97] 不吾知也。(《论语·先进》)

有意思的是,当第一人称代词"吾"在双宾语结构中代替代词"之"时,这一人称代词也能出现在否定副词和动词之间的位置。下例显示"假"这个给予类动词和双宾语结构搭配的情形:

[98] 虞公弗听,而假之道。(《吕氏春秋·权勋》)

表达接受者的"之"出现在直接宾语的位置,但是当第一人称代词"吾"替代相同结构中的代词"之",并被否定副词修饰时,"吾"便会移位到动词前:

[99] 若受吾币而不吾假道。(《吕氏春秋·权勋》)

总而言之,我们认为在讨论双宾语结构中的句法关系时,不必考虑占据紧挨动词后这个句法位置的名词性成分的语义角色,而应根据其句法表现,一致地将它分析为直接宾语。有关双宾语结构的句法关系的最后一个问题是动词后第二个名词性成分的句法关系。

## 2.4　从类型学的角度看上古汉语的双宾语结构

立足于对上古汉语句法关系的理解,我们认为上古汉语双宾语结构的句法关系应该是：

动词＋直接宾语＋宾语

虽然动词后的第二个名词性成分已被确立为宾语，问题是这个句法宾语的特征是什么。它显然不可能是直接宾语，因为直接宾语必须是紧接着动词之后的位置。这个情况相当棘手，因为之前提到，宾语只能分成直接宾语和间接宾语两类，即不是直接宾语，就是间接宾语。然而，这势必和我们之前所建立起的结论，即间接宾语必须由介词“于”引入产生冲突。有鉴于此，我们有必要在这里参考语言类型学中关于双及物结构的研究成果，给上古汉语的语法研究引入一些新的术语。这么做并非只为求新，而是有其必要性。从道理上说，直接宾语和间接宾语的确立都是在认知语法的理论框架下，既考虑句法形式，也严格根据事件结构中的参与者是否受影响来判定的。由于这种判定所根据的事件结构都仅包含两个参与者（或两个论元），因此当面对三个参与者的事件结构时，仅有“直接宾语”和“间接宾语”两个术语无法达到说明的目的。更何况上古汉语有两种不同类型的双宾语结构，正如以下两个例子所示：

[100] 神赐之土田。（《左传·庄公三十二年》）

[101] 窃马而献之子常。（《左传·定公三年》）

表面上看，这两个例子的线性序列都是：

动词＋之＋名词词组

但是由于之前已确立了“之”和动词的句法关系是直接宾语，因此在不引入新术语的情况下，我们将无法有效地对上述两个例子之所以不同进行说明。

语言类型学界对于给予类事件在句法编码上的研究，首推 Dryer (1986)和 Newman(1996)，而近期的重要成果则体现在 Malchulov, Haspelmath & Comrie(2007,2010)。根据他们的分析，在人类语言里，给予类事件的编码（或双及物结构）可分成三个类型，即间接宾语型(indirective)、次要宾语型(secundative)和中立型(neutral)。按认知语法的说法，一个给予类事件既然包括了两个位于能量流下游的参与者（即客体和接受者），那么在无标记的编码中，这两个位于下游的参与者都有可能被映射到直接宾语的句法位置。这个认识和我们之前的分析完全一致，而语言类型学正是根据这两个位于下游的参与者的配置类型来为给予类事件的编码（或双及物结构）进行分类。张敏（2011：180—181）对此有详细的说明：

> 类型学界常用的"配置"（alignment）观念，可以很好地帮助我们摆脱前述术语上的困扰。自 Dryer（1986）开始，类型学家在"宾格—作格"类型区分的启发下普遍从"配置类型"（alignment types）的角度探讨双及物结构表层形式的分类。"宾格—作格"的配置类型分野是基于不及物结构和单及物结构中论元角色表层语法表现的比较。不及物结构里唯一的论元为 S，而单及物结构里的两个论元为 A 和 P。[①] 若某个语言不及物结构里 S 的编码方式（语法表现）和单及物结构里的 A 相同，即"S＝A≠P"，则该语言为"宾格配置型"（accusative alignment）（即主格—宾格型）；若"S＝P≠A"，则为"作格配置型"（ergative alignment）（即通格—作格型）。同样，双及物结构的类型可在相同的思路下，通过比较"客体 T"、"受事 P"、"与事 R"在双及物结构和单及物结构中的语法属性而得出（参见 Malchukov *et al*. 2007[②]）。"语法属性"可由两个方面考察，一是编码属性（coding properties），即相关的论元在表层编码时的语法属性，如带什么样的格标记或介词、用什么样的语序等；一是行为属性（behavioral properties），即相关论元充任的语法成分在各种句法操作中的表现，如被动化、关系化、话题化之类。在世界语言里，从编码属性和行为属性分出来的配置类型大体相

① S、A 和 P 分别指的是不及物句式的主语（Subject）、及物句式的施事（Agent）和及物句式的受事（Patient），详见 Haspelmath（2011）。

② 和 Malchulov，Haspelmath & Comrie（2007）是同一篇文章。

吻合，但也有不同的。…… 双及物结构的配置类型主要有如下三种。(1)间接宾语型(indirective alignment)，其中“客体 T”和单及物结构里的“受事 P”具有相同的编码属性或语法表现，而“与事 R”则不同，另有其他表现(即“T＝P≠R”)。这时的“客体 T”称为“直接宾语”，“与事 R”称为“间接宾语”。(2)次要宾语型(secundative alignment)，其中“与事 R”和单及物结构里的“受事 P”具有相同的编码属性或表现，而“客体 T”却不同于受事，另有其他表现(即“T≠P＝R”)。这时的“与事 R”为“主要宾语”(primary object)，“客体 T”为“次要宾语”(secondary object)。(3)中立型(neutral alignment)：“客体 T”、“与事 R”的编码属性或表现都和单及物结构里的“受事 P”相同(即“T＝R＝P”)。这才是所谓的“双宾结构”。

上述三种和给予类事件的句法编码有关的配置关系可由下图表示：

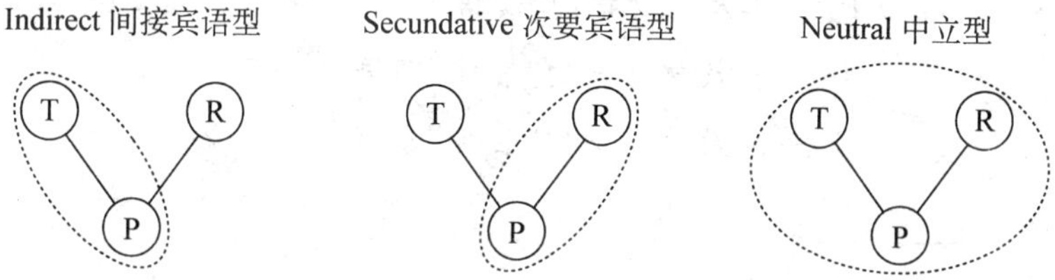


图 2.29　(取自张敏 2011)

根据张敏对 Malchukov，Haspelmath & Comrie(2007)的介绍，双宾语结构是属于一种中立型的双及物结构。换言之，在这个双及物结构中，客体和接受者的编码属性和表现都和单及物结构里的受事一致。如果上古汉语的双宾语结构在配置上属于一种中立型，这其实无法有效地说明何以在上古汉语里，代词“之”只能出现在双宾语结构中紧接着动词后的句法位置。从这个句法表现看，上古汉语的双宾语结构更像是次要宾语类型。我们的这个看法也能在类型学研究中获得支持。Croft(2001：142—143)也讨论了双及物结构的配置问题。他首先以现代英语的例子对这种配置关系进行简要的介绍：

英语中，双及物动词在两种不同的结构中编码它们的论元，如例(26)—(27)所示

(26) I saw Mira[P].

(27) I gave the book[T]to Mira[G].

(28) I gave Mira[G]the book[T].

在(27)这一间接宾语结构中，the book 编码成类似(26)中的宾格 P 角色，而把 Mira 编码为带显性介词的间接格。这一编码模式对应直接宾语(宾格)和间接宾语(与格)的传统范畴。然而在(28)这一个双及物结构中，Mira 被编码为类似(26)中的宾格 P 角色，是紧靠动词后的第一个论元，the book 则被编码为动词后的第二个论元。

我将用如下名称，表示见于双及物动词的参与者角色的编组(Croft 1990a:102)：

(29) P = 单及物动词的"宾语"

T = 双及物动词的"客体"宾语

G = 双及物动词的"目标"宾语①

---

① 原文为：In English, ditransitive verbs encode their arguments in two different constructions, illustrated in (26)—(27):

(26) I saw Mira[P].

(27) I gave the book[T]to Mira[G].

(28) I gave Mira[G]the book[T].

In (27), the Indirect Object construction, *the book* is coded like the accusative P role in (26), while *Mira* is coded as an Oblique with an overt Preposition. This coding pattern corresponds to the traditional categories of Direct Object (Accusative) and Indirect Object (Dative). In (28), the Ditransitive construction, however, *Mira* is coded like the Accusative P role in (26), being the first argument immediately following the Verb, while *the book* is coded as the second argument following the Verb.

I will use the following names for the groupings of participant roles found in ditransitive verbs (Croft 1990a:102):

(29) P ="object"of monotransitive verb

T ="theme"object of ditransitive verb

G ="goal"object of ditransitive verb

Croft(2001)参考了 Dryer(1986)对于主要宾语和次要宾语的说明,并对给予类事件中参与者的配置做了如下的总结:

P+T 直接宾语(DIRECT OBJECT)　G 间接宾语(INDIRECT OBJECT)

P+G 主要宾语(PRIMARY OBJECT)　T 次要宾语(SECONDARY OBJECT)

根据 Croft 处理现代英语例句的办法,我们也能采用相同的方式对上古汉语里和给予类事件有关的配置关系做如下的分析:

[102] 周人杀苌弘[P]。(《左传・哀公三年》)

[103] 献马[T]于季孙[G]。(《左传・哀公六年》)

[104] 赐齐侯[G]胙[T]。(《左传・僖公九年》)

例[103]显示上古汉语与格句式中的于字结构因把客体[T]编码为类似例[102]的受事[P],而和接受者[R]区别开来,因此产生了直接宾语和间接宾语的区别,这是一种间接宾语型的编码方式。例[104]则刚好相反:接受者[R]被编码为类似例[102]的受事[P],同客体[T]区别开来。这表明上古汉语也有主要宾语和次要宾语的区别。讨论至此,我们不难发现类型学研究里对双宾语结构究竟该分析为中立型,还是次要宾语型其实是存在着分歧的。这个问题并不容易解决,因为采取哪一种分析都会产生一定的困难。如果我们把上古汉语的双宾语结构判定为中立型,那么就能相当轻易地指出上古汉语的不同与格句式恰好包括了语言类型学上的三个主要类型:

[105] 间接宾语型:献马于季孙。(《左传・哀公六年》)

[106] 次要宾语型:以其兄之子妻之。(《论语・先进》)

[107] 中立型:赐齐侯胙。(《左传・僖公九年》)

但是这么做的结果就是无法有效地说明何以在例[107]中,代词“之”只能代替接受者“齐侯”,而不能代替客体的“胙”。若把例[107]分析为次要宾语型,虽然解决了上述的问题,但新的问题随之产生,即如何区分以下两个例子的类型：

［108］以其兄之子妻之。（《论语·先进》）

［109］赐齐侯胙。（《左传·僖公九年》）

对于这个问题，我们目前虽仍缺乏有效的解决方案，但还是认为必须以句法分布作为分析的指引。根据之前对“之”的句法分布的说明，这个代词能充当及物句式中的直接宾语，但却无法充当由“于”引介的间接宾语，而在“赐齐侯胙”一类的双宾语结构中，“之”只能出现在动词后的第一个位置，而无法出现在动词后的第二个位置，这其实就已说明了与事（或接受者）和单及物句式中的受事有着相同的句法编码，因此符合了次要宾语型的重要条件。此外，周法高（1993：107）也指出，“否定词后的代词如为双宾语之一，也将代词提前”，例子为：

［110］“若受吾币而不吾假道，将奈何？”荀息曰：“不然。彼若不吾假道，必不吾受也。”（《吕氏春秋·权勋》）

“假”在这个例子里是个给予类动词，而在陈述句中，人称代词一般都出现在动词后的第一个位置，充当动词的直接宾语，如：

［111］若受我而假我道，是犹取之内府而藏之外府也。（《吕氏春秋·权勋》）

由于代词宾语在单及物句式中一旦受否定词修饰就会从动词后的位置提前，如：

［112］子其怨我乎。（《左传·成公三年》）

［113］朕不敢有后，无我怨。（《尚书·多士》）

因此，这清楚地显示了上古汉语的双宾语结构在句法编码上，与事（或接受者）和单及物句式中的受事有一致的地方。综合这两方面的考虑，我们认为上古汉语的双宾语结构应分析为次要宾语型，而不是中立型。一旦取得这个结论，我们不妨再进一步对上古汉语所存在的两类次要宾语型的双及物结构做一个初步的讨论。

邵永海（1990：551—552）曾就《左传》中的与格句式做出如下很有

意思的观察：

在上古汉语中，有两种句法格式同双宾语结构的关系比较密切，即以字结构和於/于字结构。我们用 V 表示动词性成分，用 N 表示名词性成分，作如下归纳：

| | | | |
|---|---|---|---|
| I | 双宾语结构 | $VN_RN_S$ | 往馈之马 |
| II | 以字结构 | 以 $N_SVN_R$ | 以相印授张仪 |
| II′ | 以字结构′ | $VN_R$ 以 $N_S$ | 资之以地 |
| III | 於/于字结构 | $VN_S$ 於/于 $N_R$ | 献一佩一裘于昭王 |

其中，$N_R$ 多为指人的名词性成分，表示行为动作 V 所涉及的对象；$N_S$ 多为指事物的名词性成分，表示行为动作 V 所直接支配的受事。……

这几种句法格式在语义功能和语法结构上都存在相关性，表现为：一方面，同一语义关系可以用不同的格式来表达。例如：

1. 余赐女孟诸之麋(《左·僖 28》)

2. 尽以其宝赐左右而使行(《左·文 16》)

上两例中，同样表示把某物赏赐给某人，例 1 用双宾语结构，例 2 却用以字结构。

另一方面，动词在这几种句法格式中的分布具有一定的规律性，或者说，出现在这几种格式中的动词，在语义特征和语法功能上都有相对的规定性。这里，"分布"指动词在各句法格式中的出现频率和语境(动词与附带名词性成分的关系)等因素。根据我们的考察，在《左传》中，双宾语结构和以字结构(以 $N_SVN_R$，$VN_R$ 以 $N_S$)的动词分布相通，即能出现在双宾语结构中的动词一般也可以进入以字结构。例如：

1. 晋侯赏桓子狄臣千室(《左·宣 15》)～ 亦赏士伯以瓜衍之县(同上)

2. 是赐我玉而免吾死也(《左·昭 16》)～ 尽以其宝赐左右而使行(《左·文 16》)

然而，双宾语动词一般不进入於/于字结构……

这段文字最重要的内容就是指出了《左传》的双宾语结构和以字结构的动词在句法分布上相通。换言之，如果某个动词在《左传》里进入双宾语结构，必然也能进入以字结构。如果这个观察是正确的，就能很好地解释上古汉语何以具有两套不同的次要宾语型的双及物结构。以下我们将进一步考察邵永海的观察是否准确。考察的范围限制在《左传》的给予类和言说类动词上，而由于刘耀华(1995)已对《左传》中"以"的介词词组和动词之间的排列次序进行过总结，因此我们根据他所提供的数据，再加上相宇剑(2003)对《左传》能进入双宾语结构的动词的总结，做出了下表：

表 2.2

| 动词 | "以"的介词词组在动词前 | "以"的介词词组在动词后 | 共计 | 双宾语结构 |
|---|---|---|---|---|
| 分 | 3 | 3 | 6 | + |
| 授 | 2 | 1 | 3 | + |
| 赠 | 1 | 3 | 4 | − |
| 赐 | 6 | | 6 | + |
| 赂 | 1 | 15 | 16 | − |
| 妻 | 6 | 1 | 7 | − |
| 训 | | 2 | 2 | + |
| 告 | 64 | 3 | 67 | + |
| 语 | 4 | | 4 | + |
| 教 | | 3 | 3 | + |
| 加 | 2 | 8 | 10 | + |

这张表说明了《左传》的双宾语结构蕴含了以字结构，也即是如果某个动词在《左传》里能进入双宾语结构，那么它也能进入以字结构。但是能进入以字结构的却不一定能进入双宾语结构。这似乎也提示我们双宾语结构是通过省略"以"字而形成的，这种看法也见于时兵(1999)。他指出"妻"这个动词出现在双宾语结构中的最早用例是在

《史记》中，而在《左传》里，这个动词主要是出现在以字结构中，由此可推测这两个与格句式有关系：

[114] 虞思于是妻之以二姚。(《左传·哀公元年》)

[115] 尧妻之二女。(《史记·陈杞世家》)

把双宾语结构分析为由"以"字结构通过省略"以"形成的，对于我们来说是深具吸引力的，因为这可以解决何以上古汉语会在编码给予类事件时，次要宾语型的双及物结构竟会有两个不同的次类。纵然如此，我们认为从材料上把这两种不同的与格句式等同起来并不是个好法子。首先，我们能找到《左传》中的例子说明上述所提出的蕴含关系并不成立。以"输"这个给予类动词来说，它能出现在双宾语结构中：

[116] 齐人输范氏粟。(《左传·哀公二年》)

也能出现在"于"字结构中：

[117] 秦于是乎输粟于晋。(《左传·僖公十三年》)

但是就无法出现在"以"字结构里，因此双宾语结构的存在并不意味着以字结构也必须存在，所以省略的说法存在一定困难。此外，如果承认两种不同的与格句式有省略的关系，那么被省略的"以"必须是出现在动词后，而无法出现在动词前，然而根据表 2.2，我们发现"赐"这个动词虽然都能进入双宾语结构和以字结构，但是和它搭配的"以"介词词组却只能出现在动词前，而无法出现在动词后：

[118] 以其帑赐彭封弥子。(《左传·哀公二十五年》)

[119] 尽以其宝赐左右而使行。(《左传·文公十六年》)

根据上述的讨论，我们认为同样是属于次要宾语型的双宾语结构和以字结构确实在和动词的搭配上有许多的共通点，但是这并不足以证明它们两者之间存在着一种等同的关系。有鉴于此，我们虽然认为上古汉语在次要宾语型的双及物结构上应具有两个次类，而这是否能在世界语言中找到平行的现象，则有待更多类型学上的研究才能有个完善的解释。

一旦我们把双宾语结构界定为次要宾语型的双及物结构，接下来要证明的就是上古汉语的双宾语结构除了有次要宾语型外，还应有另外一个类型：

[120] 窃马而献之子常。(《左传·定公三年》)

在这个例子中，表示接受者的"子常"不出现在动词后的句法位置，因此这虽是个双宾语结构，但根据配置关系，却也肯定不是次要宾语型的与格句式。根据现有的框架，我们认为例[120]应分析为间接宾语型的与格句式：

[121] 周人杀苌弘[P]。(《左传·哀公三年》)
[122] 窃马而献之[T]子常[G]。(《左传·定公三年》)

原因是客体[T]和单及物句式的受事[P]具有相同的编码方式。如此一来，上古汉语就有两种间接宾语型的与格句式：

[123] 献马[T]于季孙[G]。(《左传·哀公六年》)
[124] 献之[T]子常[G]。(《左传·定公三年》)

我们推想表面上的两种间接宾语型的双及物结构其实在深层结构上都还是一种，因例[123]和[124]之间应该是具有下列的衍生关系：

动词＋直宾＋于＋间宾 ＞ 动词＋直宾＋Ø＋间宾 ＞ 动词＋直宾＋间宾

这个推测能为现有的研究所证实。正如贝罗贝（贝罗贝 1998；Peyraube 1999a)所指出，上古汉语常常省略介词"于"，所以上述提议应该合理。[1] 既然我们认为"动词＋直宾＋间宾"的句法结构是由"动词＋直宾＋于＋间宾"通过省略"于"而产生的，那么要不要把例[120]当作给予类的双宾语结构呢？我们的立场是，既然动词后存在着两个

---

[1] 对于这个问题，柳士镇也有类似的分析。他（柳士镇 1998:12—16）认为动词＋直宾＋间宾有两个来源，它们分别是：动词＋诸＋间宾＞ 动词＋之＋间宾（当直宾是代词"之"时）和动词＋直宾＋于＋间宾 ＞ 动词＋直宾＋Ø＋间宾 ＞ 动词＋直宾＋间宾（当直宾是完全名词成分时）。

名词性成分，而且这两个名词性成分在小句的事件结构中具体说明位于施事主语下游的两个参与者，因此也应把它视为一种双宾语结构。这个结论和徐烈炯、贝罗贝的意见相一致。Xu & Peyraube(1997：121—122)就指出：

> 上古汉语晚期……情况非常清楚。在“动词＋间宾＋直宾”的结构中，我们仅仅找到[＋给予]类动词……我们在“动词＋直宾＋介词＋间宾”或“动词＋直宾＋间宾”的形式中找到的动词有[＋给予]、[＋接受]甚至是[＋伸延]。……因此，最好把“动词＋直宾＋间宾”结构分析为“动词＋直宾＋介词＋间宾”去掉介词的结果。我们也知道，上古汉语的介词“以”在任何情况下都不能去掉，而在间接格结构中引入间接宾语的介词“于”则大可删除。①

根据上述的讨论，可在此为上古汉语双宾语结构的句法关系做一个小结。本小节一开始，我们就指出上古汉语双宾语结构的句法关系虽已被确立为“动词＋直接宾语＋宾语”，但是动词后位于末端的宾语的性质却无法有效地被判定。此外，我们也无法根据上述的句法形式的表述把“赐之土田”和“献之子常”区分开来。有鉴于此，我们结合了近年来语言类型学在双及物结构研究上所取得的重要成果，依据给予类事件中的客体和接受者在配置关系上的分布情形，提出上古汉语的双宾语结构共有两种不同的类型，即次要宾语型和间接宾语型。由于间接宾语型的双宾语结构是通过省略介词“于”而产生的，和间接宾语型的与格句式并没有任何的分别，因此我们可做这样的概括：次要宾语型是原生型的双宾语

---

① 原文为：In Late Archaic Chinese... the situation is very clear. In the V IO DO construction, we find only verbs[＋give]... The verbs we find in V DO P IO or in V DO IO forms are either[＋give]or[＋receive]or even[＋extended].... Thus the V DO IO structure can better be analyzed as resulting from V DO P IO structure by deleting the preposition. And indeed, we know that in Ancient Chinese, if the preposition *yi* "with, by"can under no circumstances be deleted, the preposition *yu* "to, at, for"— which is the one used to introduce the indirect object in oblique construction — can very well be deleted.

结构，而间接宾语型是衍生型的双宾语结构。即可表述为：

动词＋主要宾语＋次要宾语＝ 基础生成的双宾语结构

动词＋直接宾语＋间接宾语＝ 衍生而成的双宾语结构

由于上古汉语的双宾语结构有次要宾语型和间接宾语型的区分，而后者是衍生出来的，因此在接下来的内容里，本书在不加注明的地方采用“双宾语结构”这个术语时，所指均是次要宾语型的双宾语结构。此外，由于上古汉语的次要宾语型的与格句式有两个次类，而本书之后较多的篇幅也会集中于双宾语结构的讨论，因此不加注明的地方，我们所说的次要宾语型均是次要宾语型的双宾语结构。最后，为论述的简易，我们也将在之后的内容中采用下列的符号：

主要宾语 ＝ PO、次要宾语 ＝ SO、直接宾语 ＝ DO、间接宾语 ＝ IO

本章接下来的工作就是希望立足于以句式为中心的句法分析模式，在上述的基础上指出间接宾语型的与格句式在表达给予类事件上并非一种原生的形式，而是借助了使之移至句式（caused motion construction）为句式模板延伸而来的。

## 2.5 间接宾语型的与格句式和使之移至句式

贝罗贝（1986；Peyraube 1987，1988a）所判定的第二种上古汉语与格句式是：

动词＋直接宾语＋于＋间接宾语

从类型学的角度着眼，这其实就是个间接宾语型的与格句式。一个能说明这种结构形式的例子是：

[125] 献马于季孙。（《左传·哀公六年》）

例[125]是一个“于”类与格句式的例子，因为它编码了客观世界中的某个特定给予类事件。动词“献”代表了一个领有权转移事件，而事件的给予者就是施事者，客体是动态的物件（它从给予者的领有域转移至接受者的领有域），至于接受者在事件的过程中根本不需要采取任何的行动。图 2.30 勾勒了"献"的不同参与者角色在句法编码上的句法关系:给予者为主语,客体是直接宾语,而接受者则充当了间接宾语。

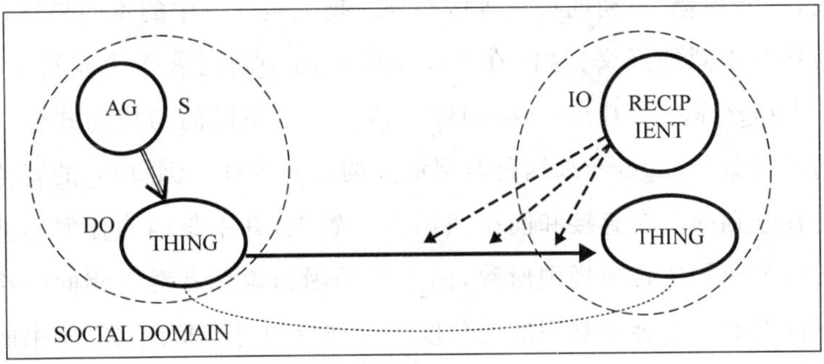


图 2.30　(摘取自 Langacker 1991a:332)

以上这个例子的句法映射与上古汉语是否具有"与格交替"(dative alternation)的现象密切联系。"与格交替"是转换生成语法讨论给予类事件的句法编码时的一个重要课题,因为这涉及了给予类事件中的同样参与者角色如何由占据深层结构的某个句法位置而最后被映射到表层的不同句法位置(参看 Larson 1988)。本书第一章已指出从这个角度来分析上古汉语与格句式存在着一定的困难,但是我们却也无法否认"与格交替"在不同的语法理论系统中都占据重要的地位(参看 Ambridge, Pine, Rowland & Chang 2012)。虽然如此,这个课题在上古汉语与格句式研究中并未被赋予太多的关注。按贝罗贝(1986,1998)的分析,所有[+给予]的本义与格动词都能毫无困难地进入双宾语结构(即本书的次要宾语型)和"于"类与格句式(即本书的间接宾语型),因此这似乎暗示了上古汉语存在着与格交替的现象,但实际上却不一定如此。我们将在本书第三章着重指出"与"、"赐"等动词仅和次要宾语型的双宾语结构搭配,而不和间接宾语型的与格句式搭配。此外,我们也将会发现"献"虽然是个[+给予]的本义与格动词,但是却无法进入次要宾语型的双宾语结构中。我们认为由于上述这些动词的论元结构是相同的,因此如果完全采取一种以动词为中心的句法分析模式来处理上述的句法分布现象显然是有困难的。

本书接受认知语言学的理论假说,承认句式在句法分析中的独立地位，因此在我们的理论框架里，上述的句法分布现象其实就体现了动词的语义和句式的语义之间的相容性：能相容，则动词就进入某个与格句式，不能相容，则动词将被排斥在外。把人类语言中的不同与格句式视为具有不同的意义，这能在 Langacker 的一系列著作中获得支持。根据 Langacker 的观点(1987，1991a，1991b)，不同的与格句式分别以不同的意象(imagery)来编码客观世界的相同事件。例[125]的客体和接受者分别映射在直接和间接宾语的位置上，并不是因为任何的抽象句法规则或句法转换规则所致，而主要是因为说话者对于相同的给予类事件采取了某种主观识解的角度。这部分的讨论我们将在本书的第三章进行，而为了初步阐明这个观点，我们将在这里尝试证明“动词＋直接宾语＋于＋间接宾语”的间接宾语型与格句式和使之移至句式(caused motion construction)具有相同的句法形式，因此是通过概念隐喻(conceptual metaphor)由后者引申而来的。换言之，我们认为上古汉语的语言使用者是由于意识到领有权转移事件和空间位移事件有相似的地方，因此进一步把领有权转移的事件理解或识解为空间位移事件，并把用以表示空间位移事件的句式作为模板，将它加以延伸而用以编码领有权转移事件。这个假说不但符合汉语语法史中关于“于”的考察结果，而且也能从跨语言比较的证据中获得支持。

### 2.5.1 使之移至句式

虽然给予类事件是人类日常生活中的一个基本经验(Newman 1996)，但它也可以通过人类的主观识解而被赋予不同的理解与意义。Ikegami(2000)就根据类型学上的证据提出了“动作”(action)事件是可以通过“运动”(motion)事件而被理解和建构起来的。按照这个假说，例[126]和例[127]在句法形式上的平行现象能说明上古汉语的使之领有事件(“动作”事件)和使之移至事件(“运动”事件)是具备了共同的图式意象的。

[126] 献马于季孙。(《左传·哀公六年》)

[127] 先王居梼杌于四裔。(《左传·昭公九年》)

我们认为使之移至和使之领有这两个在客观世界里完全不同的事件是依据经验相似性的原则(experiential similarity)而使编码前者的句式延伸用以编码后者,而接受者这个参与者角色被映射到间接宾语的句法位置则是这种主观识解的结果。我们将在下一个小节说明上古汉语的使之领有和使之移至事件的关联,而在这一个小节里,我们将着重论述上古汉语的语法系统里确实存在着独立的使之移至句式。

我们根据 Goldberg(1995)将上古汉语中的"动词+直接宾语+于+间接宾语$_{终点处所}$"的句法形式视为上古汉语使之移至句式。一个能说明这种句法形式的例子是:

[128] 王迁盟向之民于郏。(《左传・桓公七年》)

"迁"是一个位移动词。必须注意的是,如果把例[128]中的直接宾语(即"盟向之民")从表层结构中加以省略,整个句子的致使义也会随即消失,如例[129]所示:

[129] 冬,狄围卫,卫迁于帝丘。(《左传・僖公三十一年》)

单凭例[128],我们还不足以证明上古汉语中确实存在着使之移至句式,原因就在于"迁"这个位移动词可以被解释为是包含三个句法论元,即使动者(Causer)、客体(Theme)以及终点处所(Goal)的动词,所以这个例子中所体现的使之移至的意义可以隐含在动词里,而无须归结于独立的句式。但是,我们也发现,除了"迁"这类位移动词外,上古汉语的处所动词也可以出现在相同的句法形式里并表达使之移至的意义。此外,还须指出的是,这一批动词一般都被认为是不具备使动意义,并且经常出现在"V+于+NP"的间接宾语句式中:

[130] 公居于长府。(《左传・昭公二十五年》)

[131] 王使甲坐于道。(《左传・昭公二十七年》)

[132] 天王使刘定公劳赵孟于颍,馆于雒汭。(《左传・昭公元年》)

位移动词(motion verbs)和处所动词(location verbs)分别具有不

同的体(aspect)意义：以认知语法的术语(Langacker 1987,1990,1991a),我们可以说前者是完成式(perfective)动词,而后者则是未完成式(imperfective)动词。它们的不同就在于这两类动词所编码的事件并不一样：当一个事件的过程是被限制在某个时间范围内完成,而且其内在过程是异质的(internally heterogeneous,即组成过程的部分被认为是不同的),则该动作属于完成式动词;反之,当事件的过程不被限制在某个时间范围内完成,而且其过程是同质的(internally homogeneous,即组成过程的部分被认为是相同的),那么该动作就是未完成式的(参看 Lee 2001)。根据这个定义,由于例[128]和[129]的动词表达的是由起点到终点的空间位移过程,因此是完成式动词,而例[130]至例[132]的动词表达的是静态空间处所的事件,既没有时间和空间上的起点和终点,而这个事件的过程也没有内部差异,因此是未完成式动词。既然动词决定了其自身的体意义,那么我们有理由认为,位移动词表达的是完成式的意义,而处所动词表达的则是未完成式的意义。倘若这个假说成立,那么以下的例子就会与上述的假说产生明显的矛盾和冲突：

[133] 先王居梼杌于四裔。(《左传·昭公九年》)

[134] 二子在幄,坐射犬于外。(《左传·襄公二十四年》)

[135] 以刍荛之难,从者之病,将馆子于都。(《左传·昭公二十三年》)

例[133]至例[135]的动词和例[130]至例[132]的动词完全相同,都是“居、坐、馆”。毫无疑问地,当这批动词被用于“V+于+NP”中,它们都具有未完成式的体意义,而在“V+$NP_1$+于+$NP_2$”中,整个句式所表达的事件由于有了由起点到终点的过程,因此从句式的角度着眼,例[133]至[135]都具有完成式的体意义。问题是,这些例子中的完成式体意义是由什么句法单位所负载。若我们把例[133]至[135]中的完成式体意义(或使之移至义)归之于处所动词,这其实是一种分拆动词的办法,即把同一个动词分成“动词$_1$”和“动词$_2$”(如：把例[130]和例

[133]中的“居”分为“$居_1$”和“$居_2$”,并认为前者是个二价动词,而后者是个三价动词)。这显然就是一种典型的以动词为中心的句法分析模式,而我们正可以借鉴 Goldberg(1995:9—10)的批驳来说明这种分析办法并不妥当。为解释例[133] 至[135],坚持动词中心论的学者就必须主张这些动词除了具有两个论元的基本意义外,还存在着具有三个论元的特别意义。举例来说,他们会把例[133]的“居”解说为是个具有三个论元的特别意义,即“X 使 Y 居住在 Z”的词。我们可根据 Goldberg 的思路对这个分析进行反驳:如果“居”确实具有另外一个特别意义,那么我们推测某些语言中也应该会有两个独立而没有联系的动词词干分别表示这两种不同的意义。例如,若“居”有两个不同的意义,那我们在人类语言中应该能找到另一个与基本义相对等的词干,比方说“ka”,来表示“X 使 Y 居住在某地点”的意义。然而,在我们最大程度的知识范围内,不仅是上古汉语,就是跨语言的证据,也没有显示出有两种不同的词干来表现例[133]至例[135]的任何意义。

基于以上的讨论,我们认为上古汉语确实存在着独立的使之移至句式。这一句式有自己独立的句式意义,并且和位移动词,如“迁”等,具有一种天然的搭配关系,而当体现未完成式体意义的处所动词,如“居、坐”等,进入这个句式,进而表达使之移至的意义时,我们认为这个额外的意义并非由处所动词所赋予,而应归结到句式上。这除了符合经济原则外,也避免了在分析上古汉语时设立过多且无必要的动词意义。

### 2.5.2 隐喻性的延伸:从空间域到社会域

回到给予类事件上,该事件的认知基体中存在着两个处于能量下游的参与者(见图 2.31),所以按认知语法的理论假说,在无标记编码的情况下,这两个参与者都具有被编码为直接宾语的可能性。

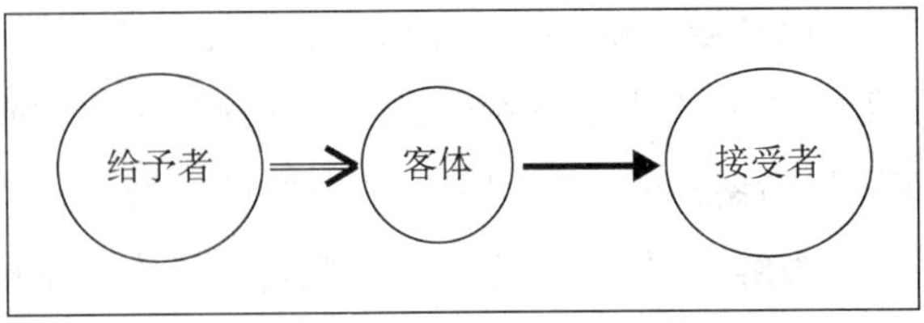


图 2.31

在这个基体中，如果我们着重观察能量流的前半部，就能发现给予者和客体之间的关系符合原型及物事件的类型：即给予者有意愿性地施加动作于客体，导致能量由给予者转移到客体，而这个客体也因受到动作行为的影响而从给予者的领有域移入接受者的领有域，因此如图 2.32 所示，给予者和客体在句法结构上被映射到主语（图中的 S）和直接宾语（图中的 DO）的位置：

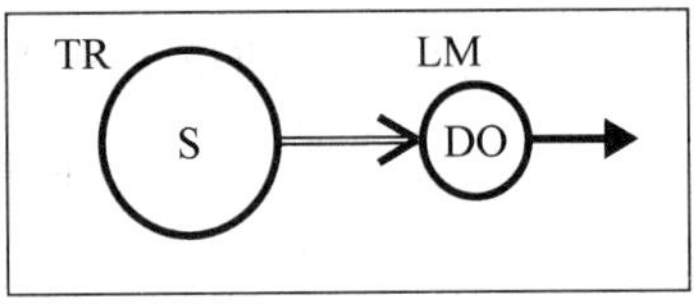


图 2.32

虽然如此，在同样的认知基体中，接受者这个参与者角色也能竞争直接宾语的句法位置，因为它在能量流中也是处于相对于给予者这个能量源头的下游，并且占据了事件链的尾部位置，如图 2.33 所示：

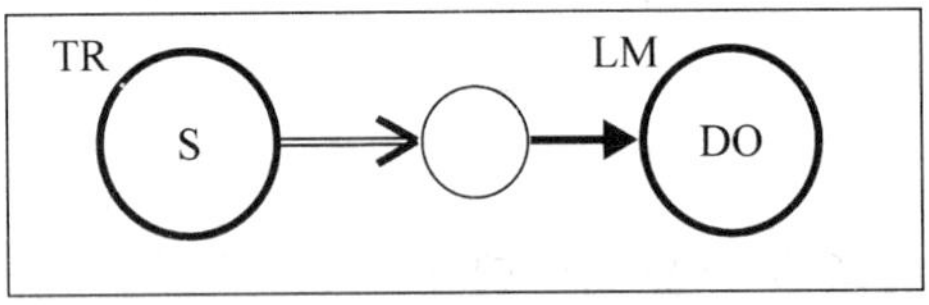


图 2.33

这也就解释了例[136]中接受者的参与者角色的句法映射：

[136] 以崔子之冠赐人。（《左传·襄公二十五年》）

在现有的分析中，上述例子中的接受者一直都被认为是映射到间接宾语的句法位置上，而整个句子的句法关系如下：

以＋直接宾语＋动词＋间接宾语

（参看贝罗贝 1986；Peyraube 1987，1988a）

基于本章对上古汉语直接宾语的分析和讨论，我们认为例[136]的句法关系应如此表示：

以＋宾语＋动词＋直接宾语

这个分析的好处是避免了把语义角色和句法关系进行一对一的严格对应，也照顾到直接宾语的句法位置是在紧靠着动词后边的第一结构位置。

图 2.32 和 2.33 能说明例[126]和[136]中的接受者角色为什么会映射到不同的句法位置上。由于相对于给予者的两个下游参与者都具有进入直接宾语的可能性，因此现在的问题是，到底是什么因素促使例[126]（即“献马于季孙”）的接受者角色被映射到间接宾语而不是直接宾语的位置？以动词为中心的理论学说会以题元指派统一论（UTAH）和句法移位（syntactic movement）来解释以上的映射现象。因为 UTAH 主张相同的题元角色在深层结构的表现形式中一定会被指派到相同的句法位置上，所以例“献马于季孙”和“与之琴”由于涉及相同的论元结构，因此它们在深层结构的表现形式必须是一致的。转换生成语法在处理与格交替现象时，总会把编码给予类事件的其中一个句式设定为基础句式，然后通过句法转换（transformation）的手段衍生出另外一个。这个方法的局限性之前已稍加提及，我们必须考虑到上古汉语并不存在很明显的与格交替现象（详见第三章关于“与”、“赐”和“献”等动词的讨论）。此外，还应指出的是，在现代英语中，和给予类事件有关的与格句式主要是双宾语结构和以介词 to 为标记的与格句式，而上古汉语则至少具有三种不同的与格句式（贝罗贝 1986），因此如果我们接受转换生成语法的理论假说，除了须说明上古汉语的次要宾语型的双宾语结构和间接宾语型的与格句式之间的衍生关系外，还必须说明以“以”为标记的工具式与格句式和前两种与格句式的衍生关系。有鉴于这些困难，本书采用了认知语法的思路来回答上述的问题。

我们强调由词语到句法的映射并不是依靠抽象的句法规则，而是通过人类的主观认知基础来进行的，因此并不认为接受者在句法结构（不论是深层还是表层）中具有一个特定的位置。根据这个思路，我们认为“献马于季孙”把接受者映射到间接宾语，是因为这个语义角色被识解为和处所终点（goal）相同或类似的概念。比较空间域中的位移概念和社会域中的给予概念，前者作为一种人类经验无疑是来得比后者更为基本。很明显地，这是概念隐喻在起作用，而根据这种识解，由于强调了客体的语义角色比接受者的语义角色更受动作所影响，因此客体的语义角色就占据了间接宾语型的与格句式（即“动词$_{给}$＋直接宾语＋于＋间接宾语”）中直接宾语的位置。反观例[136]，同样的给予类事件中的客体“崔子之冠”通过介词“以”引介给动词“赐”，而给予者和接受者分别占据了主语和直接宾语的位置。这类与格句式在句法形式上明显跟工具式句式相同。表现工具式句式的例子有：

[137] 王寝，盗攻之，以戈击王。（《左传・定公四年》）

简单比较例[136]和[137]可以看出“工具”和“客体”在上古汉语中具有相同的编码，这种现象在其他语言中也是很普遍的（Newman 1996），而且也能在语义地图模型中获得证明（潘秋平、王毓淑 2011）。

下面我们将进一步结合汉语语法史的研究成果以及认知语言学中的概念隐喻假说，说明使之移至句式如何从编码空间位移事件扩大至也包括表达给予类事件。Langacker（1987：57）将语法定义为“规约化的语言单位的有组织库存”（structured inventory of conventional linguistic units）。根据这个定义，句法结构并非临时组合而成的单位，而其实是储存在说话者大脑中用以达到沟通目的的备用单位。换言之，句式和词语一样，在句法分析中都具有独立的地位。既然句式是个备用单位，而根据 Lakoff & Johnson（1980）的分析，认知隐喻在人类构建经验中扮演着重要的地位，因此我们主张“动词＋直宾＋于＋间宾”这个句法形式的最初示例是先由空间域中的使之移至事件引起的，之后给予类事件因和使之移至事件具有经验上的相似性，而通过了主观识解延伸至社会域中的给予类事件。这个假说和汉语史的研究成果高度一致。《毛传》有“于，往也”的说法，而龚煌城（2002：95）就举出上古汉语存在鱼阳对转的语音对应，而相应的语义关联也支持“于”、“往”存在着同源关系。

表　2.3[①]

| 阳部 | 鱼部 |
| --- | --- |
| 往 *gwrjangx | 于 *gwrjag |
| 亡 *mjang | 无 *mjag |
| 卬 *ngang | 吾 *ngag |
| 娘 *nrjang | 女 *nrjag |
| 相 *sjang | 胥 *sjag |
| 庠 *dzjang | 序 *dzjagx |

语音的线索告诉我们“使之移至”到“使之领有”存在一种前后发展的关系，而“于”的发展规律则支持“使之移至”和“使之领有”事件存在引申关系。此外，解惠全、洪波（1988：124—127）也指出“于”用来引进给予对象的功能是从“于”的以下这种用法引申过来的：

> 当谓语动词是含有“处置”义的及物动词或者不及物动词的使动用法时，“于”“於”引进的处所是宾语所表示的人或事物因动词动作的结果而处的位置或境地。例如：
>
> (1) 遂寘姜氏于城颍。(《左传·隐公元年》)
>
> (2) 陨石于宋五。(《春秋·僖公十六年》)
>
> ……

解惠全、洪波（1988）对于他们文中所举的例子所做的分析或许和我们所提出的并不完全相同，但毫无疑问的是，他们所列举的例子都符

① 表中的*号代表构拟出来的上古音音值。

合了我们前边所说的使之移至句式的特点。一旦我们结合不同学者对于“于”的语法化路径的探讨，很显然的，我们所提出的间接宾语型的与格句式是从使之移至句式通过概念隐喻演变而来的结论应是可以成立的。虽然概念隐喻被认为是从一个经验建构另一个经验的方法之一，但隐喻性延伸只有在相似性特征存在的基础上才有可能发生。正如 Lakoff & Johnson(1980)所说，这种类型的相似性被认为是与客观相似性形成对比的经验相似性。因为给予事件可被认为与使之移至事件具备四个方面的共同点，所以这两个建立在不同认知域的事件被认为是相似的。

| | 使之移至事件 | 给予事件 |
|---|---|---|
| 参与者： | 3 个参与者 | 3 个参与者 |
| 阶段： | 2 个阶段 | 2 个阶段 |
| | 阶段 1：施事者和移动者之间的互动 | 阶段 1：给予者和客体之间的互动 |
| | 阶段 2：移动者和方位目标之间的互动 | 阶段 2：客体和人类目标之间的互动 |
| 原因： | 能量从施事者转移到移动者 | 能量从给予者转移到客体 |
| | 移动者移动到方位目标 | 客体移动到人类目标 |
| 目的： | 方位的转移 | 领有权的转移 |

可见，给予和使之移至这两类事件在人类的认知概念中紧密联系和相互平行。正因为如此，我们也才能在语言类型学中找到证据说明给予类事件可以被理解为“运动”动作的延伸(Heine 1990；Kabata 2000；Rice & Kabata 2007)。

将给予类事件理解为使之移至事件，就能让建立在具体范畴上的后者事件延伸至编码建立在另一个概念范畴上的前者事件，使给予事件的语法构式能够成为使之移至事件的例示。在这个过程中，句法关系是根据参与者角色之间的相似对应性而被指派的。因此，目标域中的接受者角色被指派到句法关系中间接宾语的位置，并不是因为接受者角色在深层句法的表现形式中有特别的结构位置，而是因为这个在目标范畴中的角色相当于在来源范畴中被映射到间接宾语位置的方位目标。这是与过去有关与格句式语法关系的分析完全不同的全新说法。

### 2.5.3 基式生成句式的历时意义

在转换生成语法的理论框架内，与格句式的讨论经常涉及哪一个句式应被视为基础句式，因而就引起许多的争议。根据认知语法的基本精神，句式，而非抽象的句法规则，才是句法组织的原始单位，因此本书未按转换生成语法的要求去确认与格句式的基础句式，并认为在讨论上古汉语的不同与格句式时，应把注意力放在其他方面。

我们在上边的讨论中否定了上古汉语的不同与格句式之间存在着相互衍生的关系，而强调了不同的与格句式都是各自独立的，它们虽都编码着客观世界中的给予类事件，但是所赋予这个客观事件的概念化过程(conceptualization)或意象(imagery)却是不一样的，因此它们的句式意义必然也不同。不同与格句式所具有的不同句式意义我们留待下一章再讨论，而在这里，我们希望结合上边的讨论来探讨双宾语结构(次要宾语型)和“于”字结构(间接宾语型)两类与格句式在汉语史中的产生时间是否受概念隐喻的影响而有分别：由于双宾语结构在表达给予类事件时不涉及概念隐喻，因此我们把它称为与格句式的基式生成句式，而把“于”字结构称为非基式生成句式。这里所谓的基式生成句式和非基式生成句式的含义和它们在转换生成语法理论中的用法完全不同，因此并不意味着这两个与格句式具有任何的派生关系。当我们说基式生成时，意思指的是“给予”的概念并不是依据其他对于人类经验而言更基本的概念来理解或构造的。

由于众多研究都一再指出双宾语结构的原型成员是给予类事件(Goldberg 1995;张伯江 1999)，而我们前边也已证明“于”字结构这种间接宾语型的与格句式是通过概念隐喻而从使之移至的句式引申出来的。考虑到涉及概念隐喻的与格句式要比不涉及概念隐喻的与格句式在编码给予类事件上多走一步，我们大胆地提出一个假说，即双宾语结构在汉语语法史出现的时间不能晚于间接宾语型的与格句式。由于这两个与格句式在《左传》中都有用例，因此这一假说显然无法依靠上古汉语的传世文献来进行证伪工作。要测试这个假说是否成立，唯一的办法就是引用原始汉语(Pre-Archaic Chinese)的文献材料。这段时期的材料是甲骨文。甲骨文一般被认为是公元前14世纪至公元前11世纪的商代后期文字(Takashima & Hashimoto 2000)。虽然甲骨文的语言晦涩难懂，但沈培(1992)极具影响力的《殷墟甲骨卜辞语序研究》以及 Takashima & Hashimoto(2000)对甲骨文研究的结论却能够作为独立的例证来印证本书的推论。

2.5.3.1 **沈培(1992)**

沈培(1992)首先根据动词是否和祭祀有关而把动词分成两大类，并在这个基础上讨论甲骨文中的双宾语结构。他(沈培 1992:80)指出非祭祀动词可分为三类：

| | | | | |
|---|---|---|---|---|
| Va | 受(授予义) | 锡 | 畀 | |
| Vb | 求 | 丐 | 乞 | |
| Vc | 降 | 作 | 以 | 肇 |

值得注意的是，属于[-祭祀]动词类别的 Va 动词(即[+给予]义的与格动词)只出现在以下的句法结构中：

Va+间接宾语+直接宾语

须强调的是，Va 类动词和“Va+直接宾语+于+间接宾语”这一句法结构是不相匹配的。沈培(1992:81—82)就指出：

以上所举的 Va 类动词所带的双宾语，都是 Va+OI+OD[①]

① 也即是本书中的次要宾语型的双宾语结构。

> 的格式。有时候我们可以看到好像是 Va＋OD＋ 于＋OI[①] 的格式：
>
> (1) 贞：锡牛于
>
> 贞：锡牛于　　　英 787
>
> 此版“于”字后面空而未刻，未刻之字会不会是 OI 呢？我们在卜辞中看到这样的句子(当是记事刻辞)：
>
> 乙丑寝弘锡ㄣ在寘，遘祖乙翌日。在八月。35637
>
> 这一句的“易ㄣ在寘”的“寘”是地名。(这里所说的地名包括处所名，下同)“锡牛于□”中未刻之字也可能是地名。
>
> (2) □未贞：畀束于兹三鼓　　　屯 2576
>
> 此辞中的“兹三鼓”的意思不清，指时间的可能性较大。
>
> 总之，我们还没有看到确凿无疑的 Va＋OD＋ 于＋OI 的格式。

这和我们上边对于与格句式中的基式生成和非基式生成式在出现时间上所做出的预测是一致的。

2.5.3.2 Takashima & Hashimoto(2000)

Takashima & Hashimoto(2000)主张甲骨文语言里的双宾语结构会依据不同的动词类型而有两种基本语序。根据他们的分析，动词的基本分类应该是[＋求取]和[＋给予](或[－求取])，而非沈培(1992)所主张的[＋祭祀]和[－祭祀]。Takashima & Hashimoto(2000：11)批评沈培说：

> 另一个问题是有关用或不用“于”来标记间接宾语。在他的研究方法中，沈培仅计算了出现的总次数，因此把整个问题的情况既模糊又简单化了。有两个问题使情况复杂化：首先，早期的占卜者似乎不倾向于使用“于”；其次“于”的使用不仅因不同动词而相异，

① 也即是本书中的间接宾语型的与格句式。

而且也因同一个动词但不同语序而相异。[1]

虽然如此，他们（Takashima & Hashimoto 2000：16）进一步的阐述却也支持我们上述的假说：

……带[-求取]动词（沈培的 Va，Vc）的双宾语结构，其语序为“动词$_{[-求取]}$＋间宾＋直宾”，而“于”并不和间接宾语一起出现。我们也可以这么分析，“于”并不出现在[-求取]动词之后，而例外是“锡牛于……”。……至于带[＋求取]动词的双宾语结构，其语序为“动词$_{[+求取]}$＋直宾＋间宾”，而“于”和间接宾语是否一起出现似乎因动词而异。……就动词“祼”而言，沈培（pp. 94—95）指出“于”不和间接宾语一起出现的现象普遍存在于自占卜者一类的铭刻以及处于自和宾之间占卜者一类的铭刻。自和宾两类皆属于第一期，而自类在时间上早于宾类。我们认为这是一项很重要的观察。我们因此能假设在最早的时候，不论动词属于什么类别，“于”在双宾语结构里是不被用来标记间接宾语的。[2]

如果我们暂时把间接宾语必须由“于”引介的结论搁置在一边，并

---

① 原文为：Another issue pertains to the use and non-use of 于 to mark Oi. In his approach, Shen only counts the total instances of occurrence, which blurs and oversimplifies the picture. There are two issues which complexify the situation：first, early diviners seem to have preferred not to use 于；second, the use of 于 not only differs from verb to verb, but also with respect to the same verb as used with different word orders.

② 原文为：In the double-object construction with[-req]verbs (Shen's Va, Vc), which have the word order V[-req]＋Oi＋Od, 于 does not occur with Oi. Alternatively, one can describe 于 as not occurring after a[-req]verb, again with the exception of“锡牛于……”... In the double-object construction with[＋req]verbs, which have the order V[＋req]＋Od＋Oi, the occurrence of 于 with Oi seems to differ according to different verbs... In connection with the verb 祼, Shen(pp. 94—95) explains that the non-use of 于 with Oi is prevalent in inscriptions of the 自 diviner group, and inscriptions that fall between the 自 and the 宾 diviner groups. Both the 自 and the 宾 groups are from Period 1, with the 自 group antedating the 宾 group. We think that this is an important observation. It can then be assumed that at the earliest time, 于 was not used to mark Oi in double-object constructions regardless of verb class.

把间接宾语和接受者严格对应，则可发现甲骨文中的双宾语结构的语序可因动词的不同而分为"动词$_{[+求取]}$＋直接宾语＋间接宾语"和"动词$_{[-求取]}$/动词$_{[+方向]}$＋间接宾语＋直接宾语"。有趣的是，若把这标记并入上述的讨论中，则显而易见的是，不论是沈培(1992)还是 Takashima & Hashimoto(2000)，都承认甲骨文时代有体现"动词$_{[-求取]}$＋间宾＋直宾"语序的例子，而既然"于"在这类动词之后不和间接宾语一起出现，那么我们认为在甲骨文中就无法找到以下形式的与格句式：

动词$_{[-求取]}$＋于＋间接宾语＋直接宾语

倘若把沈培(1992)和 Takashima & Hashimoto(2000)的独立研究摆在一起，则毋庸置疑的，甲骨文中在编码给予类事件上存在着次要宾语型的双宾语结构(即 Va＋间宾＋直宾，或动词$_{[-求取]}$＋间宾＋直宾)，而没有以"于"为标记的与格句式(不论是 Va＋直宾＋于＋间宾，还是 Va＋于＋间宾＋直宾或动词$_{[-求取]}$＋于＋间宾＋直宾)。这符合了我们之前所做出的预测，即基式生成的与格句式在产生时间上会比非基式生成的与格句式来得早。

## 2.6　结语

这一章，我们讨论了贝罗贝(1986;Peyraube 1987, 1988a)所确立的第一和第二类上古汉语与格句式。着重说明与格句式和双宾语结构之间不完全相等，而以往在一些具体问题上的许多争议就恰好源于没能很好地把这两个不同的概念加以区分。在这个基础上，我们提出了判断双宾语结构的理论基础，指出了现有的判断双宾语结构方法的局限性，因此提出了一个消极的办法，即只要动词后的两个体词性成分之间不构成定中关系，即可判定为双宾语结构。这一认识也为第四章讨论取得类动词和双宾语结构的关系做了必要的伏笔，因为一旦我们证明了"之"不等同于"其"，那么按消极标准，"动词$_{取得}$＋之＋NP"就必须被判定为双宾语结构。之后，我们定义了"直接宾语"、"间接宾语"等句法关系，这个分别此前一直未受到重视，而关于确立"间接宾语"这一句法关系的意义，我们将在本书的第七章进一步论述。在明白了上古汉语的句法关系的基础上，我们讨论了双宾语结构和“于”字结构的句法关系，并参考了语言类型学的最新研究成果，提出了传统所说的双宾语结构是次要宾语型的与格句式，而“V＋直接宾语＋于＋间接宾语”是间接宾语型的与格句式。至此，我们又讨论了一个相关的问题，即次要宾语型和间接宾语型的与格句式的关系。客观主义语义观的研究思路是将二者等同视之，其中一个为句法底层，通过句法变换规则去生成另一个，就如转换生成语法对于语言中的与格句式的研究一样。我们不同意这一分析办法，提出句式是基本的句法组织单位，不同的与格句式和给予类事件的编码其实涉及了不同的意象。为说明这点，我们进一步考察了间接宾语型的与格句式和使之移至句式的关系，并指出这种由概念隐喻所导致的衍生关系其实是具有历时意义的。

# 第三章　从句式意义的角度看上古汉语的与格句式

## 3.1　引言

我们在第二章讨论了上古汉语的句法关系，并以此为基础，重新界定了不同与格句式中的句法关系。据此，我们认为上古汉语的与格句式主要有以下几种：

1. 次要宾语型-I（双宾语结构）：动词＋主要宾语＋次要宾语

2. 次要宾语型-II（工具宾语式）：以＋宾语＋动词＋直接宾语①

3. 间接宾语型（介宾补语式②）：动词＋直接宾语＋于＋间接宾语（动词＋直接宾语＋间接宾语）

在这个基础上，我们初步探讨了上古汉语中是否存在与格交替的现象，并认为生成语法从理论上对于不同与格句式（主要是次要宾语型的双宾语结构和间接宾语型的与格句式）之间的派生关系所做的说明并不适用于上古汉语的语法分析。其中的关键就在于这套理论无法解释上古汉语的"与之琴"如何在缺乏"与琴于之"的基础上派生出来。正因为如此，本书依据认知语言学的理论假说，提出上古汉语不同的与格句式其实都各自具有独立的句式意义，体现了说话者对同一种客观事实赋予了不同的意象（imagery），而它们之间并不存在任何的派生关

---

① 这里的"直接宾语"编码的是给予类事件中的接受者，按配置关系来看，接受者的编码既然和单及物句式中的受事一样，那么严格来说，它应被称为"主要宾语"。

② 在本书的前两章里，我们把介宾补语式称为以"于"为标记的与格句式或于字结构。这三个术语在本书中没有区别，而本章之所以采取介宾补语式的术语，目的是为了能和 Rappaport Hovav & Levin(2008)的讨论相衔接。

系。按照这个思路，我们在第二章也进一步提出了次要宾语型的双宾语结构和其所编码的给予类事件具有一种天然的关系①，因此称之为“基式生成句式”，而把间接宾语型的与格句式称为“非基式生成句式”，凸现了这个与格句式在编码给予类事件上是通过了概念隐喻的作用而借助了使之移至的句式。这里的“基式生成句式”和“非基式生成句式”与转换生成语法所谓的基础生成完全不同，而我们也在第二章的最后试图探讨了从认知语言学的角度所做的这种区别在汉语的历史中是有所体现的。

上一章我们初步探讨了上古汉语的与格交替现象，而这一章我们将延续上一章的讨论，依据认知语言学的理论精神，着重说明在编码给予类事件上，次要宾语型的双宾语结构和间接宾语型的与格句式在句式意义上的不同。为论述的方便以及能更好地把这里的讨论和类型学研究的最新成果相结合，本章在术语的使用上，并不严格区分间接宾语型和介宾补语式。换言之，这两个术语在本章中可自由交替使用。此外，自本章开始，除特别说明，本书的次要宾语型都一致指双宾语结构，而本章所谓的双宾语结构一致等同于次要宾语型的双宾语结构。我们将着重讨论以下几个问题：

1. 动词和上古汉语的不同与格句式之间的搭配关系；
2. 给予类双宾语结构的制约条件；
3. 上古汉语不同与格句式的句式意义。

首先，我们将会把表达给予类事件的动词分成通用给予动词（也称为给予动词）和一般给予动词（也称为给予类动词），然后考察上古汉语中的通用给予动词“与”和两个一般给予动词，即“赐”和“献”的句法分布。在这个基础上，我们会进一步指出给予类双宾语结构的制约条件。最后，根据 Goldberg（1995）的构式语法理论，不同的构式应具有不同

---

① 参见 Goldberg（1995）和张伯江（1999）。张国宪（2001）的看法和他们稍有不同，认为“动词＋间接宾语＋直接宾语”构造的原始句式意义是“强制的索取性转移”，但是这一看法并不是主流，而且也没有办法解释为什么上古汉语的夺取类动词在和次要宾语型的双宾语结构的搭配上具有高度的限制性，详见本书第四章。

的句式意义，而我们认为可通过动词和不同与格句式的搭配情形揭示上古汉语的不同与格句式的意义。

## 3.2　上古汉语的给予动词和给予类动词跟与格句式的关系

在以往的研究中，一般都把表达给予类事件的动词笼统地归入[＋给予]本义与格式动词（贝罗贝 1986）或赐予动词（李佐丰 2003b：93—97）或“授与”义动词（邵永海 1990），而稍微再细致些的则会把给与类型的动词再按具体的语义特征进行分类（刘宋川 1998，1999）。此外，对于这类动词和不同与格句式的搭配关系，学者们的意见其实是有分歧的。贝罗贝（1986，1998）认为[＋给予]本义与格式动词可以轻易进入上古汉语的三种与格句式中，而李佐丰（2003b：93—97）则持有不同的看法。他认为赐予动词可以分三组，而分类的基础是不同动词的句法分布。他指出赐予动词主要表示相关的双方之间存在某种得失关系，可以分为三组。A 组动词主要表示授与，只有“夺”例外。它们可以同时带对象宾语和受事宾语；B 组动词既可表示献纳，又可表示求取。特点是不可以同时带受事宾语和对象宾语，但较常带受事宾语和对象补语。C 组只包括一个动词“为”，其特点是能进入双宾语结构，而近宾语表示服务对象，服务对象可以表示人，也可以表示处所、事物等；远宾语是受事宾语。根据对《左传》的“授与”动词的考察，邵永海（1990）的观察更为深入和细致。他指出虽然有一批动词能同时进入双宾语结构和工具宾语式[①]，但却也有一些动词只出现在工具宾语式，如“赠、妻”等。此外，他也做了个很有意思的观察，即进入双宾语结构的动词一般不出现在於/于字结构中。对于这种互补分布，邵永海进一步总结出呈现互补分布的两批动词在上下对待关系上的分别是很明显的，并根据上述的事实，推断双宾语结构的语义重心在行为动作本身，而於/于字结构强调的语义重心在行为动作涉及的对象上。我们对于邵永海的观察深为信服，但认为其结论还有进一步讨论的空间。

---

① 邵永海（1990）的工具宾语式就是我们的以“以”为标记的与格句式。

根据以上的简单回顾，我们其实已能对上古汉语的不同动词和与格句式之间的搭配关系有一个较深入的认识。但同时也发现，除了邵永海(1990)之外，鲜少有学者会再进一步去探讨和分析动词和与格句式之间的搭配的原因。也正因为在这方面的兴趣的缺乏，以致在目前的研究中，上古汉语是否存在与格交替(dative alternation)的现象在有关这一时期与格句式的讨论中一直都不是重点。我们希望在前人的基础上讨论这个问题。在讨论之前，我们认为还必须根据类型学的研究成果，把表达给予类事件的动词区分为“通用给予动词”(general-purpose verb of giving)和一般的“给予类动词”。这个分别主要见于张敏(2011)。在这篇专门讨论现代汉语方言双及物结构类型差异的成因的文章中，他指出：

……“给予动词”…… 特指与官话的“给”、粤语的“畀”、英语的“give”相对应的意义较概括的“通用给予动词”(general-purpose verb of giving，参见 Lien 2005、Chappell & Peyraube 2007)，而不是其他含给予义的动词(如“送、交、奖、发、寄”等)，本文将后者称作“给予类动词”。“给予动词”与一般的“给予类动词”有两个重要区别：一是前者的使用频率远较后者为高，二是前者的语义特征仅为[＋给予]，而后者除[＋给予]外还包括[＋方式]特征(例如“奖”的意思是“以奖赏的方式给”，“送”是“以无代价的方式给”)。

张敏(2008b)还进一步指出，语言类型学的研究显示，通用给予动词在双及物结构的构成中作用极为特殊(参看 Borg & Comrie 1984；Malchukov，Haspelmath & Comrie 2007，2010)，因此我们认为应首先以上古汉语的通用给予动词来观察它和不同与格句式的搭配关系。有关通用给予动词的重要意义还可以参看 Newman(1996)。

### 3.2.1 给予动词和上古汉语与格句式的关系

上古汉语的给予动词是“与”，而就这个动词在上古汉语中和不同与格句式的搭配关系，张敏(2011)有一番考察。他的结论是：

笔者在前期研究中，将类型学界广为使用的双及物结构配置分类加以改造，就给予动词的类型提出如下分类（张敏 2008a，Zhang 2009）：

(43) a. 与事型给予动词：可单独带与事宾语，不可单独带受事宾语；

b. 受事型给予动词：可单独带受事宾语，不可单独带与事宾语；

c. 中立型给予动词：可单独带受事宾语和与事宾语；或均不可。

以上分类试图反映的是给予动词的历史来源及其进入双宾语结构的潜能，它不仅适用于汉语方言，也适用于其他语言“$V_{给}$”的分类。上述类型和双及物结构配置类型之间的关联可表述如下。一、在表达双及物事件时，当与事型的给予动词带上与事宾语，其客体/受事若以某种特别的方式编码（如用工具格尾或介词），则形成次要宾语式（如上古汉语“天子不能以天下与人”）；若当该动词已带上了与事宾语时，也能带上客体/受事宾语，则为双宾语结构（这里指的是双宾 A 式，即真正的双宾式）。该类动词一般不能形成间接宾语式（如上古汉语不能说“*与天下于人”，但亦不排除例外情形，尤其是该型向中立型转换时，如中古汉语的“与”）。

引文中的“$V_{给}$”就是给予动词。虽然张敏把上古汉语的双宾语结构分析为中立型，而我们把同样的结构分析为次要宾语型，但这不妨碍我们借用张敏的观察得出上古汉语的给予动词“与”完全不能进入间接宾语型的与格句式（也即介宾补语式）的结论。由于张敏(2011)的考察重点不在上古汉语的“与”，因此我们可在《左传》中以抽样的方式把所有和“与之”有关的例句都挑取出来，然后观察它们和双宾语结构以及介宾补语式的搭配关系。当然我们必须排除掉以下这些不相关的例句，如：

［1］圉人荦自墙外与之戏。（《左传·庄公三十二年》）

［2］宣子悦，与之乘，以言诸公而免之。（《左传·襄公二十一年》）

由于这两个例子中的“与”是个表伴随的介词，而不是给予动词，因此类似的例子将被淘汰。根据这个办法选取出来的例子，我们发现共有37个例句显示“与”能进入双宾语结构，但就是没有一个例子显示“与”和介宾补语式搭配。这项小实验除能证明张敏(2011)的观察是正确的，也进一步揭示了上古汉语的给予动词“与”和现代英语的给予动词give在句法分布上并不一致：前者仅出现在双宾语结构中，而后者则能毫无困难地进入双宾语结构（如I gave him a book）和介宾补语式（如I gave a book to him）。换言之，现代英语的给予动词能参与与格交替（dative alternation），而上古汉语的则不能。何以产生这种差异是个值得进一步讨论的问题。① 此外，上古汉语的给予动词“与”虽然无法进入介宾补语式，却能进入以“以”为标记的与格句式，如：

［3］韩宣子使郏人取其众，将以叔孙与之。（《左传·昭公二十三年》）

［4］以我与之，王必免。（《左传·定公四年》）

值得注意的是，当动词是“与”的时候，“以”所引入的宾语大多是有生的名词，这种现象背后的原因也是值得我们进一步探讨的。

### 3.2.2 给予类动词和上古汉语与格句式的关系：“赐”与“献”两个给予类动词的个案研究

“赐”与“献”都是给予类动词，而根据认知语法对语义分析所采取的分析手段，我们可以说这两个动词具有一个共同的认知基体（conceptual base）。这个认知基体包括了一个客体从给予者（GIVER）的领

---

① 详见本章较后的讨论。

有域转移到接受者(RECIPIENT)的领有域(见图 3.1)。

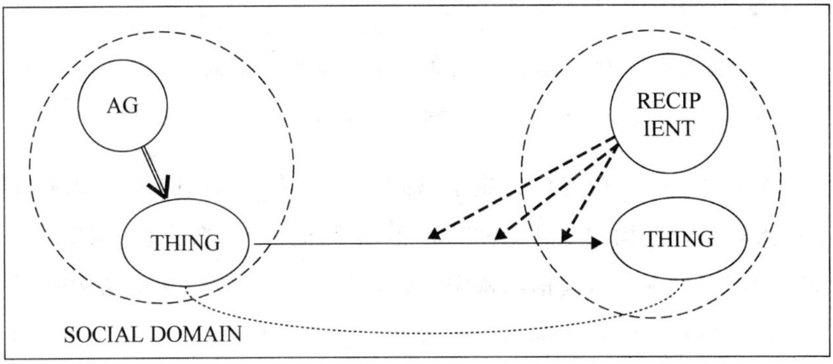


图　3.1①

虽然这两个动词跟同类的给予动词以及其他的给予类动词一样,在图式的层面(schematic level)拥有相同的认知基体,但是它们的意义更加具体,因为它们对于参与给予类事件的两个有生的参与者都有限制,也即是给予者和接受者不能同时拥有相同的社会地位。当客体从一个社会地位相对较高的给予者转移到社会地位相对较低的接受者时,这个被勾勒(profiled)的事件就以动词"赐"来表示;而当客体是以相反的方向转移时,相同的事件则以动词"献"来表示。在目前的研究中,这两个动词都被分析为本义与格式动词(lexical dative verb),并带有[+给予]的语义特征。根据贝罗贝的理论框架,只有[+给予]本义与格动词能进入双宾语结构,但让人深感意外的是,两个动词虽然都能进入双宾语结构,但是它们之间却构成了互补分布:"赐"仅出现在次要宾语型的双宾语结构中,而"献"则出现于间接宾语型的双宾语结构里。以下取两个《左传》的例子说明上述观察:

[5] 赐齐侯胙。(《左传·僖公九年》)

[6] 窃马而献之子常。(《左传·定公三年》)

我们在《左传》里完全找不到违反上述规律的例子,而这两个给予

① 图 3.1 取自 Langacker (1991a:332),并做了些修改。

类动词所具有的互补分布关系也体现在战国时期的传世文献中。在此以《韩非子》中的句子为例加以说明：

[7] 哀公赐之桃与黍。(《韩非子·外储说左下》)

[8] 得璞玉而献之子罕。(《韩非子·喻老》)

徐适端(2002)曾专门讨论了《韩非子》中单音动词的语法表现，对能进入双宾语结构的单音动词"赐"和"献"，他指出(徐适端 2002：94—95)，"赐"只出现在双宾语结构中，而"献"虽也出现在双宾语结构中，但其间接宾语和直接宾语的顺序恰好和"赐"的不同。对此，他做了如下的总结：

>……可以看出，这些动词所带的远宾语、近宾语，哪一个表人，哪一个表事物，都是根据作谓语的动词而定的。并非如某些语法书所言"当表事物的宾语为代词'之'时，才作近宾语"。就是动词"献"，《韩非子》中，它的表事物的近宾语虽然都是代词"之"，但并不能证明这些事物宾语是名词时就一定作远宾语。遍考《韩非子》以外的《左传》、《公羊传》、《谷梁传》、《孟子》、《墨子》、《礼记》、《论语》、《庄子》、《荀子》等九部著作的有关用例，都没有发现"献"带表事物的远宾语的用例。相反，在马王堆汉墓帛书《战国策纵横家书》中，却有"(苏秦)献书赵王"这样的用例，这更证明 …… 表人或表事物的宾语位置 …… 主要取决于谓语动词本身。

这段文字的写作目的虽是要反驳某些观点，和我们这里的讨论并没有直接关系，但徐适端(2002)的观察却能进一步证明"献"在先秦文献中和"赐"有完全不同的句法分布。把他的观察按本书的思路重新表述，也即是"赐"只出现在次要宾语型的双宾语结构中，而"献"虽也出现在双宾语结构里，但这种双宾语结构的类型则是间接宾语型的。这个语言事实除了说明属于[+给予]本义与格动词的"献"的语法表现完全和同属[+给予]本义与格动词的"赐"不同，还进一步提醒我们以动词为中心的语法分析模式无法对动词的语法分布做出准确的预测，因此是存在着局限性的。以下我们将进一步考察上古汉语的不同传世文献，并对这两个给予类动词的语法表现做更全面的说明。

3.2.2.1“赐”

在《左传》里，给予类动词“赐”的客体和接受者似乎具有不同的句法编码：

[9] 皆赐玉五瑴、马三匹。(《左传・庄公十八年》)

[10] 季武子以公姑姐妻之，皆有赐於其从者。(《左传・襄公二十一年》)

在例[9]里，给予类事件中的客体充当直接宾语，而例[10]中的接受者则充当间接宾语（即是由介词“于”来引介）。须指出的是，对于例[10]，我们其实还有另外一种分析，就是将“赐”看成是表示“礼物”义的名词。如果我们暂且接受原有的分析，“赐”这个动词的接受者论元和客体论元在句法编码上似乎有所区别，但是仔细考察，区别其实并不显著，因为除了这个例子外，我们并没有在上古汉语的传世文献中找到其他确凿的例子证明“赐”这个动词的接受者论元能充当间接宾语，[①]反而是找到了大量的例子显示接受者论元一般都能和客体论元一样，出现在直接宾语的句法位置上：

[11] 公疾，遍赐大夫。(《左传・昭公三十二年》)

[12] 晋侯以乐之半赐魏绛。(《左传・襄公十一年》)

客体和接受者论元虽然都能直接充当直接宾语，但是当它们同时出现在同一个子句中，我们发现接受者论元比客体论元在充当直接宾语上具有优先的地位。换言之，虽然客体论元和接受者论元在一个单宾结构里各自都能直接充当直接宾语，但是当这两个语义角色同时竞争同一个句法位置时，胜利的一方永远是接受者。这也就说明了为什

① 除了例[10]外，《左传》中还有一个具争议性的例子。就这两个例子的讨论，详见本节较后的内容。

么在《左传》中"赐"这个动词只能和次要宾语类型的双宾语结构相配，例子如下：

[13] 赐子家子双琥、一环、一璧、轻服。(《左传・昭公三十二年》)

[14] 楚子赐之金。(《左传・僖公十八年》)

值得注意的是，在上古的传世文献里，动词"赐"并没有出现在以"于"为标志的与格句式(介宾补语式或者间接宾语型)中，即：

动词＋直接宾语＋于＋间接宾语

我们在《左传》和其他先秦文献里都找不到体现上述句法结构的例子，但是却发现"赐"能出现在下列的句法结构中，即：

动词＋直接宾语＋于＋间接宾语$_{处所}$①

例如：

[15] 寡君使举曰，日君有惠，赐盟于宋。(《左传・昭公四年》)

[16] 功已成矣，赐死於杜邮。(《战国策・秦策三》)

例[15]由"于"所引介的宾语"宋"指向行为动作"赐"发生的地点，而同样的解释也可适用于例[16]中。由于我们并没有在《左传》中找到任何例子说明动词"赐"的接受者论元可充当间接宾语，所以"赐"无法出现在以"于"为标记的与格句式中，这其实并不令人感到意外。当然，以下两个取自《左传》的例子似乎违反了上述的结论。

[17] 公薨，子家子反赐於府人。(《左传・昭公三十二年》)

就这个例子而言，我们认为这里的"赐"不是动词，而应分析为表示"礼物"义的名词。这个分析若要成立，就必须有证据说明例子中的

① 我们在前一章提出"动词＋直接宾语＋于＋间接宾语"是使之移至的句式，而这里的例[15]和[16]虽然也体现了"动词＋直接宾语＋于＋间接宾语"的格式，但是却没有使之移至的意义，而其中的间接宾语表达的是处所(location)，不是终点(goal)。对于这个问题，我们认为例[15]和[16]是使之移至句式的延伸(extension)，具体的论证无法在这里进行，但是就现代英语中的类似现象，Van der Leek(2000)有详细的讨论。

“反”是个一般给予类动词，而只要仔细考察例[17]的上下文，就不难发现这样的分析并非不可能：

[18] 十二月，公疾，遍赐大夫，大夫不受。赐子家子双琥，一环、一璧、轻服，受之。大夫皆受其赐。己未，公薨。子家子反赐于府人，曰："吾不敢逆君命也。"大夫皆反其赐。(《左传・昭公三十二年》)

这里最关键的是“大夫皆反其赐”一句。很显然的，由于“赐”的前头有领属代词“其”，因此“其赐”就构成了个名词词组，而“反”在这里也就只能解释为表达给予义的动词。按沈玉成(1997:515)的理解，全句的意思是“大夫们也都归还了赏赐的东西”。很显然的，沈玉成确实是把文中的“反”理解为“归还”，和我们上边所提出的分析是一致的。由于例[18]的“大夫皆反其赐”已证明了“反”确实能被分析为“归还”的意思，是一个一般给予类动词，因此例[17]的正确理解应该是“子家子把赏赐给他的东西(即例子中的“赐”)还给(即例子中的“反”)管库的人”(翻译取自沈玉成 1997:515)。这个分析也为 Legge(1991e)所接受，可见，把例[17]中的“反”理解为动词，并把“赐”理解为名词，这是有一定的合理性的。

另一个具有争议的例子就是上头所提及的例[10]，这里转摘为例[19]：

[19] 季武子以公姑姐妻之，皆有赐於其从者。(《左传・襄公二十一年》)

就这个例子，也有两种分析办法。第一种办法是把“赐”看成是一个给予类动词，但这么做的结果是除了得对“有”的语法作用做一番说明和解释外，还使“赐”的相当一致的句法表现中出现了唯一的反例，且是包括《左传》在内的先秦汉语传世文献中的孤例。这是因为迄今为止，没有任何的证据能说明“赐”的接受者论元能占据间接宾语的句法位置。有鉴于此，我们不倾向采取这种分析方法。第二种办法是把“赐”分析为表示“礼物”义的名词，这就和我们上述的分析一致。采取该办法的结果就在于“有”在这里必须分析为动词，而就这一点而言，我

们可参考贝罗贝(Peyraube 1987)对《论语》下列例子的分析:

[20] 予也有三年之爱于其父母乎。(《论语·阳货》)

依据贝罗贝(Peyraube 1987:343)的分析,例[20]是一个与格句式,编码的是客观世界中的给予类事件。此外,按贝罗贝的思路,这个例子中的“有”本身并不是一个具备[+给予]义的动词,而全句的与格意义是来自介宾补语,因此“有”是个伸延与格式动词(extended dative verb)。对于例[19],我们也可以参照贝罗贝的这个分析,进而把“有”分析为动词,而把“赐”分析为名词。至于全句的与格意义如何产生,我们赞成贝罗贝的说法,即“有”并没有与格意义,但却不接受他所认为的全句的与格意义是由介宾补语所赋予。我们其实可参照构式语法对 sneezed the handkerchief off the table 的分析(Goldberg 1995;Boas 2003),进而认为“有赐於其从者”所具有的客体领有权转移的意义是由“动词+直接宾语+于+间接宾语”这个与格句式所赋予的。

根据上述的讨论,我们认为给予类动词“赐”无法出现在“动词+于+间接宾语”以及“动词+直接宾语+于+间接宾语”的句法框架里。

3.2.2.2 “献”

给予类动词“献”有一些相当有意思的现象值得我们注意:第一,这个给予类动词的两个语义角色(即客体论元和接受者论元)在《左传》里有截然不同的句法编码:

[21] 齐侯来献戎捷,非礼也。(《左传·庄公三十一年》)

[22] 则献于王。(《左传·庄公三十一年》)

很明显的,这个动词在《左传》里的句法表现有别于其他的给予类动词,如“赐”和“授”等。根据我们上文对“赐”的考察,可发现有一部分的给予类动词在客体和接受者这两个语义角色的句法编码上,由于都能被映射到直接宾语的句法位置,因此在句法表现上并没有产生严格的对立。反观“献”这个给予类动词,只有客体论元能直接出现在动词的后头充当直接宾语,而接受者论元则必须由“于”引介,才能出现在动词之后充当间接宾语。[①]《左传》的例子如下：

[23] 革车八百乘，甲首三千，以献于公。（《左传·哀公十一年》）

客体和接受者论元皆可出现在同一个句子中，但条件是，客体论元只能充当直接宾语，而接受者论元只能充当间接宾语。例子如下：

[24] 献龙辅於齐侯。（《左传·昭公二十九年》）

[25] 丁未，献楚俘于王。（《左传·僖公二十八年》）

在《左传》里，我们并没有发现动词“献”能参与与格交替。换言之，以下的句法结构在《左传》中是不合语法的，即：

*献＋主要宾语＋次要宾语（即贝罗贝的“献＋间接宾语＋直接宾语”）

这个观察亦为相宇剑（2003）的研究所证实。根据他的观察，“献”这个给予类动词在《左传》里仅有一例出现在双宾语结构中：

[26] 窃马而献之子常。（《左传·定公三年》）

由于我们已区分两种不同类型的双宾语结构，因此上述这个例子很明显是属于间接宾语型，而不是我们这里所着重关心的次要宾语型。

为了进一步证实“献”这个给予动词的句法表现，我们将按照时间顺序，通过上古汉语的传世文献，考察“献”的语法表现。根据钱宗武（2001）关于《尚书》中双宾语结构的研究，总共有十个给予类动词能出现在次要宾语型的双宾语结构中。这十个动词分别是“授、锡[②]、遗、赉、告、毖、敕、谓、降、降与”。须指出的是，给予类动词“赐”出现在这十个动词中，而“献”则不出现。《诗经》的情形就稍微棘手些，因为“献”在

① 时兵（2003）在两周金文中发现这样的例子：“余献妇氏以壶”。这并不对我们这里提出的结论构成冲击，一个主要原因就在于本研究的讨论范围是传世文献，而不是出土文献。根据张敏（1990）对反复问句的研究可知，从历时的角度看，传世文献和出土文献中的语言现象并不一定一致和对应。

② 一般都认为“锡”通“赐”。

《诗经》里总共出现十九次，而其中有三个例子由于动词之后带了两个句法成分而具有被视为例外的可能性。这三个例子是：

[27] 献其貔皮，赤豹黄罴。(《诗经·韩奕》)

[28] 憬彼淮夷，来献其琛。(《诗经·泮水》)

[29] 射夫既同，献尔发功。(《诗经·宾之初筵》)

显然以上这三个例子都不能被看成是双宾语结构。原因很简单，就在于直接出现在给予类动词后头的代词并不是宾语，而是定语。[①]由此可见，《诗经》里并无任何例子显示给予类动词"献"能出现在次要宾语型的双宾语结构中。根据贝罗贝(Peyraube 1988a)的研究，给予类动词"献"在以下十部先秦文献中，皆未出现在次要宾语型的双宾语结构中。这些文献包括《左传》、《论语》、《孟子》、《墨子》、《庄子》、《韩非子》、《战国策》、《荀子》、《国语》和《孙子兵法》，而刘宋川(1998，1999)的研究则显示，在十五部先秦文献中，给予类动词"献"在次要宾语型的双宾语结构中出现的情形，仅有一例。所考察的文献包括《尚书》、《诗经》、《左传》、《国语》、《仪礼》、《论语》、《墨子》、《孟子》、《庄子》、《荀子》、《韩非子》、《吕氏春秋》、《管子》、《晏子春秋》和《战国策》。虽然他并没有把这个例子列举出来，但是如果我们将刘宋川和贝罗贝所考察过的文献进行排列和比较，可以推断出这个唯一的例外仅能来自《诗经》、《仪礼》、《吕氏春秋》、《管子》和《晏子春秋》。[②]《诗经》的情形我们刚讨论过，而剩下的其他四部书中，《仪礼》和《管子》的著作年代可疑(前者可参看彭林 1997，而后者可参看罗根泽 1966、胡家聪 1995)，因此能否划入先秦文献的范围内值得考虑。[③] 至于《吕氏春秋》，"献"这个给予类动词仅出现在间接宾语型的双宾语结构中，即：

[30] 此千金之剑也，愿献之丈人。(《吕氏春秋·异宝》)

① 就这三个例子，我们采取了黄典诚(1992)的分析。

② 根据钱宗武(2001)，"献"在《尚书》中未出现在次要宾语型的双宾语结构中。

③ 由于这两部书的成书年代可疑，而本节后头关于《史记》的讨论也揭示了"献"作为给予类动词的句法表现在汉代已发生变化，因此这两部书的例子都不在这里进行讨论。

《晏子春秋》中，"献"没有用于双宾语结构的例子。有鉴于此，我们能有把握断言，在先秦的传世文献中，"献"这个给予类动词的句法表现并没有违反我们上边所提出的结论。除此之外，李佐丰(1994:102)也在对不同文献进行穷尽式的考察后，得出该给予类动词一般不带两个句法宾语的结论。这有力地证明并非所有的给予类动词(即[+给予]的本义与格动词)都能毫无困难地出现在双宾语结构中。"献"作为给予类动词与次要宾语型的双宾语结构不相容，其中必定有道理。我们认为，那是因为次要宾语型的双宾语结构的句式意义和"献"作为给予类动词本身的意义并不相符。这方面的内容将在下一小节中加以讨论。

有趣的是，《史记》里有一个例子显示"献"能出现在次要宾语型的双宾语结构中，即：

[31] 赵王献之美人。(《史记·淮南衡山列传》)

须强调的是，上述例子中的代词"之"指的确实是给予类事件中的接受者，而不是客体。根据时兵(2002:71)的分析，例[31]是个高度标记的例子。我们自己也考察了《史记》中"献"的用法，也发现在有"献+之+名词词组"这个表层句法结构的所有例子中，代词"之"指向接受者和客体的比率为1:8，[①]这说明了"献"作为给予类动词出现在次要宾语型的双宾语结构里确实是受到了高度限制。对此，我们将在下一节再

---

① 《史记》中"献+之+名词词组"为间接宾语型双宾语结构的例子如下：

1. 乃求有莘氏美女，骊戎之文马，有熊九驷，他奇怪物，因殷嬖臣费仲而献之纣。纣大悦。(《史记·周本纪》)

2. 晋唐叔得嘉谷，献之成王，成王以归周公于兵所。(《史记·周本纪》)

3. 于是文公遂牧周余民有之，地至岐，岐以东献之周。(《史记·秦本纪》)

4. 天降祉福，唐叔得禾，异母同颖，献之成王。(《史记·鲁周公世家》)

5. 造父取骥之乘匹，与桃林盗骊、骅骝、绿耳，献之缪王。(《史记·赵世家》)

6. 此时孟尝君有一狐白裘，直千金，天下无双，入秦献之昭王，更无他裘。(《史记·孟尝君列传》)

7. 今王诚杀丹献之秦王，秦王必解，而社稷幸得血食。(《史记·刺客列传》)

8. 其后李信追丹，丹匿衍水中，燕王乃使使斩太子丹，欲献之秦。(《史记·刺客列传》)

这还不包括下列两个例子：

1. 三人者为西伯求美女奇物，献之于纣，以赎西伯。(《史记·齐太公世家》)

2. 九侯有子而好，献之于纣，纣以为恶，醢九侯。(《史记·鲁仲连邹阳列传》)

做说明，但是这里必须指出的是，"献"的这个句法表现，显然是后期句法演变的结果。

### 3.2.3 句法层面上的制约条件

虽然上述的讨论仅局限在两个[＋给予]义的本义与格动词的句法表现上，但它们之间所呈现出的互补格局不应被轻易忽视，也不应被视作是纯属偶然。上述讨论表明，给予类动词"赐"只出现于下列双宾语结构中，即：

动词＋主要宾语＋次要宾语(V＋PO＋SO)

而另一个给予类动词"献"则出现在下列的双宾语结构中，即：

动词＋直接宾语＋间接宾语(V＋DO＋IO)

上古汉语的这两个给予类动词分别出现在不同类型的双宾语结构里，从认知语言学的角度思考，这背后一定有原因。据上述的考察，我们发现在单及物结构里，"赐"的接受者这个语义角色主要编码为直接宾语，而同样的语义角色在给予类动词"献"里却只能编码为间接宾语。因此，我们推想不同的给予类动词在不同类型的双宾语结构(包括次要宾语型和间接宾语型)中具有不同的分布，这或许就和接受者这种语义角色在单及物结构里被映射到不同的句法位置上有密切的关系。我们的推断是，只有能让接受者这个语义角色在单及物结构里充当直接宾语的给予类动词才能出现在次要宾语型的双宾语结构中。因此，我们提出以下的句法层面的制约条件来说明这样的分布，而这个制约条件其实是具有认知上的动因的(详见本章后边内容的讨论)。

通过对动词"赐"和"献"的句法表现的描写，我们认为一个给予动词或给予类动词若要出现在以下的次要宾语型的双宾语结构中，它的认知基体中的接受者的语义角色必须能在单及物结构中充当直接宾语：

动词＋主要宾语＋次要宾语(V＋PO＋SO)

动词“赐”之所以能进入次要类型的双宾语结构，其根本原因就在于它的接受者可以在客体不出现的情况下直接充当直接宾语。反观“献”这个给予类动词，不论在什么情况下，即使是在客体这个语义角色不出现的情况之下，其接受者也只能充当间接宾语。因此，在战国末期之前，给予类动词“献”从不出现在次要宾语型的双宾语结构里，而这种情况在《史记》中却有所改变，出现了“赵王献之美人”等用例，体现了“献”作为给予类动词开始进入次要宾语型的双宾语结构中。根据我们总结出的规律，这个改变首先必在单及物结构中进行，之后在双宾语结构中改变了其句法表现。根据这个推想，我们认为“献”必然经历了下列的历时演变阶段：

V＋于＋间接宾语$_{[接受者]}$ ＞ V＋Ø＋间接宾语$_{[接受者]}$
第一个阶段　　　　第二个阶段

＞ V＋直接宾语$_{[接受者]}$ ＞ V＋主要宾语$_{[接受者]}$＋次要宾语$_{[客体]}$
第三个阶段　　　　第四个阶段

只有当“献”的接受者这个语义角色能从只充当间接宾语改变成也能充当直接宾语时，[①]它才有可能以另一种句法形式，即以次要宾语型的双宾语结构，来编码相同的给予类事件。

依照波普(Popper 1992)关于科学发现的阐述，我们可尝试去证伪上述的结论：既然《史记》中给予类动词“献”出现在次要宾语型的双宾语结构中，那么根据我们的假说，“献”在《史记》成书的时代或之前必然已容许其接受者的语义角色在单及物结构里被映射到直接宾语的句法位置。因此，现在的关键问题是，给予类动词“献”对客体和接受者这两种语义角色采用的对立句法编码(即一个是直接宾语，另一个是间接宾语)究竟是在什么时候瓦解的。在徐适端(2002：91—92)关于《韩非子》单音节动词的讨论中，他观察到给予类动词“献”出现在单及物结构中，客体和接受者皆已能被映射到直接宾语的句法位置。他所提供的例子

① 省略“于”的现象具有认知上的动因，关于这个现象的更详细的讨论，参见潘秋平(2009b)。

如下：

[32] 客献不死之药。(《韩非子·说林上》)

[33] 因献酒肉。(《韩非子·说林上》)

[34] 明年之请以头献王者岁十余人。(《韩非子·内储说上》)

[35] 一国尽争买鱼而献之。(《韩非子·内储说上》)①

前两个例子显示“献”的客体论元占据直接宾语的句法位置，而后两个例子则显示这个动词的接受者论元也和客体论元一样占据了相同的句法位置。这是一种语言上的创新，而这个变化一旦被启动，便不难在更晚的汉代传世文献中找到更多的例子：

[36] 愿得将军之首以献秦王。(《史记·刺客列传》)

[37] 求美女奇物善马以献纣。(《史记·殷本纪》)

[38] 窃马而献子常。(《吴越春秋·阖闾内传》)

[39] 以重宝厚献太宰嚭。(《吴越春秋·夫差内传》)

[40] 良具以献项伯。(《汉书·张陈王周传》)

显而易见的，在《史记》之前的《韩非子》中，“献”的句法表现已产生了微妙的变化，而这也能进一步说明何以“献”能开始出现在次要宾语型的双宾语结构中。有鉴于此，我们所提出的结论并未被证伪，因此关于给予类动词出现在次要宾语型的双宾语结构中的句法条件是成立的。

为了证明句法层面上的制约条件确实存在，我们接下来将进一步考察“问”的句法表现。对此已有许多精彩的论述，其中就包括了周法高(1993)和柳士镇(1998:1—17)的论著。通过前人的研究，我们可对这个动词的句法表现有非常明晰和深入的了解，但尽管如此，却极少有学者将这个动词的句法表现与其能否进入次要宾语型的双宾语结构联系起来。以下我们将根据柳士镇(1998:1—17)的论述来进行这项工

① 例[35]的“之”除了能指接受者论元，也能指客体论元。文中对这个例子的处理主要采用了徐适端(2002)的分析。

作。就这个动词，柳士镇考察了不少的先秦文献，其中就包括了《左传》、《论语》、《国语》、《墨子》、《孟子》、《庄子》、《荀子》、《韩非子》和《战国策》。动词“问”的认知基体涉及两个参与者之间的言语交流，其中有询问的内容和被询问的人。根据柳士镇的分析，在《左传》和《论语》中，这两个语义角色的句法编码构成严格的对立。例子如下：

[41] a. 子重问晋国之勇。(《左传·成公十六年》)
　　b. 韩宣子问於叔向曰。(《左传·昭公十一年》)
[42] a. 子路问事君。(《论语·宪问》)
　　b. 孟氏使阳肤为士师，问於曾子。(《论语·子张》)

以上两组例子中，言说的内容可在单及物结构中充当直接宾语，而言说的对象则在同样的结构中充当间接宾语。由于“问”的不同语义角色在句法编码上存在着严格的对立，一点也不混淆，因此就算是遇到乍看之下意义非常不清楚的例子，全句仅允许一种理解，如例[43]：

[43] 叔向问郑故焉，且问子皙。(《左传·昭公元年》)

在这个例子里，由于“子皙”占据直接宾语的句法位置，因此它不是询问的对象，而是被询问的内容。这种句法编码上的严格区分一直到了《国语》之后才开始瓦解。此后，在上古汉语的语法系统中，我们也就观察到许多以询问对象充当直接宾语的例子，如：

[44] 然友复之邹问孟子。(《孟子·藤文公上》)
[45] 秦昭王问孙卿子曰。(《荀子·儒效》)

根据以上的论述，并结合我们之前对于不同类型的双宾语结构的探讨，进一步来观察询问动词“问”和不同类型的双宾语结构之间的关系是有必要的。不少例子都显示这个动词可以出现在间接宾语型的双宾语结构中。例子如下：

[46] 问之仲尼。(《国语·鲁语》)
[47] 问之潘寿。(《韩非子·外储说》)
[48] 问政孔子。(《史记·孔子世家》)

按照徐烈炯和贝罗贝(Xu & Peyraube 1997)的分析,这些例子都可看成是省略间接宾语型的与格句式中的"于"所产生的双宾语结构。由于柳士镇的研究焦点并不是双宾语结构,因此他并没有就这个动词和次要宾语型的双宾语结构之间的关系进行更多的探讨。为此,我们在下边引入车淑娅(2000)的相关研究:

表 3.1 (取自车淑娅 2000)

| 组合形式 | 论语 | | 孟子 | | 韩非子 | |
|---|---|---|---|---|---|---|
| | 次数 | % | 次数 | % | 次数 | % |
| A 格式:问+事件 | 65 | 74 | 33 | 69 | 20 | 21 |
| B 格式:问+于+ 对象 | 13 | 15 | 6 | 12 | 13 | 14 |
| C 格式:问+事件+于+ 对象 | 10 | 11 | 0 | 0 | 9 | 10 |
| D 格式:问+对象 | 0 | 0 | 9 | 19 | 48 | 52 |
| E 格式:问+事件(之)+ 对象 | 0 | 0 | 0 | 0 | 2 | 2 |
| F 格式:问+对象+事件 | 0 | 0 | 0 | 0 | 1 | 1 |
| 合计 | 88 | 100 | 48 | 100 | 93 | 100 |

值得注意的是表中的 D 格式和 F 格式。很显然的,F 格式出现的时间应是在 D 格式之后。F 格式是次要宾语型的双宾语结构,而 D 格式则是以询问的对象作为直接宾语的单宾语结构。这张表有力地证明了次要宾语型的双宾语结构中存在着句法层面上的制约条件。我们可以进一步推测出,语言上的创新一旦启动并在上古汉语的使用者中扩散开来,我们就能在汉代的文献中发现更多的例子,显示"问"进入次要宾语型的双宾语结构。这个推测为下列的例子所证实:

[49] 括母问奢其故。(《史记·廉颇蔺相如列传》)

[50] 豹往到邺,会长老,问之民所疾苦。(《史记·滑稽列传》)

[51] 问释之秦之敝。(《史记·张释之冯唐列传》)

[52] 太公问周公何以治鲁。(《韩诗外传》)

车淑娅(2002)也探讨了"告"这个动词带宾语的情形,而这个例子也能提供证据来证明上述假说的正确性。她指出:

甲骨文中的“告”用作“报告、祷告、祭告之义”，“告诉”一义应该是从此引申出来的。甲骨卜辞中的“告”处于以下格式：

A 式：告＋ 所告内容

B 式：告＋ 于＋ 所告对象

C 式：告＋ 所告内容＋ 于＋ 所告对象

对于 A、B 和 C 三式，车淑娅(2002)的看法是：

C 式是 A 式和 B 式组合而成，目的在于有内容宾语的同时也能标示出所告对象。其中，“所告内容”指事，是“告”的宾语，一般由名词、名词性短语或小句充当；“所告对象”指人，一般由人名或人称代词充当，也有由名词或名词性短语充当的，但是所告对象不是“告”的宾语，而是介词“于”的宾语，和“于”构成介词短语，补充说明“告”的对象。

所告对象仅能充当介词“于”的宾语的句法表现依旧体现在金文中(车淑娅 2002)：

金文中的“告”……用法一如甲骨文卜辞中之“告”，“所告对象”要用介词“于”引介。

到了《尚书》中，“告”的所告对象有了不同的句法编码：

[53] 乃告大王、王季、文王。(《尚书·金縢》)

车淑娅(2002)把这个句法形式称为 D 式，并指出到了《诗经》中，“告”的“告诉”义使用增多，而且它不是全部继承上述 A、B、C、D 的四种形式，而是较多地使用 D 式。《诗经》中 D 式有三例：

[54] 言告师氏，言告言归。(《诗经·葛覃》)

[55] 取妻如之何？必告父母。(《诗经·南山》)

[56] 我闻有命，不敢以告人。(《诗经·扬之水》)

值得注意的是以下这段总结：

> 而且，随着D式"告＋所告对象"的较多使用，《诗经》中还出现了1例E式，即"告＋所告对象＋所告内容"形式……
>
> 到了《论语》、《左传》中，D式"告＋所告对象"的优势更加明显。《论语》中，B、C式，即"告(＋所告内容)＋于＋所告对象"形式只有1例……而D式"告＋所告对象"在《论语》中就有12例……。
>
> 《左传》中的情况也是如此。《左传》中，"告(＋所告内容)＋于＋所告对象"形式的只有76例，……而"告＋所告对象"形式就有189例，……而且，到《左传》后部，E式"告＋所告对象＋所告内容"用例较《诗经》中明显增多，共有11例，……
>
> 《论语》、《左传》中这种"告＋所告对象"形式与"告(＋所告内容)＋于＋所告对象"形式的悬殊比例在《国语》、《墨子》、《庄子》、《孟子》中也有突出的表现，而到了《战国纵横家书》、《韩非子》中，"告(＋所告内容)＋于＋所告对象"形式就不再使用，全书都用"告＋所告对象"形式。

车淑娅(2002)的这个总结，尤其是对"告＋所告对象＋所告内容"出现的年代的考察，为我们上述所提出的假说又进一步提供了强有力的证据。

## 3.3　上古汉语不同与格句式的句式意义

根据前一节的讨论，上古汉语有两种用来编码给予类事件的双宾语结构：

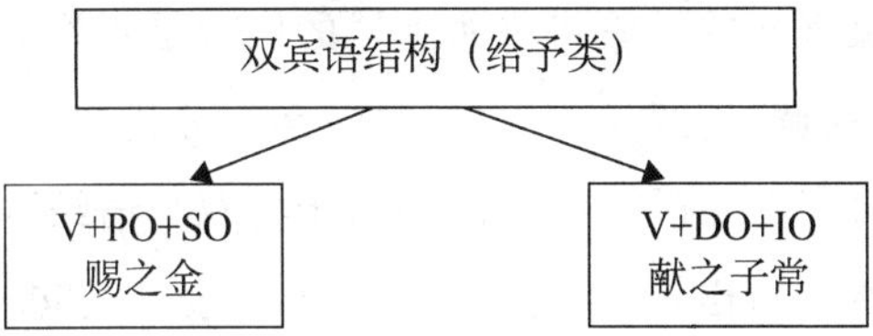


图 3.2

前一种是次要宾语型，而后一种则是间接宾语型。这个区分具有类型学上的意义（Croft 2001；Malchukov，Haspelmath & Comrie 2007；张敏 2008b，2011）。上古汉语典型双宾语结构（即给予类双宾语结构）的相关研究论著丰硕，然而由于基本上都采取了结构主义的思路，认为动词是句法表现的支配要素，因此尽管大部分的研究罗列和描写能进入给予类双宾语结构的动词，但由于没有严格区分两种不同类型的双宾语结构（如刘宋川 1998，1999），以致忽略了一些细致但却重要的语法现象，而这些现象对于我们发现上古汉语的句法组织结构有重大的意义。若要追溯这种偏差的原因，源头就在于现有的研究鲜少提出以下问题，即上述两种给予类双宾语结构在意义上是否存在差异？一旦采取结构主义的思路，以动词为中心，坚持客观主义的语义观，认为意义和外部的客观世界直接对应，这两种不同的给予类双宾语结构又都指向同样的一种存在于客观世界的给予事件，那么上古汉语的两种给予类双宾语结构在意义和句法功能上不应该有太大的差别，继而得出所有的给予类动词都能毫无分别地进入这两种不同类型的双宾语结构的结论（详见贝罗贝 1986，1998）。我们也必须指出，一些论著也确实从结构主义的角度观察到不同的给予类动词和不同的双宾语结构类型的配搭关系（详见邵永海 1990），但是却未把观察结果提升到一个理论的高度来加以说明。由于我们采取了认知语法的立场，承认句式本身在句法分析中具有独立的地位，因此根据一个形式一个意义的假说（Isomorphism hypothesis）（参看 Bolinger 1977；Haiman 1980，1985a，1985b），我们将进一步提出，既然上述两种给予类双宾语结构的句法结构不同，那么它们在意义和句法功能上必定有所不同。问题在于这个立足于认知语言学理论上所做出的推测是否能为上古汉语的材料所证实。接下来的讨论将说明上述的假说是正确的。在这个基础上，我们也希望强调，句式具有意义，且在句法分析中有独立的地位，而这并不仅仅局限于上古汉语的这两种给予类双宾语结构上。我们还认为上古汉语的所有与格句式（见图3.3），由于表层的句法形式不相同，因此句式意义应该也有区别，而这种区别必定能表现在句法分布（即句式和给予类动词的搭配）上：

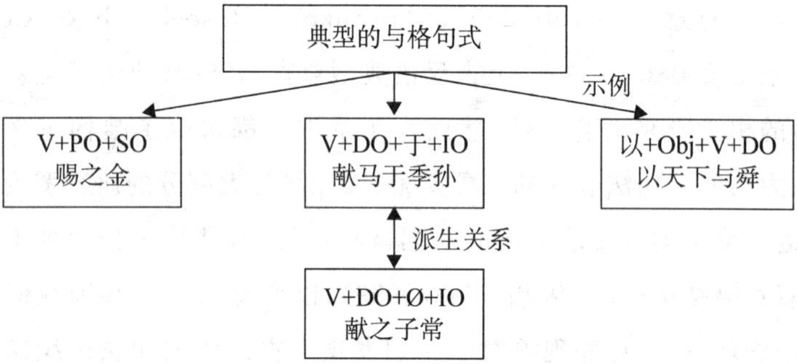


图　3.3

我们认为更细致的研究必定能揭示上古汉语这三种不同的与格句式之间的分工。

为了达到这个目的，接下来将首先介绍现有的研究如何看待与格交替现象以及不同与格句式的意义。不少学者，如 Pinker（1989）和 Goldberg（1995）等都强调了双宾语结构和介宾补语式的不同意义，认为前者表示“使领有”（caused possession）的事件，而后者表示“使移至”（caused motion）的事件。如果人类语言中的不同与格句式确实如现有的研究所总结的这样，那么我们或许就能借鉴这个结论来对上古汉语的不同与格句式，尤其是次要宾语型和间接宾语型的与格句式进行说明；但是，更进一步的研究显示情形并不是那么简单。Rappaport Hovav & Levin（2008）的研究就指出了现代英语的双宾语结构虽然对应“使领有”的事件，但介宾补语式除了能和“使移至”的事件对应外，还能和“使领有”的事件对应。一旦如此，我们就必须考察上古汉语的介宾补语式（即间接宾语型的与格句式）到底是和哪一类事件对应。如果考察的结果揭示双宾语结构和介宾补语式都和“使领有”的事件对应，我们就必须根据一个形式一个意义的假说进一步考察两种“使领有”的事件究竟还存在着什么不同。

### 3.3.1　与格交替(dative alternation)和不同与格句式的意义

在现有的研究里，对某个语言里的不同与格句式的意义进行探讨都源于该语言中出现了与格交替的现象。正因为具有相同论元结构的动词能出现在不同的表层句法结构中，这种现象就必须获得解释，而其中的一个分析路子就是承认参与与格交替的不同句式具有不同的意义或功能。

近年来对现代英语中的与格交替现象进行的研究大都是由 Pinker(1989)所提出的对应关系出发的，即“使领有”的语义框架或曰事件类([$NP_0$ CAUSES $NP_1$ to HAVE $NP_2$])对应于次要宾语型的双宾语结构，而“使移至”([$NP_0$ CAUSES $NP_2$ to GO TO $NP_1$])则对应于含 to 的与格式(即本书中的间接宾语型与格句式或间接宾语型的双宾语结构)。不少学者都对 Pinker(1989)的方案做过补充及修订。接下来，我们将看一看认知语法就双宾语结构和介宾补语式在意义上的不同所进行的讨论。Langacker(1991a)曾指出，转换生成语法把下列两个现代英语的句子处理为同义，因此两者须具有共同的深层结构的看法是无效的。

[57] a. Bill sent a walrus to Joyce.

b. Bill sent Joyce a walrus.

认知语法不承认句法分析中有深层结构，也不认为其中一个与格句式是从另外一个派生出来的，并且进一步提出这两个句子并非同义，因为它们表现了同一个事件的不同侧面。两个句子的意义之所以不同，那是因为它们运用了不同的意象(imagery)来认识(construe)同一个客观事件。在认知语法的框架内，Langacker(1991a:13—14)以基体(base)和勾勒(profile)的分析手段说明了现代英语的双宾语结构和介宾补语式在意义上的不同。须指出的是认知语法所说的意义并不纯然是客观的，这里还包括了人类对于客观事件的认知过程，也即是识解(conceptualization)：

> 分析的要点都体现在图6[①]中，小圆圈代表Bill，Joyce和walrus，而大圆圈则代表Bill和Joyce的控制域，黑线表示凸现。在某个程度上，两个句子的意义是相等的，都表现了客体在Bill的作用下，从Bill的控制域沿着路径最终转入了Joyce的控制域，它们之间意义的对立就体现在凸现的侧面不一样：(9a)[②]由于在表层中有to这个语素，强调了客体转移的路径，而(9b)由于少了to这个语素，而句法表层的动词后两个名词词组并列，则强调了这两个名词词组之间的领属关系。[③]

---

① 图6即本章的图3.4和3.5。

② 这里的(9a)和(9b)分别对应文中的例[57]a和例[57]b。

③ 原文为：The essentials of the analysis are sketched in Figure 6, where the small circles represent Bill, Joyce, and the walrus; the large circles stand for the regions over which Bill and Joyce exercise dominion; and heavy lines indicate a certain degree of relative prominence. Up to a point the sentences are semantically equivalent. Each symbolizes a conception in which a walrus originates in the domain under Bill's control and — at Bill's instigation — follows a path that results in its eventual location within the region under Joyce's control. The semantic contrast resides in the relative salience of certain facets of this complex scene. In (9a), the morpheme *to* specifically designates the path followed by the walrus, thereby rendering this aspect of the conceptualization more prominent than it would otherwise be, as indicated in Figure 6(a). In (9b), on the other hand, *to* is absent, but the juxtaposition of two unmarked nominals (Joyce and a walrus) after the verb symbolizes a possessive relationship between the first nominal and the second.

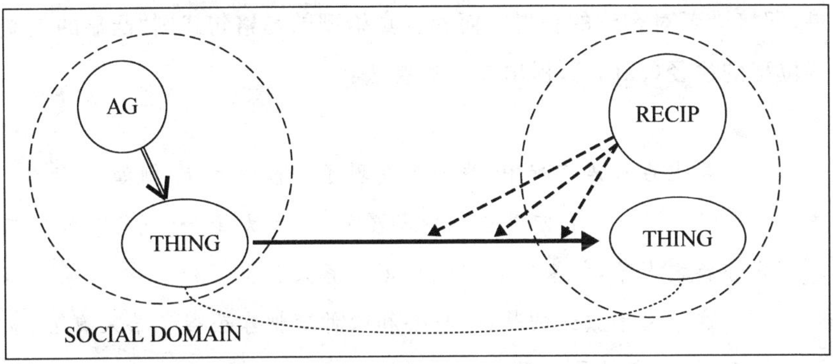


图 3.4　给予类动词的认知基体

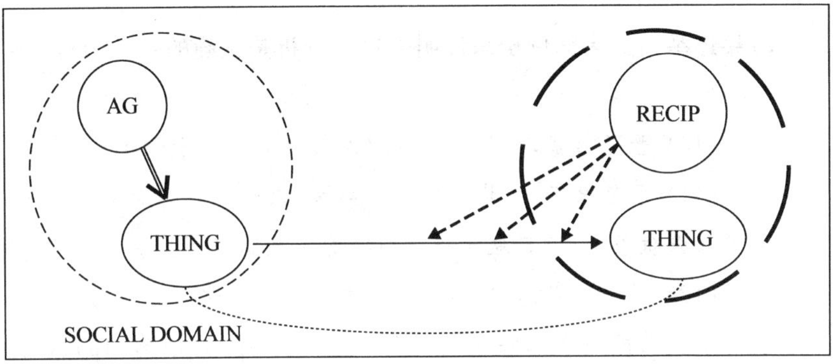


图 3.5　给予类动词的认知基体

Goldberg(1995:3)对于现代英语的双宾语结构(即下文中的 Ditransitive)和介宾补语式(即下文中的 Caused Motion)所存在的意义的不同也有所讨论:

| | | |
|---|---|---|
| Ditransitive | X CAUSES Y TO RECEIVE Z | Subj V Obj $Obj_2$ |
| Caused Motion | X CAUSES Y TO MOVE Z | Sub V Obj Obl |

上述的分析提示我们句式在语法分析中除了是独立于词汇语义规则之外的语法事实,它也和词一样,具有独立的语义。循着同一个思路,上古汉语的双宾语结构(即本书中的次要宾语型的与格句式)和介宾补语式(即本书中的间接宾语型的与格句式)自然也存在着意义上的不同。时兵(2007)就严格地按照 Langacker(1991a)根据现代英语语料所得出的区别,即次要宾语型的与格句式"凸显的是给予事件的结

果，即接受者对客体的获得”，而间接宾语型的与格句式则“凸显的是受事位移的途径（path）”，提出以下的看法：

> 在上古汉语文献中，我们也发现了类似的差异，例如：
>
> (9) 桓公与管仲属孝公于宋襄公，以为太子……宋以桓公与管仲属之太子，故来征之。（《史记·齐太公世家》）
>
> 这段文字叙述的是：齐桓公和管仲曾把孝公嘱托给宋襄公，立为太子（后来易牙与竖）……

时兵还举出更多的例子来证明上述的分析是正确的：

> (10) 晋降彭城，而归诸宋。（《左传·襄公二十六年》）
>
> (11) 平公三年，楚共王拔宋之彭城，以封宋左师鱼石。四年，诸侯共诛鱼石，而归彭城于宋。（《史记·宋微子世家》）
>
> (12) 晋诛鱼石，归我彭城。（《史记·十二诸侯年表》）
>
> 以上三段文字所描述的是同一历史事件，其中例(10)、(11)“归诸宋”、“归彭城于宋”强调的是“把彭城归还给宋”；例(12)“归我彭城”凸显的是“宋对彭城的重新获得”。

这个分析的最大问题并不在结论的部分，而在于取得结论的分析手段。除了以例子来重申双宾语结构体现了对客体的拥有，而介宾补语式则体现了给予的过程外，作者并未建立起可操作的分析办法以提取出两种不同的与格句式的意义。此外，还须指出的是，时兵(2007)虽然也认识到了“赐”和“献”在上古汉语中有不同的句法分布，但是在建立不同与格句式意义上的分别时，却未能考虑这个语言事实，而其基本的思路还是假定上古汉语如同现代英语一样，其动词能自由地参与与格交替。这其实是不完全准确的，我们接下来会说明这个问题。

回到不同与格句式的意义的讨论，上述不同学者的看法其实有一个共同点，就是认为介宾补语式和双宾语结构的句式意义截然不同。

这种看法被 Rappaport Hovav & Levin(2008)称为“统一多元意义的进路”(uniform multiple meaning approach),其特点如下表所示:

表 3.2

| | 介宾补语式(*to* variant) | 双宾语结构(Double Object Variant) |
|---|---|---|
| “给”类动词 | 使移至 | 使领有 |
| “寄”类动词 | 使移至 | 使领有 |
| “扔”类动词 | 使移至 | 使领有 |

较晚研究与格交替现象的是 Rappaport Hovav & Levin(2008)。他们由词汇语义学立场出发,提出现代英语里的不同与格句式的意义并非如上述所说的那么截然二分。他们指出当动词为“给”(GIVE)类时,双宾语结构和介宾补语式都对应于“使领有”的事件类,而当动词为“扔”(THROW)类和“寄”(SEND)类时,介宾补语式则对应于“使领有”和“使移至”两种事件类,而双宾语结构仅对应于“使领有”事件类。我们可用下表清楚地阐述他们的观点:

表 3.3

| | 介宾补语式(*to* variant) | 双宾语结构(Double Object Variant) |
|---|---|---|
| “给”类动词 | 使领有 | 使领有 |
| “寄”类动词 | 使移至或使领有 | 使领有 |
| “扔”类动词 | 使移至或使领有 | 使领有 |

Rappaport Hovav & Levin(2008)把这一看法称为“对动词敏感的进路”(verb-sensitive approach)。和 Pinker(1989)、Langacker(1991a)、Goldberg(1995)等主流意见不同的是,作者注意到进入含 to 介宾补语式的“给”(GIVE)类动词的语义结构并不含“位移路径”成分,证据是这种与格式不能像“扔”(THROW)类和“寄”(SEND)类那样用处所疑问词 where 来提问,而 to 也不能换为其他处所介词等。这个观点的最大特点就在于认为在现代英语中,当动词是“给(GIVE)”类时,与它搭配的双宾语结构和介宾补语式都表达了“使领有”的事件类。这和过去认为介宾补语式仅和“使移至”的事件类对应,而不和“使领有”

的事件类对应，显然是有差别的。我们只要把表 3.3 和表 3.2 加以对照，就能明白这个新看法和原有的看法的差异。很显然，Rappaport Hovav & Levin(2008)的重要性就在于除了注意到句式具有意义的事实外，还进一步把焦点放在动词和句式之间的互动上，并提出动词的意义对于它自身的句法表现有着决定性的作用。表面上看，这似乎又回归到以动词为中心的传统路子，但是若仔细观察，则能发现他们的观点吸收了认知语言学，尤其是构式语法对于句式意义的研究成果，这不论是对以动词为中心，抑或是以句式为中心的句法分析模式都是一种提升和深化。在这个基础上，Rappaport Hovav & Levin(2008)还进一步考察了现代英语之外的其他一些语言里的与格交替，并就事件类和语法框架的对应关系提出以下类型(未列入混合的类型如希伯来语)：

1. 一个语法框架仅表“使领有”，另一个兼表“使领有”和“使移至”；如英语：前者为双宾语结构，后者为介宾补语式；

2. 一个语法框架仅表“使领有”，另一个仅表“使移至”；如俄语：前者为含与格标记的格式，后者为含向格介词的格式；

3. 单个语法框架既表“使领有”，也表“使移至”；未见此类语言；

4. 类型 1 的“镜像”：一个语法框架仅表“使移至”，另一个兼表“使领有”和“使移至”；未见此类语言。

我们可参考俄语里的情形(Rappaport Hovav & Levin 2008)以进一步说明类型 2 的特点：

[58] Ja poslal direktoru knigu

I. NOM sent principal. DAT book. ACC

I sent the principal a book.(我送校长一本书)

[59] Ja poslal učenikov k direktoru

I. NOM sent students. ACC to principal. DAT

I sent the children to the principal.(我把孩子送到校长那里)

根据他们的分析，在俄语里，由于接受者和空间终点有不同的句法标记方式，因此当动词是“寄”类，而它又出现在不同的句式中，就对应于不同的事件类：例[58]对应于“使领有”的事件类，而例[59]则对应于“使移至”的事件类。值得注意的是在这两个例子里，principal(校长)虽然都带了与格标记，但是当表空间终点时，这个带了与格标记的名词则充当了向格介词(allative preposition)的宾语。我们可用下表清楚地阐述这个特点：

表　3.4

| | 介宾补语式(*to* variant) | 双宾语结构(Double Object Variant) |
|---|---|---|
| “给”类动词 | —— | 使领有 |
| “寄”类动词 | 使移至 | 使领有 |
| “扔”类动词 | 使移至 | 使领有 |

这和现代英语里的情形是不同的。试看下面两个例子：

[60] Throw the ball to third base.

[61] Throw a ball to my brother.

这两个例子的句法形式一样，前者对应于“使移至”的事件类，而后者则对应于“使领有”的事件类。可见，在现代英语里，同一个句法形式可承载两种不同的事件类，而反观俄语，两个句法形式分别对应于不同的事件类。正因为俄语的这个特点，因此当动词是“给”类时，它在词汇语义上所具有的“使领有”的特点就促使它不能和表“使移至”的事件类对应：

[62] *Ja　dal　knigu　k　Borisu

I. NOM gave book. ACC to Boris. DAT

I gave a book to Boris. (我送一本书给波利斯)

这个例句在俄语里不合法，说明了俄语的“给”类动词仅和“使领有”的事件类对应。

在上述的基础上，尤其是考虑到 Rappaport Hovav & Levin (2008)的最新研究成果，我们发现很难直接遵循传统的路子来继续讨论上古汉语不同与格句式的意义。原因在于这个路子强调了一个句式和“使领有”的事件相关，而另外一个句式则和“使移至”的事件相关，尽管这和我们所承认的句式有意义的理论假说相一致，但是由于 Rappaport Hovav & Levin(2008)已证明当给予动词或给予类动词进入不同与格句式时都只能和“使领有”事件相对应，即意味着不同的与格句式和给予动词或给予类动词搭配时只能有一种意义(即对应“使领有”事件类)，这就与我们的观点产生了冲突。由于我们接受认知语法和构式语法的理论假说，承认不同的句式必须有不同的意义，因此要在现有的研究成果的影响下去发掘不同与格句式的不同意义确实是个颇具难度的挑战。

本章尝试解决上述问题，首先得明确上古汉语中究竟是否有与格交替的现象。如果有，又牵涉到哪些动词。此外，我们还必须讨论另外一个相关的问题，即是上古汉语的介宾补语式(即本书中的“V＋直接宾语＋于＋间接宾语”)在和事件类的对应上，究竟是属于现代英语型的，还是俄语型的。这看似是两个不相关的问题，但实际上却密切关联：如果考察的结果发现许多给予类动词虽能进入双宾语结构，而无法进入介宾补语式(换言之，即不参与与格交替现象)，那么我们或许就能指出上古汉语的介宾补语式无法有效地和“使领有”的事件类对应；而如果我们再发现上古汉语的介宾补语式只能和“使移至”的事件类对应，那就补充了上述的观点。在这个基础上，我们就能比较有把握地回答上古汉语不同与格句式究竟具有怎样的不同的意义。

目前的问题是我们该如何进行这项工作。由于 Rappaport Hovav & Levin(2008)重点考察了三类动词，即“给”(GIVE)类、“寄”(SEND)类和“扔”(THROW)类，因此下边的讨论将着重在上古汉语的这三类动词的讨论上。此外，如果仔细观察 Malchukov, Haspelmath & Comrie(2007)所提出的双及物结构的概念空间，就不难发现这三类动词恰好占据的三个节点都构成一片不断链的连续区域，因此我们将结合语义地图模型讨论这三类动词在上古汉语中和不同与格句式的搭配关系，进而回答上古汉语不同与格句式是否具有不同意义，以及这些不同的意义是什么。

### 3.3.2 不同动词和与格句式的搭配关系

Croft, Barddal, Hollmann, Nielsen, Sotirova & Taoka(2001)曾提出以下的蕴涵性命题来说明动词和双宾语结构(即本书中的次要宾语型的与格句式)的关系:

GIVE < SEND < THROW
给 < 寄 < 扔

根据上述命题,假如一种语言表“寄”概念的动词进入双宾语结构,那么,表“给”概念的动词也进入双宾语结构;而假如一种语言表“扔”概念的动词进入双宾语结构,那么,表“寄”和表“给”概念的动词也进入双宾语结构。根据所示,“扔”和“给”之间有“寄”作为中介,因此根据“语义地图连续性假说”(Semantic Map Connectivity Hypothesis),如果表“扔”和“给”概念的动词都进入同一个句式,则表“寄”概念的动词必然也是如此。上古汉语中表达上述三个概念的动词都能进入双宾语结构:

“给”类动词

[63] 与之块。(《左传·僖公二十三年》)

[64] 神赐之土田。(《左传·庄公三十二年》)

“寄”类动词

[65] 齐人输范氏粟。(《左传·哀公二年》)

[66] 晋饥,秦输之粟。(《左传·僖公十五年》)

“扔”类动词

[67] 投之一骨,轻起相牙者。(《战国策·秦策三》)

双及物结构的概念空间除了强调双宾语结构能构成一个连续的区域外,还说明了其他的双及物结构如介宾补语式等也能在同样的概念空间中构成一个连续区域。这个观点清楚地体现在下列摘录自 Malchukov, Haspelmath & Comrie(2007)的图中：

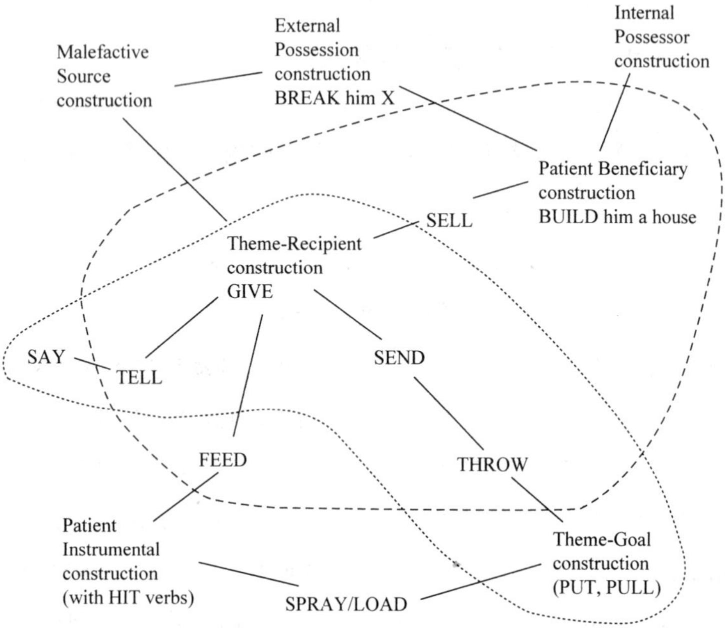


Figure 14. A semantic map of ditransitive constructions
The lines indicate an approximate range of verbs participating in the English Double Object Construction and *to*-NP Construction; their intersection delimits verb types participating in a dative alternation; DOC - - - -, *to*-NP ··········

图 3.6　现代英语不同的双及物结构的语义地图

根据上图，现代英语的双宾语结构和介宾补语式都分别在同一个概念空间上构成不同的连续区域。根据上边的讨论，体现双宾语结构的例[63]至[67]确实能在上述的概念空间中构成一个连续区域：

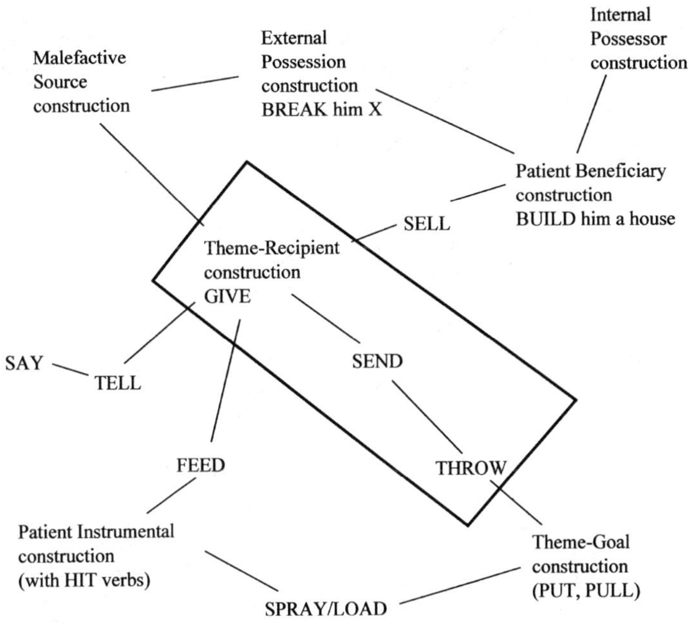


图 3.7　上古汉语次要宾语型双宾语结构的语义地图

循着这个思路，上古汉语的介宾补语式能否也在上述的概念空间中构成一个连续区域就成了个值得讨论的问题。

表面上看来，上古汉语的介宾补语式似乎能根据下列的例子而在双及物结构的概念空间上构成一个连续区域：

[68] 取货于宣伯。(《左传·成公十六年》)

[69] 楚人献鼋于郑灵公。(《左传·宣公四年》)

[70] 秦于是乎输粟于晋。(《左传·僖公十三年》)

[71] 投其首于宁风之棘上。(《左传·昭公五年》)

[72] 寘姜氏于城颍。(《左传·隐公元年》)

将上述例子按顺序勾勒在双及物的概念空间上，可得出下列的语义地图：

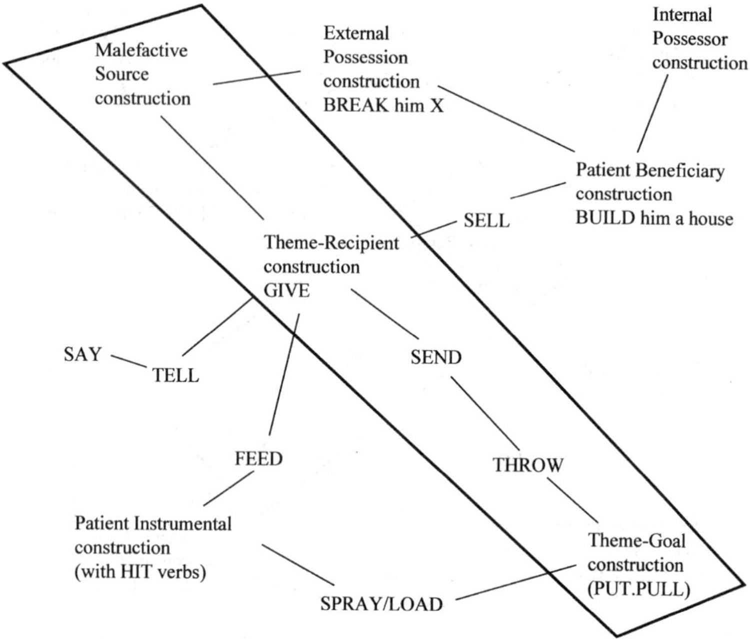


图 3.8　上古汉语介宾补语式的语义地图

虽然如此，但只要我们稍微把这批例子和现代英语的介宾补语式的例子加以比照，就不难发现上述的结论会面对一定的困难。首先，属于“给”类的给予动词“与”并不能进入介宾补语式，不仅如此，一批给予类动词如“赐”等也无法进入上古汉语的介宾补语式。① 其次，更明显的差别还在于现代英语的介宾补语式中的介词 to 所引入的宾语都可以是有生的人，如：

[73] He gave a book to John.

[74] He send a book to John.

[75] He threw a ball to John.

[76] He pulled the chair to John.

而上古汉语的介宾补语式中的介词“于”的宾语却会因动词类型的

① 原因将在本章较后的内容中讨论。

不同而有所不同:属于“给”类的“献”和“夺”类的“取”是有生的人,而其他的“寄”类、“扔”类和“放”类动词则绝不能是有生的人。这不能不让我们重新思考例[68]至[72]的例子是否都属于同一类的例子。如果不属于同一类,那么我们就无法依据上述的例子在概念空间上勾勒出连续的区域。

要回答这个问题,我们得回顾 Rappaport Hovav & Levin(2008)的看法。他们指出在现代英语中,当动词为“给(GIVE)”类时,双宾语结构和介宾补语式都对应于“使领有”的事件类,而当动词为“扔(THROW)、寄(SEND)”类时,介宾补语式则对应于“使领有”和“使移至”两种事件类,而双宾语结构仅对应于“使领有”事件类。我们可用下表清楚地阐述他们的观点:

表　3.5

| | 介宾补语式(*to* variant) | 双宾语结构(Double Object Variant) |
|---|---|---|
| “给”类动词 | 使领有 | 使领有 |
| “寄”类动词 | 使移至或使领有 | 使领有 |
| “扔”类动词 | 使移至或使领有 | 使领有 |

现代俄语的情形和现代英语的不完全相同,即:

表　3.6

| | 介宾补语式(*to* variant) | 双宾语结构(Double Object Variant) |
|---|---|---|
| “给”类动词 | —— | 使领有 |
| “寄”类动词 | 使移至 | 使领有 |
| “扔”类动词 | 使移至 | 使领有 |

按 Rappaport Hovav & Levin(2008)的观点,我们认为在分析上古汉语的介宾补语式时,就必须把表“使领有”事件类的介宾补语式和表“使移至”事件类的介宾补语式给区别开来。这样就能对上边提出的观察做出初步的解释:当“给”类动词进入介宾补语式时,由于这个句式仅和表“使领有”的事件类对应,因此介词“于”的宾语可以是个有生的人;而当非“给”类的“扔、寄”类等动词进入介宾补语式时,由于所对应

的是“使移至”的事件类，因此介词“于”的宾语就不能是个有生的人。上述解释可借助语义地图模型加以体现：

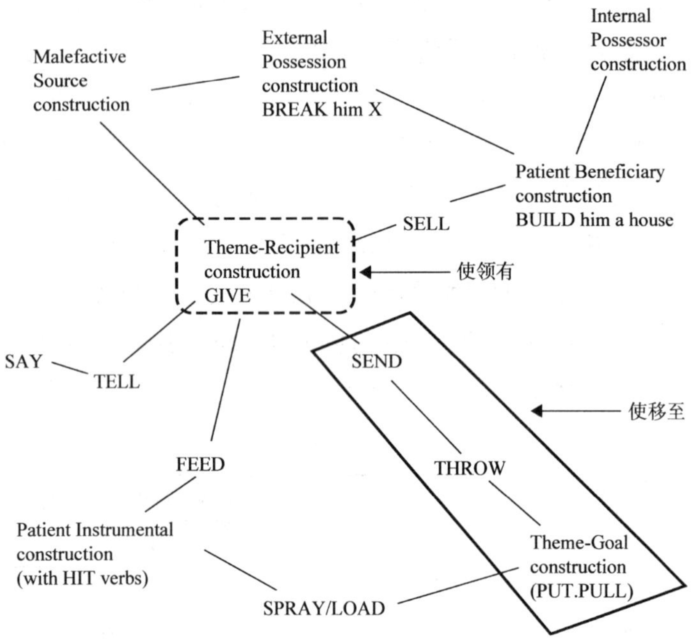


图 3.9　上古汉语介宾补语式的语义地图

就图 3.9，我们可进一步推测上古汉语的介宾补语式是由表“使移至”的事件类通过认知隐喻的方式(conceptual metaphor)发展出表“使领有”的事件类(参看本书第二章)。这个推测可获得以下的事实证实：第一，“于”原本是个表“往”义的位移动词(龚煌城 2002：25)；第二，表“往”义的位移动词由于出现在“动词/动宾＋于＋处所名词”的结构中而虚化成一个引入终点处所的介词(郭锡良 1997)；第三，在 Haspelmath(2003)所提出的和与格相关的概念空间(见图 3.10)中，终点处所(direction)和接受者(recipient)两个语义概念相毗邻。把上述三点加以整合，我们认为上古汉语的介宾补语式中的“于”的功能曾经历过如下的历时变化：

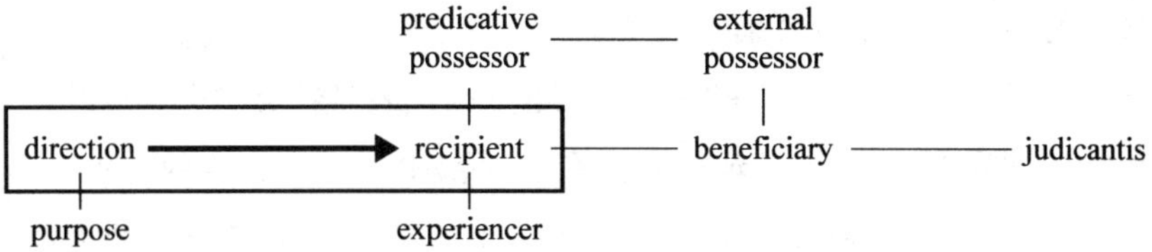


图 3.10　介宾补语式中的“于”的历时变化

换言之，上古汉语的介宾补语式由表“使移至”（“于”引入终点处所）发展为表“使领有”（“于”引入接受者）是一种语法化的表现。现代英语的介宾补语式也应经历过类似的历时变化，但是如果我们把上古汉语的介宾补语式和现代英语的加以比照，却不难发现现代英语的介宾补语式在对应两类不同的事件时在某些动词上有重叠，显示了语法化过程的中间过渡状态：

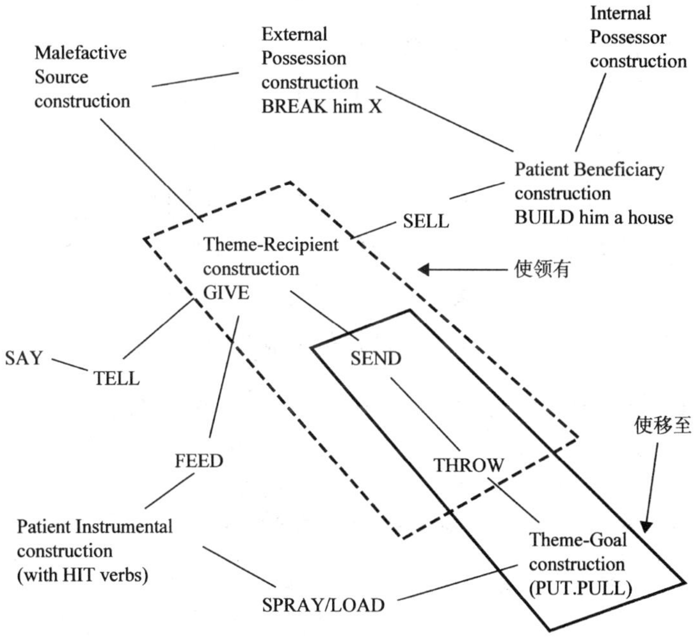


图 3.11　现代英语的表“使领有”介宾补语式（虚线）
和表“使移至”介宾补语式（实线）的语义地图

反观上古汉语的介宾补语式（见图 3.9），它在对应两类不同的事件上显示了一种截然二分的情形。有鉴于此，我们认为有必要对上古汉语的语言材料进行更细致的考察。

考察将以“献”、“输”和“投”这三个分别代表“给”类、“寄”类和“扔”类的动词为中心，目的是观察它们在《左传》中的介词宾语的特点。当“献”进入介宾补语式时，由“于”所引入的宾语大体上可分为两大类。第一类以下例为代表：

[77] 尝献马于季孙。(《左传·哀公六年》)

由于例子中的介词宾语“季孙”是个人名，因此把它分析为接受者，大致是没有问题的。属于这个类型的其他例子还有：

[78] 献一佩一裘于昭王。(《左传·定公三年》)

[79] 固请而献佩于子常。(《左传·定公三年》)

[80] 献杨楯六十于简子。(《左传·定公六年》)

[81] 献楚俘于王。(《左传·僖公二十八年》)

[82] 献兆于定姜。(《左传·襄公十年》)

[83] 献车于季武子。(《左传·襄公二十八年》)

[84] 楚人献鼋于郑灵公。(《左传·宣公四年》)

[85] 公若献弓于公为。(《左传·昭公二十五年》)

[86] 使献龙辅于齐侯。(《左传·昭公二十九年》)

[87] 谷阳竖献饮于子反。(《左传·成公十六年》)

以下这个例子中的“诸”一般都分析为“之于”，因此和上述的例子属于同一类：

[88] 宋人或得玉，献诸子罕，子罕弗受。(《左传·襄公十五年》)

以下的两个例子也可视为“于”的省略：

[89] 三月献狄俘晋侯。(《左传·宣公十六年》)

[90] 窃马而献之子常。(《左传·定公三年》)

第二类可以下例为代表：

[91] 献狄俘于周。(《左传·宣公十五年》)

这个例子中的介词宾语“周”是个国名，属于这类的其他例子还有：

[92] 晋侯使巩朔献齐捷于周。(《左传·成公二年》)

[93] 晋侯使郄至献楚捷于周。(《左传·成公十六年》)

[94] 大子蒯聩献盂于齐。(《左传·定公十四年》)

[95] 郑子产献捷于晋。(《左传·襄公二十五年》)

以上出现在“于”后面的名词都是国名。由于“诸”在语义上能分析为“之于”，因此下面两个例子和上述的例子都属同一类：

[96] 因郧公锺仪，献诸晋。(《左传·成公七年》)

[97] 郑人因而献诸楚。(《左传·宣公十五年》)

上述这七个例子虽都是命名性处所词(参看储泽祥 1997)，但按照 Rappaport Hovav & Levin(2008)的分析，“给”类动词进入介宾补语式时仅对应于“使领有”的事件类，因此把充当“于”的宾语的国名分析为接受者，大致上是没有问题的。更何况根据认知语言学的分析，国家和人具有一种转喻(metonymy)的关系，因此确实能把国家理解为一种广义的接受者。最后，再看以下这个例子：

[98] 献俘于文宫。(《左传·昭公十七年》)

“文宫”是个表示单位机构的体词，也属于命名性处所词，虽可分析为“献”这个动作进行的处所，但是有的分析也把“文宫”分析为接受者。赵大明(2007:70)就指出：

> 同前两类一样，“于”所引进的表示对象的词语，既有代表人物的名词，如“王、公、卿、齐侯、子常、大尹、吏”等；又有代表国家、处所的广义对象，如“蔡、卫、我(鲁国)、周、吴、秦、会(盟会)、文宫”等。这些由处所词代表的广义对象恰好证明了处所和对象之间相互联系、相互转化的关系。因而确定它们所属的类别不能仅仅孤立地看所引进的词语的意义类，而且还要依靠它们在具体语言环境里与动作行为和其他成分之间的语义关系，以及所修饰动词的

> 意义类型来归类。如……“献俘于文宫”，如果孤立地看，“文宫”是处所词，可以把它看成是“献俘”的处所；但是从全句的语义关系和动词“献”的语义类型看，因为施事主语“韩宣子”梦到“晋文公”，才在文公庙献俘，因此“文宫”不仅表示献俘的场所，而且兼指献俘的对象——文公。

以上是属“给”类动词的“献”在《左传》中所带的介词宾语的情形。[①] 下面我们将考察处于“给＜寄＜扔”序列的另一端的“扔”类动词的情形。这个动词是“投”，而根据前边的介绍，当这个动词进入介宾补语式时，“于”的宾语绝对不能是有生的人，也不能是国名，而只能是表示空间处所的名词或名词词组。例如：

[99] 投其璧于河。(《左传·僖公二十四年》)

[100] 投其首于宁风之棘上。(《左传·昭公五年》)

[101] 投诸四裔。(《左传·文公八年》)

[102] 及师至，则投诸外。(《左传·昭公十九年》)

这很清楚地显示当“扔”类动词进入上古汉语的介宾补语式时，仅能对应于“使移至”的事件类。上边的讨论主要是落在“给”类和“扔”类动词，下边我们来看一看“寄”类动词的句法表现，代表这类动词的是“输”。首先，我们发现这个动词能进入双宾语结构：

[103] 齐人输范氏粟。(《左传·哀公二年》)

[104] 晋饥，秦输之粟。(《左传·僖公十五年》)

此外，“输”也能进入介宾补语式：

[105] 秦于是乎输粟于晋。(《左传·僖公十三年》)

---

① “于”后也能出现地名和其他名词，例子有三：
1. 陈无宇献莱宗器于襄宫。(《左传·襄公六年》)
2. 我先君文公献功于衡雍。(《左传·襄公八年》)
3. 郑伯献捷于会。(《左传·襄公八年》)
按邵永海(1990)的说法，这类表示动作所在的处所可剔除在双及物结构的讨论之外。

[106] 昔陪臣书能输力于王室。(《左传·襄公二十一年》)

由于例[105]中的“晋”是个国名,显然不是个典型的接受者,所以就这批例子而言,究竟应把它分析为和表“使移至”事件类相对应,还是表“使领有”事件类相对应,这确实是个难题。由于“输”的例子不多,这里再引入另一个“寄”类动词进行考察。这个动词是“送”;和“输”不一样的是,它无法出现在双宾语结构中,而仅出现在介宾补语式中:

[107] 荀伯尽送其帑及其器用财贿于秦。(《左传·文公七年》)

[108] 秦康公送公子雍于晋。(《左传·文公七年》)

[109] 秦伯送卫于晋三千人。(《左传·僖公二十四年》)

[110] 乃送诸秦。(《左传·僖公二十三年》)

上述四个例子中的介词“于”的宾语都是国名,这和“输”的情形完全一致。此外,下边的例子说明“于”的宾语可以是地名:

[111] 晋侯送女于邢丘。(《左传·昭公五年》)

[112] 齐侯送姜氏于讙。(《左传·桓公三年》)

由此可知,当“寄”类进入上古汉语的介宾补语式时,这个句式确实能和表“使移至”的事件类相对应。现在的问题是该如何分析例[105]至[110]。由于当这两个“寄”类动词进入介宾补语式时,“于”的宾语绝不可能是有生的人,而一旦和现代英语的情形相比较,其实就很清楚地说明了“寄”类的介宾补语式不对应于表“使领有”的事件类。虽然如此,我们认为情形并非如此清楚,因为在上古汉语中,国名确实具有被分析为接受者的可能性。正如例[104]中,“之”指的是“晋”,即国,而按 Rappaport Hovav & Levin(2008)的分析,双宾语结构对应于“使领有”的事件类,因此很显然地,国名在上古汉语中虽是个命名性处所词,但是却也可以被分析为接受者。有鉴于此,我们认为当动词属“寄”类时,上古汉语的介宾补语式所对应的也能是“使领有”的事件类,但必须指出的是,这是个很不典型的“使领有”的事件类,因为我们没找到任何例子显示表有生的人(即典型的接受者)的名词可充当“于”的宾语。

把上述的讨论再加以总结，得到下表：

表 3.7

| | 介宾补语式 | 双宾语结构 |
|---|---|---|
| 与（“给”类） | 使领有 | 使领有 |
| 输、送（“寄”类） | 使移至或使领有 | 使领有 |
| 投（“扔”类） | 使移至 | —— |

把这个结论体现在双及物结构的概念空间上便会得到下列的语义地图：

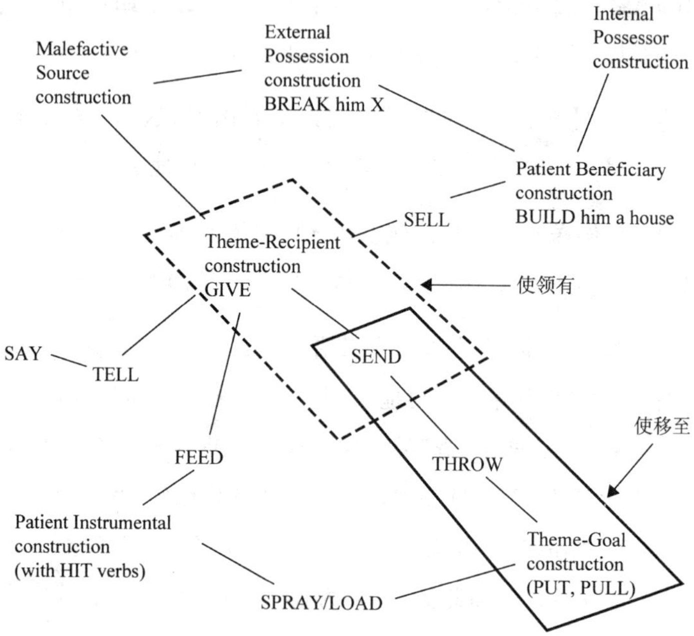


图 3.12 上古汉语的表“使领有”介宾补语式（虚线）和表“使移至”介宾补语式（实线）的语义地图

根据图 3.12，我们有理由怀疑介宾补语式中的“于”能引入国名是促使这个句式由表“使移至”的事件类发展为表“使领有”的事件类的枢纽。下边我们把“于”所引入的介词宾语的特点按不同类型的动词加以排列，就不难发现这个现象：

表　3.8

| | 人名 | 国名 | 其他名词 |
|---|---|---|---|
| 与("给"类) | + | + | — |
| 输、送("寄"类) | — | + | + |
| 投("扔"类) | — | — | + |

从共时的角度着眼，我们发现能进入上古汉语的介宾补语式的"给"类动词"多表示自下而上的进献"（邵永海 1990），而如果我们假定国名能充当"于"的宾语是介宾补语式由表"使移至"的事件类发展为表"使领有"的事件类的枢纽，那么和国家具有转喻关系的必定就是能代表国家的君王，而不是一般的人们，因此这也就说明了为什么在《左传》等上古汉语的传世文献中，介宾补语式虽能对应于表"使领有"的事件类，但是在动词的使用上却有一定的限制。

### 3.3.3　上古汉语的与格交替现象以及不同与格句式的意义

前面我们讨论了上古汉语双宾语结构和介宾补语式，而一般涉及这两种与格句式的探讨，一定也会连带讨论它们之间的转换关系，也即是所谓的与格交替现象。上文中，图 3.6 就说明了这个论点，在勾勒了现代英语的双宾语结构和介宾补语式的语义地图之后，Malchukov, Haspelmath & Comrie(2007)指出两张语义地图的重叠之处就体现了与格交替现象。以上古汉语来说，双宾语结构和介宾补语式的语义地图虽然有重叠（见图 3.13），但是却不必然在重叠之处体现与格交替现象，如图 3.13 所示：

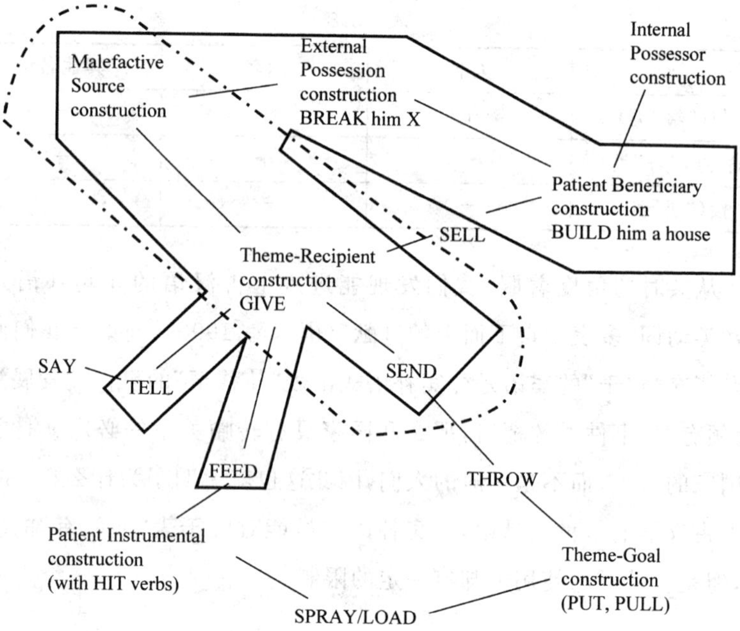


图 3.13　上古汉语的双宾语结构(实线)①
和介宾补语式(虚线)的语义地图

关于上古汉语的与格句式或双及物结构的研究成果很丰硕(参看贝罗贝 1986;邵永海 1990;刘宋川 1998,2001;时兵 2007;潘秋平 2009a,2010),但是在这些研究中,上古汉语是否存在与格交替现象的问题一直未获得应有的重视。追溯其中的原因,就在于许多的研究都假定了上古汉语"给"类动词能毫无困难地进入所有的双及物结构中(贝罗贝 1986,1998)。按照这个思路,上古汉语的"给"类动词就和现代英语的相关动词一样,能自由地进入双宾语结构和介宾补语式中,因此也必能参与与格交替。实际上,如果仔细考察上古汉语的情形,则发现事实并非如此。魏培泉(1993)就指出,"给"类动词(即他的文章中的 $V_3$)在先秦汉语中使用"于"来引介接受者的实际使用率相当低:

第三类是表示"给与"或"示现"的动词,有这种语意的动词多

① 关于上古汉语双宾语结构的语义地图,请参见本书第四至第六章。

即所谓的双宾动词，是最典型的 $V_3$，“收受者”是其终点。这一类动词有的是可以以“于”词组来表达其终点的。如“施”、“馈”、“遗”、“授”、“纳”、“献”、“荐”、“班”、“赐”、“致”、“示”、“让”、“分”……等。可是表示“给与”的动词既有“荐”、“纳”、“分”、“致”等通常得用“于”词组的动词，也有少用“于”词组表终点的动词，……。此外，同样是表示“给与”的动词，如最常用的“与(予)”或用例较少的“畀”“给”“赏”等则未见用“于”词组表终点的。“与”通常只有“V·IO·DO”……。所以事实上表示“给与”的动词利用“于”词组来表达终点的实际用率相当低。[①]

而邵永海(1990:560—561)很早也已观察到下列这个存在于《左传》中的语言事实：

其次讨论《左传》中双宾语结构跟於/于字结构的关系……

乙类为进献义动词，包括“献、进、荐、贡、致、委、效、传、纳(内)、奏、言、属”等。这类动词进入於/于字结构，构成“$V_{进献}$ $N_S$ 於/于 $N_R$”，表示通过 $V_{进献}$ 的作用使某项事物或信息 $N_S$ 达至 $N_R$。$N_R$ 一般为表人或诸侯国名、宗庙等的名词。……

乙类动词在《左传》中不能进入双宾语结构，同时，根据我们的观察，进入双宾语结构的动词一般不出现在於/于字结构中……。双宾语结构和於/于字结构同样表示事物或信息的传递关系，而能够进入这两种结构的表传递关系的动词却表现出互补的状态……

可见，上古汉语的“给”类动词虽然在图 3.13 中有重叠，但是否具有与格交替现象确实是个很大的疑问。这是就语言事实的层面说的。

再从理论的角度入手，在以往，人们总是以现代英语为句法分析的

---

① 关于“赐”，我们对于它的句法表现和魏培泉的看法有些不同，详见潘秋平(2009a，2009b)。

参照对象，因此与格交替现象既然存在于现代英语中的“给”类动词上，必然也普遍存在于其他的语言的“给”类动词上。Rappaport Hovav & Levin(2008)就指出情形并非如此，因为跨语言的证据显示，许多语言都无法在搭配“给”类动词时呈现出与格交替的现象，而现代英语具有与格交替现象其实是相当特殊的。根据他们的分析，如果一个语言严格地区分处所终点和接受者的标记，那么与格交替的现象一般都仅出现在“寄”类和“扔”类动词上，就如现代俄语和现代德语一样。这是因为“给”类动词，不论是出现在双宾语结构还是介宾补语式中，都仅能对应于“使领有”的事件类，而“寄”类和“扔”类动词却能对应于“使领有”和“使移至”的事件类。正如我们上文所述，在这个基础上，Rappaport Hovav & Levin(2008)进一步考察了现代英语之外的其他一些语言里的与格交替现象，并就事件类和语法框架的对应关系构建了类型学框架(未列入混合的类型如希伯来语)。我们完全能把上古汉语的介宾补语式放在这个框架下进行考察。根据前一节的讨论，上古汉语的介宾补语式和双宾语结构所对应的事件类如图 3.7 所示。

表面上看，上古汉语的不同双及物结构的语义结构和现代英语的十分相近，如表 3.9 所示：(比较表 3.7、3.8 和 3.6)：

表 3.9

| | 介宾补语式 | 双宾语结构 |
|---|---|---|
| “给”类动词 | 使领有 | 使领有 |
| “寄”类动词 | 使移至或使领有 | 使领有 |
| “扔”类动词 | 使移至或使领有 | 使领有 |

但是考虑到上古汉语的“寄”类动词和介宾补语式相互搭配时，“于”的宾语无法是有生的人，可见当这类动词进入介宾补语式时，所对应的并非严格意义的“使领有”的事件类。再考虑到并不是所有的“给”类动词都像现代英语的一样，能自由地进入上古汉语的介宾补语式和双宾语结构，因此下表能更准确地表现上古汉语的不同双及物结构的语义结构：

表　3.10

| | 介宾补语式 | 双宾语结构 |
|---|---|---|
| 与、赐（“给”类） | —— | 使领有 |
| 献（“给”类） | 使领有 | —— |
| 输、送（“寄”类） | 使移至（或使领有？[1]） | 使领有 |
| 投（“扔”类） | 使移至 | —— |

如果我们把表 3.10 和现代俄语（见表 3.11）里的情形加以比较，可发现上古汉语的介宾补语式在和不同的事件类的对应上，既不像现代英语那么地自由，也不像现代俄语那么地受限：

表　3.11

| | 含向格介词的格式 | 含与格标记句式 |
|---|---|---|
| “给”类动词 | —— | 使领有 |
| “寄”类动词 | 使移至 | 使领有 |
| “扔”类动词 | 使移至 | 使领有 |

把上古汉语不同类型的动词和不同的双及物结构之间的关系放在这个背景下进行初步的考察，可发现上古汉语用以表达“使领有”事件的介宾补语式之所以产生的原因和现代英语的不同。根据 Rappaport Hovav & Levin（2008）的分析，现代英语的“给”类动词能毫无困难地出现在双宾语结构和介宾补语式中，而这两个不同的双及物结构又都对应于“使领有”的事件类，以致在“给”类动词上呈现出与格交替的现象，原因就在于信息结构（information structure）和重成分（heaviness）。反观上古汉语，表面上看，“给”类动词虽然也都能出现在双宾语结构和介宾补语式中，但仔细观察就发现，能出现在双宾语结构中的“给”类动词和能出现在介宾补语式中的“给”类动词之间存在着一种互补的关系。换言之，出现在双宾语结构中的“给”类动词不出现在介宾补语式中，而出现在介宾补语式中的“给”类动词不出现在双宾语结构

[1] 这里的问号表示对应的并非严格意义的“使领有”的事件类。

中。正因为"给"类动词和不同的双及物结构存在着上述的这种关系，我们认为上古汉语的"给"类动词绝不会呈现出与格交替的现象。一旦有了这个认识，我们就可以再进一步追问为什么有一部分的"给"类动词仅能进入表"使领有"的介宾补语式中，而无法进入同样表"使领有"的双宾语结构中。邵永海(1990)其实已为此做出了解释。他首先指出下列的语法事实：

> ……我们把进入双宾语结构的动词称为I组动词，把进入於/于字结构的动词称为II组动词，然后把两组动词排列出来加以比较，似乎可以看出这样一种倾向性：I组动词多表示自上而下的赐与，而II组动词则多表示自下而上的进献。

在这个实证的基础上，邵永海(1990)进一步推断：

> 双宾语结构的语义重心在行为动作本身，"$VN_RN_S$"着重强调的是V的性质，所以若强调$N_S$，则可转换成"以$N_SVN_R$"；於/于字结构强调的语义重心在行为动作涉及的对象上，"$VN_S$於/于$N_R$"着重强调的是$N_R$，於/于字对动作对象$N_R$起强调标记的作用。

这个解释的重点落在动词上，因此为解释同一个动词"告"何以出现在不同的双及物结构中，邵永海(1990)采取了分拆动词的办法：

> 《左传》中有少数动词可以同时进入双宾语结构和於/于字结构，包括"加、降、告，"其中比较典型的就是"告"。我们观察"告$N_S$於/于$N_R$"中$N_R$的情况，发现基本上都是表示天子、诸侯、国名或宗庙之类的名词，或者说，"告$N_S$於/于$N_R$"表示自上而下的关

系①;而"告 $N_R N_S$"则没有这样的限制,它一般表示对等的信息传递关系。……

由此,"告"字可以分为两个义项,"告$_1$"表自下而上的信息传递关系,意为"报告";"告$_2$"表一般的信息传递关系,意为"告诉"。

对于上述的语法现象,我们认为可从认知语言学的角度出发,承认句式在句法分析中具有独立的意义,并提出了立足于像似性原则(iconicity)的解释。

### 3.3.4 上古汉语与格句式分布的认知上的动因

我们之前已讨论过"赐"和"献"这两个给予类动词的句法分布,这里做个简单的回顾。它们都是[+给予]本义与格动词,须带一个接受者(recipient)和客体(theme)论元,因此一般而言,这两个动词的句法表现不应有差异,应都能毫无困难地出现在上古汉语的不同与格句式里,可是事实并不是如此。在《左传》中,"赐"共出现了 93 次,而其中的 44 次出现在次要宾语型的双宾语结构中:

[113] 公赐季友汶阳之田。(《左传·僖公元年》)

[114] 郑伯始朝于楚,楚子赐之金。(《左传·僖公十八年》)

[115] 晋侯有间,赐子产莒之二方鼎。(《左传·昭公七年》)

此外也有少量的例子出现在广义处置式中:

[116] 以其帑赐彭封弥子。(《左传·哀公二十五年》)

[117] 庄公通焉,骤如崔氏,以崔子之冠赐人。(《左传·襄公二十五年》)

但是,最值得注意的就是并没有任何一个例子出现在介宾补语式

---

① 原文似有误,"告 $N_S$於/于 $N_R$"应表示自下而上的关系。

(即间接宾语型的与格句式)中。[①] 反观"献"这个给予类动词,它在《左传》中共出现224次,其中只有两次是出现在双宾语结构中,但是两个宾语的语序却是直接宾语在前,间接宾语在后,和"赐"所出现的双宾语结构明显不同:

[118] 醉之,窃马而献之子常。(《左传·定公三年》)

[119] 三月,献狄俘晋侯。(《左传·宣公十六年》)

换言之,我们并没有在《左传》中发现"献"出现在次要宾语型的双宾语结构中。此外,最值得注意的是"献"也无法进入广义处置式,而仅能出现在双及物结构的介宾补语式中:

[120] 尝献马于季孙。(《左传·哀公六年》)

[121] 晋侯使巩朔献齐捷于周。(《左传·成公二年》)

[122] 蔡昭侯为两佩与两裘以如楚,献一佩一裘于昭王。(《左传·定公三年》)

这样的例子在《左传》中共有15个。考虑到例[118]和[119]一般都分析为介宾补语式的变式,是通过省略介词"于"而形成的(Xu & Peyraube 1997),因此将两者加以合并,"献"这个给予类动词总共有17次是出现在与格句式中的介词宾语式中,但就是没有一次出现在与格句式中的次要宾语型的双宾语结构中。《左传》中的这两个给予类动词所呈现出来的互补分布可见下表:

表 3.12

| | 赐 | 献 |
|---|---|---|
| 双宾语结构:V+PO+SO | 44 | 0 |
| 介宾补语式:V+DO+ 于+IO 或 V+DO+IO | 0 | 17 |

这种互补分布不仅见于《左传》,也见于战国末期的《韩非子》:

① 《左传》中虽有"赐盟于宋"这么一个例子,看似是介宾补语式,但这是一个孤例。此外,这个例子中的"宋"也可以理解为"赐"的处所。

[123] 哀公赐之桃与黍。(《韩非子·外储说左下》)

[124] 得璞玉而献之子罕。(《韩非子·喻老》)

由于上文已证明了上古汉语与格句式中的双宾语结构(次要宾语型)和介宾补语式(间接宾语型)都能和"使领有"事件类对应,且指出当动词属于给予类时,与格交替的现象其实并不出现,因此我们可以借助缺乏与格交替现象来说明上古汉语不同与格句式虽然都表达了"使领有"事件类,但它们之间仍具有不同的意义。须指出的是,这里所说的意义不是客观意义,而是本书自第一章开始就一直都在强调的主观意义。在这个基础上,我们认为上古汉语的与格句式中的双宾语结构(次要宾语型)和介宾补语式(间接宾语型)确实存在着意义上的不同,而这种不同不一定必须和英语中所存在的不同一致。我们还认为在探讨上古汉语不同的与格句式所存在的意义上的分别时,像似性原则(Iconicity principle)扮演着重要的角色。为此,不妨观察一下两种句式中动词和与事宾语之间的语言距离(linguistic distance)。

在双宾语结构里,与事宾语紧随着动词,中间没有其他的语法成分;而在介宾补语式中,与事宾语和动词之间总是隔着客体宾语以及与格介词"于"。因此前者所体现的语言距离明显短于后者,而我们认为这种语言距离反映的是动词和与事宾语之间的概念距离(conceptual distance)。具体而言,双宾语结构和介宾补语式在表现同一个客观的给予事件时,勾勒了这个给予事件的不同侧面:前者由于与事宾语紧随着动词,表现了与事宾语在给予事件中所受到的影响比出现在后者的与事宾语大。换言之,上古汉语双及物结构中的两种句式体现了与事角色"受影响性(affectedness)"的不同。根据这个假说,"赐"不能进入介宾补语式,而"献"不能进入双宾式,原因就在于给予动词的意义和句式的意义并不一致。虽然"赐"和"献"都表现为动作(过程)而非状态,且都是瞬间完成而不持续的,但就动作施事的效能而言,由于"赐"是上对下的封赏,"献"通常是下对上的供奉;上对下的封赏难以违抗而下对上的进献可被拒绝,故相较之下,"赐"的施事具备较高的效能,也就是说,进行"赐"这个动作的施事对与事的支配力较"献"者来得强。换言之，相对于“献”，“赐”所表现出的动作对与事产生较直接的影响，这里所提出的解释正好也说明了本章 3.2.3 节中所提出的句法层面上的制约条件。这个制约条件指出一个给予动词或给予类动词若要出现在次要宾语型的双宾语结构中，它的认知基体中的接受者的语义角色必须能在单及物结构中充当直接宾语：动词“赐”之所以能进入次要类型的双宾语结构，根本的原因就在于它的接受者可以在客体不出现的情况下直接充当直接宾语。反观“献”这个给予类动词，其接受者不论在什么情况下，即使是在客体这个语义角色不出现的情况之下，也只能充当间接宾语。

我们所提出的这个解释由于强调句式本身的意义，因此能避免分拆动词的局限性(参看 Goldberg 1995)，从而能解释何以同一个动词“告”进入不同的双及物结构会产生不同的意义。

### 3.3.5 从语用的角度看不同的与格句式:生命阶的制约条件

除了以上所述的认知动因之外，另外还有一个条件制约着次要宾语型的双宾语结构的句法分布，那就是生命阶的制约条件。这个制约条件说明了给予类事件中的客体若是有生的，并且在两个有生的参与者(即给予者和接受者)之间转移，这一类较特殊的给予类事件较少采用次要宾语型的双宾语结构。换言之，这类事件已偏离了次要宾语型的双宾语结构所编码的典型事件(即无生的客体在两个有生的参与者之间转移，且接受者受到很大影响)，因此和次要宾语型的双宾语结构之间的关系是高度标记的。考虑到这类事件和双宾语结构之间的高度标记关系，我们推测在上古汉语中不会找到太多类似的例子。从逻辑上而论，这个约束可以很轻易地从我们对给予类双宾语结构的认识中推导出来。为此，我们不妨回顾一些已知的关于双宾语结构的论点。以下的讨论范围将会限制在《左传》中。相宇剑(2003)对《左传》的双宾语结构进行了穷尽式的研究，他提供了以下十个例子做说明：

[125] 文王将死，与之璧。(《左传·僖公七年》)

[126] 赐二小人酒。(《左传·昭公二十八年》)

[127] 郑子皮授子产政。(《左传·襄公三十年》)

[128] 归夫人鱼轩。(《左传·闵公二年》)

[129] 许君焦瑕,朝济而夕设版焉。(《左传·僖公三十年》)

[130] 孤实不敬,天降之灾。(《左传·庄公十一年》)

[131] 巫臣自晋遗二子书。(《左传·成公七年》)

[132] 公在外野,往馈之马。(《左传·昭公二十五年》)

[133] 凡公子公孙之无禄者,私分之邑。(《左传·昭公十年》)

[134] 虢公请器,王予之爵。(《左传·庄公二十一年》)

这些例子大家都很熟悉,但如果我们将贝罗贝(Peyraube 1987)中的以下两例列入参考范围,即:

[135] 归孔子豚。(《论语·阳货》)

[136] 我欲中国而授孟子室。(《孟子·公孙丑下》)

就不难发现例[125]至[136]的句法结构可通过以下的形式来表示:

给予动词/给予类动词+主要宾语$_{人}$+次要宾语$_{无生/有生}$

以上所有的例子皆展示了次要宾语型的双宾语结构,但就我们所知,上古汉语的双宾语结构还有一个类型,即将接受者宾语和客体宾语的句法位置颠倒的形式:

给予动词/给予类动词+直接宾语$_{无生/有生}$+间接宾语$_{人}$

在双宾语结构里,给予动词或给予类动词之后会出现两种句法宾语,因此理论上会有以下四种不同的逻辑组合:

1. 有生宾语$_1$+无生宾语$_2$

2. 无生宾语$_1$+有生宾语$_2$

3. 有生宾语$_1$+有生宾语$_2$

4. 无生宾语$_1$+无生宾语$_2$

第四种可能性必须要被删除,因为所有的给予类事件都必须要涉及至少两个有生的人类参与者。[①] 剩下三个符合逻辑的可能性中，我们可以清楚地观察到前两个逻辑组合是为上述的例子所证实的，但有趣的是，第三种逻辑组合虽也被例[132]和[135]所支持，但最终的检视反映了即使我们找到“动词＋有生宾语$_1$＋有生宾语$_2$”的逻辑组合，但是就是缺少了以下的逻辑组合（星号表示这个组合属标记用法）：

*给予动词/给予类动词＋表人宾语$_1$＋表人宾语$_2$

这个逻辑组合没有出现一点也不让人感到惊奇，因为这类组合从话语交际的角度考虑，确实让听者在交际过程中感到困惑，不明所指。再加上上古汉语中有两种不同类型的给予类双宾语结构，也易混淆。两个给予类双宾语结构对接受者语义角色的编码是不同的，若我们着眼于上古汉语给予双宾语结构的整体框架时，表示接受者的语义角色可以直接出现在动词后的宾语位置上，亦可以出现在动词后最末的宾语位置上。结果显示，当我们面对表示“给予动词/给予类动词＋表人宾语$_1$＋表人宾语$_2$”结构的例子时，两个句法宾语中究竟哪一个指向接受者，听者难免产生困惑。

秉持着波普（Popper 1992）所提倡的科学精神，以下我们将进行一项实验，目的是为了证伪以上的论点。这是一个简单的实验，考察范围仅限于《左传》中最常使用的给予动词。根据相宇剑（2003）的资料，这个动词是“与”。我们把所有和“与”有关的次要宾语型的双宾语结构例句都找出来，发现所有体现“与＋之＋名词词组”结构的例子中，只有两个例子有可能驳倒我们的论点。例子如下：

[137] 乃多与之徒卫。（《左传·文公七年》）

[138] 王怒，少与之师。（《左传·僖公二十八年》）

除了这两个例子之外，其余的例子都显示在这个常用的给予动词

① 须指出的是，非给予类事件如果被识解为一种给予类事件，则第四种逻辑的可能性是存在的，例如现代英语中的 give the bathroom a scrub。在这个例子中，两个句法宾语都是无生的，而编码的事件虽不是客体领有权的转移，但却是通过概念隐喻把洗刷的事件理解为一种动作的转移。

“与”之后，出现在次要宾语位置的都是无生的客体。这个观察可用例[139]至[141]来说明：

[139] 野人与之块。(《左传·僖公二十三年》)

[140] 公与之环。(《左传·昭公四年》)

[141] 王与之武公之略。(《左传·庄公二十一年》)

既然我们一再强调生命阶的约束条件能制约次要宾语型的双宾语结构的句法分布，例[137]和[138]是否已推翻了我们的论点呢？我们认为这个约束条件依然存在，因为在《左传》里还能找到以下两个例子：

[142] 韩宣子使邾人取其众，将以叔孙与之。(《左传·昭公二十三年》)

[143] 以我与之，王必免。(《左传·定公四年》)

比较例[142]、[143]和[137]、[138]，可以得出这样的一个观察结果：虽然例[137]和[138]中出现在动词末的宾语是有生的人类，但是“徒卫”和“师”皆属于集体名词(mass noun)，而且都是无定的，因此听话者在交际过程中要判断哪一个宾语是接受者并不会遇到太大的困难。反观例[142]和[143]，给予类事件中的客体不单是个可数名词(count noun)，而且还是个有定的名词，因此这类的给予事件并不以双宾语结构来编码，反采用以“以”为标记的与格句式，这个道理是不难明白的。《左传》中还有另一个相似的例子：

[144] 以叔孙与其仇，叔孙必死之。(《左传·昭公二十三年》)

根据以上所说，我们认为生命阶的约束条件确实制约了次要宾语型的双宾语结构的句法表现。这个制约条件不仅仅体现在上古汉语中，而且也能在语言类型学的研究中得到进一步的证实。Givón(1984:184)就以以下四个英语中的例子说明我们上述的观察：

[145] a. They gave *John* a book.

b. They gave the book to *John*.

c. ? They gave *John* Mary.

d. They gave Mary to *John*.

他认为像[145](c)这样的例句很奇怪,原因在于客体和接受者之间的生命阶没有分别。建立该约束的基础也可以从以下巴督语言(Bantu)的例子来加以说明。该语言并不受到生命阶约束制约,因此,在诠释上会出现混乱,如例[146]所示:

Bantu(Rugemalira 1993)

[146] ka — mu — reet — er — á　　abákazi
she-PAST-him-bring-APP-FV　　women
She brought him to women. / She brought women to him.
(她带他到女人那里。/她带女人到他那里。)

为更进一步证明以上的论点是可靠的,我们接下来将对两个本义与格式动词的句法表现进行考察。这两个动词是"嫁"和"妻",它们的特点是在语义上涉及三个参与者,而这三个参与者都是有生的人类。

3.3.5.1 "嫁"

"嫁"在《左传》中共出现了15次,而唯一和这个动词搭配的与格句式是以"于"为标记的与格句式:

[147] 晋献公筮嫁伯姬于秦。(《左传·僖公十五年》)

[148] 晋将嫁女于吴。(《左传·襄公二十三年》)

很显然的,这些例子显示了"嫁"在《左传》中缺乏体现"动词+主要宾语+次要宾语"结构的例子,其中必须注意的是,以下的例子并未构成反例:

[149] 以其子更公女,而嫁公子。(《左传·昭公三年》)

"嫁"的直接宾语"公子"指的是齐侯的女儿,"公"是"子"的定语,因此例[149]是个单宾语结构,而不是个双宾语结构。[①] 对于这个现象,我们认为其产生的主要原因是由于受到了句法限制条件的制约:例

① 这个分析主要是根据沈玉成(1997:394)的理解。

[150]清楚地显示接受者的语义角色不能出现在单宾语结构的直接宾语这个句法位置上，而例[151]和[152]则显示了与格句式中直接宾语的句法位置仅能由表示客体的语义角色充当：

[150] 嫁於齐管于奚。(《左传·成公十一年》)

[151] 初辕颇为司徒，赋封田，以嫁公女。(《左传·哀公十一年》)

[152] 王将嫁季芈。(《左传·定公五年》)

3.3.5.2 "妻"

汉代的《史记》有三个实例显示动词"妻"能出现在次要宾语类型的双宾语结构中。例子如下：

[153] 于是尧妻之二女。(《史记·五帝本纪》)

[154] 尧妻之二女。(《史记·陈杞世家》)

[155] 乃妻之姚姓之玉女。(《史记·秦本纪》)

这看起来似乎与我们之前所要建立的生命阶约束原则相互抵触，但是在尝试推翻生命阶约束条件之前，我们应首先关注以下几个问题。首先，这个类型的例子数目不多，因为它们只能以第三人称代词作为直接宾语，而任何偏离这个模式的结构将会导致结构歧义，如例[156]和[157]所示：

[156] 舜妻尧二女。(《史记·五帝本纪》)

[157] 赵朔妻成公姊。(《史记·赵世家》)

此外，由于仅有三个例子显示动词"妻"能进入次要宾语型的双宾语结构中，而其余的21个例子则正好显示了这个动词和以"以"为标记的与格句式之间的密切联系，如例[158]和[159]，因此，例[153]至[155]在《史记》中应属于高度标记的用法。"妻"出现在这两种不同类型的与格句式中的比例为1:7，说明了动词"妻"和以"以"为标记的与格句式之间的联系比动词"妻"和双宾与格结构之间的联系要多出六倍。

[158] 以其兄之子妻之。(《史记·仲尼弟子列传》)

[159] 翟以其少女妻重耳。(《史记・赵世家》)

最后值得指出的是,"妻"这个动词在上古汉语的传世文献中并不出现在次要宾语型的双宾语结构中。就这个现象,句法上的约束条件并不能做出有效的解释,因为我们在《左传》中发现了如下的例子,而这个例子清楚地显示了接受者的语义角色确实能在单宾结构中充当直接宾语。

[160] 文公妻赵衰。(《左传・僖公二十四年》)

有鉴于此,一个更合理的解释是之前所提出的生命阶的约束条件。正因为如此,在上古汉语的传世文献中,"妻"这个动词几乎毫无例外地出现在以"以"为标记的与格句式中,如下列的例子所示:

[161] 虞思于是妻之以二姚。(《左传・哀公元年》)
[162] 季康子以其妹妻之。(《左传・哀公八年》)
[163] 孔子以其兄之子妻之。(《论语・先进》)

3.3.5.3 小结

在这一章中,我们提出两个制约条件(分别为句法层面和语用层面上的条件)来说明上古汉语次要宾语型的双宾语结构的句法分布现象。这两个制约条件在前人的研究里并未获得足够的关注,而我们认为其中一个主要的原因是结构主义的句法分析模式并不承认句式本身具有意义,而是以动词为中心的构建理论,认为同一类的动词将会获得同等的机会进入特定的句法结构中。此外,结构主义的句法分析模式所采取的客观语义观,对于上古汉语中同样是编码客观的给予类事件的三种不同的与格句式所可能展现的不同意义或语法功能并没有给予更多的注意。本章所讨论的三种上古汉语与格句式虽不能说是完全处于互补分布的状态中(三者间在一些功能上是有重叠的),但是对于某些特定的动词而言,我们却可以在先秦汉语的传世文献中观察到近乎互补分布的情形:

表 3.13

| 动词 | 与格句式 | | |
|---|---|---|---|
| | 次要宾语型 | 间接宾语型 | 工具格类型[①] |
| 赐 | + | − | + |
| 献 | − | + | − |
| 妻 | − | − | + |

以上的分布是需要解释的，但是这样的讨论在现有的研究文献中却不多见，而我们由于立足于认知语言学的理论框架中，故承认表层的句法形式是一个象征性的句法单位，又因为采取了一种强调识解的主观语义观，因此能发掘出更多的语料来进行这一讨论。严格说来，这些语料原本都存在于现有的研究文献中，并非新发现的语料，而本书其实是由于变换了研究范式，因此同样的语料在不同的研究范式下就呈现出不同的意义。

## 3.4 余论

在余论的部分，我们希望在本章讨论的基础上进一步说明如何以本章对上古汉语与格句式所做出的描写、分析以及所提出的解释在未来开展有益的工作。这主要涉及两个问题，一个是空间域的使之移至句式如何演变为社会域的使之领有句式(即如何由表“使移至”的事件类发展出表“使领有”的事件类)，另外一个则是“V＋直接宾语＋与＋间接宾语”兴起的原因。

根据上古汉语的介宾补语式在共时层面的句法分布，我们认为介宾补语式之所以会由表“使移至”的事件类发展出表“使领有”的事件类，主要是语义或语用上的原因。正因为上古汉语的双宾语结构除了对应“使领有”的事件类外，还要求接受者的语义角色受到给予事件的影响，因此一旦所要表达的“使领有”的事件类中接受者的语义角色比

① 按前文的分析，这里的工具格类型其实从配置关系的角度着眼，也是一种次要宾语型的与格句式。

施事的地位来得高，双宾语结构的语义结构就无法对此加以涵括，以致促使介宾补语式发展出能表“使领有”的事件类的功能。我们的这个推测如果符合事实，必定能在上古汉语之前的阶段，也即是甲骨文时期，找到这样的演变痕迹。

关于甲骨文中的“于”，目前已有不少的研究。郭锡良(1997)就甲骨文可辨识的“于”的五千多次用例，总结了其用法：除了动词用例占5%左右，引进处所和时间的介词用法各占18%和9%外，约68%是引入祭祀对象的用法：

祭祀动词(+祷告事情)+于+祭祀对象

// 于+祭祀对象+祭祀动作(+祷告事情)

郭锡良(1997)还进一步指出：

> “于”字引进祭祀对象，也是由引进行为处所的用法扩展过来的。祭祀对象一般是人名、庙号或自然神名。其实祭祀对象也是一种广义的行为处所。

甲骨文的介词词组和动词之间的语序虽然未完全固定下来，但一个很明显的事实是“于”在甲骨文中所引入的对象是祭祀对象，而一般而言，祭祀对象在地位上比祭祀者更高更尊贵。

Takashima & Yue(2000)也对甲骨文中的双及物结构进行了考察，他们观察到如果暂且不考虑“于”的问题，那么甲骨文中动词后的间接宾语和直接宾语的顺序和动词有所对应，规律为：

1. 动词$_{[+要求]}$+直接宾语+间接宾语，动词包括“求、丐、乞”和祭祀类动词①

2. 动词$_{[-要求]}$/动词$_{[+方向]}$+间接宾语+直接宾语，动词包括“受、

① 对应于沈培(1992)的Vx动词。

锡、畀”、“降、作、以、肇”和祭祀类动词①

如果把“于”也加以考虑，他们发现“于”永远都不出现在动词$_{[-要求]}$的间接宾语前头，而只会出现在动词$_{[+要求]}$“求、丐”和“宁、祝”等的间接宾语前头。至于其他的动词$_{[+要求]}$“祷、御、告”，“于”出现的次数远远多于不出现的次数。值得注意的是，“宁、祝、祷、御、告”都属于沈培(1992:92)的甲类祭祀动词，而“于”在这类动词中显然引入的是祭祀的对象，也就是神明（沈培把这个宾语记为$O_{神}$）。我们且以“祝”为例，赵诚(2009:234—235)就指出“卜辞的祝皆为祈祷神灵求福佑、保护之意”，可见“祝”在甲骨文中的用法有特定的对象，而这个对象并非一般的人，而是神明。此外，Takashima & Yue(2000)也注意到如果把甲骨文加以断代，即可发现在最早阶段的甲骨文中，不论动词属哪一类，“于”都不出现。这有力地说明在早期的甲骨文中，介宾补语式中的“于”仅是引入终点处所的介词，还未发展出引入接受者的功能。换言之，在这个阶段，介宾补语式仅对应于“使移至”的事件类，而不对应于“使领有”的事件类。到了较晚的甲骨文，“于”显然已发展出引入讯息的接受者的功能，而最值得注意的是，这个功能首先是体现在一批祭祀动词上，而祭祀动词的最大特点就在于祭祀的对象和施事者之间具有一种不对称的社会关系。这和我们通过《左传》所进行的共时分析得出的结论是一致的。

如果上边所述是正确的，还须解决最后一个问题。根据郭锡良(1997)和Takashima & Yue(2000)等的研究，我们大体可以推测介宾补语式从表“使移至”发展为表“使领有”事件类的过程中，“于”引入的介词宾语的语义角色首先是由终点处所通过转喻的机制引申为祭祀动作的对象，而后再扩大至接受者。这个演变过程似乎不符合Haspelmath(2003)对和与格相关的概念空间所做的预测，如图3.14所示：

① 对应于沈培(1992)的Vy动词。

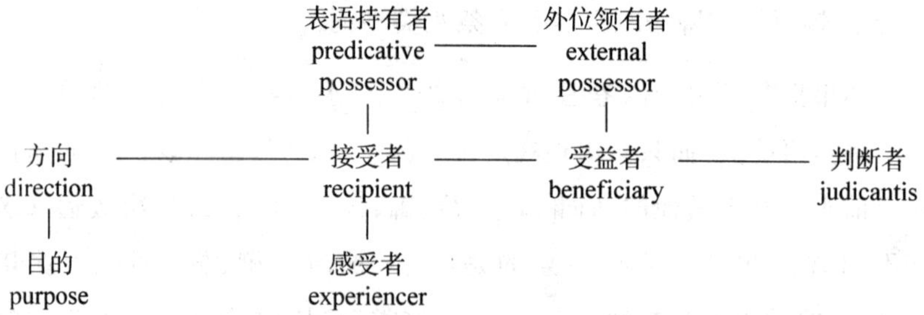


图 3.14　和与格相关的概念空间

根据图 3.14，终点处所（direction）应直接发展出接受者（recipient），而我们根据历时的考察所得出的结论又显示了在这两个节点或基元之间应还存在另一个节点或基元。就这个问题，我们若采用张敏（2010）对 Haspelmath（2003）的和与格相关的概念空间所进行的修改，问题就会迎刃而解。张敏（2010）指出：

> 上图并非通过平衡取样的大规模比较研究得出的，它只是基于 Haspelmath（1999）对一些欧洲语言与格标记的考察，因此作者承认只是一个初步的草图。在作者考察的语言范围内，各语言的与格形式勾画出的都是连续的空间。……而需要修订的地方恰好显示了引入汉语数据的价值之所在。原图的“方向”和“接受者”之间其实还另有未呈现于图上的节点，……介词“跟”的兼用模式意义重大：它不仅说明“（空间）位移方向”和“指人动作方向”可以分开，而且构成了……“direction—recipient—beneficiary”这一序列的例外。“跟”可表左边的“方向”和右边的“受益者”，但不表中间的“接受者”，因此切割出来的语义地图是断裂的，……。笔者的处理是：将“方向”这一节点限制为“（空间）位移方向”，将“接受者”换为“人类目标”（human goal），它包括了“{指人动作方向，接受者}”两个选择项。也就是说，可将图二[①]的“方向——接受者——受益者”链条换为“位移方向——人类目标——受益者”……

① 也就是本文的图 3.14。

在原本的概念空间上,“空间位移方向或终点处所”(direction)和“接受者”(recipient)直接相连,而根据张敏的修订,“接受者”和“指人动作方向”共同构成一个“人类目标”(human goal)的节点,再直接和“位移方向”和“受益者”相连。修订之后的和与格相关的概念空间如下:

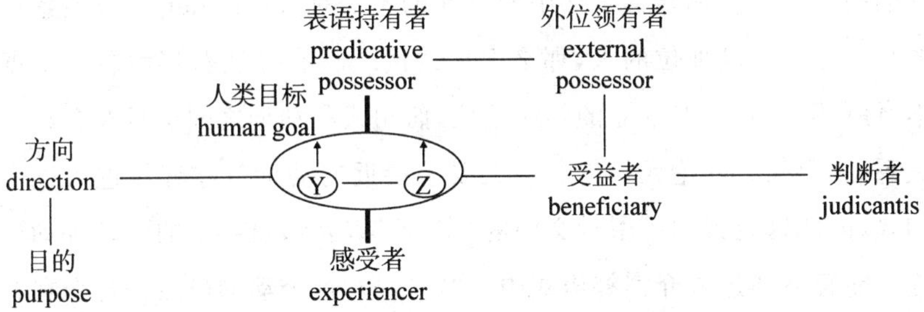


图 3.15　和与格有关的概念空间(修订)

如果把概念空间中的 Y 设定为“指人动作方向”,而 Z 为“接受者”,那么以下的箭头就显示介宾补语式从表“使移至”发展为表“使领有”事件类的过程:

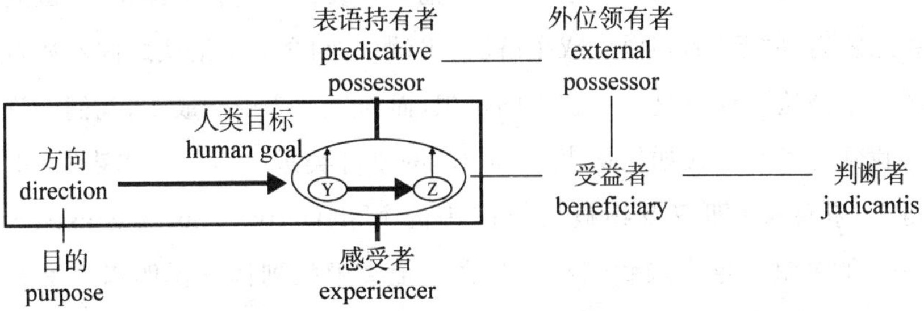


图 3.16　介宾补语式的“于”从甲骨文到上古汉语的历时演变

根据上边的讨论,我们可连带初步解决一个现存于汉语史中的难题。贝罗贝(Peyraube 1989)讨论被动句的最早用例时就曾举出下列金文的例子:

[164] 叔勉锡贝于王姒。(《舒勉方彝》)

由于“王姒”在句子中指的是做出“锡”这个动作的人,而不是接受者,因此从意义上说,整个句子像被动句。这是个不容易理解的例子.

因为在《左传》里，和"锡"有通假关系的"赐"仅出现在双宾语结构中（次要宾语型），而不出现在介宾补语式（间接宾语型）中。金文中的这个例子，除了显示"锡"能出现在介宾补语式中之外，更棘手的是这个介宾补语式并不完全对应于"使领有"事件类的无标记编码[1]。虽然如此，我们认为若把握住介宾补语式中的"于"，在上古汉语的更早阶段里所勾勒的是讯息或物体转移事件中所存在的不对称（asymmetrical）关系里的具有相对较高地位的人，那么上述的例子就有办法获得解释。根据本章所述，句式具有独立的句法地位，而句式和动词之间也具有互动的关系，越跟句式的论元结构和语义要求接近的动词就越容易进入这个句式，因此这就说明了甲骨文中的"宁、祝"以及《左传》中的"献"等动词为何能轻易地进入介宾补语式中。"锡（赐）"这个动词虽然符合介宾补语式这个句式的论元结构要求（即具有三个参与者角色），但却不符合介宾补语式的语义要求（即接受者的地位比给予者高），这就导致了"锡（赐）"无法轻易地进入介宾补语式中，因此类似的用例非常少见。虽然如此，由于"锡（赐）"确实符合介宾补语式的论元结构要求，而为了满足构式的语义要求，考虑到"锡（赐）"的施事者又比接受者的地位高，因此将之映射到"于"的宾语就成了解决"锡（赐）"和介宾补语式之间不协调的一个办法。这仅是一个初步的构想，而如果这个说法成立，我们或许能找到介宾补语式如何从表"使领有"的事件类进一步发展出表"使取得"的事件类（即双及物概念空间中的 Malefactive Source construction）的关键。这有赖我们在甲骨文或金文中找到例子说明以介宾补语式表"使取得"的事件类时，"于"的宾语都地位较高，如神明。这个推想能初步为沈培（1992:82—83）所证实。

最后，还有一个问题。贝罗贝（1986）指出：

> 在这时期[2]还出现了另一个新的与格结构："动$_1$＋直＋动$_2$＋

---

① 这里所谓的无标记指的是给予者被映射到主语，而接受者映射到间接宾语的句法位置。

② 指的是魏晋南北朝。

间”。这新结构约在四——五世纪出现，在此之前，我们只在后汉佛教文献中找到一个例子：……

在开始的时候，它只适用于有限的动词，……。在“动$_2$”位置上一般是动词“与”……

这个结构是怎样出现的呢？有一个说法是：“动$_1$＋直＋动$_2$＋间”形式的出现是为了要代替上古汉语的“动＋直＋于＋间”结构。在魏晋南北朝时期“动＋直＋于＋间”结构仍旧存在，可是比在先秦及汉代少见得多。那从“动＋直＋于＋间”到“动$_1$＋直＋动$_2$＋间”只有一个词汇上的替换：“动$_2$”代替“于”。这个说法不能令人满意，因为我们不可能假定有介词“于”变为动词“与”的这么一种词类转变；这种转变在语法历史中是绝对没有的。

我们这里想提出另外一个假设。“动$_1$＋直＋动$_2$＋间”来自“动$_1$＋动$_2$＋间＋直”；其中“动$_2$＋间”的成分移到直接宾语后面了。这转移的原因是因为当时已经有了一个“动＋宾语＋趋向补语”结构。这同样是一个同类现象。

贝罗贝认为“动$_1$＋直＋动$_2$＋间”形式的出现是为了要直接代替上古汉语的“动＋直＋于＋间”结构的论点不成立，这我们很赞同，但是根据上边所述，我们仍无法排除“动$_1$＋直＋动$_2$＋间”形式的产生和“动＋直＋于＋间”结构有关。由于上古汉语的介宾补语式，也即是“动＋直＋于＋间”，能毫无困难地和表“使移至”的事件类相对应，而在和表“使领有”事件类的对应上，明显受到了很多的局限。正因为以上古汉语的介宾补语式来表“使领有”的事件类不是一个很强势的用法，因此就为后来“动$_1$＋直＋动$_2$＋间”的产生创造了条件，而在上古汉语之后的阶段，发展出另外一个句式和表“使领有”的事件类相对应就是个相当自然的句法演变。值得注意的是，新产生的“动$_1$＋直＋动$_2$＋间”仅和表“使领有”的事件类相对应，而不和表“使移至”的事件类相对应说明了我们的推测具有一定的合理性。此外更重要的是，“动$_1$＋直＋动$_2$＋间”的产生时间并不如贝罗贝所认为的那么迟。魏培泉(1993)就指出：

分离式固然对“于”字式有所取代，但是我们认为分离式对 $V_3$ 的“于”词组的解消上并不见得扮演重要角色。在初期的“V……与(予)”连动式中，分担“与”的正宾的动词不一定是 $V_3$，如《史记》此式有 14 例，第一个动词有“分”(3 次)、“出”(3 次)、“持”(2 次)、“取”(2 次)、“散”“割”“传”“盗”等。其中只有“传”确是 $V_3$。“分”在此类句子中是否要算作 $V_3$ 不能无疑，因为“分”同时也是表“分开”的 $V_2$。其余的动词都应算是 $V_2$。

这很清楚地指出一个事实，即在《史记》中，能进入“$动_1$＋直＋$动_2$＋间”结构的动词主要是二价动词。这些动词皆有一个重要的特点，就是无法通过先秦汉语的介宾补语式，即“动＋直＋于＋间”来和表“使领有”的事件类对应。此外，十分有意思的是，在这批动词里我们也找不到属于“寄”(SEND)类动词，而根据前边所述，上古汉语里的“寄”类动词确实能通过“动＋直＋于＋间”来和表“使领有”的事件类对应。有鉴于此，我们认为“$动_1$＋直＋$动_2$＋间”句法结构的产生，应和“动＋直＋于＋间”无法有效地和表“使领有”的事件类对应有密切的关系。

# 第四章　上古汉语的取得类双宾语结构：兼论“之”和“其”的问题[①]

## 4.1　引言

取得类动词能否进入上古汉语的双宾语结构中？这是一个极富争议性的问题，而迄今为止，学界仍无定论。上古汉语的取得类动词虽然不止一个，但是争论主要还是围绕着“夺”这个取得类动词而展开。下边的例子显示了该动词在《左传》里的用法：

[1] 牵牛以蹊人之田而夺之牛。(《左传·宣公十一年》)

[2] (子产)夺之官邑。(《左传·昭公十六年》)

争论的焦点在于如何正确判断上述例子中“动词＋之＋名词词组”这个线性序列的句法结构。参与此项争论的学者大体上可分为支持单宾语结构说(单宾说)和赞同双宾语结构说(双宾说)两大阵营：单宾说把“之”分析为“其”，认为“之”和“牛”之间构成定中关系，而双宾说则认为“之”在这里依旧是一个直接宾语。在未展开讨论之前，须明确取得类动词的语义结构。表面上看，取得类动词似乎和下列的给予类动词的认知基体一样，如图 4.1 所示：

① 本章的思路和内容首见于 Phua Chiew Pheng(2005)的第三章，而这之后本书作者也曾根据这个思路指导南洋理工大学中文系本科学生，何慧芳同学，撰写题为《上古汉语的取得类双宾：兼论“之”和“其”的问题》的毕业论文。这一章是本书作者和何慧芳共同撰写的成果。

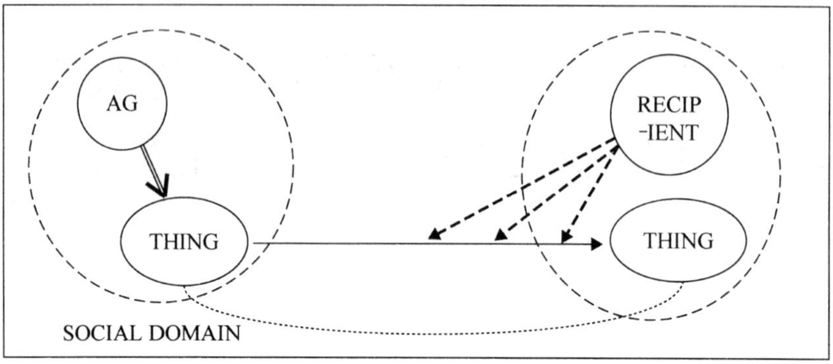


图 4.1

两类动词都体现了客体从其中的一个参与者的领有域转移到另外一个参与者的领有域，唯一的不同是在给予类动词的认知基体里，动作的发动者把客体从自己的领有域中移出，是一个外向的动作，而在取得类动词中，动作的发动者则是把客体从他人的领有域移入，是一个内向的动作。正因为这两类动词的认知基体相似，但却存在着内向和外向的不同，因此在类型学的研究中，这两种概念在双及物结构的概念空间里就相互挨着，如图 4.2 所示：

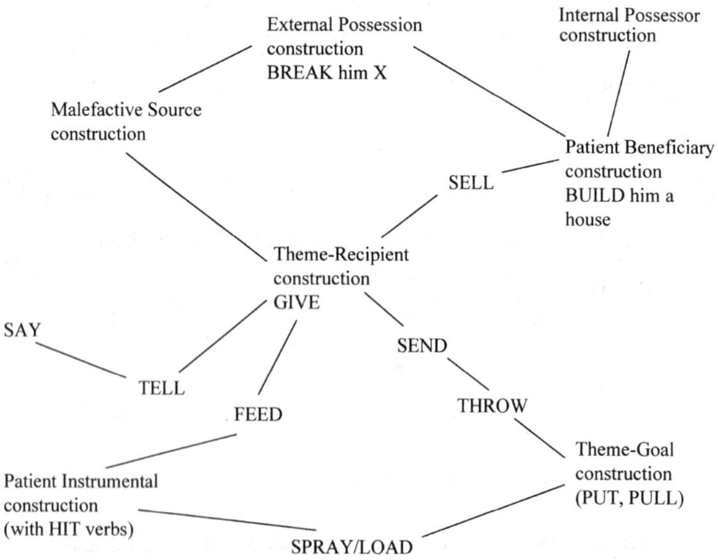


图 4.2 （取自 Malchukov，Haspelmath & Comrie 2007）

由于上图左角的受损源头句式（Malefactive Source construction）主要和取得类动词搭配（Malchukov，Haspelmath & Comrie 2010：52），表达的是通过获取客体而致使原来客体的领有者蒙受损失的事件，而这个句式又直接和位于图中央的，和给予动词紧密搭配的客体—接受者句式（Theme-Recipient construction）相连，由此可见取得类事件和给予类事件在人类的认知系统中非常地相近，以致在概念空间中彼此紧挨着。须指出的是，这两类事件虽然在概念空间上相邻，但是双宾语结构却不必然会从给予动词或给予类动词扩展至取得类动词。[①]这很清楚地体现在现代汉语普通话和现代英语中：前者的双宾语结构表达了“给他一本书”和“抢他一本书”两类事件，但后者的双宾语结构却无法接受“抢他一本书”这样的表达。正因为如此，取得类动词能否进入上古汉语的双宾语结构才会在过去的研究中争议不断，以致迄今仍未有定论。

这一章我们尝试通过对上古汉语的语料进行仔细的分析，希望能对这个问题提出有益的解答。关于取得类动词和双宾语结构之间的搭配关系的讨论，由于一直以来都围绕着“取得类动词＋之＋名词词组”中的“之”是否能解释为“其”而进行，因此如果我们这一章能解决上述的问题，必定也能对“取得类动词＋之＋名词词组”中的“之”是否能解释为“其”的争议有个说明。这对我们接下来的讨论相当重要，因为在现有的上古汉语双宾语结构的讨论中，下列例子中的动词虽不涉及取得类动词，但在一些学者的分析中，例子中的“之”被分析为“其”，因此这两个例子都不应是双宾语结构（参看贝罗贝 1998）：

[3] 百乘之家可使为之宰。（《论语·公冶长》）

[4] 犹欲其入，而闭之门也。（《孟子·万章下》）

由于本书的宗旨是希望从句式多义性的角度出发，探讨上古汉语

---

① 本书承认双宾语结构具有独立的句式意义，并且是个原型范畴，而这个范畴内的典型成员是给予类双宾语结构，其他类型的双宾语结构都是由给予类双宾语结构引申出去的。参见本书的第一至第三章。

的与格句式，而双宾语结构又是讨论的焦点，因此如果上述例子中的“之”被证实无法解释为“其”，那么上古汉语的双宾语结构作为一个句法范畴就包含了不同的成员，如给予类双宾语结构、取得类双宾语结构、受益类双宾语结构等，而我们就能在这个基础上探讨它们之间的语义联系。反之，如果“之”被证实能解释为“其”，那么从句式多义性的角度出发探讨上古汉语双宾语结构的工作就无法进行下去，而我们也就必须解释何以上古汉语的双宾语结构仅和给予类动词搭配，而不和其他动词类搭配。

## 4.2 上古汉语“取得类动词＋之＋NP”句式的结构分析问题

双宾语结构是人类语言中重要的句法形式，向来为语言学界所关注。尤其是上古汉语中的双宾语结构，更是这些年来许多学者所研究的课题。如何乐士(1980)、贝罗贝(1986,1998)、唐钰明(1994)、刘宋川(1998,1999)、李佐丰(2003a)等，都曾发表论著讨论此问题。从上述学者的论著中，我们观察到学者们对由给予动词或给予类动词(下简述为“$V_{给予}$”)构成的“$V_{给予}+NP_1+NP_2$”句式，向来都有一致的认识，即都将体现上述线性序列的例子分析为双宾语结构，如：

[5] 与之粟九百，辞。(《论语・雍也》)

[6] 公赐之食。(《左传・隐公元年》)

[7] 窃马而献之子常。(《左传・定公三年》)

但是，对于非“$V_{给予}$”，尤其是“取得类动词”(下简述为“$V_{取得}$”)能否搭配双宾语结构，则存在着不小的分歧，如：

[8] 夺之牛，罚已重矣。(《左传・宣公十一年》)

[9] 公之入也，夺南氏邑。(《左传・哀公二十五年》)

[10] 其取之公也薄，其施之民也厚。(《左传・昭公二十六年》)

对于学者们所讨论的双宾语结构，由于我们在前边已指出上古汉语中存在着两类不同的双宾语结构类型，即次要宾语型和间接宾语型，因此唯有将讨论中的双宾结构的类型界定清楚后，才能对“$V_{取得}$”能否和双宾结构搭配的问题进行讨论。简单地说，这两类不同的双宾语结构类型的主要分别在于客体或指物宾语（宾$_{物}$）和指人宾语（宾$_{人}$）所处的位置不同：一类为指人宾语在前，客体或指物宾语在后，表现为“宾$_{人}$＋宾$_{物}$”，如上述例[5]、例[6]、例[8]和例[9]，另一类则为客体或指物宾语在前，指人宾语在后，表现为“宾$_{物}$＋宾$_{人}$”，如例[7]的“献之子常”和例[10]的“取之公”。对于上述两种形式，有的学者将“宾$_{人}$＋宾$_{物}$”的句法形式分析为“双宾A式”，而“宾$_{物}$＋宾$_{人}$”的句法形式则分析为“双宾B式”（参看刘丹青2001）。但是，贝罗贝（1998：395）等人曾指出“双宾B式”是由介宾补语式，即“V＋直接宾语＋于＋间接宾语”通过省略介词“于”而产生的。因此，双宾A、B式固然在表层形式上呈现出相同的形式，但其实它们的底层结构不同。有鉴于此，我们这里只讨论“指人宾语在前，指物宾语在后”的“V＋宾$_{人}$＋宾$_{物}$”句法形式，也即是本书中的次要宾语型的双宾语结构。换言之，我们关心的是上古汉语的取得类动词是否能进入次要宾语型的双宾语结构。

一旦将双宾语结构的类型界定清楚，我们才能进而对“V$_{取得}$”能否和双宾语结构搭配的问题进行讨论。从上述的例子来看，“V$_{取得}$”在上古汉语“V＋$NP_1$＋$NP_2$”句式的搭配类型共有三类，即例[10]的“取之公”、例[9]的“夺南氏邑”和例[8]的“夺之牛”。由于例[10]的“取之公”的客体或指物宾语在前，指人宾语在后，为介宾补语式的省略，有别于我们所要讨论的双宾语结构“V＋宾$_{人}$＋宾$_{物}$”，因此应排除在我们的讨论之外。这么一来，和这里的讨论有关的例子就只有两类，即指人宾语为名词成分的“夺南氏邑”（“V$_{取得}$＋$NP_1$＋$NP_2$”），以及指人宾语为代词成分的“夺之牛”（“V$_{取得}$＋之＋NP”）。然而，由于以往的讨论都集中于指人宾语为代词成分的“V$_{取得}$＋之＋NP”句式，因此我们便以此作为和前贤沟通的平台，将讨论的焦点专注于“V$_{取得}$＋之＋NP”句式。

“V$_{取得}$＋之＋NP”的结构分析问题历经了大约三十年的讨论仍无法达成一致的认识。依据时良兵（2003：49）的介绍，我们可将这些年来单宾论者和双宾论者所使用的分析方法归纳如下：

1. 单宾论者的主要分析方法：

（1）“夺”类动词不能同时支配人和物（“夺”类动词的性质与双宾语结构不符）。[①]

（2）“之”和“名”之间有领属关系。

（3）古代汉语中，“之”有时可以通“其”。

（4）古代汉语文献中有很多“之”、“其”互文的例子。

（5）“夺＋之＋名”结构不能做类似于“予＋之＋名”结构的转换。

2. 双宾论者的主要分析方法：

（1）“夺”和“予”语义上相反相承，“夺＋之＋名”应和“予＋之＋名”做一致的理解。

（2）上古汉语“之”、“其”明确分工，“之”一般不做领格。

通过上述归纳，我们发现两派学者虽然在结论上存在着很大的分歧，但是在取得结论所运用的方法上却有相当一致的地方，因此我们尝试在上述的基础上把现有用以判断“$V_{取得}$＋之＋NP”的方法再进行更高一层的归纳：

1. 从语义的角度入手，如上述的 1.（2）和 2.（1）。

2. 从句法的角度入手，如上述的 1.（1）和（5）。

3. 从“之”和“其”的关系入手，如上述的 1.（3）、（4）和 2.（2）。

我们可对学者们所采取的用以判断“$V_{取得}$＋之＋NP”的方法进行简短的回顾和介绍，再对这些不同的方法进行评论，以期总结出争议的症结，进而提出进一步研究所应采取的办法。

### 4.2.1 从语义角度分析“$V_{取得}$＋之＋NP”句式结构

依据上述 1.（2）和 2.（1）的介绍，我们观察到单宾和双宾论者都不约而同采用了语义的分析方法，即 1.（2）的领属语义以及 2.（1）的动词语义。单宾论者以“领属语义”的观点将“$V_{取得}$＋之＋NP”分析为单宾语结构，双宾论者则通过动词语义的分析方法将“$V_{取得}$＋之＋NP”分析为双宾语结构。如刘宋川（1999：93）依据“$V＋NP_1＋NP_2$”句式是否具

---

① “夺”类动词也就是本章的取得类动词。

有“交接”[①]、“移位”[②]的特点,从而判定该句式是否为双宾语结构。[③]而他(刘宋川 1999:94)认为“$V_{取得}$”除了都是“三向”(即具有“交接”特点)之外,它所表示的“施事者通过取得类的行为使宾$_2$(物品)从宾$_1$(对象)处移向自己”的特点也符合了“转移”的特点,因而将“$V_{取得}$+之+NP”判为双宾语结构。但是,从贝罗贝(贝罗贝 1998;Peyraube 1999)的研究中,我们也观察到他因“$V_{取得}$”不能都和上古汉语中的三种与格句式搭配,而判定“$V_{取得}$”不能和双宾语结构搭配。

由此看来,单宾和双宾论者其实都使用了动词语义来分析“$V_{取得}$+之+NP”的句法结构。然而他们却由同一方法推导出不同的结论。因此,对于此方法能否有效用以判定“$V_{取得}$+之+NP”的句法结构,本文认为仍有待讨论。

### 4.2.2 从句法角度分析“$V_{取得}$+之+NP”句式结构

从时良兵(2003:49)的介绍,我们也观察到单宾论者除了从语义角度进行分析外,亦采取了句法方面的分析方法。如1.(1)关于“‘夺’类动词不能同时支配人和物”的说法,以及1.(5)变换句式的方法。对于1.(1),学者们认为双宾语结构的动词能同时支配人和物,因此,若该动词无法同时支配人和物,则该句式为非双宾语结构。但是,现代英语中的“baked him a cake”中的“baked”只能支配“cake”(物),而不能支配“him”(人),对此语言学家如Larson(1988)和Goldberg(1995:141)等却并未因上述例子中的动词无法同时支配人和物而否定它是双宾语结构;现代汉语中“吃了他三个苹果”的“吃”同样也只能支配“苹果”(物),而不能支配“他”(人),但陆俭明(2003:152—154)却也借助了“总共”和“一共”等副词的语义指向证明了“吃了他三个苹果”为双宾语结构。由

---

① 所谓交接,是指述语动词能同时与主语施事者和两个宾语受事者三方面发生联系。

② 所谓移位,是指述语动词所表示的行为在交接过程中能使其中一方经过中间一方转向另一方。

③ 刘宋川(1999:93)指出“具有这种交接和移位特点的结构形式就是双宾语式,反之,就是非双宾语式”。

此可见，动词能否同时支配人和物并不能作为分析“$V_{取得}$＋之＋NP”句法结构的依据。[①]

另外，对于1.(5)的变换句式方法，我们从学者们的研究观察到双宾论者同样也使用了这个方法，然而却和单宾论者得出了不同的结论。单宾和双宾论者在使用此方法时都以某一句式能否转换成另一特定句式为原则，以判定原句式为何种句法结构。在此原则下，若原句式能转换成该特定句式，则其为双宾语结构，反之则为单宾语结构。双宾论者何乐士(1980:285)便是以此方法来说明“夺＋ 之＋NP”中的“之”和“NP”可分，“夺＋其＋NP”中的“其”和“NP”不可分，如：

[11] 夺之杖。→向之夺杖。

[12] 夺其杖。→*向其夺杖。

她亦是认为若句式为双宾语结构则能做上述转换，而不能做类似转换的就不是双宾语结构。单宾论者唐钰明(1994:217)也通过上述原则证明了“夺＋之＋NP”不能转换成“夺＋之＋以＋NP”或“以＋NP＋夺＋之”句式，如：

[13] 牵牛以蹊人之田，而夺之牛。(《左传·宣公十一年》)

→*牵牛以蹊人之田，而夺之于牛。

→*牵牛以蹊人之田，而夺之以牛。

关于变换句式的操作方法，唐钰明(1994:216)提出了下列的看法：

> ……但他们所提出的变换式往往是凭个人语感构拟出来的，而并非来自“书证”，以致同是运用变换，却得出了大相径庭的变换式。今人代古人立言，很难保证不脱离古人的语言实际，因而这些相左的变换式究竟哪种真正符合当时的语言习惯，确实使人疑惑。有鉴于此，笔者认为运用变换方式研究古汉语语法(尤其是那些存在争议的问题)，不宜照搬现代汉语自编例句、自拟模式的办法，而

① 详见本书第二章相关章节的讨论。

应尽可能从文献中提取例证，亦即坚持“无证不信”的原则。

我们依据唐钰明的说法，考察了何乐士所提出的变换式，发现《左传》中并没有类似“向＋之＋夺＋NP”的句子。因此，我们认为何乐士有可能是凭借个人语感来构造上古汉语的句子，从而认为“夺＋ 之＋NP”能转换成“向＋之＋夺＋NP”。并且，依据唐钰明的看法，由此操作方法所得出的分析结果并不可信。由此看来，唐钰明经由“书证”方式所得出的分析结果相比之下则更可靠。

虽然如此，当我们再仔细查阅唐钰明的研究，则发现他所使用的一些“书证”都取自和原句式年代不同的典籍，而没有从同一著作年代的典籍中提取“书证”的情形。如：

[14] 与之语三日而授之政。(《说苑・尊贤》)

→与语三日，授之以政。(《史记・孔子世家》)

由于考虑到语言演变所可能带来的影响，因此对于是否能以不同年代的“书证”来证明句法结构之间的转换，我们还是感到怀疑。

总的来说，我们虽然了解到必须经由“书证”取得变换式，其结果方可取信，但考虑到关于语言演变和“书证”年代的问题，我们认为此研究方法是否能用以分析“$V_{取得}$＋之＋NP”句式结构，仍有待讨论。

### 4.2.3 从“之”和“其”的语法表现分析“$V_{取得}$＋之＋NP”句式结构

除了上述所提的分析方法外，我们根据 1.(3)、1.(4)和 2.(2)可知，单宾和双宾论者在讨论“$V_{取得}$＋之＋NP”句式结构时也经常涉及对“之”和“其”的讨论。但是，同样地，双方也由此方法得出了不同的结论。单宾论者从文献中发现了“之”、“其”互文或互注的例子，如：

[15]（田恒）遂杀简公而夺之政……皇喜遂杀宋君而夺其政。(《韩非子・内储说下》)

[16] 夺之资以益其灾。(《国语・周语下》)

例[15]中“夺之政”和“夺其政”由于同时出现于同一句子中，构成了互文现象;而例[16]中的“夺之资”则于汉代时由韦昭将“夺之资”注解为“夺其资”。对于这种现象,单宾论者提出“之”可以作“其”解的说法,如贝罗贝(1998:399)就认为:

> ……反而“夺之名”与“夺其名”两个形式的同时出现可以增加“之”“其”说法的可能性(但也并不是支持这个分析的论点),尤其是这两个形式在同一段落中出现。

然而,双宾论者却认为上古汉语里的“之”和“其”是明确分工的。如何乐士(1980:284—285)通过句式变换的方法,即原句式是否能用介词将“之+NP”或“其+NP”分开,来证明“之”和“其”分工严格:

[17] 为之椟。→为之作椟。

[18] 馈之锦与马。→以锦与马馈之。

[19] 献其马。→*为其献马。

→*以马献其。

[20] 夺之杖。→向之夺杖。

[21] 夺其杖。→*向其夺杖。

何乐士虽以变换分析的方法取得了上述的结论,但由于她的变换式并非由“书证”取得,而这种操作手法已为单宾论者所批评,因此她所证得的分析结果也不可靠。

相较之下,单宾论者从文献中举出互文或互注的证据,说明“之”能通“其”则较可信。虽然如此,我们必须指出的是,单宾论者所举出的证据在时间、动词的选择方面都有其局限性。首先由时间方面来看,我们观察到单宾论者所举出的互文或互注的证据,都只出现于战国后期,而从不出现在较早期的传世文献里。此外,在动词方面,“之”能通“其”的说法只适用于少数几类学者们认为具有争议性的动词上，[1]而不适用于“$V_{给予}$”等其他动词类中。换言之，单宾论者在面对“$V_{给予}$＋之＋NP”时，从不认为“之”可以作“其”解，而在面对“$V_{取得}$＋之＋NP”时，却又认为“夺＋之＋NP”的“之”可以作“其”解。更甚的是，对于同是“$V_{取得}$”的“夺”和“取”，我们也发现学者们从不将此说法用于“取＋之＋NP”句式上，而只针对“夺＋之＋NP”句式。有鉴于此，我们对此方法能否作为判定“$V_{取得}$＋之＋NP”句式结构的凭据仍感怀疑。

总的来说，由上述三点来看，单宾和双宾论者都提出了各种分析方法来巩固各自的观点。但不难发现他们虽在方法上有一致的地方，却得出截然相反的结论；而于4.2.2和4.2.3中，虽然单宾论者所使用的方法在实践方面比双宾论者更具优势，但就研究方法而言则仍存在着无法解决的问题。

## 4.3 对前贤方法论的研究

有鉴于上一节里的问题，本文认为有必要对前贤的研究方法进行深入的研究，并且将依据本节的分析结果建立本文的论点以及研究方法。

### 4.3.1 以“动词语义”分析“$V_{取得}$＋之＋NP”句式结构

在上一节里我们曾对以“动词语义”分析“$V_{取得}$＋之＋NP”句法结构的情况做出了说明，即有些学者认为由于“之”和句式中的名词词组有领属关系，因此“$V_{取得}$＋之＋NP”应分析为单宾结构，而有的则认为“$V_{取得}$”不能进入双宾语结构，因而将“$V_{取得}$＋之＋NP”分析为单宾结构；但同时也有学者因为“$V_{取得}$”和“$V_{给予}$”一样的“交接”及“移位”特点，而认为“$V_{取得}$”能进入双宾语结构，并将“$V_{取得}$＋之＋NP”分析为双宾语结构。有鉴于这种相互对立的分析结果，我们认为有必要检讨此

---

① 如：取得类动词、为动类动词以及其他一些少数动词，包括：立、闭、枕、斩、加、益、属。详见贝罗贝（1998：397）。

分析方法的有效性。

首先，须指出的是"$V_{取得}$"后出现的两个名词性单位虽有领属语义关系，但要判断单宾和双宾论者的观点孰是孰非，根本的方法是不能立足于此种语义关系，而须从句法角度比对这两个名词性单位能否构成一个直接成分。就语义关系与语法关系两者之间的关系，陆俭明(2003)就提出：

> 实词性词语之间总是同时并存着两种结构关系——语法结构关系和语义结构关系，而这两种结构关系之间，并不存在着一对一的对应关系。

由此可见，词语间的语义关系即使为领属关系，并不一定要以定中结构来表现。换言之，即使"$V_{取得}$＋之＋NP"中的"$宾_{人}$"和"$宾_{物}$"在语义上存在着领属关系，但是在语法结构上并不一定表现为定中结构。现代汉语中"老李偷了我一本书"[①]的句式正好说明了这一点。上述句子中的"我"和"一本书"因在语义上存在着领属关系，使得学者们对此句式结构的判定也存在着争议。但是，Ninna Zhang(1999)却提出了五个方面的句法证据，证明了现代汉语中"买/偷"类句为双宾结构。[②]

总的来说，虽然"$V_{取得}$＋之＋NP"句式中的"之($宾_{人}$)"和"NP($宾_{物}$)"在语义上存在着领属关系，但由于这种领属语义关系并不一定要编码为定中结构，以及上古汉语中允许用无标记的定中结构来编码

---

① 例子取自 Ninna Zhang 在"现代汉语论"(http://forum.sina.com.cn/richtalk/arts/chinese/forum/)1999 年 1 月的一次论坛，转引自张伯江(1999:183)。

② 她所提出的五个方面分别为下列几点：(1)汉语中非转让性领有关系(inalienable possessive)的领属结构在一定条件下"的"可以省略，可转让性领有关系(alienable possessive)"的"不能省略。如果认为"买/偷"类句里有省略"的"的现象，那么本文必须解释为什么"他姐姐"可以相当自由地出现在各种语境中，而"我一支笔"只能出现在"买/偷"类句中。(2)汉语里"我一支笔"和"一支我的笔"可以交替使用，但"*他拿了一支我笔"却不能说。(3)"老李偷了我一本书"里的"我"可以提升为被动句主语："我被老李偷了一本书"，而"老李偷了我的一本书"则不能变成"*我被老李偷了的一本书"。(4)不能在高一层次并列"*他偷了那辆汽车和我一头牛"。(5)不能进行并列成分的同一形式删除："*他偷了老王一头牛之后又偷了老李"。

领属关系，因此我们认为很难从语义上判定此关系是否是以定中结构或非定中结构来表示。此外，我们还可从认知语法的理论假说更进一步说明从语义出发的不合理性。本书一开始就强调了认知语言学重视主观的识解，因此面对同一个客观的事件，说话者却可以因认识的角度等的不同而产生不同的意象，以致采取了不同的句式来表达或编码同样的客观事件。在这个背景下，如果我们承认能因动词的语义或事件的语义而判定“$V_{取得}$＋之＋NP”的句法结构，这显然违背了本书的一贯主张。再进一步，从跨语言的证据，我们也能说明在人类语言中，同样的领属事件也能编码为“外位领有句式”（External Possession construction）。这方面的研究可参考 Payne & Barshi(1999)，而我们在这里也可以举出一个现代汉语的例子，即是“小明弄伤了眼睛”来进行说明。例子中的“小明”和“眼睛”明显有领属关系，但是在句法编码上，领有者占据主语的句法位置，而被领属物则占据了直接宾语的句法位置，因此任何希冀根据动词或事件的意义来判断“$V_{取得}$＋之＋NP”为单宾语结构的尝试是无法成功的。

单宾论者中，我们也必须审视贝罗贝的观点。依据贝罗贝(1998：393—394)的研究，我们观察到他在分析上古汉语“$V_{取得}$＋之＋NP”句式时，主要依据“之”的性质和“前面动词的词义”两方面来进行分析。这其实也是一种按照语义来判断“$V_{取得}$＋之＋NP”的句法结构的办法。当他在讨论动词语义时，主要依据动词和上古汉语中的与格句式的搭配关系，将动词分为三类，即给予类动词、取得类动词和制作类动词。随后，他(贝罗贝 1998：396)指出给予类动词能搭配双宾语结构[①]，而该类以外的动词则不能搭配双宾语结构。对于文献中出现的由取得类动词构成的“V＋$宾_{人}$＋$宾_{物}$”句式，如：

[22] 牵牛以蹊人之田而夺之牛。(《左传・宣公十一年》)

① 贝罗贝(1998：397)指出“如果‘动之名’结构中的动词是属于[＋给予]与格类(包括动词‘说’与‘教’)的话，‘之’应是间宾，而名词应是直宾”。这里的双宾语结构等同于本书中的次要宾语型的双宾语结构。

［23］紾兄之臂而夺之食则得食。(《孟子·告子下》)

［24］两弟无罪而再夺之国。(《战国策·魏策三》)

他则就“夺之 NP”与“夺其 NP”的情形，提出句子中的“‘之’应理解为‘其’”的说法，并以此证明“$V_{取得}$＋之＋NP”为单宾语结构。据此，本文了解到贝罗贝虽然是以互文、互注的方法来说明“$V_{取得}$＋之＋NP”为单宾语结构，但如前文所述，由于他认为只有“$V_{给予}$”能进入双宾语结构，而这个结论并未被有效地证明，因此我们认为他还是采用了动词语义来分析“$V_{取得}$＋之＋NP”的句法结构。

除了贝罗贝以外，刘宋川(1999)同样也采用了动词语义的分析方法。但正如本文前一节所述，刘宋川有别于贝罗贝的分析结果，将由“$V_{取得}$”组成的“$V_{取得}$＋$NP_1$＋$NP_2$”句式分析为双宾语结构。他(刘宋川 1999:93)依据“V＋$NP_1$＋$NP_2$”句式是否具有“交接”和“移位”的特点来判断该句式是否为双宾语结构。随后他也依据“$V_{取得}$”具有“交接”和“移位”的特点，从而将“$V_{取得}$＋$NP_1$＋$NP_2$”分析为双宾语结构，并认为“$V_{取得}$”能和双宾语结构搭配。

然而，刘宋川表面上虽以动词分类的方式来分析“V＋$NP_1$＋$NP_2$”句式结构，但实际在面对“$V_{取得}$＋之＋NP”时，又补以其他方法来论证他的动词分类说，即：

> 名$_1$/代在这种情况下可通过介词‘于’移位于名$_2$之后，这显然不是定语后置，而是近宾语向补语形式的转换。①

而刘宋川之所以会这么做，主要是因为“之”和“NP”之间的领属关系历来被许多学者视为定中结构，而用以巩固单宾论者“领属说”的论据②又是牢不可破的。

由此可见，无论是单宾或双宾论者，实际上都无法单纯依据动词语

---

① 名$_1$/代指的是述语动词后的第一个名词或代词。

② 文献中存在“之”和“其”互文、互注的情形。

义来判定“$V_{取得}$＋之＋NP”的句式结构:贝罗贝借助了互文、互注的书证材料,而刘宋川则使用了变换句式的方法。为此,我们认为这个方法在判别句式结构中不占据决定性的地位。

此外,根据本书第三章的讨论,我们认为根据动词语义而将动词类做一致性的分析是不恰当的。因为,依据我们之前对《左传》的考察,发现“献”和“赐”虽然都是给予类动词,但尽管“献”在《左传》中总共出现了149次,却没有任何一个例子显示“献”能和“$V_{给予}$＋$NP_1$＋$NP_2$”的次要宾语型的双宾语结构搭配。这显然不符合贝罗贝或刘宋川对“$V_{给予}$”类动词的句法分布所做出的分析。另外,贝罗贝虽认为“制作类动词”不能搭配双宾语结构,也即是强调了二价动词无法进入双宾语结构,但是从陆俭明(2003:152—154)对现代汉语“吃了他三个苹果”的句法结构的研究来看,“吃”虽为一个二价动词,却也能搭配双宾语结构。

总的来说,动词语义分析法除了不具有决定性的判别地位外,其方法本身其实也有不足之处,即我们不能将动词类做一致性的分析。为此,本书认为动词语义分析的方法不应作为判断“$V_{取得}$＋之＋NP”句式结构的凭据。

### 4.3.2　以“变换句式”分析“$V_{取得}$＋之＋NP”句式结构

除了动词语义分析法外,“变换句式”的分析方法也是学者们常使用的论证方法。关于它的操作方式,我们在本章前面已做了简短的介绍,即:学者们认为若某一句式能转换成另一特定句式,则原句式为双宾语结构,反之则为单宾语结构。另外,由何乐士(1980)及唐钰明(1994)的研究来看,我们认为学者们必须使用由“书证”取得的变换式,而不能凭语感自造,否则由此得出的分析结果并不可信。虽然如此,我们认为变换句式分析法的问题不在于实践层面,而是这个方法究竟能否用来判断句法结构。要回答这个问题,首先须了解句式变换的本质。

由现代汉语中的述宾结构来看:

[25] 老张杀了小明。

[26] 小强思念了小花。

[27] 买来了这本书。

[28] 买来了一本书。

我们观察到例[25]可以转换为被字句“小明被老张杀了”或是把字句“老张把小明杀了”；然而例[26]却不能做类似例[25]的转换，即不能转换为被字句“小花被小强思念了”或是把字句“小强把小花思念了”。但是，我们能因此说例[26] 不是述宾结构吗？另外，例[27]可以转换成把字句“把这本书买来了”，而例[28]则不能做类似[27]的转换，即不能转换为把字句“把一本书买来了”。但是，也不能因此就说例[28]不是述宾结构。为此，由上述分析来看，我们发现一个句式之所以能或不能变换成另一种句式，其根本原因并不取决于该动词或事件的类别，而是受限于句式意义和词语意义之间的互动关系。如，依据“把字句”的句义要求，我们知道“‘把’字的宾语在意念上总是有定的”(朱德熙1999:212)。但由于例[28]的宾语“书”前头有不定数量词“一本”，而违反了“把字句”的要求，因而无法转换成把字句的句式。①

此外，还必须注意的是，“赐＋之＋NP”虽然是上古汉语中一个典型的双宾语结构的例子，但依据唐钰明提出“书证”的要求，本文却无法从典籍中找到“赐＋之＋以＋NP”的句式。然而，我们却不曾因此而怀疑“赐＋之＋NP”不是双宾语结构。②

由此可见，句式转换的本质问题在于句式意义和词语意义之间的互动关系，因此不能单凭某句式能否转换成另一个特定句式的表面情况，而否定原句式不属于某种句法结构。

总的来说，本文认为变换句式的分析方式不能有效地用以分析“$V_{取得}$＋之＋NP”的句式结构。

### 4.3.3 以“之”可以理解为“其”分析“$V_{取得}$＋之＋NP”

我们在第一节中指出，单宾和双宾论者在分析“$V_{取得}$＋之＋NP”的

---

① 详见本书第二章的分析。

② 详见本书第二章的分析。

句式结构时经常涉及对“之”和“其”的讨论：单宾论者认为上古汉语中“$V_{取得}$＋之＋NP”中的“之”可以理解为“其”；而双宾论者却认为“之”和“其”在上古汉语里是明确分工的。虽然我们也已分析出双宾论者用以证明此观点的分析方法有误，[①]但不能否认双方都借由“之”和“其”在上古汉语的语法表现提出了两种不同的说法，而这两种说法之间是相互矛盾的。因此我们认为仍有必要对此研究方法进行分析。但亦由于本文已分析出双宾论者用以巩固其观点的方法有误，因此我们接下来只关注单宾论者“之”可以理解为“其”的观点。

由前面所进行的分析，我们知道单宾论者提出“之”可以理解为“其”的说法，主要是基于在文献中发现“之”和“其”互文或互注的例子。如：

[29] 夺之资以益其灾。(《国语·周语下》)

韦昭注：“夺其资，民离叛。”

[30] (田恒)遂杀简公而夺之政……皇喜遂杀宋君而夺其政。(《韩非子·内储说下》)

但是，依据本文对各时代典籍的观察，发现“之”和“其”互文或互注的情形主要出现在战国后期的典籍中。而“$V_{取得}$＋之＋NP”句式虽早在《左传》中便已经出现，但是无论在《左传》或是其他早期的典籍中，却一直都没有类似上述互文、互注的情形出现。[②] 为此，我们怀疑是否能以后期典籍中的互文、互注现象来判定早期典籍中“夺＋之＋NP”的句式结构。如果不能，那本文又如何判定《左传》中的“之”就应该理解为“其”，并进而将“$V_{取得}$＋之＋NP”分析为单宾结构呢？

对于以上问题，我们其实无法排除其中或许存在着语言的历时演变因素对共时语言系统的干扰。这种认识在之前对于上古汉语语法的研

---

① 即何乐士以句式变换的方法来支持“之”、“其”分工的观点。但通过分析，可发现该方法并不可行；且何乐士本身在使用此方法时还存在自造句子的内部性问题。为此，我们认为由上述两点所证得的结论并不可靠。

② 详见本章4.4节的分析。

究中并未获得重视，但是到了今天，有越来越多的现象说明，语言的历时演变会对语法系统的完整性产生干扰。孙志阳(2006:50—51)就指出：

> 另外，据 Maarten Lemmens(1999)，英语中发生了这样一个变化："大约在 16 世纪，所有的'SUFFOCATE'类动词都出现了不及物用法，包括原先的及物动词'strangle、throttle、stifle、smother'。……"从英语中的这个变化可以看出，某个本来没有不及物用法的动词因词义等等原因的变化会产生出新的不及物用法，这种"反宾为主"显然与历史的变化有关。汉语中会不会也有这样的现象呢？在没有做出具体的研究之前，很难回答这个问题，但是必须考虑到这个问题存在的可能性，把不同时间层次的动词的用法放在一起来讨论，很容易忽略其不同的性质，这样讨论得到的结果很可能被有问题的"事实"所误导，至少也是不全面的。
>
> 要避免把不同性质的材料放在一起讨论，就要先把历史的因素排除在外，先从一个共时的平面出发，再以此为基点探求历时的变化。因此，本文的材料范围基本限于《左传》，有很大一部分是基于这个考虑，我们把《左传》看作一个共时平面的语言现象，这样就避免了把有历史差异的不同用法掺杂在一起。

为了减少来自这方面的干扰，我们认为有必要在接下来的内容中按年代顺序来展开关于"之"和"其"的讨论。

基于上述种种原因，我们认为由"之"和"其"互文或互注的基础所建立起的"之"理解为"其"的观点并不可靠。另外，本文也认为互文或互注的情形实际上只揭示了"之"和"其"的关系在那些出现互文、互注的典籍中相当混乱，而不能证明"之"和"其"相混的方向。换言之，由文献中所观察到关于"之"和"其"互文、互注的现象来看，我们其实可以提出"之"理解为"其"或"其"理解为"之"的说法。然而对于此现象，单宾论者却一致认为"之"理解为"其"。由此看来，学者们坚持认为"之"理解为"其"的说法，实际上是无法直接从文献材料中推导出来的。这里的关键就和朱晓农(2008)在分析钱大昕“古无轻唇音”命题的推论过程中所存在的问题相似。根据朱晓农(2008:120)的说法：

> 钱大昕搜罗书证，找到上百个证据来证明古无轻唇音。他做到了既伟大又谦虚的“但开风气不为师”。……钱大昕的材料不少，但从归纳逻辑来看，他得不出这个结论，因为固然有可能古无轻唇音，但也可能古无重唇音(事实上有人持这看法)，……。他能证明的只是轻重唇古同类。钱大昕实际上还无意识地依赖了别的方法和前提。

按同样的道理，单宾论者从文献中发现“之”和“其”互文或互注的例子，从归纳逻辑来看，只能得出“之”和“其”同类的结论，而无法证明“之”须理解为“其”。为此，我们认为应对“之”和“其”相混的现象再进行更深入的研究。

## 4.4　上古汉语中“之”和“其”的语法表现

在上一节里，我们通过研究与分析前贤所使用的几种重要的研究方法，[①]了解到“之”和“其”在上古汉语的语法表现有助于本文对“$V_{取得}$＋之＋NP”句式结构的分析。为此，我们接下来将对“之”和“其”在上古汉语的语法表现进行讨论，并从新的角度分析两者之间的关系。

由于观察到在“$V_{取得}$＋之＋NP”句式中动词“夺”出现的频率最高；[②]因此，我们决定将对“$V_{取得}$＋之＋NP”句式的讨论，集中于频率最高的“夺＋之＋NP”上。此外，也由于动词“$V_{取得}$”中“夺”的频率最高，因此若“夺＋之＋NP”的分析结果为单宾语结构，则提示我们“$V_{取得}$”应该无法在这个阶段进入双宾语结构；反之，若“夺＋之＋NP”的分析结

---

① 如：动词语义分析法、变换句式法、“之”可以解为“其”的分析方法。

② 刘宋川(1999:94)在文中列出先秦典籍中“$V_{取得}$”中的各个动词搭配“V＋$宾_{人}$＋$宾_{物}$”的次数，其中动词“夺”的频率最高，一共出现了85次。

果为双宾语结构，则提示本文“$V_{取得}$”中至少有一个“夺”能搭配双宾语结构。

此外，由于考虑到研究上古汉语的材料有限，以及学者们的多次讨论都无法达成一致的认识，因此我们必须为接下来的讨论进行一些限制。为避免可能受到语言演变的影响而把不同年代的材料等量齐观，我们不把所有出现在上古汉语中的“夺＋之＋NP”的例子毫无区别地使用。本书第三章对上古汉语“献”和“问”等例子的句法表现的考察，证实了上古汉语中各个时代的语言是不完全相同的。我们这里不妨再对“问”这个动词的句法表现进行简要的说明。在春秋末期至战国初期，“问”的直接宾语只能是询问的内容，而且问的一般是抽象的道理，而不是具体事物。而如果涉及询问的对象，则一般要加“于”构成间接宾语。如“子张问仁于孔子”（《论语·阳货》），这里“仁”是询问的内容，“孔子”是询问的对象。然而从《孟子》一书开始，我们发现“问”的直接宾语所能涵盖的语义角色有了变化，即“问”后面的直接宾语不再只限于询问的内容，也能指询问的对象。换言之，到了战国时代，“问＋名词词组”中的名词词组有可能是询问的内容，也有可能是询问的对象。如：

[31] 恐其不能尽于大事，子为我问孟子。（《孟子·滕文公上》）

[32] 王使人问疾，医来。（《孟子·公孙丑下》）

例[31]中的“孟子”是询问的对象，而例[32]中的“疾”则是询问的内容。

由此可见，由春秋时代到战国时代短短数百年间，语言确实产生了变化。因此，我们决定按时间段逐一考查不同的传世文献中“之”和“其”在“V＋之/其＋NP”句式中的语法表现，以避免分析结果受到语言演变的影响。由于《左传》是先秦时期著作年代较早的典籍，本文将更关注《左传》中“之”和“其”在“V＋之/其＋NP”句式中的语法表现。

### 4.4.1　学界对“之”和“其”的解释

从前人的研究来看，我们观察到单宾论者提出“之”可作“其”解，并认为这一观点不可动摇,主要是基于文献中“之”和“其”互文、互注的现象。然而,本文认为此说法其实有其局限性。因为单宾论者将“之”可作“其”解作为其有利论据时,往往基于少数学者们认为具有争议性的动词组成的“V+之+NP”句式提出,而不适用于“$V_{给予}$+之+NP”或其他“V+之+NP”句式。换言之,单宾论者在面对“$V_{给予}$+之+NP”时,并不认为“之”可以作“其”解,而在面对“$V_{取得}$+之+NP”时,却又认为“之”可以作“其”解。更甚的是,此说法其实也并不适用于所有的“$V_{取得}$+之+NP”,如:学者们往往认为“夺之牛”中的“之”应理解为“其”,但却不认为“取之公”的“之”应理解为“其”。有鉴于此,我们认为应重新探讨“之”和“其”的关系。

但是,在开始论述上古汉语中“之”和“其”的语法表现以前,我们认为应先了解前贤对“之”和“其”所作的研究,才能让本文对它们有更全面的认识。

一般说来,学界对于“之”和“其”作为上古汉语第三人称代词时的语法表现,目前的结论是:“之”用作宾语,而“其”则用作定语。王力在《汉语史稿》(2005:262)就指出“‘之’用于宾格,‘其’用于领格”;张其昀在《古代汉语》(1994:198)中也提到“‘之’是用作宾语,而‘其’则用作定语”。但是,尽管大部分的语法书都对“之”和“其”的语法表现进行如上所述的解说,但学界对“之”和“其”的认识并非一致,也有学者提出“之”等于“其”或“之”可以通“其”的观点。

关于“之”等于“其”这一说法,我们最早可以追溯到东汉时代的高诱。而这个说法也一直持续至今,近代人马建忠、杨树达亦都认为“之”可以作“其”解(李佐丰 2003a:137)。然而,我们已于前一节说明学者们用以建立这个结论的证据是文献中不乏“之”和“其”互文、互注的情形,但我们同时强调,这种互文、互注是相当混乱的。此外,若从历时的角度来看,我们也发现“之”等于“其”的说法只适用于上古汉语,而对于先秦以后的汉语(最晚由东汉开始),学者们则普遍认为“其”的用法已逐渐向“之”靠拢(魏培泉 2004)。换言之,我们若承认了上古汉语中“之”可作“其”解的说法,也即是认同了“之”和“其”的关系在先秦时代呈现为“之”的用法扩大为“其”；而先秦以后则反其道，变为“其”的用法扩大为“之”。当然，我们提出上述“之”和“其”在不同时代中往不同方向发展的情形，并不是为了否定它有存在的可能性，而是想借此揭示出语言要在这两个不同时期中完全改变它的发展方向是具有复杂性的。

总的来说，我们通过研究，发现无论是用以建立“之”理解为“其”的论据还是这个观点本身都具有问题。换言之，我们无法通过这个说法来分析“夺＋之＋NP”的句式结构。此外，有鉴于上述的种种分析，我们也认为唯有先研究出上古汉语中“之”和“其”的发展方向，才能更准确地分析出“夺＋ 之＋NP”的句式结构。

### 4.4.2　对《左传》中“之”与“其”的分析

为解决上古汉语中“之”和“其”的发展方向问题，本节着重考察《左传》中“之”与“其”的句法分布。

#### 4.4.2.1 “之、其”与“夺、取”的搭配关系

我们在上文中不断提及“之”和“其”的关系在战国后期以及之后的典籍中是相混的，那么，在战国前期，这两者之间的关系又是如何的呢？我们通过对《左传》中“之、其”和“$V_{取得}$”搭配情形的观察，发现它们的搭配关系呈现出不对称的现象。如果以 NP 来代表客体宾语，则可发现：动词“夺”基本上只搭配“V＋之＋NP”，而动词“取”则只和“V＋其＋NP”搭配，如下表所示：

表 4.1　“夺、取”和“之、其”在“V＋之/其＋NP”中的搭配情形

| | V＋之＋NP | V＋其＋NP |
|---|---|---|
| 夺 | 11 | 1 |
| 取 | 0[①] | 29 |

由表 4.1，我们知道《左传》中有一例“夺”和“V＋其＋NP”的搭配

---

① 《左传》中虽有一例“取＋之＋NP”的例子：其取之公也薄，其施之民也厚（《左传·昭公二十六年》），但是这个例子的指物宾语在前，而指人宾语在后，为介宾补语式的省略，是间接宾语型的双宾语结构，不符合我们本章所要探讨的双宾语结构的形式定义。

情形,即:

[33] 文子怒欲攻之,仲尼止之,遂夺其妻。(《左传·哀公十一年》)

但是,为了行文的方便,这个例子我们稍后再进行论述。

由上文所述来看,如果我们接受了单宾论者关于上古汉语中“之”、“其”相混的说法①,则应该能在《左传》里观察到“之”、“其”和“$V_{取得}$”(夺、取)的搭配情形出现分布对称的现象,也即是在表4.1中出现平均分布的比率。然而,由表4.1来看,“夺”实际上只搭配“V+之+NP”,而“取”则只搭配“V+其+NP”。为此,我们可以肯定地说“之、其”在《左传》中和“$V_{取得}$”(夺、取)搭配时,并不相混。

从《左传》里“取”的语法表现来看,我们也观察到“取”在和“之”搭配时,基本上只构成“V+之”形式。如下表所示:

表4.2　“取”和“之”的搭配情形

| | V+之 | V+之+NP |
|---|---|---|
| 取 | 46 | 0② |

由表4.1和表4.2来看,我们发现“取”在《左传》中只搭配“V+其+NP”或“V+之”。换言之,从上述的分析可知“取”在《左传》中只搭配单宾语结构③。

总的来说,依据“取”只带单宾语的语法现象以及“取”和“夺”明显区分的语法表现,若要将《左传》中的“夺+之+NP”句式判为如同“取+其+NP”一般的单宾语结构,那我们将无法解释为什么“夺”和“取”之间有如此明显的区分现象:“夺”能进入“V+之+NP”句式,而“取”则完全不能,并且又明显地只能带单宾语。

① 单宾论者认为上古汉语里“之”可以解为“其'”,即表示认为“之”和“其”的用法可以相混。

② 同第276页注①。

③ 这里不考虑间接宾语型句式。

4.4.2.2 “之、其”与“赐、献”的搭配关系

除了上文所述“之、其”和“夺、取”的搭配关系显示了“之、其”并不相混，以及我们难以将“夺＋之＋NP”判为单宾语结构外，从《左传》中我们也观察到“赐、献”这两个给予类动词在和“之、其”搭配时，存在着和“夺、取”相似的句法分布。如果我们以NP来代表客体宾语，则可发现：“赐”只能进入“V＋之＋NP”句式，而“献”则只进入“V＋其＋NP”句式，如下表所示：

表4.3 “赐、献”“之、其”在“V＋之/其＋NP”中的搭配情形

| | V＋之＋NP | V＋其＋NP |
|---|---|---|
| 赐 | 23 | 0 |
| 献 | 0① | 9 |

另外，我们也观察到“献”在和“之”搭配时只构成“V＋之”的现象。如下表所示：

表4.4 “献”和“之”的搭配情形

| | V＋之 | V＋之＋NP |
|---|---|---|
| 献 | 5 | 0 |

因此，表4.3和表4.4显示“献”在《左传》中只搭配“V＋其＋NP”或“V＋之”。换言之，从上述的分析可知“献”在《左传》中只搭配单宾语②。

接着，如果将“赐”、“献”、“夺”、“取”和“之”、“其”的搭配关系摆在一起来看的话，则能发现“赐、献”(给予类动词)和“夺、取”(取得类动词)在《左传》中的语法表现和分布十分相似。如下表所示：

---

① 《左传》中虽有一例“献＋之＋NP”的例子，即“窃马而献之子常”(《左传·定公三年》)，但是这个例子的客体或指物宾语在前，指人宾语在后，为介宾补语式的省略，不符合本章对双宾结构形式的定义。

② 同样的，这里也不考虑间接宾语型句式。

表 4.5　“赐、献、夺、取”与“之、其”搭配关系的对照表

| | V＋之＋NP | V＋其＋NP | V＋之 |
|---|---|---|---|
| 赐 | ＋ | － | x |
| 夺[①] | ＋ | (＋) | x[②] |
| 献 | － | ＋ | ＋ |
| 取 | － | ＋ | ＋ |

然而，“赐、夺”和“献、取”两组成员虽然各自有着相同的语法表现，但学者们对于“赐＋之＋NP”的分析并不像“夺＋之＋NP”句式般存在着争议，而是一致地将它判定为双宾语结构。

为此，如果我们将“夺＋之＋NP”判为单宾语结构，那将难以解释为什么“夺”和“赐”在《左传》中有如此相似的语法表现，但又分别和它们的“同类”动词，即“取”和“献”，有着明显不同的语法现象。有鉴于此，我们认为唯有将“夺＋之＋NP”判定为双宾语结构才能更好地解释上述的区分及相似现象。另外，基于“之”“其”在和动词搭配时体现出彼此限制的情形，我们也认同何乐士所提出的“之”和“其”明确分工的说法，即“之”用作宾语，而“其”则用作定语。

在对《左传》中“夺＋之＋NP”的句法结构做出判定后，我们认为“夺”是“$V_{取得}$”中用以表达双宾语义的动词。换言之，并非所有的“$V_{取得}$”都不能搭配双宾语结构，在这时期的汉语中，“$V_{取得}$”里至少有一个“夺”能搭配双宾语结构。

4.4.2.3《左传》中的“夺＋其＋妻”

虽然我们已对《左传》中“夺＋之＋NP”句式结构以及“之”和“其”的表现提供了一些看法，但不能忽略的是在《左传》中仍有一例显示动词“夺”和“其”搭配而组成“V＋其＋NP”的例子。这个例子就是“夺其

① 在《左传》里，“夺”和“V＋之/其＋NP”搭配的句子共有 12 例，其中 11 例为“夺＋之＋NP”，即占了 91.67%；而“夺＋其＋NP”只有 1 例，即只占了 8.33%。

② 在表格内打“x”是为了表示“赐之”和“夺之”的“之”是与事或夺事，而这和“献之”和“取之”中的“之”表客体是不同的。

妻”(见例[34])。但是,随着本文对“夺＋之＋NP”句式结构所做的判断,以及由此所得出“之”和“其”在《左传》中明确分工的观点后,我们认为此例中的“其”实际上体现了做定语的语法表现,和后面的“NP”构成定中关系。为此,例[34]中的“夺其妻”应为单宾语结构。也就是说,随着将“夺其妻”判为单宾语结构,那么表示“$V_{取得}$”中的成员“夺”除了能搭配“V＋之＋NP”句式以表达双宾语义外,也能搭配“V＋其＋NP”句式表达单宾语义。那究竟是什么原因让“夺”既可搭配“之”,又能搭配“其”呢?

我们认为“夺”之所以能进入“V＋其＋NP”句式,实际上是受到了句子中“NP”的性质的影响。依据对《左传》的观察,我们发现“$V_{取得}$”所涉及的被转移之客体若为人,那就只能搭配“V＋其＋NP”句式,如:

[34] 文子怒欲攻之,仲尼止之,遂夺其妻。(《左传・哀公十一年》)

[35] 二年,春,宋督攻孔氏,杀孔父而取其妻。(《左传・桓公二年》)

[36] 子皙怒,既而櫜甲以见子南,欲杀之,而取其妻。(《左传・昭公元年》)

我们怀疑这是因为“V＋其＋NP”句式中所转移的物品一般为不可以转移之物,因此当迫不得已被夺走或转移时,便以“其”来表示该不可转移的特点。正如例[34]的“夺其妻”,“妻”作为“其”的所有物而言,一般是不能被转移的。但是当迫不得已必须被转移时,如被夺走,那就只能以“V＋其＋妻”来表示。

反之,若其中所涉及被转移的客体皆为可转移之物,便以“V＋之＋NP”来表示其可转移的特点。如:

[37] 夺之官邑。(《左传・昭公十六年》)

[38] 夺之杖以敲之。(《左传・定公二年》)

[39] 外州人夺之轩以献。(《左传・哀公十一年》)

总的来说,我们认为动词“夺”与“之、其”搭配时,“之”表示被转移的客体具有可转移性，而“其”则表示被转移客体的不可转移性。正因为上述原因，使得动词“夺”既能用以表示双宾语义，也能表示单宾语义。

至此，我们已对《左传》中“之”和“其”之间的关系以及“夺＋之＋NP”的结构有了深入的认识与分析。但是，这仍不足以说明“之、其”互文或互注时所揭示的相混方向。对此，我们将于下节进行论述。

#### 4.4.2.4 “其”扩大为“之”的现象

在前面，我们虽已论证了《左传》中“夺＋之＋NP”的句法结构，以及“之、其”的语法表现；但却仍无法明确地指出“之”和“其”相混的方向究竟如何。[①] 而这有可能影响我们的分析结果，[②]因此我们接着将会分析上古汉语中“之”和“其”相混的方向。

我们在这里稍做一些简单的回顾。《韩非子》里有一对例子一直被用来支持“夺＋之＋NP”应分析为单宾语结构的结论。这对例子是：

［40］a. 遂杀简公而夺之政。（《韩非子·内储说下》）

b. 遂杀宋君而夺其政。（《韩非子·内储说下》）

由于它们均指向客观世界中的相同事件，而“之”跟“其”能互换，因此它们的地位应该是平等的，而单宾论者更进一步地指出这对例子能证明“之”须理解为“其”，也即是代词“之”获得和领格代词“其”一样的语法功能。我们反对这个结论，因为这仅能证明在动词“夺”之后出现的两个代词“之”和“其”是不能被区分的，但是却无法证明演变的方向（即“之”应理解为“其”，抑或“其”应理解为“之”）同时，我们认为提出上述例子中的“之”须理解为“其”的单宾论者其实都忽略了两个语言事实。首先，我们在《韩非子》中找到下列的例子：

［41］a. 故群臣陈其言，君以其言授其事，事以责其功。（《韩非

---

① 即究竟是“之”扩大为“其”，还是“其”扩大为“之”。

② 若两者相混的方向是“之”扩大为“其”，则“夺＋之＋NP”只能分析为单宾语结构；但若两者相混的方向是“其”扩大为“之”，则有助于证明上述结论的可靠性。

子·主道》)

b. 为人臣者陈而言,君以其言授之事,专以其事责其功。(《韩非子·二柄》)

“夺”是取得类动词,因此面对例[40]时,支持单宾说的学者们由于考虑到“之”和“政”之间存在着领属关系,因此就直接把“之”等同于“其”。这个推论过程明显有误,因为相同的推论过程无法适用于例[41]。由于例[41]中的这一对例子都和“授”这个给予类动词有关,而“之”是授予的对象,是接受者的语义角色,在这里明显无法和“事”具有领属关系,因此无法解释为“其”。此外,还必须指出的是“授”这个给予类动词在《左传》中能进入次要宾语型的双宾语结构:

[42] 杜洩见,告之饥渴,授之戈。(《左传·昭公四年》)

但是就是没有“授+其+NP”的次要宾语型的双宾语结构的例子,这就清楚地显示了《韩非子》中的“授其事”是个较晚的历时发展现象,并和以下的第二点联系上了。

其次,《左传》中的“夺”并没有任何例子显示“之”和“其”有相混的现象。根据前边的论述,除了“夺其妻”外,《左传》中的所有其他例子都是以“夺+之+NP”的形式出现的,如:

[43] 夺之杖以敲之。(《左传·定公二年》)

[44] 攻而夺之币。(《左传·桓公九年》)

[45] 牵牛以蹊人之田而夺之牛。(《左传·宣公十一年》)

由此可见,《韩非子》一书中所出现的“之”和“其”在取得类动词“夺”之后产生混淆是一种语言历时演变的结果。逻辑上而言,当两个不同句法功能的语素或词在较晚的传世文献中发展成为具有相同的功能时,改变的方向可以是以下的任何一种可能性,就如图 4.3 所示:

图　4.3

迄今为止，我们并没有任何的证据显示是代词“之”经历了变化，而不是“其”，而如果考虑到《左传》中大量的例子都是以“夺＋之＋NP”的形式出现，而仅有当客体和领有者存在着一种不可分割的关系时才能以单宾语结构的形式出现，如：

[46] 夺其妻。(《左传·哀公十一年》)

因此，我们认为“其”在后期逐步侵占“之”的句法功能的说法似乎是个较好的解决方案。采取这个说法的一大好处是这能和汉语语法史研究中对“其”的功能在历时变化中的认识取得一致。魏培泉(2004：46)曾依据《史记·秦本纪》中“君试遗其女乐，以夺其志”中的“遗其女”为证据，指出“遗”是三元动词，而“其”则是其间接宾语，[①]证明了在《史记》时“其”已具备了“之”的用法。值得注意的是，“遗”这个给予类动词在《尚书》中有一例证明它能进入次要宾语型的双宾语结构：

[47] 宁王遗我大宝龟。(《尚书·大诰》)

《左传》中也有一个明确的“遗＋之＋NP”形式结构的例子：

[48] 陈氏方睦，使疾，而遗之潘沐，备酒肉焉……。(《左传·哀公十四年》)

这也是个次要宾语型双宾语结构的例子。此外，还必须指出的是，《尚书》和《左传》等早期的传世文献中均没有“遗＋其＋NP”形式的例子。由此可见，若我们立足于“遗”这个动词，可发现早期传世文献中有体现“遗＋之＋NP”的次要宾语型的双宾语结构的例子，但就是缺少体现“遗＋其＋NP”的次要宾语型的双宾语结构的例子。到了晚期的传世文献中，我们才发现“遗＋其＋NP”的次要宾语型的双宾语结构的例子，这就有力地说明了“其”是由于历时变化而产生了“之”的功能和用法。类似的例子还有许多，如：

[49] 王梦帝予其九龄。(《论衡·感类》)

---

① 这里的间接宾语指的是接受者论元，等同于本书的主要宾语(primary object)。

[50] 可引军避之，与其空城。（《三国志·陈登传》注）

[51] 有人遗其双鹤。（《世说新语·言语》）

[52] 即赐其名马。（《魏书·于栗磾传》）

[53] 我有一儿，年已十七，颇晓书疏，教其鲜卑语及弹琵琶。（《颜氏家训·教子》）

这些汉代及汉代之后的传世文献的例子都明白地说明了领格代词"其"获得了与代词"之"相同的语法功能，因为我们能在较早期的文献中找到"$V_{给予}$＋之＋NP"的例子：

[54] 予之石窌。（《左传·成公二年》）

[55] 止而与之田。（《左传·哀公二年》）

[56] 遗之潘沐。（《左传·哀公十四年》）

[57] 神赐之土田。（《左传·庄公三十二年》）

[58] 父教之忠。（《左传·僖公二十三年》）

在这个背景下，如果依旧坚称例[40]中的一对例子能证明"之"应理解为"其"，这除了缺乏有力的证据支持外，还违反了奥克姆剃刀原则，尤其是考虑到"其"在给予类动词后产生了"之"的用法和这一功能虽见于汉代的《史记》，但并不一定始于汉代。

为了说明"其"在给予类动词后产生了"之"的用法和该功能在先秦汉语中已有迹象，我们这里就考察《左传》里几个给予类动词在"$动词_{给予}$＋其＋NP"中的情形。情况虽然有些复杂，但主要可分为两类。第一种情形能以"献"为例说明：

[59] 辞曰："国君，文足昭也，武可畏也，则有备物之飨，以象其德；荐五味，羞嘉谷，盐虎形，以献其功。吾何以堪之?"。（《左传·僖公三十年》）

"献其功"在《左传》中出现三次，而每一次都可以理解为"献上自己的功劳"（沈玉成 1997:138），因此这个"其"依然是个领属代词，是"功"的定语，而"献"就以"其功"这个名词词组为直接宾语。其他和"献"有关的例子还有：

[60] 侯来献其乘马，曰启服，堑而死。(《左传·昭公二十九年》)

[61] 求崔杼之尸，将戮之，不得。叔孙穆子曰：“必得之。武王有乱臣十人，崔杼其有乎？不十人，不足以葬。”既，崔氏之臣曰：“与我其拱璧，吾献其柩。”(《左传·襄公二十八年》)

例[60]中的“其”指的是“侯”，因此“其乘马”就是“他自己的乘马”，而例[61]由于有上下文，因此我们能轻易地从“与我其拱璧”的举动中，推导出“吾献其柩”中的“其”指的是“崔杼”，因此“其柩”就是“崔杼的柩”。由此可见，“献＋其＋NP”在《左传》中仅能分析为单宾语结构，而这和我们之前以及前一章的讨论是完全一致的。①

下面是第二类情形，而我们就以“与”这个通用给予动词为例。我们在《左传》中发现如下的例子：

[62] 吴子寿梦说之。乃通吴于晋，以两之一卒适吴，舍偏两之一焉。与其射御，教吴乘车，教之战陈，教之叛楚。(《左传·成公七年》)

例[62]的“与其射御”中的“与”是个通用给予动词，表达了给予的意义，而“射御”在这里指的是“射手和御者”，因此全句的意思为“送给吴国射手和御者”。根据这个解释，我们认为例子中的“其”不能解释为领属代词，而应该解释为“之”。这固然是从语义的角度说明“与其射御”表达的是个给予类事件，因此句法结构须分析为双宾语结构，本书第三章对于“与”这个通用给予动词的句法表现所做的考察亦证明了“与其射御”确实是个双宾语结构。“与”是个与事型的通用给予动词，也就只能带接受者论元为其直接宾语，而无法带客体论元为直接宾语，这是我们之前所建立起来的共识。因此如果把例子中的“其”解释为领属代词，“其射御”也就成了个定中结构，而这样分析的结果就造成了“与”能带“其射御”这个体现客体论元的名词词组为直接宾语的结论。

① “献”无法进入次要宾语型的双宾语结构，而在单宾语结构中，直接宾语只能是客体论元，而不能是接受者论元。

这显然是违反"与"这个动词的句法表现的。有鉴于此，我们认为"与其射御"中的"其"必须分析为"之"。

对于《左传》中的这个例子，反对者可提出这是个孤例，但是如果我们继续考察其他的先秦文献，依然可以发现相似的例子，如：

[63] 凡人主之与其大官也，为有益也。(《吕氏春秋·应言》)

[64] 彼将夺其所谓不肖，而予其所谓贤；夺其所憎，而与其所爱。(《战国策·赵策三》)

例[63]的"与其大官"指的是"给人大的官职"，因此"其"在这里是接受者。再看例[64]，这个例子比较微妙，"与其所爱"的前面有"夺其所憎"，而按照一般的理解，这两句似可翻译为"夺取他所憎恶的人，给予他所喜欢的人"，但是由于之前已论证"与"是个与事型的通用给予动词，因此例子中的"其"不能被分析为领属代词，而"与其所爱"的句法结构就是"与之所爱"，指的是"给予秦王某些他喜爱的人"。我们认为唯有承认"其"在先秦时已逐步向"之"靠拢，才能解释何以《史记》中会出现这样的例子：

[65] 王召孟尝君而复其相位，而与其故邑之地，又益以千户。(《史记·孟尝君列传》)

由此可见，《左传》中"之"、"其"的语法表现除了如前面所述的是明确分工外，在和"$V_{给予}$"搭配时也出现了相混的现象，并且其发展方向为"其"扩大为"之"。然而，像"与其射御"这样体现"其"扩大为"之"的例子在《左传》中数量仍很少，但随着时代的演变、语言的发展，我们观察到这样的例子在《左传》以后的先秦文献中逐渐增加。

## 4.5 "其"扩大为"之"对"夺＋之＋NP"句式结构分析的影响

由上述分析来看，本文认为随着"$V_{给予}$"中"其"扩大为"之"的现象的不断增加，使得后人认为"之"和"其"之间无分别。如一个"V＋其＋NP"的句子，表面上用的虽然是"其"，但实际上却可以用来表示"之"或"其"的语义。而且，随着"其"扩大的现象依时代的不断增加，越是后代的人对"V＋其＋NP"的句子中的"其"到底是表示"其"(定语)还是表示"之"(宾语)的功能就越分不清。

此外，从"夺＋之＋NP"和"夺＋其＋NP"互文互注的现象只出现于后期典籍，而不出现于前期典籍来看，如：

[66]（汉王）驰入张耳韩信壁，而夺之军……（汉王）驰入齐王壁，夺其军。(《史记·高祖本纪》)

[67]（田恒）遂杀简公而夺之政……皇喜遂杀宋君而夺其政。(《韩非子·内储说下》)

[68] 夺之资以益其灾。(《国语·周语下》)

韦昭注："夺其资，民离叛。"

我们认为这是因为当时的人因已分辨不清"之"和"其"的差别，所以才会将"之"和"其"用来替彼此注解，或是让它们同时出现在同一句子、同一篇章里。但他们这么做并不是为了将这些关系表现为定中结构，而因为当时的"其"已经具有充当宾语的能力了。魏培泉(2004:46)在分析汉代"之、其"的语法表现时，也提出了上述看法：

> ……可是本文也可以把这个"之"分析为间接宾语，就像现代汉语"抢他钱"的用法。虽然这个位置可以用"之"或"其"，但是先秦文献较偏向于用"之"，可能当时的人多把它分析为间接宾语。至于汉以后多用"其"，倒不一定是当时的人倾向于把它分析为领属词，而是因为这个时候的"其"也已经可以充作宾语了。

因此，我们认为"其"扩大为"之"的现象已由"$V_{给予}$"延伸至"$V_{取得}$"了。

总的来说，通过参阅不同时代的典籍，从而了解了"之、其"在不同时代的表现后，我们发现"其"扩大为"之"的现象早在《左传》中便已经出现，但只局限于"$V_{给予}$"中，并且数量也很少。但随着时代的推演，其数量不仅不断增加，而且逐渐扩大至"$V_{取得}$"。因此，本文认为"之"和

"其"互文或互注的情形并不能证明"夺＋之＋NP"为单宾结构；而是因为当时的"其"已经发展为"之"所造成的。最后，随着判定了"之"和"其"相混的方向，本文也再次肯定了上古汉语中"夺＋之＋NP"句式为双宾结构，且"$V_{取得}$"中的"夺"确实能进入双宾结构。

## 4.6　结语

这一章我们依据《左传》中"之"、"其"的语法表现，试图分析上古汉语"$V_{取得}$＋之＋NP"的句法结构，以及"之"、"其"语法表现的问题。由于动词"夺"在"$V_{取得}$＋之＋NP"句式中所占的比例最多，因此我们从"夺＋之＋NP"句式着手进行分析。在讨论的过程中，发现"之"、"其"相混的现象是造成本文难以分析"夺＋之＋NP"句式结构的首要原因。另外，我们也了解到唯有分析出"之"、"其"相混的方向，才能较好地分析"夺＋之＋NP"的句式结构。为此，我们对"之"、"其"在上古汉语中的语法表现进行了分析。

首先，我们发现"之"、"其"在《左传》中与"$V_{取得}$"动词（即"夺、取"）搭配时，出现了不对称的分布现象。即：动词"夺"基本上只能搭配"之"，并表现为"V＋之＋NP"；而动词"取"虽然也能搭配"之"，但基本上只表现为"V＋之"。另外，我们也发现动词"夺"基本上不和"其"搭配；而动词"取"则大量与"其"搭配，表现为"V＋其＋NP"。

上述这种不对称的现象除了在"之"、"其"与"$V_{取得}$"搭配时表现出来外，还能由《左传》中"之"、"其"与"$V_{给予}$"的搭配中表现出来。即：动词"赐"只能搭配"之"，并表现为"V＋之＋NP"；而动词"献"虽然也能搭配"之"，但基本上只表现为"V＋之"。动词"夺"基本上不和"其"搭配；而动词"取"则大量与"其"搭配，表现为"V＋其＋NP"。

接着，通过比对"夺、取"和"赐、献"两组动词与"之、其"的搭配情形，发现"夺"与"赐"、"取"与"献"分别具有相同的语法表现。由动词"赐"所组成的"赐＋之＋NP"，一般都毫无疑问地被分析为双宾语结构，因此，基于"赐、夺"具有如此相似的语法表现，以及它们与"取、献"明显区分的语法表现，我们认为唯有将"夺＋之＋NP"分析为双宾语结构，才能更好地说明上述出现的语法表现，同时也证明了“$V_{取得}$”中的动词“夺”在上古汉语中是能进入双宾语结构的。另外，由“夺、取、赐、献”与“之、其”搭配时所表现出的明显差异，以及“夺、赐”主要带双宾语、“取、献”主要带单宾语的情形来看，我们认为“之”和“其”在《左传》里是明确分工的，即“之”做宾语，“其”做定语。

除了通过对“夺＋之＋NP”结构的分析，论证出“$V_{取得}$”中的动词“夺”能进入双宾语结构外；李佐丰(2003a：132)在研究《左传》中的双宾语时，也证明了“夺”能进入双宾语结构，而他所讨论的句子形式是学界少有涉猎的，即“夺＋$NP_1$＋$NP_2$”的形式，如：

[69] 公之入也，夺南氏邑。(《左传·哀公二十五年》)

[70] 夺蒯得田。(《左传·文公八年》)

[71] 夺成然邑。(《左传·昭公十三年》)

[72] 夺黎氏地。(《左传·宣公十五年》)

李佐丰(2003a：128—130)通过对《左传》中“人名＋地名”($NP_1$＋$NP_2$)的语法表现，①证明了无论用“之”或不用，人名从不给地名做定语。换言之，即是两个名词之间不会成为联合、同位结构。所以只可能是双宾语。由此可见，无论是我们的研究结果还是李佐丰(2003a)的研究成果，都一再显示上古汉语中的“$V_{取得}$”中的动词“夺”能进入双宾语结构。

我们虽然已证得“夺＋之＋NP”为双宾语结构，以及“之、其”在《左传》中是具有明确分工的；但是当我们再查阅《左传》时，却又发现文中其实存在“之”和“其”相混的情形，如：“与其射御”及“共(供)其资粮屝屦”。而上述例子中的“其”实际上是作为一个宾语出现，并非与后面的

① 李佐丰(2003a：128—130)指出：“在《左传》当中，人名做定语共出现680多次，其中有650多次使用了‘之’，占到总数的95%。”“人名做定语要用‘之’应该不是一种偶然现象。这与人名充当修饰语和被它修饰的中心语之特点有关。”“人名之后，中心语之前如果不使用‘之’，那么，势必导致或是许多偏正结构被误解为主谓结构，或是出现许多歧义句……这个‘之’字，明确地告诉听者(或读者)：紧接在人名后面的，是中心语……故而，人名之后绝大多数定语要使用‘之’。”

"射御"或"资粮扉屦"组成定中结构。由此可见，这种"之、其"相混的现象实际上是由于"其"扩大为"之"所造成的。

通过查阅不同时代的典籍，我们发现"其"扩大为"之"的现象，随着时代的演变而不断地增加。为此，我们相信由于这种现象的不断增加，使得后来的人因无法分辨"之"和"其"的区别，而将两者混用。并且，由"夺＋之＋NP"和"夺＋其＋NP"互文互注的情形只出现于晚期典籍，而不出现于早期典籍这点来看，本文也推断这种混用的现象是从早期只出现在"$V_{给予}$"中逐渐扩大至"$V_{取得}$"。如此，才使得人们对"夺＋之＋NP"的结构分析产生混乱。由于人们往往忽略了早期典籍中"之、其"在与"$V_{取得}$"搭配时是明确分工的，而只注意到后期典籍中"之、其"在与"$V_{取得}$"搭配时出现互文互注的情形，便将"夺＋之＋NP"中的"之"理解为"其"。然而，实际上这种出现于后期典籍的互文互注情形，也只是因为这时候的"其"已经能够做宾语而已，而非人们所说的"之"应理解为"其"。

上古汉语关于取得类动词和双宾语结构的搭配关系一直存在着严重的争议，本章通过对"夺＋之＋NP"的句法结构的分析，阐述了"之"和"其"的关系，希望这个研究能为此课题提供一些新的思考角度。

# 第五章　从语义地图和构式语法看上古汉语的双宾语结构

## 5.1　引言

本章继续第二、三、四章关于上古汉语的双宾语结构的讨论。第二章我们把与格句式和双宾语结构区别开来，并指出了现有的研究无法有效地分辨双宾语结构的例句。为此，我们开展了上古汉语的句法关系的讨论，并从认知语法的理论角度出发，说明了直接宾语和间接宾语的判断标准，并以此重新探讨上古汉语不同与格句式的句法结构关系。根据这个讨论，以及类型学对于双及物结构的最新研究成果，我们提出上古汉语的双宾语结构有两种类型，一种是次要宾语类型，另一种则是间接宾语类型。前者是原生的句法形式，而后者则是通过省略“于”而在句法表层上体现出一种和原生的双宾语结构极其相似的句法形式。我们还指出双宾语结构作为一种句法范畴，和其他的语法范畴一样，体现了原型效应，因此也就有典型成员和非典型成员的分别。双宾语结构的典型成员就是给予类事件，而双宾语结构的非典型成员就是其他的非给予类的事件。从另外一个角度理解，也可以说双宾语结构作为一种句法形式，和词语一样，是通过典型和非典型的双宾语结构体现句式的多义性的。我们认为这种句式多义性和双及物结构的概念空间（见图 5.1）存在着紧密的关系，因此本章将着重讨论和给予类事件相邻的几个事件，如言说类事件、输送和抛掷类事件等。

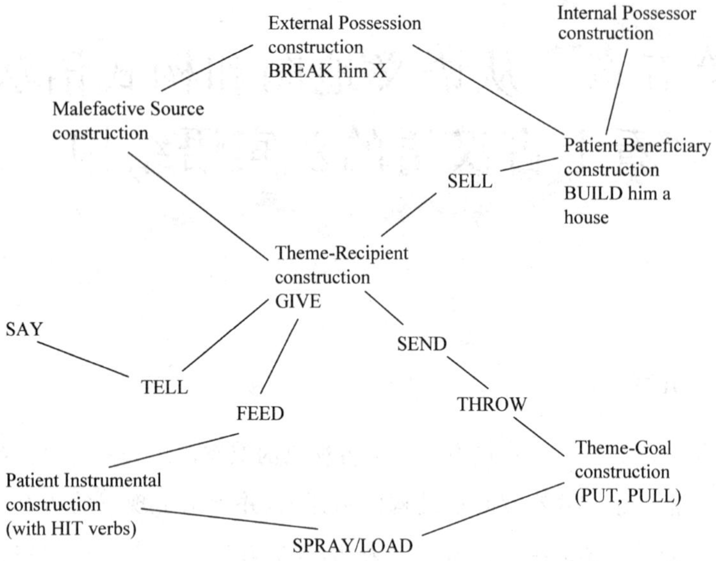


图 5.1

由于我们在第四章中已分析和讨论取得类事件是否能进入双宾语结构，并且证明了“之”和“其”在上古汉语中虽然有清楚的分工，但是却已开始显露出混淆的迹象，而这种混淆的方向应该是“其”理解为“之”，而非“之”理解为“其”，因此“$V_{取得}$＋之＋NP”的例子应一致分析为双宾语结构。值得注意的是，由于这批例子中的“之”既可以指取得类事件的属人源头（human source），也可以指同一事件中的客体（theme），因此上古汉语取得类事件在编码上其实是紧挨着给予类事件的：

[1] a. 楚子赐之金。（《左传·僖公十八年》）
b. 夺之杖以敲之。（《左传·定公二年》）

[2] a. 窃马而献之子常。（《左传·定公三年》）
b. 其取之公也薄。（《左传·昭公二十六年》）

以上两组例子中，第一组是次要宾语型的双宾语结构，而第二组是间接宾语型的双宾语结构，但不论是哪一种类型，都能在双及物结构的概念空间上勾勒出一个连续的区域，如图 5.2 所示：

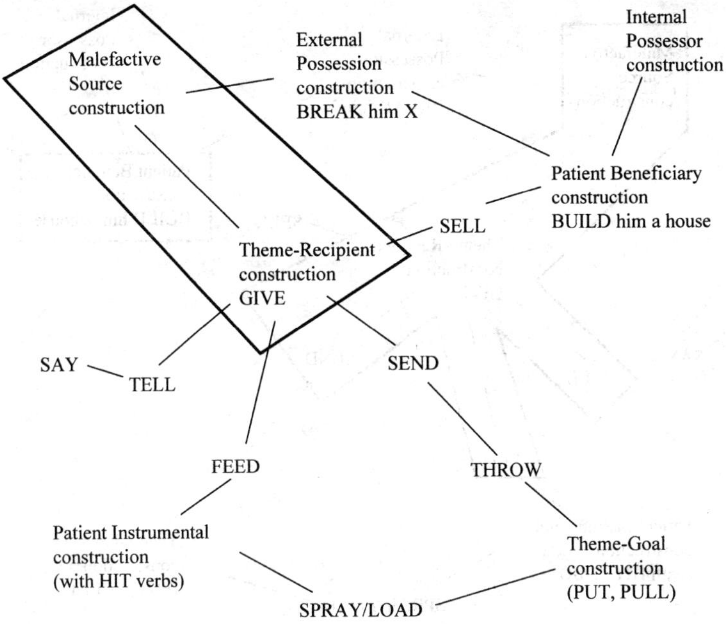


图　5.2

基于前三章所建立起来的基础，我们希望通过本章的讨论为上古汉语次要宾语型双宾语结构勾勒出一个初步的语义地图，以说明上古双宾语结构的句式多义性，如图 5.3 所示：[①]

① 图 5.3 有断链，违反了语义地图连续性假说。对于这个问题，我们将在第六章进行探讨。

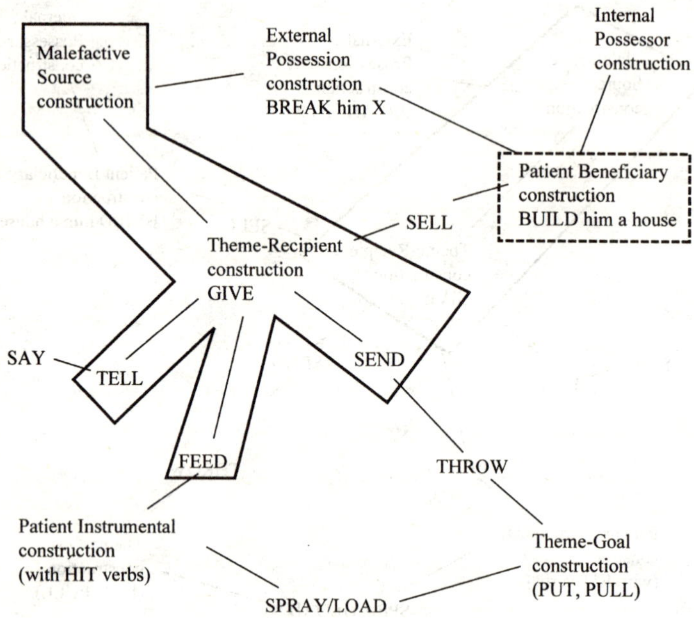


图 5.3

本章开头，我们将初步说明，尽管言说类事件和给予类事件属于不同的客观事件，但由于转喻（两类事件有相似的地方）和概念隐喻（即沟通是给予）的作用，[①]就如同许多其他语言一样，上古汉语的言说类事件是能借助表达给予类事件的双宾语结构来表达的。此外，我们通过对“语”（等同于现代英语的“tell”）和“言”（等同于现代英语的“say”）的考察揭示了它们虽同样都是言说类动词，但只有“语”能进入次要宾语型的双宾语结构。这一语法现象也完全符合双及物结构的概念空间（参看 Malchukov，Haspelmath & Comrie 2007）所做出的预测，即如果后者能进入双宾语结构，则前者也能进入，反之则不必然。此外，更值得注意的是，“言”虽然无法进入次要宾语型的双宾语结构，但却能进入间接宾语型的句式。换言之，属言说类的“语”和“言”在和不同的与格句式的搭配上呈现出互补分布，而这又和我们之前讨论过的“赐”、“献”

① 关于转喻和隐喻的关系，可参看 Barcelona，Antonio（ed.）（2000）.

等给予类动词的情形相同。在这个基础上，我们将进一步说明这种跨越不同动词类所呈现出的互补分布现象无法在一个以动词为中心的分析模式下获得有效的解释，因此须承认句式在上古汉语中是具有独立意义的句法分析单位。

本章还将探讨“投”（等同于现代英语的“throw”）这个动词和次要宾语型双宾语结构的关系。在一般的分析中，这是个二价的动词（参看 Levin 1993；Goldberg 1995；张伯江 1999；Rappaport Hovav & Levin 2008），而根据双及物结构的概念空间对于不同动词的排列，这个二价动词确实具有进入双宾语结构的可能性（如现代英语的“throw him a ball”）。问题就在于上古汉语的次要宾语型的双宾语结构在双及物结构的概念空间上所勾勒出的语义地图是否也包括“投”。这是我们关心的问题，我们希望以上古汉语的材料为依据说明语义地图在平面版图上的扩展其实能和句法的历时演变结合起来，进而揭示上古汉语的次要宾语型的双宾语结构作为一种句法范畴，体现了原型效应，而这种原型效应也能从对语言的历时演变的动态分析中看到。最后，由于“投”是个二价动词，但是却能出现在三价的双宾语结构中，因此我们也会从论元结构的角度讨论“投”的句法表现。此外，本章还会讨论上古汉语是否存在着受益类的双宾语结构。对于这个问题，目前的研究仍存在争议，邵永海（1990）等承认这个类型的存在，并认为“为之 NP”中的“动词 V 与宾语之间存在着一种含有服务意义的关系”，但是贝罗贝的一系列研究（贝罗贝 1998；Peyraube 1999）却不把这批例子视为双宾语结构，而是认为同一个表层结构下的例子其实有不同的深层结构：有的例子中的“为”是介词，而有的例子中的“之”则须理解为“其”等等。对于这个问题，我们将在本章进行详尽的讨论。

本章最后将讨论饮食类动词（ingestive verb）和双宾语结构的关系。这批饮食类动词的例子主要包括了“饮、食”。为什么这批例子如此特殊？首先，学界虽然大多承认它们能进入双宾语结构，但对这批例子的分析其实存在着严重的分歧：许多学者如刘宋川（1998，1999）、相宇剑（2003）等都把它们分析为使动双宾语结构，但是邵永海（1990）却认为这是工具双宾语结构，而贝罗贝(1998)则提出一个较新颖的说法，即认为“饮之酒”是双宾语结构，而例子中的“饮”有[＋给予]的性质，因此应是给予类双宾语结构。有鉴于此，我们认为有必要把这个问题进行一番说明。我们将穷尽地考察“饮 $NP_1$ $NP_2$”和“食 $NP_1$ $NP_2$”的例子，尝试说明其语义结构的特点，进而探讨饮食类动词和给予类动词在语义地图上相邻的意义(即图 5.2 中的 FEED 和 GIVE 两个节点)。

## 5.2 交际类动词与给予双宾结构

周法高(1993:104—107)将能进入双宾语结构的动词分为两类，一类是“授与”义动词，另一类是“告示”义动词。由于这两组动词的句法表现并没有明显的不同，因此贝罗贝(1987)将它们统称为[＋给予]本义与格动词。以下是这类动词的例子：

《论语》:诲、与、归、告。

《孟子》:语、馈、餽、遗、授、教。

根据贝罗贝的分析，只有这类动词能进入上古汉语中次要宾语型的双宾语结构。虽然周法高和贝罗贝均强调了给予类动词(即“授与”义动词)和言说类动词(即“告示”义动词)之间因具有密切的关系，而有相同的句法表现，但他们却未能就此进一步说明这种密切关系的由来。须指出的是，我们还在其他语言中观察到这两类动词具有相同的句法表现，如：

现代英语

[3] a. John gave me a book. (约翰给我一本书。)

b. John told me a story. (约翰告诉我一个故事。)

祖鲁语(Taylor 1998:74)

[4] a. Umama u-nika amantombazana imali

1mother 1SC-give 6girls 9money

Mother gives the girls money. (妈妈给女孩们钱。)

b. Umama u-tshela amantombazana indaba

1mother 1SC-tell 6girls 9news

Mother tells the girls the news.（妈妈告诉女孩们消息。）

而在双及物结构的概念空间（参看 Malchukov, Haspelmath & Comrie 2007）里，我们观察到给予类的事件（由 GIVE 表示）和言说类的事件（由 TELL 表示）紧挨着。由此可见，在人类语言中，给予类动词和言说类动词在句法表现上具有共同点是很普遍的现象，而要追根究底解释这种普遍性，则应从人类的认知方面着手进行研究。

认知语言学的兴起让我们明白隐喻在语言系统中的重要性。对此，张敏（1998：90—91）指出：

> 认知语言学理论的另一个重要的经验基础来自隐喻的重新认识。……
>
> 传统上，对隐喻感兴趣的主要是文学家和修辞学家（后来还有哲学家和符号学家，参见 Noth 1990），主流的语言学家对此是不屑一顾的，这是因为他们把隐喻看作一种特殊的修辞手段，是有异于日常使用的普通语言的诗歌语言。Lakoff 等人的研究突破了这种传统的"隐喻的修辞观"，提出一种迥然有别的"隐喻的认知观"。其主要结论可总结为以下三个方面：(1)隐喻的普遍性：隐喻不是一种特殊的语言表达手段，它代表语言的常态，在日常语言中的运用是相当普遍的。……(2)隐喻的系统性：隐喻不是个别地、随意地制造出来的，而是有系统的，不少看似孤立的隐喻，其实都有着这样那样的联系，可形成某种结构化的隐喻群。(3)隐喻的概念性：隐喻不光是个语言的问题，它更是一种思维方式，也就是说，思维过程本身就是隐喻性的，我们赖以思考和行动的概念系统大多是以隐喻的方式建构和界定的。这三个结论中，第三个最为根本，因此认知语言学所说的隐喻往往不限于指其语言形式，更是指体现在语言表达中的隐喻概念（metaphorical concept）或曰概念隐喻（conceptual metaphor）。

为了明白隐喻这个概念以及它如何构造我们的日常语言，我们且

以“时间就是金钱”(TIME IS MONEY)的隐喻做进一步的说明。对此,张敏(1998:91—92)的观点如下:

> 概念隐喻的观念可以拿 Lakoff & Johnson(1980)提到的+TIME IS MONEY+(时间就是金钱)的隐喻作为例子加以说明。无论在英语里还是汉语里我们都常说“时间就是金钱”(汉语里还有一个更传统的隐喻即“一寸光阴一寸金”),但更值得注意的是,我们不光是直接拿金钱去比喻时间,更是用想金钱的方式去想时间的。也就是说,我们是通过“金钱”这个来源(source)范畴去构想“时间”这个目标(target)范畴,即前一范畴提供了一个结构模式,我们可据以建构(或曰范畴化)后一个范畴。这体现在以下这些十分平实的日常语言里:
>
> (1) You're *wasting* my time.(你在浪费我的时间。)
>
> (2) Can you *give* me a few minutes?(你能给我几分钟时间吗?)
>
> (3) How do you *spend* your time?(你的时间是怎么花的?)
>
> (4) We are *running out of* time.(我们的时间快用光了。)
>
> (5) This gadget will *save* you hours.(这个装置能给你节省不少时间。)
>
> (6) Is that *worth* your while?(值得在那上面花时间吗?)
>
> (7) Do you *have* much time *left*?(你还剩下很多时间吗?)
>
> (8) You need to *budget* your time.(你必须计划好你的时间。)
>
> (9) *Thank you for* your time.(谢谢您为我拨冗。)
>
> 这些说法显示,我们把时间理解成某种可以花,可以浪费,可以节省,可以计划其开支的东西。

认知语法强调了句式作为语言中的一种独立分析单位,而每一个句式就和词语一样,体现了多义性。该如何看待句式的多义性,不同人或许存在不同的理解。我们在这里暂且把句式的多义性视为同一个抽象的句法结构，如次要宾语型的双宾语结构能表达不同的客观事件，而这些不同的客观事件之间可以因转喻（metonymy）或隐喻（metaphor）而产生联系，并在人类的认知概念中被识解为同一个图式化事件（schematic event），因而采用了相同的一种句式来编码。值得注意的是，根据概念隐喻的理论学说，用以建构、说明目标范畴的来源范畴一般都要比目标范畴来得具体，如前边引用的“时间就是金钱”的例子，作为来源范畴的金钱就比目标范畴的时间具体。这也是具有认知上的动因的（Lakoff & Johnson 1980）。根据这种认识，我们认为在表示“沟通”这个较为抽象的概念时，人类观察到了“沟通”和“给予”的某些相似点，如都涉及两个有生的人类参与者（这是转喻），且在这两个有生的人类之间有实体的转移如在给予事件中，转移的基本是物体，而在言说事件中，转移的是言说的内容。换言之，言说的内容虽存在于话语域，却可以借助存在于物质域的转移物体来理解（这是隐喻）。这里简略介绍的其实就是认知语言学中广为人们所熟悉的“导管隐喻”（conduit metaphor）。张敏（1998:92—93）指出：

> 另一个很好的例子是 Reddy（1979）提出的著名的“导管隐喻”。Reddy 指出，人类最基本的通讯行为——语言交际——的概念化正是通过三个相互联系的隐喻构造起来的。看下面的例句：
>
> （10）Try to *pack* more *thoughts into* fewer words.（试图用更少的词语负载更多的想法。）
>
> （11）The *sentence was filled with emotion*.（这句话充满了感情。）
>
> （12）Try to *get* your *thoughts across* better.（试着把你的想法传达得更好。）
>
> （13）None of Mary's *feelings came through* to me.（我一点也没有觉出玛丽的感受。）
>
> （14）Let me know if you *find* any good *ideas in* the *essay*.

（你若在这篇文章里找出任何好见解的话，就告诉我。）

(15) I don't *get* any *feelings* of anger *out of his words*.（他的话没让我生一点气。）

(10)(11)体现了这样一个隐喻，即我们把思想、观念和感情放进语词和句子里，就像把物体放入容器一样。(12)(13)则说明语言传递犹如将物体（观念）装在容器（语句）里传递出去。(14)(15)反映了语言交际的接收过程，它就像接收者从容器中取出物体一样。因此，语言交际的整个过程就像是送包裹：观念是物体，它被发送者放入容器（语句），送到接收者那里，后者把它从容器里取出来。这就是所谓导管隐喻。Reddy 指出，由这个隐喻产生出来的英语表达式起码有上百个（例如，put ideas into words，the contents of an essay，empty words，the sentence contains...等）。汉语里的情况也大同小异，这从上面例子的汉译里就可以看出来。汉语里还可找到很多其他例子，如“你话里的意思我听不出来”、“这些话里包含了很深刻的内容”。

上述所说的可用下图来概括（Newman 1996:139）：

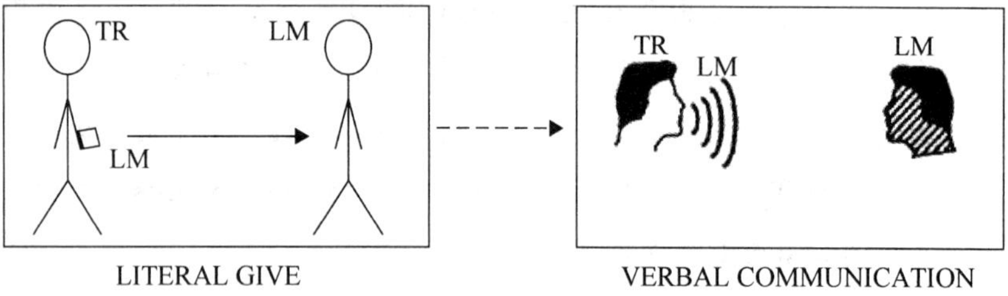


图 5.4

由于抽象的言说行为能通过导管隐喻来理解，因此，这也直接解释了为何言说类动词可轻易地进入上古汉语中任何允许给予类动词进入的与格句式中。例子如下：

[5] a. 楚子赐之金。（《左传·僖公十八年》）

b. 公告之故。（《左传·哀公十四年》）

[6] a. 献马於季孙。(《左传·哀公六年》)

b. 宋人使乐婴齐告急于晋。(《左传·宣公十五年》)

[7] a. 晋侯以乐之半赐魏绛。(《左传·襄公十一年》)

b. 伯州犁以公卒告王。(《左传·成公十六年》)

显然,例[5]至[7]中b项以“告”表示的言说事件是属于言语上的,而它的句法表现完全和给予类动词一样(例[5]至[7]中的a),这其实就是把在空间物质域的给予过程投射到话语空间域的现象。值得注意的是,这里的“告”明显是给予类动词的引申,而给予物虽不是具体的物体,但是却和上述的给予类动词一样,都具有现场性和目标性的特点。

以往的研究都强调了言说类动词和给予类动词在句法表现上有相同的地方,但是却未能从理论上说明这背后的原因。此外,由于采取了以动词为中心的分析模式,因此又过分地强调了给予类动词在句法表现上的一致性,而忽略了内部所存在的分歧。我们在第三、四章曾着重指出“赐”和“献”在上古汉语的句法表现上呈现出互补分布,而既然上边的讨论又明确了上古汉语能以较具体的给予事件来说明较为抽象的言说事件,我们因此可提出下列问题,即见于给予类动词的互补分布是否也同样体现在言说类动词上。为此,有必要考察“语”和“言”这两个言说类动词的句法表现。对此,甄尚灵(1984)有专门的讨论。他总结了过往的研究成果:

> 古汉语中“语”和“言”这两个词意义相近而又有分别。《广雅·释诂四》“语、言也”是浑言。《诗·大雅·公刘》“于时言言,于时语语”毛传:“直言曰言,论难曰语。”《论语·乡党》“食不语,寝不言”朱熹集注:“答述曰语,自言曰言。”《礼记·杂记》“三年之丧,言而不语”郑玄注:“言,言己事也,为人说为语。”徐铉《说文系传·通论》:“言者直言,语者相应答也。”这些都是就语义上的区别而言。这种区别,历来训诂注释都很注意,但是仅仅在以上加以区别是不够的。王力先生主编的《古代汉语》讲常用词,辨析“语”和“言”的异同,不仅阐述了二者在语义上的区别,还进一步从语法上指出二

者带宾语时的差别：

> “言”“语”用作及物动词时，分别更是明显。“言”只能带指事物的宾语(言病、言事)，“语”既能带指事物的宾语，例如：庄子在宥：“又奚足以语至道?”又能带指人的宾语，例如：论语阳货“吾语汝。”还可以带双宾语，例如：左传隐公元年：“公语之故。”庄子在宥：“吾语汝至道。”

根据上述介绍，尤其是其中王力的分析结果可知，如果我们把言说的内容视为客体，而把言说对象视为接受者，那么就不难发现“语”的句法表现和“赐”相似，而“言”则和“献”相似：

[8] a. 又与季孙语晋故。(《左传·襄公三十一年》)

b. 皆赐玉五瑴、马三匹。(《左传·庄公十八年》)

[9] a. 公语范文子。(《左传·成公九年》)

b. 公疾，遍赐大夫。(《左传·昭公三十二年》)

[10] a. 岂敢言病。(《左传·成公二年》)

b. 齐侯来献戎捷，非礼也。(《左传·庄公三十一年》)

甄尚灵(1984)在王力的基础上进一步考察了上古汉语的九种传世文献，包括了《论语》、《墨子》、《左传》、《孟子》、《庄子》、《荀子》、《韩非子》、《淮南子》、《史记》等书里的语言材料，对王力的结论进行了补充，共有以下五点。我们的总结如下：

1. 在单及物的直接宾语结构中，“语”和“言”都能带指言说内容的宾语，但以人为谈论对象或言说内容的仅出现在“言”字句。

2. 在单及物的直接宾语结构中，“语”和“言”虽都能带指言说内容接收者的宾语，但“语”字句自《论语》以来多有，而“言”字句今首见于《韩非子》，之后在《史记》中则是大量出现。

3. 在单及物的间接宾语结构中，只有“言”能进入，且其宾语都是表言说内容接收者的。

4.“语”和“言”都带双宾语，相似实不相同。“语”后双宾语的顺序为次要宾语型的，而“言”则是间接宾语型的。

5．在间接宾语型的与格句式中，只有“言”能进入。

据上述第三点，我们可进一步指出“言”和“献”的相似之处：

[11] a．周桓公言于王曰。(《左传·隐公六年》)

b．则献于王。(《左传·庄公三十一年》)

而最值得注意的是，“语”和“言”完全和不同类型的双宾语结构搭配，这种分布完全等同于“赐”和“献”与双宾语结构的搭配情形，正如：

[12] a．夫子语我九言曰。(《左传·定公四年》)

b．赐齐侯胙。(《左传·僖公九年》)

[13] a．吾既已言之王矣。(《墨子·公输》)

b．窃马而献之子常。(《左传·定公三年》)

根据前边的讨论，间接宾语型的双宾语结构是通过省略间接宾语型的与格句式中的“于”而产生的，因此我们也观察到“言”和“献”具有下列的相同点：

[14] a．言诸昭子。(《左传·哀公五年》)

b．献楚俘于王。(《左传·僖公二十八年》)

最后，还应指出的是我们曾在第三章表明次要宾语型的双宾语结构在句法上有句法层面上的制约条件，即某个给予类动词要进入这个双宾语结构类型，其认知基底中的接受者的语义角色必须能在单宾语结构中充当直接宾语。这一制约条件解释了在给予类动词中，“献”为什么不能具有和“赐”一样的句法表现，而在言说类动词中，它也同样说明了“言”为何不能像“语”一样进入次要宾语型的双宾语结构。根据甄尚灵(1984)的考察，在单及物的直接宾语结构中，“语”和“言”虽都能携带指言说内容接受者的宾语，但“语”字句自《论语》以来为数不少，而“言”字句则首见于《韩非子》，之后在《史记》中才大量出现。换言之，“言”在上古汉语的早期文献中和“献”一样，无法把接受者的语义角色投射在直接宾语的位置，而一直到了战国晚期的时候，情形才有了改变。我们之前已指出"献"在西汉时的《史记》才进入次要宾语型的双宾语结构，如：

[15] 赵王献之美人。(《史记·淮南衡山列传》)

虽然如此，这类例子的数量仍不多，因为"献"分别跟次要宾语型和间接宾语型的配搭比例是1:7。根据甄尚灵(1984)的考察，"言"在《韩非子》中虽已能在单及物结构中把接受者投射到直接宾语的句法位置，但我们却未能在《韩非子》及其之后的《淮南子》、《史记》等上古汉语晚期的文献中发现这个言说类动词能进入次要宾语型的双宾语结构的例子。虽然"言"和"献"这两个动词在后期的演变上确实是有些不完全一致的地方，但是考虑到"献"和次要宾语型的双宾语结构的搭配关系是个高度受限制的用法，因此这并不足以否定两者之间存在着的多项共同点。①

对于两个言说类动词"语"和"言"的考察至此告一段落，而我们不难发现上边的分析和通过跨语言的比较方法制作出的双及物结构的概念空间有一致的地方。图5.5中框定了上古汉语次要宾语型双宾语结构的初步范围，说明了言说类的"语"(即现代英语的"tell")在人类的认知概念上和给予类的"与"(即现代英语的"give")紧密相连(根据我们的分析，这是由于转喻和隐喻的作用)，而上古汉语则用同一种句法形式来表达两种不同的客观事件。但更值得我们注意的是，图5.5所划定的范围没有包括言说类的"言"(即现代英语的"say")，这除了说明双及物结构的概念空间能适用于不同的人类语言的普遍性特征外，还进一步指出在上古汉语中，"语"和"言"这两个言说类动词所呈现出的句法分布不是偶然的。

---

① 邵永海(1990)总结《史记》中能进入次要宾语型双宾语结构的言说类动词中没有"言"，但我们认为下列例子或许被忽略了：

吕、郤等疑丕郑有间，乃言夷吾杀丕郑。(《史记·秦本纪》)

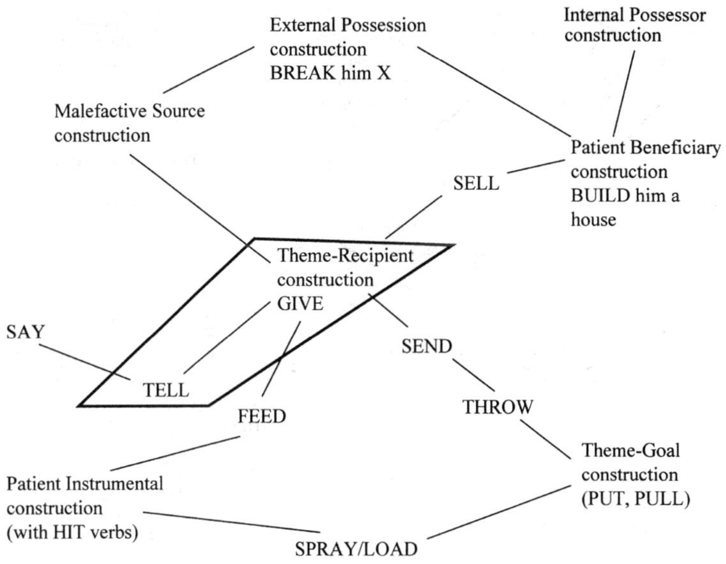


图　5.5

这种分析角度确实给予我们许多启发，但是如果细究，不难发现其中依旧存在一些问题。由于双及物结构的概念空间适用于不同类型的双及物结构及本书所谓的与格句式（参看 Malchukov, Haspelmath & Comrie 2007），因此在这个概念空间上除了次要宾语型的双宾语结构可构成一片不断链的连续区域外，间接宾语型的与格句式（当然也包括这个类型的双宾语结构）应该也能构成不断链的连续区域，如图 5.6 所示：

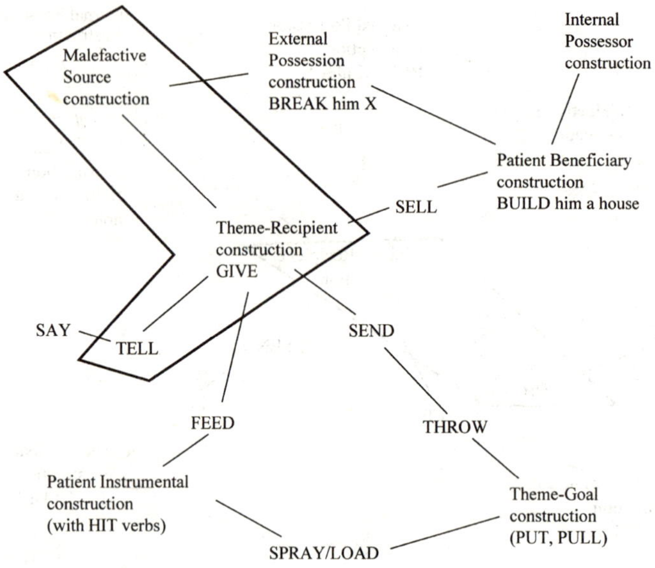


图 5.6

但是上古汉语的“言”却是等同于双及物结构概念空间上的“SAY”,这就必然产生断链的现象,如图 5.7 所示:

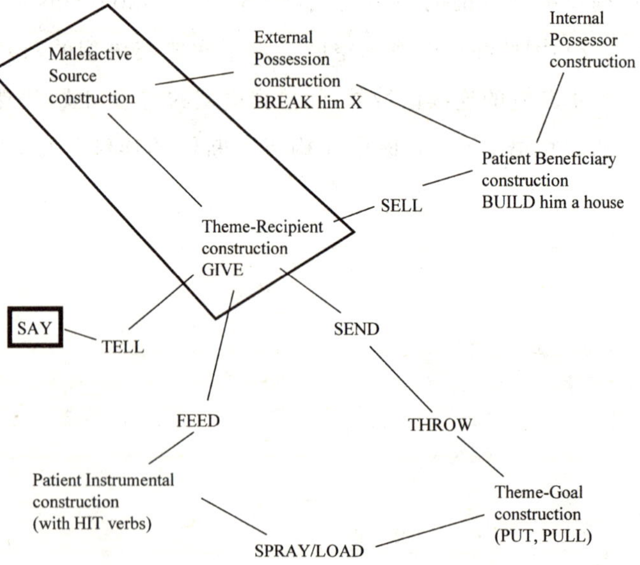


图 5.7

上述问题其实能获得解决，因为我们在《左传》中找到了如下的例子：

[16] 公告之故。(《左传·哀公十四年》)

[17] 宋人使乐婴齐告急于晋。(《左传·宣公十五年》)

“告”是个言说类动词，既能出现在次要宾语型的双宾语结构中，也能出现在间接宾语型的双及物结构或与格句式中（通过“于”的省略就能产生间接宾语型的双宾语结构），因此通过“告”，我们就能把图 5.7 中的断链连接上，如图 5.8 所示：

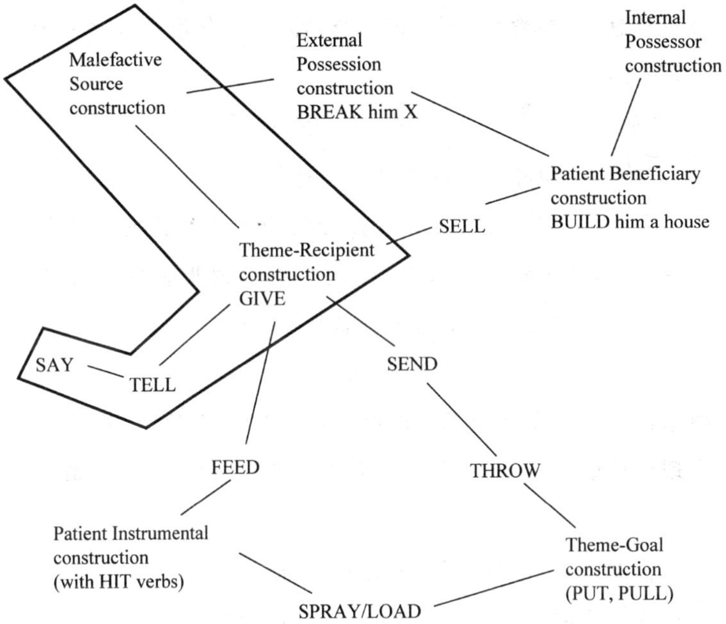


图　5.8

解决了语义地图的断链问题，我们可以继续讨论下一个问题。对于“语”和“赐”有平行的句法分布，而“言”和“献”有平行的句法分布，它们之间的界限清楚而不混淆，我们固然可采用一种以动词为中心的模式来强调“语”和“言”的不同。沈家煊(2000)对“偷”和“抢”的分析能给予我们一些启发：

按照认知语义学的观点，动词的词义不仅包括能跟几个语义角色和什么种类的语义角色相联系，而且包括相关语义角色的"凸现"(prominence)情况。从认知上讲，凸现的事物是容易引起人注意的事物，也是容易记忆、容易提取、容易作心理处理的事物。(参看 Langacker 1987,1991 等)对偷抢事件来说，遭偷抢的人所受的损害越大也就越凸现。"偷"和"抢"虽然都跟一个施事、一个受事、一个夺事相联系，但是语义角色的凸现情形有差别：一般情形下，对"偷"而言，偷窃者和失窃物是凸现角色，遭偷者相对是非凸现角色；而对"抢"而言，抢劫者和遭抢者是凸现角色，抢劫物相对是非凸现角色。(参看 Goldberg 1995:45—48)如用黑体字表示凸现角色，那么：

"偷"[**偷窃者**　　遭偷者　　**失窃物**]

"抢"[**抢劫者**　　**遭抢者**　　抢劫物]

要指出的是，这种区别首先是我们生活经验的一部分。我们的经验是，虽然都是受害者，遭抢者所受的损害要比遭偷者来得大。因此法律上抢劫罪比偷窃罪严重……。

根据这两个词在认知基底所凸现的不同语义角色，我们就能解释为什么现代英语中的 steal 和 rob 有不同的句法分布(沈家煊 2000)：

前者采用"偷窃者"、"失窃物"、"遭抢者"这样一些具体的语义角色是为了便于说明凸现情形的差异，现在可以代之以抽象的语义角色"施事"、"受事"、"夺事"：

"抢"[**施事**　　**夺事**　　受事]

"偷"[**施事**　　夺事　　**受事**]

用语义角色凸现情形的差异能很好地解释第一节列出的"偷"和"抢"的句式差异。首先，英语(1)和(2)[①]的情形可以这样来解

---

① 英语的(1)是 Tom stole 50 dollars from Mary 和 Tom robbed Mary of 50 dollars，(2)是* Tom stole Mary of 50 dollars 和* Tom robbed 50 dollars from Mary。

释：凸现角色跟动词的关系密切，所以跟近宾语匹配；非凸现角色跟动词的关系较疏远，所以跟远宾语匹配。认知上的理据是：近的东西比远的东西显著；同样东西挨得越近，关系就越密切。

rob 句

| | | | |
|---|---|---|---|
| 语义角色 | [**施事** | **夺事** | 受事] |
| 句法成分 | [主语 | 近宾语 | 远宾语] |

steal 句

| | | | |
|---|---|---|---|
| 语义角色 | [**施事** | 夺事 | **受事**] |
| 句法成分 | [主语 | 近宾语 | 远宾语] |

我们可仿效上述的办法把“语”和“言”的不同句法表现归之为不同语义角色的凸现，即：

“语”句

| | | | |
|---|---|---|---|
| 语义角色 | [**说话者** | **听话者** | 说话内容] |
| 句法成分 | [主语 | 主要宾语 | 次要宾语] |

“言”句

| | | | |
|---|---|---|---|
| 语义角色 | [**说话者** | 听话者 | **说话内容**] |
| 句法成分 | [主语 | 主要宾语 | 次要宾语] |

这和 Wierzbicka（1988：359—387）针对现代英语中 tell 和 announce 的分别所做的分析一致。虽然如此，我们不认为这是处理上古汉语材料的好法子，原因在于我们无法如法炮制地将上述分析运用在“赐”和“献”上。换言之，我们缺乏有力的，非循环论证的证据证明在“赐”中，凸现的语义角色是接受者，而在“献”中，被凸现的是客体。更何况呈现互补分布的还不仅仅是“语”、“言”和“赐”、“献”而已。邵永海

(1990)就指出：

> 双宾语结构和於/于字结构同样表示事物或信息的传递关系，而能够进入这两种结构的传递关系的动词却表现出互补分布的状态，对这一现象，我们只能从动词的性质和两种格式本身的功能加以解释。我们把进入双宾语结构的动词称为I组动词，把进入於/于字结构的动词称为II组动词，然后把两组动词排列出来加以比较，似乎可以看出这样一种倾向性：I组动词多表示自上而下的赐与，而II组动词则多表示自下而上的进献。
>
> I. 赐、馈、降、授、遗、饩、语
>
> II. 贡、进、献、致、效、奏、纳、言
>
> 例如"馈"表"馈赠"义，多是上级对下级的赠送，"献"表"进献"义，则多为下属对上司的奉献；"降"表"降与"义，多是上天或神对人世的恩赐，"致"表"贡奉"义，则多是人世对先祖神灵或上天贡奉祭品。总之I组动词和II组动词在上下对待关系上的分别是很明显的。

如果采用语义角色"凸现"的分析路子，我们就得承认邵永海的I组动词凸现的都是接受者，而II组动词凸现的都是客体。这个分析除了缺乏独立的证据外，也不经济，此外更大的问题还在于无法有效地说明"告"这个言说类动词的句法表现，如：

[18] 公告之故。(《左传·哀公十四年》)

[19] 宋人使乐婴齐告急于晋。(《左传·宣公十五年》)

第一个例句中的"告"出现在次要宾语型的双宾语结构中，而第二个例句则出现在于字结构(或本书的间接宾语型的与格句式)中。在这种情形下，我们总不能说"告"在不同句式中所凸现的语义角色不同：即在例[18]中，"告"的语义表征是[**说话者**　听话者　说话内容]，而在例[19]中则是[**说话者**　听话者　**说话内容**]。有鉴于此，我们认为一个理想的

方案应该是承认句式有独立的意义，而句式的这层独立意义则能通过和不同动词在搭配上所呈现出的互补分布看出。一旦我们承认句式有独立的意义，在面对"告"能同时进入两种不同的句式时，就能以句式意义和动词意义两者之间的互动来加以解释。这里所提出的思路其实在邵永海(1990)中已出现了一些端倪。他就所观察到的两组动词分别和两种不同的与格句式所呈现出的互补分布提出了下列观点：

> 联系具体的语言事实，我们推断，双宾语结构的语义重心在行为动作本身，"$VN_RN_S$"着重强调的是V的性质，所以若强调$N_S$，则可转换成"以$N_SVN_R$"；於/于字结构强调的语义重心在行为所涉及的对象上，"$VN_S$ 於/于 $N_R$"着重强调的是$N_R$，於/于字对动作对象$N_R$起强调标记的作用。[①]

可见，尽管未立足于认知语言学的理论框架，邵永海已从句式具有意义的角度对上述问题进行阐述。根据他的分析，双宾语结构凸现的是动词的性质，而于字结构则凸现行为所涉及的与事。这个说法是否准确暂且不论，可我们发现邵永海虽从句式具有意义的角度出发，但是在说明"告"何以能同时出现在两种不同的句式中时，却采取了以动词为中心的模式，这和前述的以句式为中心的立场并不一致，即：

> 《左传》中有少数动词可以同时进入双宾语结构和於/于字结构，包括"加、降、告，"其中比较典型的就是"告"。我们观察"告$N_S$於/于$N_R$"中$N_R$的情况，发现基本上都是表示天子、诸侯、国名或宗庙之类的名词，或者说，"告$N_S$於/于$N_R$"表示自上而下的关系[②]；而"告$N_RN_S$"则没有这样的限制，它一般表示对等的信息传递关

---

① $N_R$指的是行为动作所涉及的对象，等于给予类事件的接受者；而$N_S$指的是行为动词所直接支配的受事，等于给予类事件的客体。

② 根据前边的介绍，这里似乎不是一种"自上而下"的关系，反倒更像是"自下而上"的关系。

系。……

由此，“告”字可以分为两个义项：“告$_1$”表自下而上的信息传递关系，意为“报告”；“告$_2$”表一般的信息传递关系，意为告诉。

我们在前几章已着重以“赐”和“献”为例，说明次要宾语型和间接宾语型的双及物结构在意义上的不同，而邵永海对《左传》相关语料的概括和总结可以进一步说明我们之前的分析是正确的。根据之前的分析，通过句法像似性原则(syntactic iconicity)，次要宾语型的双及物结构强调了接受者的受影响性(affectedness)特点，而间接宾语型的则强调了接受者的不受影响性特点。所谓受影响性的特点，即是和次要宾语型搭配的动词在等级地位上具有上对下施以行为动作的特点。接受者在这类事件中的自主性也会因无法轻易拒绝所转移到自己领有域的实体而降低。反观和间接宾语型搭配的动词，根据邵永海的总结，都具有下对上的特点，因此同样是给予类或言说类事件中的接受者，就保持了一定的自主性，能拒绝转移到它的领有域的实体。

就次要宾语型的句式意义具有表达接受者受较高度影响(affectedness)的特点，Goldberg(1995：34，参考了吴海波的翻译)在分析现代英语的双宾语结构时就反对并驳斥了这个说法：

有些研究者(例如 Wierzbicka 1986；Paul Kay 个人通信；Frederike Van der Leek 个人通信)认为双及物构式有一个既简单又一致的意义，即某种特别的影响被施加到第一宾语上，并认为该影响的性质可以从语用上推导出来。该观点的吸引力在于其简洁性，然而下列事实却证明它不能成立。首先，双及物构式并未有系统地表示第一宾语所指称的对象受到某种特别的影响，而这种影响又是其相应的介宾被动式所没有的。在许多双及物构式中，第一宾语甚至不受任何影响。……

先看第一点，我们并未找到没有任何非循环论证的原因说明以下(a)例中的第一宾语比(b)例中的介词宾语受到更多的影响：

(12) a. Chris baked Pat a cake.

(克里斯给帕特烤了一个蛋糕。)

b. Chris baked a cake for Pat.

(克里斯为帕特烤了一个蛋糕。)

……

实际上,“受影响”的任何确切定义都不能表示 Pat 在例(15)中确实受到了影响:

(15) Chris baked Pat a cake.

(克里斯给帕特烤了一个蛋糕。)

Pat 可能永远收不到蛋糕,甚至永远不知道 Chris 为她烤蛋糕一事。①

我们认为构式语法的精神和认知语法是一样的,均强调了句式和词语一样,都是人类语言库存中的独立单位。值得指出的是,认知语言学虽强调了句式的独立性和符号性,但是却从来没有明确地指出不同语言中句法结构完全相同的句式也必须具有完全相同的句式意义。换言之,

① 原文为:Several researchers (e. g., Wierzbicka, 1986; Paul Kay, personal communication; Frederike Van der Leek, personal communication) have suggested that there is a simple uniform meaning associated with the ditransitive, namely, that there is some kind of a special effect on the first object. It is claimed that the nature of this effect is inferred pragmatically. The proposal is attractive in its elegance, but there are several facts weighing against it. For one, the ditransitive construction does not systematically imply any particular special effect on the first object referent that the corresponding prepositional passive does not imply. Many ditransitive expressions do not entail that the first object referent is affected at all...

To illustrate the first point: there is no noncircular reason to think that the first object is any more affected in the following (a)-cases than in the corresponding (b)-cases:

(12) a. Chris baked Pat a cake.

b. Chris baked a cake for Pat.

…

In fact, there is no obvious definition for "affected" which implies that Pat is necessarily affected in (15):

(15) Chris baked Pat a cake.

Pat may never receive the cake, and in fact may never even know about it.

不同的语言即使在各自的系统中都有次要宾语型的双宾语结构，但这并不意味着它们的句式意义必须完全相同。基于这一认识，我们可以发现同样都是双宾语结构，上古汉语和现代英语的句式意义确实具有表达实体转移的特点，但上古汉语的双宾语结构在此基础上还进一步让句式和接受者受影响的意义挂钩起来。此外，只要我们仔细观察 Goldberg 提出反对的理由，并以之来思考上古汉语的情形，就也能找到支持我们分析的证据。在此不妨重新审视 Goldberg 所举的例子：

［20］Chris baked Pat a cake.

（克里斯给帕特烤了一个蛋糕。）

［21］Chris baked a cake for Pat.

（克里斯为帕特烤了一个蛋糕。）

由于现代英语的"bake"能同时出现在两种不同的句式中，而这又是表达接受者未来获得客体的受益类事件，因此质疑双宾语结构的意义是否真的具有"受影响"的特点其实是可以理解的。虽然如此，上古汉语的情形和现代英语却有个重要的不同，即是我们能在上古汉语的语言材料中发现不同的动词，尤其是给予和言说两类动词，当运用于不同句式中时呈现出了互补分布的情形。正是因为这个发现，就有了一个较稳固的基础，从而提出上述的句式意义。

一旦确立了次要宾语型和间接宾语型的句式意义，就可解决"告"何以能出现在两种不同句式中的问题。邵永海把"告"分为两个义项，这并不是个经济的办法。[①] 按我们的思路来理解，言说类动词的认知基底中具有三个参与者角色（participant role），而不论是次要宾语型的双宾语结构或间接宾语型的双及物结构或与格句式（双宾语结构或于字结构）都具有三个论元角色（argument role），因此根据语义一致性的原则，言说类动词应能轻易进入双及物结构中。"告"和"语"、"言"虽然都是言说类动

---

① "告"有音变构词的现象（参看周法高 1994），但由于我们仍未完全掌握音变构词的规律，因此这里并未结合这一方面的内容进行讨论。

词，它们的认知基底也理应相同，但是由于“语”和“言”在认知基底中对参与沟通的两个人的社会地位已有所规定，而“告”却没有，因此这就能轻易地解释何以这三个言说类动词在句法分布上会有所不同。根据这个解释，由于“告”能进入不同的双及物结构，因此我们可以推测当“告”进入次要宾语型或间接宾语型的双及物结构或与格句式时，两个参与者的社会地位必然会因进入了不同的句式而有高低之分，其中的不同在于前者是由上至下，而后者则是由下至上。这个预测在邵永海的总结中得到了证实：

> 《左传》中有少数动词可以同时进入双宾语结构和於/于字结构，包括“加、降、告，”其中比较典型的就是“告”。我们观察“告 $N_S$ 於/于 $N_R$”中 $N_R$ 的情况，发现基本上都是表示天子、诸侯、国名或宗庙之类的名词，或者说，“告 $N_S$ 於/于 $N_R$”表示自上而下的关系①；而“告 $N_R N_S$”则没有这样的限制，它一般表示对等的信息传递关系。

上边所讨论的“语”、“言”和“告”等都属于言说类的动词，而人类之间的交流除了通过言语外，还能通过非言语的手段，因此我们还在上古汉语的语料中发现非言语的沟通交流也能通过相同的“导管隐喻”来表达，正如例[22]b 所示：

[22] a. 楚子赐之金。（《左传・僖公十八年》）

b. 袒而示之背。（《左传・庄公八年》）

对于[22]b 的例子所属的语义类型，学者们也有不同的认识。赵伯义（2001）就认为这是使动双宾语结构，原因就体现在他对“示之璧”（《左传・哀公十七年》）的分析上。他认为“示之璧，使之示（视）璧”。把“示”分析为“视”，是认为“示”和“视”有通假的关系，虽然有这个可能性，但并不正确，而且也缺乏解释何以要采取这样一个更曲折的分析方

---

① 同第 312 页脚注①。

法。我们只要稍微审视"示"在上古汉语中的用法，就不难发现这个动词的意义是把事物摆出来或指出来给人看，因此在认知基底中有着三个参与者，一个施事、一个视觉客体以及这个视觉客体的接受者。施事通过自己的行动把视觉客体展现在视觉客体的接受者的视线范围内。这个事件的客体可以是具体的物体，如：

[23] 既入焉，而示之璧。(《左传・哀公十七年》)

[24] 楚子使师缙示之俘馘。(《左传・僖公二十二年》)

也可以是抽象的行为，如：

[25] 楚子示诸侯侈。(《左传・昭公四年》)

[26] 虢射曰："期年狄必至，示之弱矣"。(《左传・僖公八年》)

但是不论是具体的物体还是抽象的行为，它们都缺乏实际的从施事的领有域进入接受者的领有域的整个具体的过程，因此是个相当抽象的事件。这个抽象的事件虽没有具体的转移过程(如给予的物体在时间和空间域移动，或言说内容的音波在时间和空间域移动)，但在感知上也能被识解为所展现的内容的光线在时间和空间域移动，因此在理解和表达这个抽象的事件时，也能通过较具体的给予事件来进行。

"示"一般只出现在次要宾语型的双宾语结构中，《左传》中共有10例(邵永海1990)，而出现在间接宾语型的双及物结构中则只有一例。这唯一的例子是：

[27] 再会而盟以显昭明，志业于好，讲礼于等，示威于众，昭明于神。(《左传・成公七年》)

这和现代英语中的情形有些许的相似。且看以下两例：

[28] Mary showed her mother the photograph.
(玛丽让她妈妈看照片。)

[29] Mary showed the photograph to her mother.
(玛丽把照片给她妈妈看。)

根据Goldberg(1995:33)的分析，例[28]表示玛丽的妈妈实际上看到了照片，而对许多人而言，例[29]则没有这个意义。这固然和Goldberg之前对于次要宾语型双宾语结构的意义的看法有些许出入，但却和我们的分析完全一致。考虑到上古汉语的“示”不仅出现在次要宾语型的双宾语结构中，也出现在间接宾语型的双及物结构中，我们认为这说明了“示”等同于现代英语的“show”，在认知基底中也涉及三个参与者，但是唯有当“示”的两个有生的参与者都处于积极沟通的情景下，这个动词才会进入次要宾语型的双宾语结构中。具体言之，也就是施事者必须有意图地向正在和他进行沟通的另一方展示一些事物或讯息，因此讯息的接收者才能被影响，接收施事者要自己接收到的讯息。下面这个例子能把这一点展现出来：

[30] 费曰："我奚御哉？"袒而示之背。(《左传·庄公八年》)

我们不妨把“示之背”的上下文语境给截取出来：

[31] 公怒曰："彭生敢见？"射之，豕人立而啼，公惧，队于车，伤足，丧屦。反，诛屦于徒人费，弗得，鞭之见血。走出，遇贼于门，劫而束之。费曰："我奚御哉？"袒而示之背，信之，费请先入。(《左传·庄公八年》)

这里的“费”是齐侯的一个徒人，刚被齐侯鞭打而从宫里走出来，就遇见了叛贼。叛贼把他劫走并捆绑起来。为了向叛贼说明自己和他们是一路的，他用反问的语气说明自己不可能抵抗，并解开衣服向叛贼显露自己的后背，以说明齐侯的残暴。值得注意的是在“示之背”之后，《左传》的文字说明了叛贼相信他，而在这个基础上，徒人费就请求让自己先进宫去。把“示之背”放在这整个过程中(被叛贼捉、说服叛贼、被叛贼释放)来观察，可知显露后背是徒人费在说服叛贼释放自己的沟通过程中出现的。即是在双方都处于积极沟通的情景下出现的，而不是当一方显露后背，另外一方却背对着他处理其他的事务。双方处于沟通并不一定就意味着沟通的双方须具有现场性和即时性的特点，双方即使在时空上有距离，但是若处于某种对峙的状态，如战争的情景，某一方所刻意表现出的举动由于也一直为另一方所注意，因此也会采用次要宾语型的结构：

[32] 虢射曰："期年狄必至，示之弱矣"。(《左传·僖公八年》)

我们只要把例[30]、[32]和例[27]加以比较，就能发现例[27]中的"众"和"示"的施事者不具有上述的特点。

接下来看一看教示类的动词，它们包括了《左传》中的"教"、"训"和"诲"等：

[33] 子之能仕，父教之忠。(《左传·僖公二十三年》)

[34] 荀家、荀会、栾黡、韩无忌为公族大夫，使训卿之子弟共俭孝弟。(《左传·成公十八年》)

[35] 初，公有嬖妾，使师曹诲之琴，师曹鞭之。(《左传·襄公十四年》)

教示类动词之所以放在这里讨论是因为其所表示的行为动作既包括了言说的内容，也包括了非言说的内容，因此从道理上说，它应具有上述动词的句法特点，但是情形却不是那么简单，这能进一步揭示动词和句式之间的互动关系。值得指出的是上述三个教示类动词在《左传》中仅出现在次要宾语型的双宾语结构中，而无法进入间接宾语型的双及物结构中。这和现代英语的情形不同：

[36] Mary taught Bill French.
(玛丽教比尔法语。)

[37] Mary taught French to Bill.
(玛丽教比尔学法语。)

根据 Goldberg(1995:33)的分析，前一句的意思是比尔实际上学会了一些法语，而后一句则没有这个意义。我们认为上古汉语的教示类动词只出现在次要宾语型的双宾语结构中，这并不意味着例[33]至[35]表达了被教导的人实际上已学会了教授的内容。我们必须注意到现代英语的教示类动词可出现在不同的与格句式中，可是上古汉语的同一类动词却仅能出现在其中的一种与格句式中，因此在缺乏类似例[36]和[37]相互对立的情况下，我们其实并不须严格地遵循现代英语里的情形而得出上古汉语的次要宾语型的双宾语结构具有成功地把抽象客体进行转移的意义。我们尤其应注意到，如“教”、“学”等和教学类活动有关的动词也像“赐”、“献”等给予类动词一样，呈现出互补的分布：

[38] a. 楚子赐之金。(《左传·僖公十八年》)

b. 父教之忠。(《左传·僖公二十三年》)

[39] a. 献马於季孙。(《左传·哀公六年》)

b. 学射於公孙丁。(《左传·襄公十四年》)

我们可按之前对“赐”和“献”的句法分布所进行的说明来解释“教”和“学”的句法分布。一般而言，“教”的对象在地位上应都比施事者低，就如下例所示：

[40] 父教之忠。(《左传·僖公二十三年》)

“父”和“子”相比，前者当然比后者在社会地位上高；而“学”的对象在地位上一般都要比施事者高。

[41] 初，尹公佗学射于庾公差；庾公差学射于公孙丁。(《左传·襄公十四年》)

一般而言，庾公差的箭术应比尹公佗的高，而公孙丁的箭术又应比庾公差的高，因此在箭术造诣的地位上，“学”的对象就比施事者高。这个解释固然言之成理，而且也和之前所提出的解释一致，但是如果再进行更深入的挖掘，则能看到上古汉语次要宾语型的双宾语结构和动词之间的互动上的另一特点。即从表面上看，“教”和“赐”的句法分布一致，而“学”和“献”的句法分布也是一致的；但若是仔细观察，则能发现“赐”和“献”都是外向动词，而至于“教”和“学”，则一个是外向动词，一个是内向动词。我们这里所谓的外向动词和内向动词是采用了梅祖麟(1980)的说法，它们都是及物动词，内向动词所代表的动作由外向内，如“买”，外向动词所代表的动作由内向外，如“卖”。

我们认为要更好地理解“教”和“学”等动词的语义特点，还必须掌握 Fillmore 的框架语义学。Fillmore(1977, 1982)认为要理解一个词的意义，必须透过这个词所在的语义框架，而构成这个框架的部分，有些是凸现(profile)，有些则可能在言谈中被激活。凸现即句法层面所提及的概念成分，而框架则是理解该凸现所需的背景知识或概念结构。袁毓林(2010:33)就以商务事件的语义框架来说明“买”和“卖”的分别：

> 比如，商务事件的原型场景中有四个主要成分：买主、卖主、(移交的)货币、(移交的)货物。其典型的情景是：卖主出售本人所有物，买主付现款并当场获得货物，交易行为一次完成。场景中的各参与成分承担格角色，但到底由什么参与成分充当什么格角色取决于说话人的透视域(perspective)。所谓透视域指人们看待一个场景的角度，因为人们总是从一个特定的角度去考虑一个场景的：更确切地说，在考虑整个场景时，我们只是集中注意那个场景的某一部分。通过透视域的选择，一部分参与者进入透视域并成为句子的核心(nucleus)成分，每一个核心成分都带一个(深层的)语法关系(grammatical relation)。其他参与者不一定能进入句子，即使出现在句子中也只能成为句子的外围(periphery)成分。

Fillmore 的语义框架和认知语法的认知基底有可比之处，因此我们认为要理解“教”和“学”，首先必须激活教学事件的原型场景。这个场景可以下列的图式来体现：

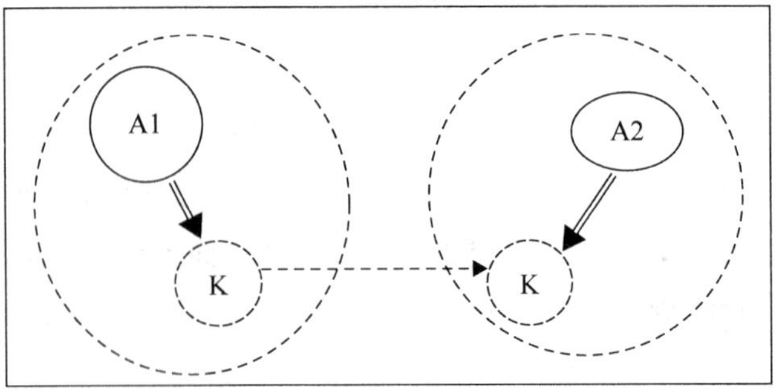


图　5.9

小圈中的"A"(包括 A1、A2)和"K"分别代表人(agent)和教学内容(knowledge),图中的虚线小圈表示转移的客体是抽象的,虚线大圈表示领有域是抽象的。所谓的"教"和"学",就是把焦点投射在这个概念结构中的某一个部分(按 Fillmore 的说法,即是 a change of perspective within the same frame),进而使这个部分得到突出,这也就是认知语法一直强调的语义是等于认知基底上的所做的勾勒。因此,所谓"教",其语义结构是:

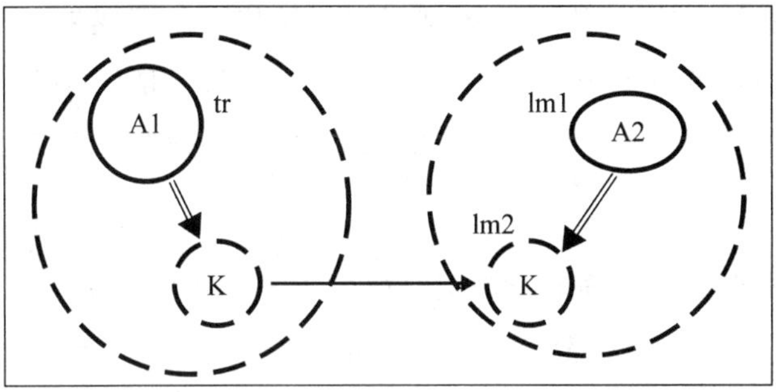


图　5.10

由于这个语义结构突出的是拥有知识的参与者把被教授或学习的知识内容由自己的抽象领有域转入未拥有知识的参与者的抽象领有域,因此我们把这一类动词称为外向动词。与此相反的是"学",其语义结构是:

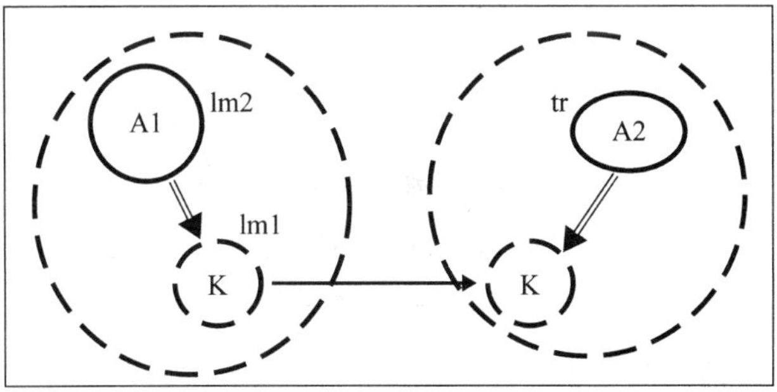


图　5.11①

① 图中的 tr 和 lm 分别指的是 trajector(射体)和 landmark(坐标)。关于这两个术语,详见本书第一章。

由于突出的是未拥有知识的参与者把教授或学习的知识内容由他人的抽象领有域转入自己的抽象领有域，因此我们把这一类动词称为内向动词。根据图 5.10 和 5.11，我们不难发现内向动词一般都难以进入次要宾语型的双宾语结构。这一观察跟我们前面关于给予类动词和取得类动词的讨论能联系起来。取得类动词和给予类动词相比较，前者是内向动词，而后者是外向动词，而我们发现取得类动词，除了“夺”之外，是无法进入次要宾语型双宾语结构的。相宇剑(2003)总结了前人关于《左传》的次要宾语型双宾语结构的研究成果，虽认为《左传》的“取得”义双宾动词是“夺”、“取”和“假”，但是仔细观察“取”和“假”的例子，可发现和这些动词搭配的是另外一种类型的双宾语结构，即：

[42] 此行也，辞而假之寡君。(《左传·昭公元年》)

[43] 其取之公也薄。(《左传·昭公二十六年》)

此外，邵永海(1990)也指出：

> 所谓“受取义动词”，主要包括“取、缴、获、得、娶、受、窃、请、问、假$_{\text{取}}$”等，它是跟“授与”、“告语”类动词在语义上相对立的一组动词。我们首先列表分析说明受取义动词在《左传》中的大致分布情况(即每一个动词所处的主要句法格式及其在该格式中的出现频率)。……
>
> 由上表我们可以看出：受取义动词主要活跃于“$VN_S$於/于 $N_R$”结构，从统计结果看，各动词在该结构中出现频率与其他结构相比占据了绝对优势。应该说，“$VN_S$於/于 $N_R$”结构是上古汉语表受取关系的主要句法手段。举例如下：
>
> 1. 郑人取货于印氏以请之。(《左传·襄公二十六年》)
>
> 2. 郤犫来聘，求妇于声伯。(《左传·成公十一年》)
>
> “$N_R$”与“$N_S$”之间存在的领属关系，因而也可直接用“$N_R$之 $N_S$”或与之等价的“其 $N_S$”来表达。而“$VN_R$ $N_S$”结构在《左传》中

表受取关系不占主导地位，……

邵永海(1990)虽然未用“外向动词”和“内向动词”等术语，但是显然也已注意到取得类动词和给予类动词等语义结构上的差异以及这种差异所导致的不同句法分布。须指出的是，如果结合我们关于“教”和“学”两个动词的句法分布情形的讨论，可进一步证明内向动词在和次要宾语型的双宾语结构的搭配上显然受到了很大的限制。

一旦建立起内向动词很难进入次要宾语型的双宾语结构的论点，就不难明白第四章中关于“夺”的句法分布的讨论的意义。“夺”是一个内向动词，而根据我们前一章所进行的分析，以下取自《左传》的例子必须分析为次要宾语型的双宾语结构，即：

[44] 牵牛以蹊人之田而夺之牛。(《左传·宣公十一年》)

在此，“夺”突破了内向动词无法进入次要宾语型的双宾语结构的限制，而在这之后，我们可观察到一个类似于词汇扩散(lexical diffusion)的现象，即一个接一个的内向动词依循着“夺”的轨迹进入了次要宾语型的双宾语结构。根据我们目前的讨论，“问”是个很好的例子，它在《左传》中仅能出现在间接宾语型的双及物结构中，如：

[45] 宾孟适郊，见雄鸡自断其尾，问之侍者曰：“自惮其牺也”。(《左传·昭公二十二年》)

而在《史记》中进入了次要宾语型的双宾语结构中，如：

[46] 括母问奢其故。(《史记·廉颇蔺相如列传》)

又如“取”，在《左传》中也仅能出现在间接宾语型的双及物结构中，如：

[47] 其取之公也薄。(《左传·昭公二十六年》)

这个内向动词完全无法进入次要宾语型的双宾语结构中，而这也就是取得类动词“取”和“夺”在《左传》语料的句法分布上表现出的极其重要的差别。值得注意的是，动词“取”的句法表现在《左传》之后的传世文献中也大体保留了这个格局，正如以下取自《韩非子》的例子：

[48] 取之内府而藏之外府也。(《韩非子·十过》)

但是,我们在汉代文献中观察到了这个内向动词进入次要宾语型的双宾语结构的例子,即:

[49] 牵牛径人田,田主取其牛。径者则不直矣,取之牛不亦甚乎?(《史记·楚世家》)①

代词“之”在这里指向属人源头(human source),而不是客体,故例[49]被视为是次要宾语型双宾语结构的例子。

在这一节的讨论基础上,我们可进一步在上古汉语的与格句式的讨论中引入时间层次的问题。

## 5.3 动词和句式的搭配关系:时间层次和语义地图的互动

本书第二章尝试立足于认知语言学的理论假说,探讨不同与格句式的时间层次。这里所说的时间层次指的是不同与格句式编码给予类事件在历史上出现的时间先后。按第二章的思路,不同的与格句式各自具有独立的意义,这体现了说话者对于同样的一种客观事实赋予了不同的意象(imagery),而它们之间并不存在任何的派生关系,因此“基式生成句式”的次要宾语型的双宾语结构由于无须通过概念隐喻的识解过程,就比“非基式生成句式”的间接宾语型的与格句式出现得早。由此我们发现在理论层面上所进行的推断能在汉语的历时演变中体现出来。接下来,我们将继续就次要宾语型的双宾语结构来进一步讨论句式的时间层次问题,而必须注意的是,这个讨论依旧是在认知语言学的假说下进行,并同时参考了语言类型学上的语义地图模型。

### 5.3.1 上古汉语次要宾语型的时间层次

在现有的上古汉语双宾语结构的研究中,大家的共识是只有表示[+给予]的本义与格动词或给予类动词才能够进入次要宾语型的双宾

① 例[49]中的“取其牛”中的“其”究竟是否应解释为“之”是个可以进一步讨论的问题。

语结构，而表示[＋接受]的本义与格动词或取得类动词以及伸延与格动词则不能进入这个句法结构中(Peyraube 1986，1987，1988a，1999；贝罗贝 1998；徐丹 1990)。这虽能让我们从大局上掌握不同的动词和次要宾语型双宾语结构的搭配关系，但根据迄今为止的讨论，不难发现这个结论也不是没有可修正的地方：前面对"献"、"问"、"言"等的考察已说明了并不是所有的[＋给予]本义与格动词或给予类动词都能进入次要宾语型的双宾语句。在此基础上，我们可进一步发现在上古汉语的相对较早的阶段(如《左传》和《论语》所记录的语言)，"献"和"问"这两个动词不但无法进入次要宾语型的双宾语结构，而且还和另外两个动词，即"赐"和"语"在配搭不同类型的双宾语结构上存在着互补的格局，如表 5.1 所示：

表　5.1

| 动词＋主要宾语＋ 次要宾语 | | 动词＋直接宾语＋间接宾语 |
|---|---|---|
| 赐之金 | VS | 献之子常 |
| 语之故 | | 问之仲尼 |

到了上古汉语的相对较晚的阶段(如《史记》所记录的语言)，"献"和"问"这两个动词在语法表现上已产生了变化，并且开始从只出现在间接宾语型的双宾语结构中侵入了次要宾语型的双宾语结构，如表 5.2 所示：

表　5.2

| 上古汉语较早的阶段 | | 上古汉语较晚的阶段 |
|---|---|---|
| 动词＋直接宾语＋ 间接宾语 | | 动词＋ 主要宾语＋次要宾语 |
| 献之子常 | VS | 献之美人 |
| 问之仲尼 | | 问奢其故 |

由此一来，我们可看到同样都是属于同一类的动词(如"赐"、"献"同属给予类动词，"语"、"问"同属言说类动词)，但其成员并没有在同一个时间层面进入相同的句式中，如表 5.3 所示：

表 5.3

| 上古汉语较早的阶段 | | 上古汉语较晚的阶段 |
|---|---|---|
| 动词＋主要宾语＋次要宾语 | | 动词＋ 主要宾语＋次要宾语 |
| 赐之金 | VS | 献之美人 |
| 语之故 | | 问奢其故 |

换言之，取决于我们要讨论的是上古汉语的哪一个时间段，“献”和“问”可能进入，也可能不进入次要宾语型的双宾语结构。由此看来，在上古汉语的研究中，我们不应假定所有能进入次要宾语型的双宾语结构的动词都来自同一个时间层次，即便观察点是《史记》中的双宾语结构，也必须认清“献”、“问”虽然和“赐”、“语”都能和次要宾语型的双宾语结构搭配，但是前两个动词的时间层次显然要比后两个浅。

这里所提出的时间层次其实是借鉴了汉语音韵学和汉语方言学对层次的探讨，而由于余霭芹（Yue-Hashimoto 1991）在方言句法中也引入了层次的概念，因此我们有必要把两者的差别加以指出。余霭芹对句法层次的看法主要还是立足于一个形式，一个意义（isomorphism）的立场，着眼于如果某个现代汉语方言在表达同一种概念意义上存在着不同的句法形式，那么这些不同的句法形式应该来自不同的时间层次。例如以下的两个例句都表示相同的客观内容，即：

[50] 他要到北京去。

[51] 他要去北京。

根据余霭芹的分析，若要解释为何在普通话中要采用两个句法形式来承载同一种概念意义，就必须引入时间层次，并把本来就属于北方方言的固有句法形式和借用自南方方言的句法形式给区别开来。

我们所提出的时间层次问题在术语上虽然和余霭芹的相同，但是在内容和意义上均有所不同，反倒和王士元（Wang William 1969）所提出的词汇扩散理论在精神上有相通的地方。从认知语法的角度出发，我们既然认为一个句式有意义，那么和这个句式的句式意义相吻合的动词必定优先进入句式。我们将这些动词称为该句式的典型动词成员。其他动词的意义虽和典型动词成员的意义有些许的不同，但是它们也会因句式意义的扩大而逐渐地侵入。这就是我们所说的时间层次。具体而言，“赐”、“献”、“语”和“问”等动词虽然最后都在某个共时的历史阶段出现在次要宾语型的双宾语结构中，但是一旦我们不把上古汉语视为一个整体，就不难发现这四个动词进入同一个句式的时间阶段其实并不完全相同，而且有先后的区别。这种区别就是一种时间上的层次，而它反映了动词和句式之间的搭配关系。

根据构式语法，一个句式有自己的论元结构(argument structure)，而动词则有自己的参与者角色(participant roles)，因此我们认为较早进入某个句式的动词，它和句式之间存在着一种无标记(unmarked)的关系，而较晚进入同一个句式的动词则和这个句式之间存在着一种有标记(marked)的关系。这一观点和目前关于句式意义的讨论是相一致的。袁毓林(2004)就句式意义从何而来的问题进行了讨论。他指出目前的认识是认为句式的配价或论元主要是由句式的整体意义所决定的，因此比如表示转让(transfer)意义的句式只要求施事、受事和与事三个论元而不管进入其中的动词是二价的还是三价的。对于现有的认识，他认为最主要的问题是未回答句式的意义从何而来。他指出：

> 问题是，句式“NP (A) ＋ V ＋ NP (D) ＋ NP (P)”[①]的转让意义是从哪儿来的，……显然，词类(形式类)序列“NP ＋ V ＋ NP ＋ NP”……本身是不可能产生出转让……之类的句式意义的。一种最有可能的答案是：这种能决定句式配价的句式意义是由动词的论元结构提供的，动词的论元结构中各论元角色之间的语义关系的抽象化为有关句式提供了最初的意义。

他以下面四个动词为例说明动词如何能成为句式意义的源头，即：

---

① 这其实就是次要宾语型的双宾语结构。

[52] 送:{送者,送物,受者}

[53] 卖:{卖者,卖物,买方}

[54] 抢:{抢者,抢物,被抢者}

[55] 买:{买者,买物,卖方}

继而指出:

> 这四个动词的词汇意义都涉及三个参与角色(participant role),如果对这些参与角色进行概括,那么送者、卖者、抢者、买者等都包含施动性(causation),可以抽象为施事;送物、卖物、抢物、买物等都包含受动性(causally affected),可以抽象为受事;受者、买方、被抢者、卖方等都包含参与性(participant in),可以抽象为与事。"送、卖"等表达的是受事从施事方转移到与事方,可以概括为给予;因此,当它们跟受其支配的论元实现为"NP + V + NP + NP"之类的句法形式时,这种句式自然地具有给予这种句式意义。"抢、买"等表达的是受事从与事方转移到施事方,可以概括为取得;因此,当它们跟受其支配的论元实现为"NP + V+ NP + NP"之类的句法形式时,这种句式自然地具有取得这种句式意义。给予和取得都涉及受事在施事方和与事方之间转移,只是方向相反;因此,可以进一步概括为转让。于是,句式"NP (A) + V + NP (D) + NP (P)"自然地从其核心动词的论元结构上获得了转让这种句式意义。

我们虽不必完全同意袁毓林所提出的具体分析,[①]但是赞成其大体的思路:即一个句式就体现了原型效应,并能用以编码一个原型事件及和这个原型事件有转喻或隐喻关系的其他事件。他总结说:

① 从语义地图的角度看,袁毓林明显忽略了类型学上的证据,因为有些语言中表"买、卖"概念的词无法进入双宾语结构(如上古汉语),而有些语言中表"抢"概念的词也无法进入双宾语结构(如现代英语)。

> 典型动词的论元结构被结构包装之后这个结构(或称句式)也就获得了原型的格式意义并且句式作为一种形式和意义的配对具有相当的模塑性,它能把那些在语义上跟句式意义不同、但是又不相抵触的动词吸收进来。

我们将以本节的讨论为基础,在下一节中详尽地考察"投"这个"扔"(THROW)类动词的句法表现,拟说明这个动词进入次要宾语型的双宾语结构晚于"给"(GIVE)类和"寄"类(SEND)动词,而这一情形又完全和语言类型学上的双及物结构概念空间所做出的预测相一致。

### 5.3.2　动词"投"的考察

语义地图的最大优势就在于它不仅能说明共时的分布,还能依据概念空间所显示的共时分布,进一步探讨其背后的历时演变。就此,张敏(2009)指出:

> 适用于当代活语言/方言的语义地图模型,也能以完全相同的方式适用于文献资料所反映的历代汉语。汉语发展史上每一个有足够文献资料的横截面都可视为一个自足的语言系统(例如,以《左传》为代表的先秦某个特定时期的语言、以《史记》为代表的西汉通语、以《祖堂集》为代表的唐五代带南方色彩的早期官话,等等),根据其多功能语法形式的兼用模式,在我们从当代活语言中归纳出来的概念空间之上,可分别勾画出相应的语义地图,这样的语义地图可展现古代某个时期、某个地域的汉语变体的个性,将它们按时间顺序叠置起来,则可清楚地看出演变的脉络。这样的研究在历史语法学界尚未尝试过,它必将为我们带来新的思考角度。

这就很好地指出了语义地图模型能运用于历时的讨论中。就当前汉语历史语法研究而言,我们尚未看到有任何的论著注意到双宾语结构的时间层次问题，而由于语义地图模型在近几年才引入汉语语言学界，因此把时间层次和语义地图结合起来探讨一个具体问题的努力方向目前还不明确。我们希望在本节中以“投”为例，说明时间层次对上古汉语句法分析的适用性，并借此进一步说明时间层次和语义地图的关系。Croft，Barðdal，Hollman，Nielsen，Sotirova & Taoka(2001) 曾指出以下蕴涵性命题说明了动词和双宾语结构的关系，即：

GIVE < SEND < THROW
给 < 寄 < 扔

根据这个命题[①]，假如一种语言表“寄”概念的动词进入双宾语结构，那么，表“给”概念的动词也进入双宾语结构；而假如一种语言表“扔”概念的动词进入双宾语结构，那么，表“寄”和表“给”概念的动词也进入双宾语结构。根据所示，“扔”和“给”之间有“寄”作为中介，因此根据“语义地图连续性假说”(Semantic Map Connectivity Hypothesis)，如果表“扔”和“给”概念的动词都进入同一个句式，则表“寄”概念的动词必然也是如此。要探讨上古汉语中表“扔”概念的动词和双宾语结构的关系，我们得首先关注上古汉语中表“给”和“寄”这两个概念的动词能否进入双宾语结构。

下列取自《左传》的例子能证明表“给”(GIVE)概念的动词都能进入双宾语结构，即：

[56] 与之块。(《左传·僖公二十三年》)

张敏(2008b)把表“给”概念的动词分为给予动词(general-purpose verb of giving)和给予类动词(non general-purpose verb of giving)，而在《左传》中，除了“与”这个给予动词能进入双宾语结构外，其他给予类动词，如“赐、馈”等也能进入双宾语结构，如：

[57] 神赐之土田。(《左传·庄公三十二年》)

[58] 馈之刍米。(《左传·僖公二十九年》)

---

① 关于类型学上的蕴涵性命题，可参看 Comrie(1989)。

值得注意的是，《左传》中也有一批给予类动词无法进入双宾语结构(邵永海 1990)，这批动词包括了"献、进、荐、贡、致、委"等。

在双及物结构的概念空间上，"给"(GIVE)和"寄"(SEND)分别占据两个不同的节点，这说明两类动词所代表的概念其实存在一些细微的差异。我们认为前者强调的是转移事件的即时性和现场性，而后者则没有该特点，因此概念空间上表"寄"(SEND)这个概念的动词应和张伯江(1999)所提到的远程给予类动词相对应。这类动词由于语义上涉及远距离间接交予，因此目标性有所弱化。上古汉语研究一般没有对表示上述两个概念的动词进行区分，只笼统地把它们归纳为同一类，并称之为[+给予]的本义与格动词(贝罗贝 1986)、"授与"义动词(邵永海 1990)或给与类(相宇剑 2003)。刘宋川(1998)虽把不同的给予类型的动词分成四类(即给与、赏赐、奉献、馈送)，但却也没有把属远程给予的一类独立出来。在刘宋川的馈送类动词中包含了几个小类，而其中的一个小类由"致、送、输、遗"等动词组成。按刘宋川的说法，它们的特点是"把东西拿去或运去给别人"，因此我们认为这批动词的意义应和概念空间中表"寄"(SEND)的概念一致。这类动词在上古汉语中确实能进入双宾语结构，如：

[59] 齐人<u>输范氏粟</u>。(《左传・哀公二年》)

[60] 晋饥，秦<u>输之粟</u>。(《左传・僖公十五年》)

例[59]和[60]的"输"是"输送，转送"的意思，此外，我们还能在《左传》中找到"饩"作为远程给予动词的例子：

[61] 是岁，晋又饥，秦伯又<u>饩之粟</u>。(《左传・僖公十五年》)

[62] 饩国人粟。(《左传・襄公二十九年》)

我们认为上古汉语的"遗"也是远程给予类动词。吴峥嵘(2009：82—84)对《左传》中"遗"的用法做了这样的归纳，即"'遗'指给予者越过一定的距离使被给予者获得"。正因为有这个特点，我们发现"遗"的给予者和接受者具有空间上的距离，如：

［63］巫臣自晋遗二子书曰。(《左传·成公七年》)

例［63］中，谓语受“自晋”的介词词组修饰，表明了巫臣是从晋国给子反和子重一封信，因此给予者和接受者并不处于同一个空间中。此外，我们发现“遗”还能表达因时间上的距离产生的长程给予义，如：

［64］宁王遗我大宝龟，绍天明即命。(《尚书·大诰》)

例［64］中是周成王的话，提到周文王遗留给自己一只大而宝贵的龟，[①]此处给予者和接受者不处于同一个时空域里。

我们把远程给予动词和一般给予动词加以区分的目的不仅响应类型学上的分析成果，更重要的是希望说明在上古汉语中，当远程给予动词进入双宾语结构中时，动词的参与者角色(给予者、客体、接受者)和句式的论元结构虽然一致，但是由于这类动词所表达的给予行为须经历一段时间和空间的历程，因此即使进入了双宾语结构，也并不一定就表达了成功转移的意义。不妨以下面这个例子来进行说明：

［65］齐人输范氏粟。(《左传·哀公二年》)

这个例子之后还有一段文字，即：

［66］郑子姚、子般送之，士吉射逆之，赵鞅御之，遇于戚。……郑师大败，获齐粟千车。赵孟喜曰：“可矣。”(《左传·哀公二年》)

文中的“获齐粟千车”正是“输范氏粟”的结果，由此可见，“寄”类动词和双宾语结构搭配时并不一定表达成功转移的意义。

据上文所述，《左传》中表“给”(GIVE)和“寄”(SEND)概念的动词皆能进入双宾语结构，再结合本章的讨论，这些例子皆可以在双及物结构的概念空间上构成不断链的连续区域，如图5.12所示：

---

① 例［64］中的“宁王”即“文王”。

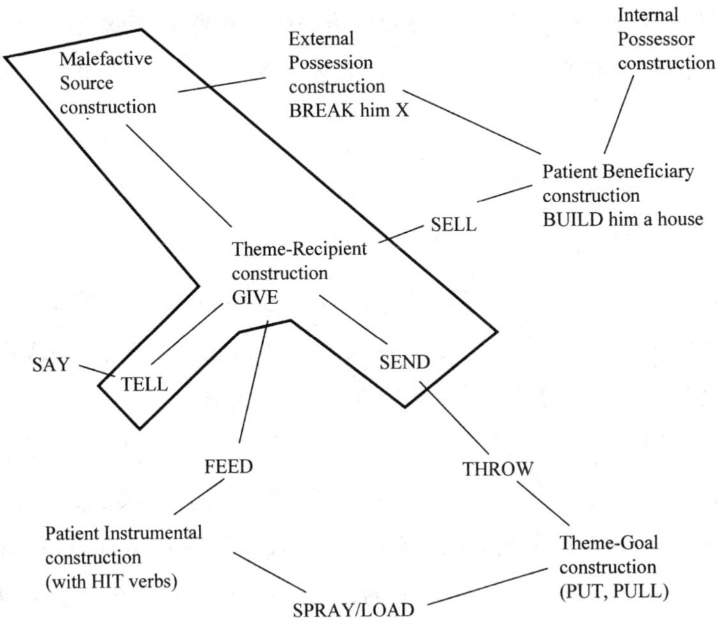


图 5.12

接下来我们将进一步讨论表“扔”(THROW)概念的动词在《左传》中是否能进入双宾语结构。蒋绍愚(2006)对于“投”的意义有一精辟的分析,而根据这个分析,我们认为《左传》中的“投”能很好地对应于双及物概念空间的“扔”(THROW)的概念。一旦把动词确定下来,接着便可观察这个动词在《左传》中的句法表现。

“投”在《左传》中共出现十九次,但没有一次是出现在双宾语结构中。不仅《左传》如此,其他上古汉语的传世文献,如《尚书》、《国语》、《公羊传》、《荀子》等著作中也没有发现相关的例子。这并非上古汉语独有的现象,在冰岛语(Icelandic)中,表“扔”(THROW)概念的动词也同样无法进入双宾语结构。(参看 Barðdal 2007)这个事实除了说明双及物结构的概念空间对于上古汉语的双宾语结构的句法表现具有一定的预测力,还能允许我们从一个侧面说明构式语法(Construction Grammar)对于动词和构式之间的关系所进行的论述和分析是合理的。按 Goldberg(1995)的理论,词库和句法之间并没有严格的分界,因此尽管词语和构式内部的复杂程度有别,但是在形式和意义的配对上却是一致的。换言之，构式也和词语一样具有意义，而双宾语结构这个构式的意义能通过下列的形式化表述呈现出来，即（Goldberg 1995：49）：

致使—收到　　　　〈施事　接受者　受事〉

CAUSE-RECEIVE　＜agt　rec　pat＞

按构式语法的说法，〈施事　接受者　受事〉体现了双宾语结构这一构式的论元结构，它们是这个构式的论元角色。表“给”（GIVE）和“寄”（SEND）概念的动词能在《左传》中毫无困难地进入双宾语结构，其根本原因就在于这两类动词所涉及的参与者角色和构式所要求的论元角色一一对应。反观表“扔”（THROW）概念的动词，如“投”等，根据Levin（1993：147）的分析，它们皆是“瞬间致使导弹式位移”（instantaneously causing ballistic motion）的动词，而张伯江（1999）则进一步指出现代汉语中像“扔、抛、丢、甩”等表相同概念的动词，在语义上并不要求一定要有一个接受者。由此可见，表“扔”（THROW）概念的动词其实是二价动词，其论元结构仅要求必有施事和客体两个参与者角色，而这和双宾语结构本身的论元结构并不吻合，因此这就解释了为什么《左传》中的“投”无法像“与”和“输”等动词一样进入双宾语结构。正因为“投”这个动词的参与者角色只要求两个，即扔者和被扔物，因此在《左传》中这个动词能出现在二价的及物句式中。按这个语义结构，我们依据认知语法的理论框架（参看 Langacker 1987，1991a；Phua Chiew Pheng 2008）不难推测出，在无标记的编码上，扔者由于是处于能量游的上游（energy source），因此被投射到主语的句法位置，而被扔物由于受到动作的影响改变了处所位置，处于能量游的下游（energy sink），因此被投射到直接宾语的位置，正如：

[67] 削而投之。（《左传·襄公二十七年》）

[68] 受其书而投之。（《左传·昭公五年》）

[69] 或取一编菅焉，或取一秉秆焉，国人投之。（《左传·昭公二十七年》）

例[67]至[69]中的直接宾语"之"指的都是"投"的被扔物，分别是"简册"、"书"、"菅"和"秆"。由于被扔物在扔者施以能量之后会随着时间的进展而改变其空间位置，以致最终将停落在和起点不同的地方，因此"投"在认知基底中虽只有两个参与者的语义角色，但却也能进入使之移至句式(caused motion construction)。使之移至句式(caused motion construction)是一种三价句式，有三个论元角色，它们分别是施事、客体和终点处所。这个构式的意义也能通过下列的形式化表述呈现出来，即(Goldberg 1995:88)：

致使—移动　　〈致使　终点　客体〉
CAUSE-MOVE　<cause　goal　theme>

值得注意的是，"投"的参与者所映射到的句法位置和我们上边的讨论一致：受动作影响的客体被映射到直接宾语的位置，而空间的终点处所由于不在动作下改变其性状或状态，因此就映射到由"于"所引介的间接宾语的位置(参看 Phua Chiew Pheng 2008)。正如：

[70] 投其璧于河。(《左传・僖公二十四年》)
[71] 投其首于宁风之棘上。(《左传・昭公五年》)
[72] 投诸四裔。(《左传・文公十八年》)
[73] 及师至，则投诸外。(《左传・昭公十九年》)

例[72]和[73]中的"诸"等于"之于"，因此与例[70]和[71]的结构本质相同。类似的例子也能见于《国语》，如：

[74] 乃使取申胥之尸，盛以鸱夷，而投之于江。(《国语・吴语》)

由于介词"于"能轻易地被省略，因此我们发现在上古汉语较晚期的文献中，"投"也能出现在双宾语结构里：

[75] 投竿东海。(《庄子・外物》)
[76] 斩其头，投之棘门外。(《战国策・楚策四》)

但须注意的是，这类双宾语结构和我们所要讨论的并非同一个类型的双宾语结构。按刘丹青(2001)的分析,双宾语结构有 A 式和 B 式的分别:前者是接受者宾语在前,而后者则是客体宾语在前。这一分别具有类型学上的意义,因为根据 Malchukov, Haspelmath & Comrie (2007)对于世界语言的双及物结构的分类,前者由于接受者的编码和单及物句式中的受事一样,因此属于次要宾语式;而后者由于客体的编码和单及物句式中的受事一样,因此属于间接宾语式。[①] 有鉴于此,例[75]和[76]虽然显示了"投"能进入双宾语结构,但是由于这类双宾语结构和我们所要讨论的并非同一个类型,这说明了表"扔"的概念的动词在上古汉语的许多传世文献中都无法进入次要宾语式的双宾语结构。我们认为上古汉语的"投"之所以被阻挡在次要宾语型的双宾语结构外,最根本的原因就在于这个二价动词的语义结构中所隐含的是空间的终点处所,而不是接受者。一旦我们了解这类动词的上述特点,就不难明白在上古汉语中,当有生的名词(或词组)出现在"投"的后头充当直接宾语时,这个有生的名词(词组)其实都无法分析为接受者。试看下列取自《左传》的例子:

[77] 齐高固入晋师,桀石以投人。(《左传·成公二年》)

例[77]中的"投"按杜预的批注,是"掷"的意思,因此是个表"扔"概念的动词。这个动词的直接宾语"人"在这里不能被分析为接受者,因为参考这段文字的语境,可知齐国的高固在攻入了晋军后,便拿起石头扔向晋军,因此"人"在这里是受动作攻击并影响的对象,故更准确的概括应是"投"的受事。支持这个分析的相关例子还有例[78],即:

[78] 知伯怒,投之以机。(《左传·襄公十年》)

该例中的"机"是"弩机",而"之"指的是荀偃和士匄。全句的语境明显显示了知伯是在盛怒的情况下把弩机扔向荀偃和士匄,因此这两

① 上古汉语的双宾语结构究竟是属于 Malchukov, Haspelmath & Comrie(2007)的分类中的中立型,抑或是次要宾语型,这其实有不同的意见。张敏(2011)认为是中立型,而我们则认为由于"之"仅能出现在双宾语结构的第一个句法位置,因此是次要宾语型。

个人并非“投”的接受者，而是受事。上述的解释会遇到一个问题，就如下列四个例子所示，即：

[79] 投我以木瓜。(《诗经·木瓜》)

[80] 投我以木桃。(《诗经·木瓜》)

[81] 投我以木李。(《诗经·木瓜》)

[82] 投我以桃。(《诗经·抑》)

黄典诚(1992:80、407)把四个例子中的“投”一致解释为“投赠”，并进行了这样的翻译，即：

[83] 有人送我一些鲜木瓜。

[84] 有人送我一些鲜木桃。

[85] 有人送我一些鲜木李。

[86] 人家桃子送给我。

虽然黄典诚的翻译把这四个例子中的“我”都一致理解为接受者，但我们认为例[79]至[82]中的“我”并不是接受者，而是受事，这其中的关键就在于如何理解古代的投果风俗。白川静(2001:133—135)对《木瓜》进行了分析，认为这是首“吟咏投果之俗的歌谣”，并进一步指出：

古代歌垣时节有投果的习俗，是女子表现爱情的行为，此风沿袭至后世未绝。六朝时代，晋人潘岳是风度翩翩的美男子。岳狩猎，走车都中，女子争投果物，车为之满。左思闻说也治装驾车，车上是位憨戆的田舍郎，女子投的则是破瓦顽石。这段故事知道投果固不限于桃李，日本也有用橘、梅、桃为吉利的表征。……召南《摽有梅》也是咏诵投果习俗的歌谣。……

闻一多《古典新义》论此诗歌咏投果风俗。将梅实装入笼中的人，大概是去歌垣的女子。对日夜思念的男子投出几颗梅实，呼唤着请求回报。对面来的男子素不相识，把剩下的梅实全投出去，眼巴巴地催促他回报，他同样不理不应。笼筐已空，还投什么呢？

根据白川静的分析，我们知道古代的投果之俗是女子对心仪的男子投出果实，而男子在这里并不是个给予事件中的接受者，因为按Goldberg(1995:146)的分析，所谓的“接受者”(recipient)必须是个自愿给予合作的参与者(willing participant)，而例[79]至[82]中的“我”显然不是，反而更接近“投”这个动作所要扔掷到的对象，因此我们认为还是应把“我”理解为“受事”。这一观点也能在蒋绍愚(2006)中获得支持。蒋绍愚(2006)就精辟地指出：

> 其实，这个“投”还是[投1A]①，即表示“投掷”的动作，只是其目的是赠送。为了说明这一点，我们可以分析几个类似的例句。(1)《诗经·大雅·抑》：“投我以桃，报之以李。”郑笺：“犹掷也。”这说明在古人的语感里，这种“投”仍是[投1A]。(2)《淮南子·说山》：“和氏之璧，夏后之璜，揖让尔进之，以合欢；夜以投人，则为怨。”这个“投”也是动作为投掷，目的是赠送。如果“投”的词义是单纯的“赠送”，那即使是夜间“投(赠)人”，也不会“为怨”。(3)《世说新语·容止》注引《语林》：“安仁至美，每行，老姬以果投之，满车。张孟阳至丑，每行，小儿以瓦石投之，亦满车。”“以果投之”和“以瓦石投之”的“投”，尽管目的不同，但不能说是两个不同的“投”，而都是[投1A]。

按上述的分析，客体和受事这两种不同的语义角色都充当“投”的直接宾语，具有相同的语法编码，而如果我们采取语义地图模型的思路，这其实并不难理解。现代汉语普通话中的介词“把”可分别引入受事和客体，而上古汉语的介词“以”虽能引入客体(即所谓的广义处置式)，却无法引入受事(即所谓的狭义处置式)说明了这两个语义角色在概念空间上应能分为两个不同的基元，而它们的排列必须是邻近的。

① 蒋绍愚把“投”分为三个词，用{投1}、{投2}、{投3}表示。每个词下又分若干义位，用[投1A]、[投1B]、[投2A]、[投2B]等表示。

由于接受者这个语义角色不是“投”的论元，因此无法充当直接宾语，而如果要实现这个非论元（或非核心成分）的语义角色，上古汉语必须借助另外一个给予动词，并通过增加论元的施用操作（applicative operation）来达成这一目的，如：

[87] 彼谮人者，谁适与谋？取彼谮人，投畀豺虎。（《诗经·巷伯》）

[88] 有北不受，投畀有昊。（《诗经·巷伯》）

正因为接受者不是“投”这个动词的论元，这就解释了为什么“给”类和“寄”类的动词能进入上古汉语的双宾语结构，而“扔”类动词却不能。值得注意的是，这个情形在较晚的传世文献中有了变化，即：

[89] 投之一骨，轻起相牙者。（《战国策·秦策三》）

[90] 毋抟饭，毋放饭，毋流歠，毋咤食，毋啮骨，毋反鱼肉，毋投与狗骨。（《礼记·曲礼》）

例[89]中的“投”确实进入了双宾语结构，而例[90]的“投”则和“与”构成一个复合动词后才进入双宾语结构。一般都相信《战国策》和《礼记》的著作年代是在战国末年或汉代初年，比《左传》和《国语》等来得晚，因此这代表了上古汉语的双宾语结构已逐步地从“给”类和“寄”类动词扩展到了“扔”类动词，这一步的发展完全和双及物结构的概念空间所预测的（“给”<“寄”<“扔”）相吻合。之前我们虽也指出“投”的参与者角色和双宾语结构的论元角色不符，因此无法进入双宾语结构，而现在却又有例子显示“投”能进入双宾语结构，这其实并没有矛盾。构式语法除了强调句式本身具有独立的地位和意义外，还认为句式可以赋予动词额外的论元角色。例如，Goldberg（1995：54）在分析现代英语的 kick（踢）为什么虽然是个仅有踢者（kicker）和被踢物（kicked）两个参与者角色的动词，却能进入双宾语结构时，就以下图说明双宾语结构能提供给动词额外的接受者（recipient）角色，如图 5.13 所示：

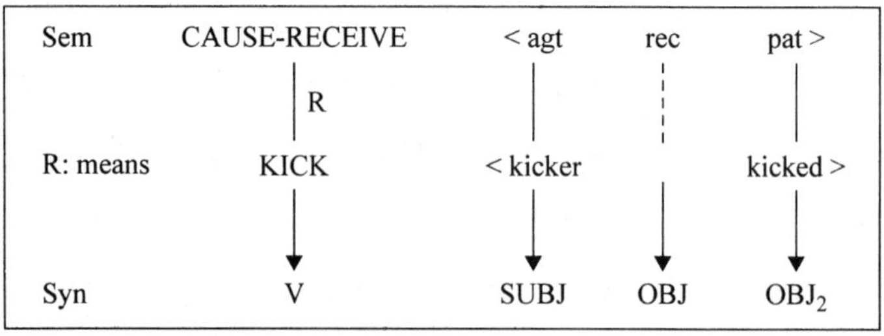


图 5.13 复合结构：双宾语结构 + kick（踢）

一旦我们把构式语法和上古汉语的语料加以结合，就能发现“给”类和“寄”类等动词在上古汉语的历时传世文献中先进入双宾语结构，而后才扩展到“扔”类。这种历时的发展正好和语义地图模型所预测的相符，如图 5.14 所示：

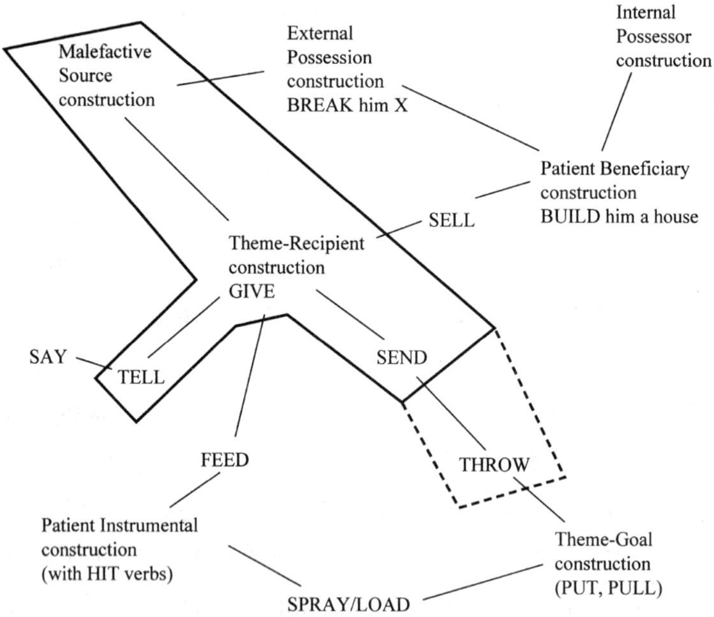


图 5.14 《左传》（实线）及《左传》之后（虚线）的双宾语结构的语义地图

这个讨论说明认知语言学和语言类型学的结合能让我们把上古汉语语法中的一些细微变化给揭示出来。

## 5.4　受益类的双宾语结构

本节讨论内容将围绕下列例子展开，即：

[91] 不如早为之所。(《左传·隐公元年》)

[92] 宦卿之适子，而为之田。(《左传·宣公二年》)

[93] 天生民而立之君。(《左传·襄公十四年》)

上述例子是否为双宾语结构，学者们历来有不同的看法。不少学者都承认它们是双宾语结构(邵永海 1990；刘宋川 1998，1999，2002；相宇剑 2003 等)，但最早注意到“为之宰”一类例子的马建忠却认为它们不是双宾语结构。周法高(1994a)也持有相同的看法，而贝罗贝(贝罗贝 1998；Peyraube 1999a)则进一步对这些例子做出了更全面的论证，证明上述例子皆不是双宾语结构。有鉴于此，我们有必要在前一章的基础上对这些例子的句法结构进行一番讨论。唯有证明上述例子确实是属于双宾语结构，才有可能前进一步从句式多义性的角度探讨上古汉语的与格结构。

此外，我们还注意到承认上述例子是双宾语结构的学者都认为这些例子的语义类型属于为动类型。按邵永海(1990)的分析，为动双宾语结构的特点如下：

> 动词 V 与宾语之间存在着一种含有服务意义的关系，“$VN_RN_S$”表示“为 $N_RN_S$”，即一般所谓的为动双宾语结构。……“立之君”即“为之(民)立君”。
>
> 进入为动双宾语结构的动词包括：为$_{34}$、立$_1$、树$_5$、著$_1$、举$_1$①。

相宇剑(2003)对上述观点做了一些材料上的补充，即：

---

① 动词右下角的数字为该动词进入双宾语结构的次数。

邵永海总结出《左传》中5个进入为动双宾语句的动词，分别是：

为、立、树、著、举。

我们发现除了这5个之外，还有“陈”、“作”、“分”、“祈”也可以进入为动双宾语句。所以，《左传》“为动”义双宾动词共有9个，分别是：为$^{29}$、树$^{5}$、著$^{2}$、举$^{1}$、作$^{1}$、祈$^{1}$、立$^{1}$、陈$^{1}$、分$^{1}$。[①]

即使不承认上述例子是双宾语结构的学者，如贝罗贝(1998)等，也认为这些例子具有“为某人做某事”的意义。由此可见，大家虽然对这些例子的句法结构究竟该如何分析存在着分歧，但是就它们所表达的意义却具有相当一致的认识，即在这些例子中，动词后第一个名词词组所表达的是动词的服务对象，而动词后的第二个名词所表达的是动词的受事。因此，若暂且不理会两个名词词组之间的句法结构关系，我们其实可以在这个共识的基础上发现“为动”并不能很好地概括上述例子的语义特点。立足于近期语言类型学上对受益(benefactives)和受损(malefactives)等概念在人类语言中的句法表达所进行的深入研究(Zúñiga & Kittilä 2010)，我们认为应把上述例子的语义类型重新界定为“受益”类型。这项正名的工作是很有必要的，因为研究汉语史的专家们都毫无例外地承认这些例子有“为某人服务、给某人服务”的意义，而以“受益”取代“为动”，正好强调了这些例子的语义特点。这不仅能更好地和存在于人类语言中的相关现象挂钩，还能借鉴构式语法对相关现象的研究成果(参看 Goldberg 1995)。

### 5.4.1 受益双宾语结构的确立

由于学者们对下列例子的句法结构分析存在着分歧，因此我们首先得明确下列句子的句法结构：

---

① 动词右上角的数字为该动词进入双宾语结构的次数。

[94] 不如早为之所。(《左传・隐公元年》)

[95] 宦卿之适子,而为之田。(《左传・宣公二年》)

[96] 天生民而立之君。(《左传・襄公十四年》)

前几章已探讨了双宾语结构的判断标准,并提出只要能证明"动词+名词词组$_1$+名词词组$_2$"中的两个名词词组之间不存在结构上的关系,这个线性序列就是双宾语结构。根据这个思路,我们首先来分析贝罗贝(贝罗贝 1998;Peyraube 1999a)不认为上述例子属于双宾语结构的证据。由于"为"出现的次数最多,因此先讨论和它相关的问题。

贝罗贝(1998)认为,"'为'的多义性程度很高。……"因此有必要"分辨不同的'为'"。他一共分了四种不同情况,下文是对前两种情况的具体分析(贝罗贝 1998):

(i) 当"为"是意为"给与"的动词时,没有任何理由不认为"为之名"形式是双宾结构,其中"之"是间宾。例:

(32) 不如早为之所 。(《左传・隐公元年》)

(33) 而为之田 。(《左传・宣公二年》)

这个"为"= 给与的解释曾被多位学者提出(何乐士 1980;颜景常 1980;刘利 1995),但是其中疑点仍有不少。我们很难肯定在先秦汉语中"为"真正的有"给与"的意思。不过这并不是说不是"+给予"的动词可以带两个宾语。事实上例(32)、(33)里的"为"大概不是动词。

我认为刘百顺(1981)对例句(32)的解释较可取,即"给他们安排住所"。"为"在这里应是介词而"之"(介词"为"的宾语)后面的名词可以有动词的解释。同样的分析可以用于例(33):"给他安排农田"。

(ii) 当"为"意指"制作、造作"时,我们有如下例句:

(34) 四里为连,连为之长 。(《国语・齐语六》)

(35) 王将铸无射而为之大林 。(《国语・周语下》)

的确,这些句子里的"为"应被解释为介词而非动词。因此,例句(34)应是："四里成为一连，每连给安排一个长"。换言之，第二个"为"不是动词"制作"，而是介词，而后面的代词"之"代名词"连"。

在贝罗贝对例[94]和[95]的分析中，"为＋之＋名"虽可分析为"给某人做某事"或"为某人做某事"的意义，但是他却认为这些例子中的"为"不是动词，而是介词。换言之，"为＋之＋名"不是双宾语结构，而是状中结构。上述看法可从两个不同的方面来讨论：第一，"为"在上古汉语中是否有介词的用法；第二，"为"在上述例子中能否被分析为介词。

Peyraube 和 Wiebusch(1994：393—394)指出"为"在上古汉语中具有动词的功能，他们举的例子如下：

[97] 是亦为政。(《论语·为政》)

[98] 取诸人以为善，是与人为善者也。(《孟子·公孙丑上》)

在这里，动词"为"可被宽泛地理解为"做"的意义。此外，在上古汉语里，"为"也有介词的用法，如：

[99] (卫宣公)为之娶于齐而美，公取之。(《左传·桓公十六年》)

这个例子最值得注意的是，它说明了"为"除了具有介词的用法外，还是个引入受益者的介词。换言之，既然例[94]至[95]中的"之"都是受益者，那么例子中的"为＋之"的句法单位确实有被分析为介词宾语结构的可能性。关键的问题就在于"为＋之"这个句法单位在例[94]至[95]中，是否就出现在一个动词词组之前，并和这个动词词组构成状中的结构。一般而言，介词的功能是把名词性成分引介给述语动词，如下边两个例子所示：

[100] 王寝，盗攻之，以戈击王。(《左传·定公四年》)

[101] 楚子虔诱蔡侯般，杀之于申。(《春秋·昭公十一年》)

"以"和"于"是上古汉语中最重要的两个介词(何乐士 1989；赵大

明 2007)，而这两个例子很清楚地显示介词宾语结构一般都出现在动词词组的前头或后头以充当状语或补语。因此，只有当“为＋之”这个介词宾语结构出现在动词词组前时，我们才有可能把“为”分析成介词，如下例中的“为王”就出现在“杀之”的动词词组之前：

[102] 今王事高祖甚恭，而高祖无礼，请为王杀之。(《史记·张耳陈余列传》)

根据这个讨论，我们再重新审视贝罗贝提到的四个例子，即：

[103] 不如早为之所。(《左传·隐公元年》)

[104] 宦卿之适子，而为之田。(《左传·宣公二年》)

[105] 四里为连，连为之长。(《国语·齐语》)

[106] 王将铸无射，而为之大林。(《国语·周语下》)

这四个例子中的“所”、“田”、“长”、“大林”都出现在“为＋之”的后边，而一般而言，它们表示的都是客观世界中的独立个体，因此应分析为名词(参看 Langacker 1987，1991a 对名词的分析)。虽然如此，我们仍无法排除一个可能性，即上古汉语的名词和动词之间存在着通过零派生方式把名词变为动词的动词化规则，就如现代汉语中的“漆”、现代英语中的“to water”一样。例[103]至[106]的四个词中，最有可能被分析为动词的是“田”，因为我们能在上古汉语的文献中找到“田”当动词的用法，如：

[107] 无田甫田，维莠骄骄。(《诗经·甫田》)

根据孔颖达的疏解，上“田”谓垦耕，而下“田”谓土地，可见，名词的“田”能通过零派生方式转为动词的“田”，而作为动词的“田”，其义为“耕种”。虽然“田”具有名词和动词的功能，但是只要仔细观察“为之田”的例子，就不难发现把这个例子中的“田”分析为“耕种”意思的动词并不是好办法，因为“为之田”无法在上下文中被理解为“为某个人耕种”。这个例子出现的上下文为：

[108] 初，丽姬之乱，诅无畜群公子。自是晋无公族。及成公即

位，乃宦卿之适子，而为之田。(《左传·宣公二年》)

所谓的"为之田"必须放在由于丽姬之乱，造成了晋国没有公族这个官职的背景下理解。按沈玉成(1997:171)对这段文字的理解，由于晋国没有了公族，因此到了晋成公即位，就把官职授给卿的嫡子，并且给他安排土地。这就很清楚地说明，例子中的"田"虽有被分析为动词的可能性，但是一旦把"田"理解为动词，其意义就必须是"耕种"，而这和原来的意思是有差别的，因此把"为之田"分析为状中结构并不是个可行的办法。

刘宋川(2002a)对把例[103]至[106]分析为状中结构的做法也做了批评，即：

> 首创这种解释的是马建忠，80年代又有人这样处理。他们都有一个共同的思路：先力求准确领会和翻译古文句意，再把译文意思按照结构层次落实到古文词语上面，然后据此判定古文的词类和结构关系。例如认为把"不如早为之所"(《左传·隐公元年》)译作"不如早点安排他个地方"或"不如早点给他个地方"都不准确，应译作"不如早点给他另外安排地方"，然后落实："为之"就是"为他，给他"，介宾词组；名词"所"用如动词，是"安排处所"的意思。同样"为之斗斛"意即"为之制造斗斛"，于是判定"为之"是介宾词组作状语，"斗斛"意即"制造斗斛"，名词用如动词。……
>
> 应该说，上面"为之所"、"为之斗斛"的译文是准确的，问题是由于译者搞了个现代译文语义往古代句法结构的"转嫁"，导致错误的结构落实与分析。

我们虽同意刘宋川的意见，认为把"为之所"分析为状中结构是错误的，但却不同意他对于导致这种错误的原因的分析。把矛头指向"通过现代译文来分析古文句法结构"是一种停留在表层的批评，并未触及问题的关键。我们认为导致不少学者把"为之所"一类的例子分析为状中结构，其背后存在着深刻的原因，而这和结构主义的研究范式有关。

换言之，学者们并非不清楚采取状中的分析所带来的问题，但是由于受其理论分析框架所限，不得不如此。我们在第一章就提到，严格地要求句法层面的语义合成，且对句法分析采取一种自下而上的模式必然要求一个句子中的每一个词语相加起来，其总和能等于整个句子的整体意义。以数学公式表达，即是：

$$A+B+C=D[A+B+C]$$

公式中的 A、B 和 C 都是一个个语法单位，而根据结构主义的句法分析模式，复合词的整体意义不能从成分和组合关系上得到解释，而词组由于是规则组合，因此必须能从成分和组合方式上得到解释（陈保亚 2009:53）。表面上，支持状中结构分析的学者们似乎是受到了现代译文的干扰而做了个错误的分析，但是追根究底，这背后还是结构主义的理论基础起了关键的作用。此外，批评这些学者是受现代译文的影响也不公允，因为"为之所"和"为之田"等一类的例子中确实有"受益"的意义，而"为"也确实有引入受益者的功能，因此采取结构主义的分析框架，也就从根本上接受了词组的意义必须从成分和组合关系上加以解释的立场，这很自然地就会把"为之所"、"为之田"理解为状中结构。值得指出的是，结构主义的句法分析模式深刻地影响了不少学者，因此刘宋川虽然批评了把"为之所"分析为状中结构的立场，但是我们发现他自己也采用了相似的办法来解释何以"为之所"一类的例子不是状中结构，即：

> 译者不了解其中"为"是分别指安排、制定义，是动词，又不明白动词"为"在这个语境中必然表示为动语义关系，合起来是表示"给……安排"、"给……制定"的意思，结果凭空把"为"字判作介词，其语义一分为二："给"义转嫁到介词"为"身上去，"安排"、"制定"义转嫁到名词"所"和"斗斛"身上去，于是判定这个结构是"介宾＋动(名词活用)"的状中式，不是"为"字双宾式。

我们很难明白为何动词“为”在“为之所”中就必然表示为动语义关系，且认为采取动词为中心的分析模式只是个权宜之计，应当探索较好的分析方法。在这方面，构式方法的理论假说有助于我们解决这个问题。

接下来讨论贝罗贝就“为”的另外两种情况的分析。相关例子如下：

[109] 百乘之家，可使为之宰也。(《论语·公冶长》)

[110] 微子去之，箕子为之奴。(《论语·微子》)

[111] 则天下之民皆悦而愿为之氓矣。(《孟子·公孙丑上》)

[112] 吾不忍为之民也。(《战国策·赵策三》)

贝罗贝对这些例子的分析如下：

(iii) 当“为”是系词“是”时，则完全不能将“之”分析为间宾。最好的解释是将“之”解释为“其”，如：

(36) 百乘之家可使为之宰也。(《论语·公冶长》)

另一方式是把“为”作为介词而非动词处理，而“宰”则作为动词。我们可以在《左传·哀公八年》中找到以下句子，其中“之”被孔颖达解释为“其”：王犯尝为之宰。

这两个解释无论哪个对，“之”不能是间宾是十分明显的。

事实上，当“为”=“是”时，“为之名”的例句是很罕见的。

(iv) 最后，当“为”=“充当”、“担任”时，“之”也可以被解释为相等于“其”的领格代词。例：

(37) 吾不忍为之民也。(《战国策·赵策三》)

(38) 微子去之，箕子为之奴。(《论语·微子》)

(39) 则天下之民皆悦而愿为之氓矣。(《孟子·公孙丑上》)

这个解释最早由郑玄提出，后来由王引之在他的《经传释词》中再述及，并利用了例(39)，较近期的刘百顺(1981)再举例(37)来说明。我认为这个解释是比较合理的。

另外一个解释是不将"为"当作动词处理，而作为介词处理，这样例(37)的翻译应为："为了它(秦国)，我不忍心被认作人民。"

无论这两个解释哪个较合理，代词"之"都不是间宾。

还有另外一些情况，其中的"为"被认为是动词，后随两个宾语，而事实上它明显是个介词，而句子的结构和双宾语结构毫无关联。如：

(40) 而为之箪食与肉。(《左传·宣公二年》)

当然，在这个句子里"之"并不相等于"其"，但"之"也并不是与格结构里的间宾。何乐士(1980)也承认这里的"为"是介词，因为她是这样翻译句子的："给他作了(或准备了)装在箪里的食与肉"。

上文提到的"之"和"其"的问题已在第四章中做过充分的讨论，因此这里仅简要地把结论重复一下。"之"和"其"在上古汉语较早的阶段里，如《左传》所记载的语言中已初现混淆的迹象，但总体上保持着严格的对立。到了上古汉语晚期，两者才出现了较明显的混淆迹象，但是根据我们对给予类动词和取得类动词的考察，混淆的方向并不是如现有研究所说的那样是"之"混入"其"，而是"其"混入"之"。在这个基础上，我们认为贝罗贝(1998)尝试把"为之宰"等例子中的"之"解释为"其"，进而把这些例子分析为单宾结构，其实是没有足够的依据的。我们建议把例[109]至[112]都分析为双宾语结构，其实还有另外一个取自《吕氏春秋》的例证，即：

[113] 公曰："民死，寡人将谁为君乎？宁独死。"(《吕氏春秋·制乐》)

我们可把例[113]中的"谁为君"理解为"为之君"的疑问形式，即表示和受益有关的意思，而我们也知道在上古汉语的疑问句中，动词的直接宾语能前置，因此例[113]中的疑问代词"谁"被移至动词前的位置就说明"谁为君"中的"谁"和"君"并不构成直接成分。由于"谁为君"可理解为"为之君"的疑问形式，因此我们认为"为之君"中的"之"和"君"也不能构成直接成分，而按照在第二章所提出的判断标准，“为之君”必须分析为双宾语结构。

最后，还可通过方法论上的考量来说明我们为何依旧认为“为之NP”等应分析为双宾语结构为好。根据奥柯姆剃刀原则(Ockham's Razor)，在相互竞争的分析中，假设用得最少的分析应该被选中。这是一条经济原则，而如果比较贝罗贝(1998)和我们这里对于“为之NP”的分析，可发现以下四例虽具有相同的表层形式，但却具有不同的句法结构：

[114] 不如早为之所。(《左传・隐公元年》)

[115] 宦卿之适子，而为之田。(《左传・宣公二年》)

[116] 百乘之家，可使为之宰也。(《论语・公冶长》)

[117] 微子去之，箕子为之奴。(《论语・微子》)

前两个例子是状中结构(即“为之”是介宾词组修饰名词转动词的词语)，而后两个例子是单宾结构(即“为”是动词，而“之”理解为“其”)。反观我们的分析，四个例子皆一致分析为受益类的双宾语结构，因此在经济原则下，我们认为这里所提出的解释从方法论而言，更具优越性。

除了“为之NP”之外，上古汉语其实还有涉及其他动词且可解释为受益类双宾语结构的例子，相关例子如下：

[118] 天生民而立之君，使司牧之。(《左传・襄公十四年》)

[119] 天佑下民，作之君，作之师。(《尚书・泰誓上》)

贝罗贝(1998)指出例[118]中的“立”是一个伸延与格动词，并认为：

> ……“立”有建立的意思。它们理论上不能适用于“动＋间宾＋直宾”结构。不过，有不少不接受“之”＝“其”说法的学者把“动之名”结构里的“之”分析为间宾、后面的名词为直宾。例：
>
> (15) 天生民而立之君使司牧之。(《左传・襄公14年附3》)
>
> ……

有关这些句子的解释其实仍有问题。

在例(15)里,“之”可以被解释为领格代词。如果这样,这句子更好的解释应该是“上天生民,并且设立他们的君主”。同样的解释也应用于上述的例(11)。①

根据贝罗贝(1998)的分析,当这两个动词出现在“V+之+NP”的表层结构时,这里的“之”必须解释为“其”。按照我们上边对“为+之+NP”的讨论,我们认为可将同样的分析推广到“立”和“作”上,并把它们都纳入受益类的双宾语结构的范畴中。

### 5.4.2　和受益类的双宾语结构有关的配价问题

一旦我们承认上古汉语有受益类的双宾语结构,一个最直接的问题就是进入这个结构的“为”、“立”和“作”等皆是二价的动词,为什么它们能进入三价的双宾语结构呢?贝罗贝(1986)及其之后的一系列研究都强调只有[+给予]的本义与格动词能进入双宾语结构,他显然也注意到这个问题,因此希望通过把“之”分析为“其”的办法否定这些动词进入三价句式的可能性,而让二价动词依旧保留着二价动词的特性。我们在第一章已指出这是一种以动词为中心的分析模式,而把这一模式运用在具体的人类语言分析中已逐渐显露其局限性,因此近二十多年来,语法理论的演变发展已逐步承认句式在句法分析中必须占据一个重要位置。这也就是认知语法和构式语法所强调的句式是具有意义的独立单位。

只要我们接受认知语法和构式语法的理论基础,要解释“为”、“立”和“作”等二价动词为什么能出现在双宾语结构中其实并不是个难题。Goldberg(1995:36—38)在分析现代英语的受益类双宾语结构时就以下图说明双宾语的句式多义性:

---

① 这里的例(11)指的是“天佑下民,作之君,作之师。”(《尚书·泰誓上》)。

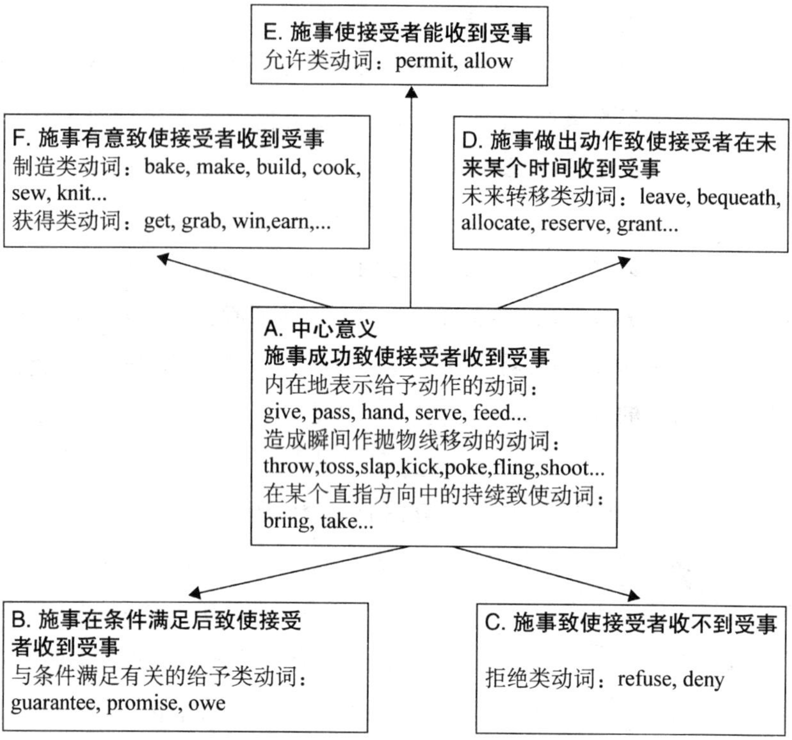


图 5.15

图 5.15 显示了给予类双宾语结构和受益类双宾语结构之间存在着密切的关系，这体现在人类语言经常使用同样的句法结构形式去编码给予类和受益类的事件。Shibatani，Zhang Qin & Lu Tao(1994)的研究就通过了跨语言证据证实上述的观点。以现代英语为例，如图 5.16 所示：

图 5.16

接受者和受益者角色的密切联系是基于概念的相似性，而这种概念的相似性就清楚地体现为两种语义角色在语义地图上相邻，如图 5.17 所示：

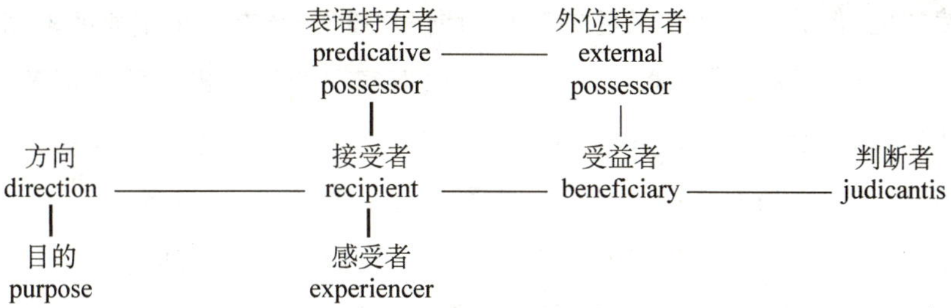


图 5.17

一旦明白了这一点，上古汉语的次要宾语型双宾语结构除了能编码给予类事件外，还编码了受益类事件，这其实是符合类型学上的证据的。[1] 余下的问题是“为”、“立”和“作”等二价动词如何获得额外的论元。

按 Goldberg(1995)的理论，词库和句法之间并没有严格的分界，因此词语和构式虽然内部的复杂程度有别，但在形式和意义的配对上却是一致的。换言之，构式也和词语一样具有意义，而双宾语结构这个构式的意义能通过下列的形式化表述加以呈现，即：

致使—收到　　　〈施事　接受者　受事〉

CAUSE-RECEIVE　<agt　rec　pat>

按构式语法的说法，〈施事　接受者　受事〉体现了双宾语结构这个构式的论元结构，它们是这个构式的论元角色。表“给”(GIVE)概念的动词，如“与”、“赐”等，能毫无困难地进入双宾语结构，其根本原因就在于这两类动词所涉及的参与者角色和构式所要求的论元角色一一对应。“为”、“立”、“作”和我们之前讨论的“投”都是二价动词，它们所表达的参与者数目虽和句式的参与者数目不符，但我们可采取 Goldberg (1995)的分析，认为额外论元是由构式提供给动词的。总体的思路虽

---

① 也有证据显示间接宾语型的与格句式也存在着相同的平行性。能用这个与格句式来编码给予类事件的例子有“献马于季孙”(《左传 · 哀公六年》)，而解惠全、洪波(1988)就指出“晋侯平戎于王”(《左传 · 僖公十一年》)中的“于”引入服务的对象，是我们这里说的受益者，因此全句表达的是受益类的事件。这两个取自《左传》的例子显示了间接宾语型的与格句式能同时编码给予类和受益类的事件。

然如此，但我们这里所关注的三个动词和“投”毕竟有一个主要的不同。上古汉语的“投”进入双宾语结构后，由双宾语结构所提供给动词的额外论元是接受者(recipient)角色，但“为”、“立”、“作”等一进入双宾语结构的构式，所获得的额外论元并不是接受者，而是受益者(beneficiary)的语义角色。该如何解释这个情形？我们认为这可通过动词和构式之间的互动来解决。次要宾语型的句式意义可做如下的表达，即：

致使—收到 〈施事 接受者 受事〉
CAUSE-RECEIVE <agt rec pat>

而“为”、“立”、“作”等动词的论元结构则可做如下的表达，即：

DO <agt pat>

双宾语结构固然可直接指派“接受者”的额外论元给这些动词，但是由于这些动词所表达的都是施事完成某个动作并产生某种结果，完全没有客体转移的意义，因此可以认为转移的意义是由构式带来的。又由于这个转移不是现场的即时转移，而有些行为的结果不具备转移的特点(如“立君”、“作师”等)，因此我们认为在动词和构式的互动下，被指派的接受者就被理解为一个未来的接受者或心目中的接受者，所转移的客体是恩惠，也正是在“恩惠是客体(favor as thing)”这个概念隐喻下，所指派的接受者角色能更好地被理解为受益者。

### 5.4.3 受损类双宾语结构

贝罗贝(1998)提到以下这个例子，即：

[120] 犹欲其入而闭之门也。(《孟子·万章下》)

他的分析如下：

至于例(16)①……，它们作为与格句的可能性亦不大。如王

① 此处的例(16)对应我们的例[120]。

冠军(1982)一样,我们也可认为"闭之门"[例(16)]来自"闭之于门":代名词"贤人"的代词"之"是"闭"的宾语,而"于门"是处所介词结构当补语。在这些情形下,很难说这些是以"之"作为与格间宾的双宾语结构句子。这些句子应该属于"动+宾+处所补语"结构,其中介词"于"被省略了。在古代汉语中,省略"于"是很普遍的。

另一个反驳"之"与格间宾的说法的解释,由赵岐(? —201)提出。他认为"之"="其",并将"孟子"中的例句这样翻译,时在汉代:

(18) 欲人之入而闭其门。(《孟子正义》147 页)

我比较赞成这个解释。

"之"和"其"的问题,我们已在上一章做了较充分的讨论,因此不敢苟同贝罗贝的解读。我们主张把上例翻译为"想某人进来却把他拒之门外"。该例紧靠动词后的名词性成分表示的参与者并不是受益者,而是因关门行为而受到负面影响的参与者,也即所谓的受害者。一旦我们确立了例子中的"之"是个受损者,那么就不难通过类型学的证据发现人类语言中表达受益者和受损者的标记或句法编码经常同形。Colleman (2010:228—229) 就指出德语的与格宾语除了能标记受益者外,还能标记受损者,即:

另外一个英语和德语的对立是德语的与格宾语还能编码动作的受损者,而这和英语的双宾语结构中的间接宾语不同。①

而这种标记或句法编码通形还可以在许多语言中被发现(Zúñiga & Kittilä 2010),这里再举另外一个语言的例子(Zúniga & Kittilä 2010:10),即:

---

① 原文为:A further contrast between English and German is that unlike the indirect object of the English double object construction, the dative object of the German construction can encode the *maleficiary* of an action as well.

[121] a. *E:n*　　*kade:-g*　　*sukki-de:s-s-u*

woman　dress-ACC　was-BEN-PST-3SG

The woman washed the dresses for me.

b. *Ay-gi*　　*ir:-g*　　*noddi-de:s-s-a*

1SG-ACC　rope-ACC　cut-BEN-PST-3PL

They cut the rope (to my detriment).

这个语言是 Kunuz Nubian,而最值得注意的是[121]a 和[121]b 都使用了同一个句法标记来编码受益者和受损者。此外,在现代汉语中其实也不难找到类似的例子,如:

[122] a. 我给你当翻译。

b. 对不起,这本书给你弄脏了。

这两个例子取自《现代汉语八百词》(吕叔湘 1981),前一个例子的"给"引入受益者,而后一个例子的"给"则引入受损者,可见两种不同的语义角色采取同一个编码方式在人类语言中是普遍存在的。

对于上述语言现象,Fagerli(2001)在名为"Malefactive by means of GIVE"(通过"给"表达的受损者式)的文章中讨论了某些非洲语言对受益类事件和受损类事件的表达,并观察到了两类事件的编码经常同形,这说明了受害者和受益者的密切语义联系。在此基础上,他还进一步指出上述两类事件的编码方式经常也和给予类事件的编码方式相同。

结合上述讨论,我们认为上古汉语以次要宾语型的双宾语结构来编码给予类事件(如:与之车)进而扩展至受益类事件(如:立之君),而最后再扩展至受损类事件(如:闭之门)的变化过程应该是相当明了的了。

## 5.5　使动类双宾语结构[①]

本节就《左传》中所谓的使动类双宾语结构,如"饮之酒"等,进行讨

① 本书作者曾以本节的思路指导南洋理工大学中文系硕士学生文心宜同学,完成其题名为《〈左传〉使动双宾语结构再探》的毕业论文。

论。通过对例句进行穷尽性的考察，本节提出由动词“饮、食”所构成的双宾语结构的语义类应是“与格兼使动”类。本节进一步借助语言类型学中“语义地图模型”的办法，在潘秋平(2010b)勾勒出的《左传》双宾语结构语义地图的基础上，进一步讨论使动类双宾语结构的地位。

### 5.5.1　和使动类双宾语结构相关的几个问题

除了贝罗贝之外，其他讨论过上古汉语双宾语结构的学者都承认有使动双宾语结构这个语义类型的存在。虽然如此，若仔细考察，我们还是发现就什么是使动双宾语结构以及哪些例句才算是使动双宾语结构，学者们的看法却有所不同。一般来说，学界认为上古汉语的使动双宾语结构包括了以下这些例子(刘宋川 1998，1999；相宇剑 2003)，即：

[123] 晋侯饮赵盾酒。(《左传・宣公二年》)

[124] 食大夫鼋。(《左传・宣公四年》)

[125] 公衣之偏衣，佩之金玦。(《左传・闵公二年》)

[126] 枕尸股而哭。(《左传・襄公二十五年》)

[127] 负之斧钺。(《左传・昭公四年》)

[128] 无生民心。(《左传・隐公元年》)

但是如果仔细考察各家的说法，却也发现问题并没有那么简单。在此首先把一些关键的问题加以罗列：

第一，“饮赵盾酒”或“饮之酒”等例子在所有的分析中都一致被认为是双宾语结构，但最令人感到不解的是，就这些例子的语义类型，不同学者却有完全不同的分析。目前所见到的分析可大概分成三种，这里以三个学者为代表加以说明：

1. 贝罗贝(贝罗贝 1998；Peyraube 1999)虽承认“饮之酒”是双宾语结构的例句，但是却认为“这个句子中的‘饮’有[＋给予]的性质，它的词义是：使别人饮、给别人饮”(贝罗贝 1998：397)。按这个分析，“饮”就和“与、赐”等动词没有本质上的差别，都属于贝罗贝所谓的[＋给予]与格类动词。换言之，“饮”是个三价动词，而整个句子要表达的应是“给酒人们喝”(与格义),而并非贝罗贝所说的“使别人饮、给别人饮”(使动义)。这种意义上的细微差别,我们可从以下这个取自祖鲁(Zulu)语的例句中看出,即:

[129] Isalukazi sa-phuz-isa umfana amanzi
7old woman 7SC:PAST-drink-CAUS 1boy 6water
The old woman made the boy drink water. / The old woman gave the boy water to drink.

根据 Taylor(1998:81)所提供的翻译,这个句子有两个意思,一个是“那个老妇人给小男孩水喝”,而另外一个则是“那个老妇让小男孩喝水”。贝罗贝既然认为“饮”是个[+给予]的三价与格动词,那么“饮之酒”的意义其实只能取第一个,而不能是第二个。根据这个理解,“饮之酒”固然是双宾语结构,但其语义类型应该是给予类双宾语结构。这个看法会引发一个问题,即“饮”在一般的分析中都理解为二价动词(姚庆保 2002:9—10),何以在这个例句中会被分析成三价动词,而这种三价用法又是一种基本的用法。

2. 邵永海(1990)的观点和贝罗贝有些相似,也承认“饮之酒”是双宾语结构,但是却认为它是工具双宾语结构。此外,和贝罗贝不一样的是,他也认为“衣之偏衣、佩之金玦、食大夫鼋”等和“饮之酒”是属于同一个语义类型的双宾语结构。反观贝罗贝,除了“饮之酒”外,他完全未考虑其他的例句,因此就这些例句而言,究竟该如何分析以及它们和“饮之酒”的关系,我们不得而知。至于为何把这批例子称作工具双宾语结构,邵永海(1990)就指出:“动词 V 表示一般的行为动作,但后面带上对象宾语后还可以再带表示行为动作的工具的宾语,从而构成双宾语结构。动词 V 多为衣食方面的词汇…… 一般把这类结构看作使动双宾语,‘饮赵盾酒’即‘使赵盾饮酒’,但是,我们认为这类结构可以转换成以字结构而在意义上保持平行,如‘佩之金玦’转换成‘佩之以金玦’,‘饮赵盾酒’转换成‘饮赵盾以酒’。这种转换有一定的语言事实作为支持,如‘佩以金玦’(《左传・闵公二年》),‘饮以酒’(《左传・桓公十六年》)等。”

3. 相宇剑(2003)代表了大多数学者的看法,即认为“饮之酒”是使动双宾语结构。他(相宇剑 2003:8—9)指出“使动类双宾语句的语义关系是,主语使间接宾语所表示的人发出由述语动词所表示的动作并作用于由直接宾语所表示的事物,或主语使间接宾语所表示的人在由直接宾语所表示的处所发出由述语动词所表示的动作。在使动双宾语句中,间接宾语为施动者,然而其动作并非间接宾语主动发出,而是主语迫使其发出,形成一种特殊的动宾关系。”

从上边的简单介绍可发现,仅就“饮之酒”这一个例子,大家即便承认它是个双宾语结构,但是一进入更具体的分析,至少有三种不同的看法:给予类双宾语结构、工具类双宾语结构和使动类双宾语结构。一旦我们引入更多的例句,问题也将更多。以下为叙述的方便,会按大多数学者的意见,把“饮之酒”等例子都称为使动双宾语结构。

第二,各家不仅对“饮之酒”的语义类型存在较大的分歧,还对哪一些例句应和“饮之酒”归为同一个语义类型有不同的看法。贝罗贝(1998)认为“饮”和其他的[＋给予]与格动词一样都能进入给予双宾语结构,而邵永海(1990)认为《左传》中用于工具双宾语结构的动词除了“饮”之外还有三个,分别是衣、佩和食。相宇剑(2003)则认为能进入使动双宾语结构的除了“饮”之外,还包括以下八个动词,即枕、衣、佩、朝、生、登、负和食。此外,相宇剑(2003)也谈到一类工具双宾语结构,但这类结构的例句却不曾于邵永海(1990)的工具双宾语结构中出现。这些例子和以下动词有关,即道、属、引和委。换言之,“饮”进入双宾语结构后,究竟和哪些动词可归入同一个语义类型,大家的意见是不一致的。

第三,最后一个方面的内容是本书最关心的,但也是最容易被人们忽略的问题,即是动词的配价问题。根据以动词为中心的分析模式,上述所涉及的不同动词皆是二价动词,而动词的次范畴化(subcategorization)就决定了动词投射到句法层面上的论元结构,因此我们不难理解这些动词在句法上一般都会带一个宾语(加黑线的单位),如:

[130] 士皆释甲束马而饮酒。(《左传·襄公二十八年》)

[131] 妾不衣帛,马不食粟,可不谓忠乎?(《左传·成公十六年》)

[132] 及日中,负晋侯出诸厕。(《左传·成公十年》)

[133] 遂舍。枕辔而寝。(《左传·襄公二十五年》)

但是上述这些动词除了能进入二价的及物句式,还能进入三价的双宾语结构(加黑线的单位),如:

[134] 晋侯饮赵盾酒。(《左传·宣公二年》)

[135] 食大夫鼋。(《左传·宣公四年》)

[136] 负之斧钺。(《左传·昭公四年》)

[137] 枕尸股而哭。(《左传·襄公二十五年》)

该如何解释这批动词同时具有二价的用法,又能进入三价的双宾语结构呢?对此,相宇剑(2003:9)仅在分析"枕之股"时指出:

> ……"枕之股"是个疑难,常有人把它解释为"枕其股"。杜预在"公知其无罪也,枕之股而哭之"下注云"公以武叔尸枕其股"。这就告诉我们"之"和"股"没有任何关系,"枕之股"是个双宾语结构。对"枕之股"动宾语义关系的正确理解应该是,主语"公"迫使间接宾语"之"在直接宾语表示的处所"股"发出的动作。

这除了重申某个例句是双宾语结构外,并未进一步说明为什么二价动词能进入双宾语结构。邵永海(1990)、刘宋川(1998,1999)等大致上也采取了相似的处理。这个做法并不理想,因此也有学者尝试从形态构词的角度对上述问题进行解释。白一平和沙加尔(Baxter & Sagart 1998:54—58)就认为上古汉语写为"饮"的这个汉字其实包含了两个不同的词,一个是基式,而另一个则是在基式上加-s 的后缀而构成的变式,即:

饮 yǐn < ʔimX < *ʔ(r)jumʔ 'drink' (transitive)

饮 yìn < ʔimH < *ʔ(r)jumʔ-s'give to drink' (ditransitive)

根据上述的构拟，可以看到二价的“饮”是基式，能出现在及物句式中，而三价的“饮”是在二价的“饮”的基础上通过形态构词手段而产生的。两位作者虽未明说，但我们不难推想“饮之酒”所表达出的使动义和述语动词(即“饮”通过形态构词而产生的使动形式)密切相关，而句法上的三个论元其实就是这个述语动词的配价能力的直接体现。这个分析自然比全然不分析更前进了一步，但是却有一个未解开的难题，即以下这个例子所表现出的使动义是否能归结到述语动词上。

[138] 季孙曰：“请饮彘也。”(《左传·哀公二十五年》)

例[138]虽然表达的是使动的意义，但却是个二价的及物句式，在句法结构上和“饮酒”一点分别也没有，而例中的“彘”是体现“饮”这个动作的施事者，因此是个使动宾语。既是如此，上古汉语中和“饮”有关的使动式就有两套，一套带一个宾语，而另一套带两个宾语，这两套之间的关系应如何处理，确实是个难题。孙志阳(2006)虽没有分析“饮之酒”，但由于他指出“食”和“饮”的情况相同，因此这里可参考其对“食”的分析。孙志阳(2006：155)指出：

> 动词“食”读作入声(《广韵》乘力切，船母职韵)时，意为“吃”，是一般的及物动词，如例(12a)，也可以不带宾语，如(12b)；读作去声(《广韵》详吏切，邪母志韵)时，则可以用于双宾语句(《古汉语常用字字典》释为“供养、给……吃”)，如(12c)，也可以仅仅是一般的词汇型使动用法，如(12d)。[1]

根据这个分析，不论是“饮”或“食”，它们的不同使动式(即二价使

---

① 孙志阳(2006：155)中的例子如下：

(12a)臣为隶新，然二子者，譬于禽兽，臣食其肉而寝处其皮矣。

(12b)至，袒裘，不释剑而食。

(12c)及食大夫鼋，召子公而弗与也。

(12d)将战，华元杀羊食士，其御羊斟不与。

动式，如"饮龛"和三价使动式，如"饮赵盾酒"），都源于"饮"和"食"这些动词的基式经过形态构词的手段所产生的使动变式。换言之，同是写为一个"饮"或"食"的字，实际上涵盖了两个不同的词，因此不同的"饮"或"食"就有不同的论元结构。这是一种以动词为中心的分析手段，而为说明动词的不同导致论元结构的不同，我们可把基式和变式分别写作"$饮_1$、$食_1$"（基式）和"$饮_2$、$食_2$"（使动变式）。这个处理方式由于在语言现象的观察上比白一平、沙加尔更深入，因此比固有的分析无疑是再前进了一步，但仍明显忽略了一点：即使我们承认"$饮_2$"和"$食_2$"的存在，还须进一步说明同是一个"$饮_2$"或"$食_2$"，为什么它们在句法表现上能出现两种不同的论元结构：即一个的次范畴化是〈施事者、受使者〉，另一个是〈施事者、受使者、受事〉。尤其必须考虑到"枕、生、负"等动词，它们在现有上古汉语的双宾语结构的研究中，一般都和"饮、食"等放在一起讨论，但是句法表现却和"饮、食"不完全一致。根据姚庆保(2002:9—14)对《左传》中的及物动词具有使动用法进行的考察，我们发现"枕、生、负"在表示使动义时，只出现在三价句式（也即是双宾语结构）中，但完全不出现在二价的及物句式中。如：

[139] 枕尸股而哭。（《左传・襄公二十五年》）

[140] 若弗与则请除之，无生民心。（《左传・隐公元年》）

[141] 王弗听，负之斧钺，以徇于诸侯。（《左传・昭公四年》）

更值得注意的是，"生、负"没有音变构词的文献记录（周法高1994a），而"枕"虽然在《广韵》中有两个读音，但是对于这两个读音所承载的句法功能，《古汉语常用字字典》则认为在《广韵》中读为之任切的"枕"仅是一般动词的及物用法，和使动无关。

在处理"饮"和"食"等两套使动句式时，姚庆保（2002）的处理颇具新意。他（姚庆保 2002:26）首先指出：

本文所考察的及物动词"饮"、"食"两词由于一般用法用例较多，使动用法的用例也比较多，为了交际中不致产生歧义，在使用中就会用变音、表调等造词法的方式区分使动和一般用法，由此产生了自动词和使动词的配对。

这个处理表面上和上述各家并无二致，但是其中最大的不同是姚庆保认为出现在二价的使动式的“饮”或“食”是经过了音变的形态构词手段而形成的（姚庆保 2002：26—27），即：

如：“饮”

“饮”：於绵切。《论语·乡党》：“乡人饮酒。”“饮”又常常作使动，《诗经·小雅·锦蛮》：“饮之食之，教之诲之。”屈原的《离骚》：“饮余马于咸池，总余辔于扶桑。”因常常用作使动，后来人们就用变调的方式来区分其一般用法和使动用法，在其用作使动的时候读去声，《广韵》：“饮，於禁切。”《释文》：“於鸩反。”於鸩反即於禁切。这样就成了新词。

……

再如：“食”

“食”，依《说文》其的本义是“饭食”，是名词，后引申为动词，意思是“吃”，在“吃”义上，和“饭食”义上，“食”的读音都是“乘力切。”……在“吃”这一义上，“食”用作使动即“使……吃。”……“食”的“使……吃”，也包括“使（动物）吃”，……后来为了区分“食”使动用法和一般用法，在使动用法上其读音为“祥吏切”。词有了新的读音和新义，这就形成了一个新词。

值得注意的是，表面上，姚庆保虽和白一平、沙加尔以及孙志阳一样，都从形态构词的角度对“饮”的使动用法进行说明，但是本质上，两种分析是存在着巨大的差别的：白一平、沙加尔认为是形态构词使“饮”、“食”由二价动词增容为三价动词，而姚庆保则认为形态构词并没有使原本二价的“饮”增容，它依旧还是个二价的动词，唯一的分别是其论元结构中的受事被受使者替换了。若采用次范畴化的表达，即是：

饮 yǐn < ʔimX < *ʔ(r)jumʔ ‘drink’（及物动词）〈施事，受事〉

饮 yìn < ʔimH < *ʔ(r)jumʔ-s‘cause drink’（及物动词）〈施事，受使者〉

正因为姚庆保对于形态构词和“饮”的关系有上述的认识，因此在解释“饮”何以能进入双宾语结构这一三价句式时，采取了和孙志阳全然不同的分析方式。他（姚庆保 2002：20）指出：

>……“饮之酒”的意思是：使他饮酒。这里的“饮”本是一个二价动词，其本身并没有使令意义，只是在“使动”这一特殊的句法结构中才具有这种抽象的使令义，脱离了具体的语境就不存在了。刘宋川先生（1998）认为使动双宾语类型是一个特殊的双宾语类型，笔者认为：使动双宾结构之所以特殊，就是因为动词所带的使动宾语，是其在句法结构中增加了一个论元，其本身并没有这一论元，是结构临时赋予它的，这是使动双宾类型和给与双宾类型不同的深层原因。

换言之，姚庆保把和“饮”有关的两种使动式做了不同的说明，二价的使动句式是因“饮”通过音变的形态构词手段而改变了原有的论元结构从而形成的，而三价的使动式则是由句式被赋予了额外的论元而构成的。

根据上边的介绍，我们可以知道使动双宾语结构的问题一旦和动词配价结合起来就变得十分复杂。孙志阳（2006：137—138）总结过这种复杂性，即：

>虽然我们也承认如“华元杀羊食士”这样的例子也是使动用法，但并不能掩盖这种说法下的许多问题，其中最重要的是，为什么只有这几个及物动词有这样的使动用法？李佐丰（2003：97）认为这些“饮”、“食”、“衣”、“枕”四个动词是“生活动词”，“表示维持人类最基本生活的行为”，因为“基本的生活行为也是最简单原始

的行为，都可以被致使，所以它们都可以带使动宾语之后再带受事宾语”，这种说法太过模糊，什么是基本的生活行为呢？与“衣”、“枕”相比，睡觉算不算更基本的行为呢？可是“寝”却不见有使动用法。《左传》中还有“负”、“佩”这样的只有及物用法的动词也有使动用法，它们怎么算是“基本的生活行为”呢？总之，承认这几个及物动词有使动用法，就要解释它们和其他的及物动词有什么不同，为什么其他的及物动词没有使动用法，它们和其他的有使动用法的动词又有什么共同性。

这个总结的重点主要还是放在二价的使动句式上，而一旦我们把三价句式以及上古汉语音变构词等一并加以考虑，问题只能是更加复杂。而如若上古汉语的“饮之酒”一类的使动双宾语结构是通过音变的形态构词手段而导致产生了不同的论元结构，这其实是动词本身因音变而增容的一个额外论元，而我们也就不好说是双宾语结构作为一种具有独立地位的句式赋予了动词额外的论元。

接下来将着重讨论上述所提出的问题，并尝试给这些问题提供一个初步的解决方案。为此，我们必须首先确定究竟有多少个动词能进入所谓的使动双宾语结构。相宇剑(2003)虽认为《左传》中能进入这类双宾语结构的有“饮、枕、衣、佩、朝、生、登、负、食”等九个动词，但是其中有关“朝、登”等的例子相当可疑，如：

[142] 归生佐寡君之嫡夷，以请陈侯于楚而朝诸君。(《左传·文公十七年》)

[143] 登诸楼车，使呼宋人而告之。(《左传·宣公十五年》)

由于“诸”的意义等同于“之于”，因此上述两个例子并不是双宾语结构的例子。把这两个动词淘汰，并结合孙志阳(2006)讨论上古汉语的使动用法的数据，尤其是涉及使动双宾语结构的数据，我们可将《左传》中能进入所谓的使动双宾语结构的七个动词的句法表现以下表来体现：

表 5.4①

| | X+P | Y+P+X | X+P+Z | Y+P+X+Z |
|---|---|---|---|---|
| 食 | 29 | 19 | 21 | 1 |
| 饮 | 0 | 7 | 30 | 17 |
| 衣 | 0 | 2 | 5 | 4 |
| 负 | 0 | 0 | 10 | 1 |
| 佩 | 0 | 0 | 1 | 2 |
| 枕 | 0 | 0 | 2 | 4 |
| 生 | 0 | 0 | 30+② | 1 |

通过观察表 5.4，不难发现上述七个动词其实可分为两组，第一组为前三个动词，而第二组为后四个动词。前者有两类使动结构，我们这里把它们称之为二价使动和三价使动。所谓的二价使动指的是以二价的及物句式来表达使动的意义，而三价使动指的是以三价的双及物句式来表达使动的意义。反观后者，只有一类使动结构，即三价使动。依据动词的句法分布把七个动词分两类，我们可进一步发现属于第一类的动词在表达使动意义时有音变构词的记录，而相同的记录在第二类动词中却是缺乏的，因此我们不能不怀疑即使我们相信上古汉语有音变构词的语言现象，由音变构词所导致的使动表达应该只和二价使动有关。一旦得出这个结论，就可发现在探讨"饮、枕、衣、佩、生、负、食"这七个二价动词和使动双宾语结构的搭配关系时，按奥柯姆剃刀原则(Ockham's Razor)，我们或许可不考虑音变构词的因素，而单纯从句式配价的角度来进行讨论。

在这个基础上，我们将展开讨论，以确定"饮之酒"、"食大夫鼋"一类例子的语义类型，然后再由这些例子扩展到其他动词的讨论。由于

① 孙志阳(2006:87)："这里'P'代表同一个动词，'X'代表不及物用法中的主语论元和及物用法中的宾语论元，用同一符号表示其性质相同。'X+P'和'Y+P+X'分别表示两种构式在句法层次上的论元结构，是形式上的特点，而'Y+P+X'表示使动用法是就构式在意义方面的内容而言。"至于"X+P+Z"和"Y+P+X+Z"，也可以按上述办法来理解。

② "30+"表示例子数目超过三十个。

现有的研究都未把这个问题放置在语言类型学的背景下来讨论，而最近语言类型学对于不同动词，尤其是饮食类动词(ingestive verb)的句法表现的研究有重要的突破(参看 Newman 2009)，因此我们可借鉴这些研究来扩大视野。最后，我们还希望能初步解释为何这七个二价动词在表达使动意义时会和其他的二价动词有所不同：一般的及物动词通常是采取使令句的形式来表达致使范畴，如：

[144] 楚子使屈完如师。(《左传·僖公四年》)

[145] 夫人将使公田孟诸。(《左传·文公十六年》)

而上述七个二价动词在表达使动义时却采取了双宾语结构的形式，如：

[146] 晋侯饮赵盾酒。(《左传·宣公二年》)

[147] 食大夫鼋。(《左传·宣公四年》)

[148] 枕尸股而哭。(《左传·襄公二十五年》)

[149] 若弗与则请除之，无生民心。(《左传·隐公元年》)

[150] 王弗听，负之斧钺，以徇于诸侯。(《左传·昭公四年》)

### 5.5.2 “饮之酒”和“食大夫鼋”的语义类型

根据上述讨论，“饮之酒”在所有学者的分析中，皆被看作是双宾语结构的例句，但是就“饮之酒”的语义类型，意见却出现分歧。在三种不同的分析中，我们认为首先必须排除它是工具双宾语结构。邵永海(1990)认为“饮之酒”是工具双宾语结构的原因如下：

> 我们认为这类结构都可以转换成以字结构而在意义上保持平行，如“佩之金玦”转换成“佩之以金玦”，“饮赵盾酒”转换成“饮赵盾以酒”。这种转换有一定的语言事实作为支持，如“佩以金玦”(《左传·闵公二年》)，“饮以酒”(《左传·桓公十六年》)等。而以字结构在上古汉语中的主要功能即表工具关系。双宾语结构与以字结构在表义功能上有重合。我们把这类结构中的 $N_S$ 看作 $VN_R$

> 的工具，这样处理从形式和意义上都可以讲通，因此，我们提出工具双宾语的概念。
>
> 进入工具双宾语结构的动词包括：衣$_4$、佩$_2$、饮$_{17}$、食$_{11}$①。

换言之，他采取变换分析的办法，且观察到“饮之酒”能转换为“饮以酒”而保持意义上的平行，因此将之判断为工具双宾语结构。这不是个好办法，正如“赐我南鄙之田”（《左传·襄公十四年》）和“以乐之半赐魏绛”（《左传·襄公十一年》）虽也能相互转换，且保持意义上的平行，但是在邵永海的分析中，“赐我南鄙之田”这一类双宾语结构是归于给予类，而不是工具类。这说明了上述的办法无法有效地加以贯彻。此外，这个分析还存在另一个问题，即认为双宾语结构中的其中一个宾语因能通过转换而用“以”来引介，因此表示的是工具的语义角色。这并不正确，因为介词“以”除了能引入工具外，还能引入其他的语义角色，如受事、伴随者等（参看赵大明 2007），而在邵永海所举的例子中，能用“以”引介的，由于都是受动词所表示的动作直接影响而产生变化的物体（如“饮之酒”中的“酒”是“饮”的受事，而不是工具），因此更合理的分析应是动作的受事。最后，我们还发现邵永海（1990）并未严格按照自己所设立的标准来判断“饮之酒”的语义类型。他一开篇所立下的标准是“根据动词的语义特征、动词与其附带名词性成分之间的关系”，而在分析“饮之酒”时，指出在这个例子中“动词 V 表示一般的行为动作，但后面带上对象宾语后还可以再带表示行为动作的工具的宾语，从而构成双宾语结构。”前面我们说了工具宾语的问题，这里还应指出的是对象宾语可包括不同的行为动作的对象，因此内容略显宽泛。此外，邵永海（1990）在分析《史记》的双宾语结构时，就有如下的分析：

> 工具双宾语结构到《史记》得到充分发展。一批新兴词汇如“赂、购、悬购、试尝”等都可以同时带上受事宾语和工具宾语。

① 动词右下角的数字为该动词进入双宾语结构的次数。

例如：

1. 夫樊将军，秦王购之金千斤，邑万家。（《史记·刺客列传》）

2. 复贺两家羊酒。（《史记·韩信卢绾列传》）

这类动词包括：衣$_2$、食$_3$、饮$_3$、佩$_2$（以上《左传》中 D 类双宾语动词）……

应注意的是，邵永海(1990)把“秦王购之金千斤，邑万家”、“复贺两家羊酒”等和“饮赵盾酒”、“食大夫鼋”等视为同类，这就使得“动词＋受事宾语＋工具宾语”和“动词＋对象宾语＋工具宾语”被分析为同一个类型，而这显然和他自己所订立下来的标准有些差距。有鉴于此，我们不接受邵永海(1990)对“饮赵盾酒”、“食大夫鼋”等语义类型的判断。

一旦排除了“饮之酒”是工具双宾语结构的可能性，接下来就剩下给予或使动双宾语结构的可能性。虽然大多数的研究都认为“饮之酒”是使动双宾语结构，但是随着类型学上对饮食类动词的研究的深入（参看 Newman 2009），我们认为这个结论有重新检讨的必要。首先来观察下列取自祖鲁语(Zulu)的例子：

［151］Isalukazi　sa-phuz-isa　umfana amanzi

7old woman 7SC:PAST-drink-CAUS 1boy 6water

The old woman made the boy drink water. / The old woman gave the boy water to drink.

这种情形似乎并不特殊，因为在克拉语(Cora)中也能发现相同的语法现象(Vázquez Soto 2002:230—231)：

［152］ne-ra-:-ʔih-te　ɨ́　Joel ɨ́

S1SG-PO3SG-CMP-drink. PAST-CAUS DET Joel DET

há

water

I made him, Joel, drink the water. / I gave him, Joel

water to drink.

这些例子清楚地显示了在人类的语言中，当“饮”这个动词进入双宾语结构时，除了能表示致使的意义外，还能表达给予的意义。这说明了“饮之酒”有可能是使动双宾语结构，但也可能是给予双宾语结构，此外还有可能是以同一个形式表达使动和给予的意义。

为解决这个问题，我们把《左传》中凡和“饮”有关的双宾语结构例句都罗列出来，即：

[153] 陈人使妇人饮之酒，而以犀革裹之。(《左传・庄公十二年》)

[154] 齐侯使敬仲为卿…… 饮桓公酒。(《左传・庄公二十二年》)

[155] 国老皆贺子文，子文饮之酒。(《左传・僖公二十七年》)

[156] 晋侯饮赵盾酒。(《左传・宣公二年》)

[157] 孙文子如戚，孙蒯入使。公饮之酒，使大师歌巧言之卒章。(《左传・襄公十四年》)

[158] 臧纥曰："饮我酒，吾为子立之。"(《左传・襄公二十三年》)

[159] 季氏饮大夫酒，臧纥为客。(《左传・襄公二十三年》)

[160] 季孙喜，使饮己酒，而以具往，尽舍旃。(《左传・襄公二十三年》)

[161] 将适费，饮乡人酒。(《左传・昭公十二年》)

[162] 公惧，使侍人召司马之侍人宜僚，饮之酒，而使告司马。(《左传・昭公二十一年》)

[163] 乃与公谋逐华貙，将使田孟诸而遣之。公饮之酒，厚酬之，赐及从者。(《左传・昭公二十一年》)

[164] 谓子常曰："子恶欲饮子酒。"(《左传・昭公二十七年》)

[165] 唐人或相与谋，请代先从者，许之。饮先从者酒，醉之。(《左传・定公三年》)

[166] 赵简子逆，而饮之酒于绵上。(《左传・定公六年》)

[167] 大叔懿子止而饮之酒。(《左传·哀公十一年》)

[168] 弥子饮公酒,纳夏戊之女,嬖,以为夫人。(《左传·哀公二十五年》)

我们先稍微说明分析的办法,要判断“饮之酒”这一双宾语结构的语义类型,关键就在于确定“之”究竟是受使者(causee),还是接受者(recipient)。这并不容易判断,因为在间接致使事件(indirect causation event)中(参看 Shibatani 2002),受使者也必须是在获得“酒”的情况下才能执行其“饮”的动作,因此两种语义角色并不容易区分开来。值得注意的是,如果我们认为“饮之酒”表达的是致使事件,那么根据《左传》的材料,这种致使不可能是直接致使,而更像是间接致使。为说明两者的不同,且看下面两个取自卡纳达语(Kannada)的材料(参看 Kemmer 和 Verhagen 1994:132—133),即:

[169] Avanu　nanage　bisketannu　tinnisdanu
he. NOM　I. DAT　biscuit　eat. CAUS
He fed me a biscuit.

[170] Avanu　nanninda　bisketannu　tinnisdanu
he. NOM　I. INSTR　biscuit　eat. CAUS
He got me to eat the biscuit.

根据 Kemmer 和 Verhagen(1994)的分析,第一个例子是直接致使,而第二个例子是间接致使。两者的不同在于受使者(即两个例子中的第一人称代词“我”)是否具有自主性。第一个例子的受使者被识解为被动地受行为支配,一点反抗能力都没有的对象,而第二个例子中的受使者则被识解为具有自主能力的对象。按照这个分别,我们不难发现《左传》中的“饮之酒”一类的例子若表达的是致使事件,这种致使是一种间接致使。最重要的证据就在于所有例子中的受使者都不是受人强制地把酒灌入嘴巴里,如:

[171] 齐侯使敬仲为卿…… 饮桓公酒。(《左传·庄公二十二年》)

[172] 弥子饮公酒,……。(《左传·哀公二十五年》)

[173] 谓子常曰:"子恶欲饮子酒。"(《左传·昭公二十七年》)

这三个例子中,由于"饮 NP 酒"中的 NP,即"桓公"、"公"和"子"(即令尹子常),都比施事主语的"敬仲"、"弥子"和"郄宛"的地位要高,因此"饮 NP 酒"形式所表达的绝对不可能是一种直接致使。即使 NP 不是地位较主语高的对象,我们认为也无法将下列例子中的 NP 理解为被动地受别人支配而产生"饮"这个动作的对象,如:

[174] 晋侯饮赵盾酒。(《左传·宣公二年》)

虽然晋侯想攻击杀死赵盾,但是这里的"饮赵盾酒"既然是作为诱赵盾到宫廷里的借口,因此这句话里的"赵盾"绝对不能理解为被动地产生"饮"动作的对象,而是一个主动赴约,且产生"饮"动作的人。这就很清楚地揭示出即使"饮 NP 酒"这个形式被理解为表达使动意义,它也只能是间接致使,而不能是直接致使。该结论能为下列例子进一步证实,即:

[175] 臧纥曰:"饮我酒,吾为子立之。"(《左传·襄公二十三年》)

[176] 季孙喜,使饮己酒。(《左传·襄公二十三年》)

由于这两个例子中的 NP 是"我"和"己",即说话人自己,因此如果把它们分析为直接致使下的受使者,那么全句的意思就成了说话人要求他人逼迫自己饮酒,这完全不符合上下文的语境意义。

由于"饮之酒"如果和使动意义有关,那只能是间接致使,因此接下来我们就必须探讨"饮 NP 酒"究竟应分析为间接致使的使动双宾语结构,还是给予双宾语结构。这里最麻烦的地方就是间接致使事件中,受使者必须也和给予事件中的接受者一样,先有了酒之后才能产生"饮"的动作,因此要加以区分其实并不是那么容易。一个有效的办法就是先分辨上述两类事件的根本不同。给予事件和间接致使事件虽有一定的联系,但也有一些重要的差别,如在给予事件中,"酒"必须从施事者的领有域转移到接受者的领有域(Newman 1996),而在致使事件中,这个特点并不存在。换言之，在一个给予类事件中，“酒”得首先为施事者所拥有，而后再转移为接受者所拥有；反观一个间接致使事件，“酒”可以不为施事者所拥有，而为受使者所拥有，或者这个“酒”完全不为任何人所拥有，而整个事件的重点在于受使者在致使者动作行为的影响下，获得并喝下“酒”。这样的区别可在祖鲁语(Zulu)中观察到，即：

| | | | | |
|---|---|---|---|---|
| [177] | Isalukazi | sa-phuz-isa | umfana | amanzi |
| | 7old woman | 7SC:PAST-drink-CAUS | 1boy | 6water |

The old woman made the boy drink water. / The old woman gave the boy water to drink.

前一个意思是间接致使，我们把它称为使动义，而后一个意思则是给予兼致使，因此可称为与格兼使动义。一旦把握紧这个区别，便可重新审视《左传》中的这个例子，即：

[178] 臧纥曰：“饮我酒，吾为子立之。”(《左传·襄公二十三年》)

这个例子中的说话者是“臧纥”，而根据上下文，我们知道这段话出现的背景是季武子由于没有嫡子，想废长立幼，立自己喜欢的悼子为继承人，但是大臣们皆不赞成这一提议。当季武子询问臧纥的意见时，臧纥回答说他愿意为季武子立悼子，条件是“饮我酒”。“饮我酒”中的“我”指的是说话者“臧纥”，因为他是为季武子办事，因此“饮我酒”和“吾为子立之”只能做这样的理解：“吾为子立之”是臧纥要为季武子办的事，而“饮我酒”就是季武子报答臧纥的事。一旦这样理解，“饮我酒”中的“酒”就必须是为季武子所拥有，这提示我们“饮 NP 酒”或许应理解为“给我酒喝”。由于“酒”有领有权的转移，因此“饮我酒”有给予类双宾语结构的特点。还须进一步指出的是，由于“饮我酒”并不仅仅表示“酒”的领有权的转移，而还表示了“我”在从别人的领有域那里获得了“酒”之后，产生“饮”的动作，因此从这个角度讲，“饮我酒”也有间接致使的意义。把上述的讨论加以总结，我们认为“饮我酒”兼有给予类和间接致使类双宾语结构的特点。这一特点，还体现在其他的例子中，如：

[179] 季氏饮大夫酒，臧纥为客。(《左传·襄公二十三年》)

既然是季氏宴请宾客，因此“酒”必然先为季氏所拥有，然后转移到众大夫那里，并导致众大夫产生了“饮”的动作。上述的分析也能为下面这个例子所证实，即：

[180] 季孙喜，使饮己酒，而以具往，尽舍旃。(《左传·襄公二十三年》)

既然季孙高兴得“使饮己酒”，这就说明了季孙是非常有意愿要饮酒，因此如果我们只强调“饮己酒”中的间接致使意义，而把全句的意思理解为“季孙让人使他自己喝酒”，这显然和整个句子的意思不符。一个比较合理的解释应是季孙很高兴，于是要求别人请他喝酒，因此例子中的“酒”是从公鉏的领有域转入季孙的领有域，而季孙在获得酒之后产生了“饮”的动作。正因为“饮 NP 酒”表达的除了有间接致使的意义，还有给予义，因此可以认为当“饮”进入次要宾语型的双宾语结构时，其句式意义是我们所谓的与格兼使动义，而不是使动义。上述所提出的分析还可为下列的例句所证实，即：

[181] 秋，九月，晋侯饮赵盾酒，伏甲将攻之。(《左传·宣公二年》)

[182] 大叔懿子止而饮之酒。(《左传·哀公十一年》)

[183] 齐侯使敬仲为卿…… 饮桓公酒。(《左传·庄公二十二年》)

[184] 赵简子逆，而饮之酒于绵上。(《左传·定公六年》)

[185] 国老皆贺子文，子文饮之酒。(《左传·僖公二十七年》)

[186] 弥子饮公酒，纳夏戊之女。(《左传·哀公二十五年》)

上述例子中，“酒”都能毫无例外地为主语所拥有，如例[181]中，“酒”就为晋侯所拥有，因此它们的句式意义应是与格兼使动义。

最后，我们要指出的是下列的例子似和前述的有些不同，即：

[187] 陈人使妇人饮之酒。(《左传·庄公十二年》)

例[187]上下文为：

[188] 宋人请猛获于卫，卫人欲勿与。石祁子曰："不可，天下之恶一也。恶于宋而保于我，保之何补？得一夫而失一国，与恶而弃好，非谋也。"卫人归之，亦请南宫万于陈以赂。陈人使妇人饮之酒，而以犀革裹之。比及宋，手足皆见，宋人皆醢之。

这个例子的"陈人使妇人饮之酒"一般被理解为双重致使（double causative）义，意思是"陈国人让女人使南宫万喝酒"。我们认为如果仔细考察上下文，可发现陈国人是在接受宋国人的贿赂后，才会使某个妇人去从事"饮之酒"的行为动作，以达到把南宫万运回宋国的目的。此外，我们也发现陈国人原本就没有想过要通过强硬的手段迫使南公万返回宋国，否则就无须如此麻烦，而可直接采取强力捆绑、立即遣返的举动。陈国人似乎不愿意和南公万正面冲突，因此才会以妇人将其灌醉的办法来完成任务。按这个理解，"使妇人饮之酒"中的"饮之酒"就不能分析为单纯的使动义。该句有间接致使的意义，但考虑到上述所提到的背景，我们认为由于对南公万采取的是一种诱骗的办法，因此"饮之酒"还传达了妇人请南公万饮酒的意思，并且是通过"酒"的领有权的转移而促使南公万饮酒，以致最后喝醉，因此合理的分析应是把"饮之酒"和上边其他与"饮"有关的双宾语结构的例子等同起来，都分析为是个"与格兼使动"的双宾语句式。

除了"饮"之外，上古汉语还有另外一个饮食类动词，即是"食"。我们不妨也观察一下这个动词的使用情形。在《左传》中，和"食"有关的双宾语结构的例子只有一个，即：

[189] 食大夫黿。（《左传・宣公四年》）

一般的分析都把例[189]看作是使动双宾语结构的例子，也即是把"食大夫黿"理解为"（郑灵公）让大夫们吃甲鱼"。我们认为如果是采取这个解释，那么全句的意思就是郑灵公让大家吃甲鱼，而大家都非吃不可，不管个人的意愿是怎么样的，就算当中有人不想吃，也会在被逼迫的情况下把甲鱼吃了。但结合例[189]的上下文，"食大夫黿"并非仅仅传达出“郑灵公让大夫们吃甲鱼”的使动义，其实还传达了“鼋”为郑灵公拥有，并且由他的领有域通过赐予的举动而转入大夫们的领有域，即：

[190] 楚人献鼋于郑灵公，公子宋与子家将见。子公之食指动，以示子家，曰：“他日我如此，必尝异味。”及入，宰夫将解鼋，相视而笑。公问之，子家以告。及食大夫鼋，召子公而弗与也。子公怒，染指于鼎，尝之而出。公怒，欲杀子公，子公与子家谋先。

另外，须注意的是郑灵公通过赏赐而间接致使大夫们吃鼋，而这个行为动作使得大夫们获得益处，成为行为动作的受益者，由此才好解释为什么公子宋会这么生气，以致对君王发怒。如果这并不是郑灵公对大夫们的赏赐，而是强迫大夫们吃鼋，《左传》对公子宋的行为所做的描写就无根了。因此，对于例[189]的“食大夫鼋”的语义类型，如果判断为使动类的双宾语结构并不合理。我们认为“食大夫鼋”和“饮之酒”等的语义类型是相同的，都是与格兼使动义的双宾语结构。

### 5.5.3 “衣之NP”和“佩之NP”的语义类型

动词“衣”在《左传》中共有4个出现在双宾语结构中的例子。其中一个是：

[191] 公衣之偏衣。(《左传·闵公二年》)

按照一贯的处理方法，例[191]的“衣之偏衣”会被理解为使动双宾语结构，即“晋侯让他穿左右两色的衣服”。根据Newman(2009)的观点，动词“衣”也是“饮食类”动词之一，通过之前对“饮、食”的讨论，我们认为“衣之偏衣”的语义类型有两个可能性：一个是处理为使动义，即“晋侯让太子穿左右两色的衣服”；另一个是处理为与格兼使动类，即“晋侯给左右两色的衣服太子穿”。为了判断例[191]的语义类型，我们须结合它的上下文进行分析，即：

[192] 大子帅师，公衣之偏衣，佩之金玦。(《左传·闵公二年》)

首先，根据《汉语大词典》的解释，“偏衣”是“两色合成之衣”，而清代的洪颐煊在《读书丛录》中指出“《礼记·玉藻》：‘衣正色，裳间色’，偏衣，谓间色不正之衣。”就此，杜预有个重要的注解，认为“偏衣，左右异色，其半似公服。”“偏衣”既然是一种“半似公服”的衣物，这对我们理解例[191]中的“衣之偏衣”的确切意思有很大的帮助。对于“衣之偏衣”，学者们倾向把它看成是个使动双宾语结构，但是仔细考察上下文，可发现“偏衣”因为和君王的衣服相近（即所谓的“半似公服”），因此它不可能是其他人所能拥有的，而只能为晋侯所有，由于太子得率领军队出征，晋侯才会把“半似公服”的“偏衣”赐给太子穿，并只是间接允许他穿上。有鉴于此，我们认为例[191]应理解为与格兼使动义的双宾语结构。

我们再看另外两个和“衣”有关的双宾语结构的例子：

[193] 服其身则衣之纯。（《左传·闵公二年》）

[194] 衣之尨服。（《左传·闵公二年》）

由于上述两个例子的“衣”都来自《左传》的同一段文字，因此我们把它们放在一起讨论。先看这两个例子出现的上下文：

[195] 狐突叹曰：“时，事之征也；衣，身之章也；佩，衷之旗也。故敬其事则命以始，服其身则衣之纯，用其衷则佩之度。今命以时卒，闭其事也。衣之尨服，远其躬也。”

这段文字的大意是：狐突叹气说：“时令，是事情的征象；衣服，是身份的标志，佩饰，是心意的旗帜。所以如果看重这件事，就应该在前半年发布命令；赐予衣服就要用纯色；使人衷心为自己所用，就要让他佩戴合于规定的装饰品。现在在年终发布命令，那是要让事情行不通，赐给他穿杂色的衣服，那是要使他疏远”（沈玉成 1997：67）。例[193]主要是狐突说的话，而这段话就出现在例[192]的“大子帅师，公衣之偏衣，佩之金玦”之后。这里表达了狐突对晋侯的不满，认为晋侯不看重太子出征，不然其会在之前发布命令，赐予纯色的衣服（即纯衣）给太子穿，而不是到了最后关头才赐予杂色的衣服（即尨服）给太子穿。值得指出的是，由于狐突的这番话凸现了晋侯对待太子态度的不当，而这体现在晋侯到底赐予什么样的衣服给太子穿这一事件上，因此我们认为上述两个例子中的“衣之纯”和“衣之龙服”都属于与格兼使动义的双宾语结构。

我们再看和“衣”有关的最后一个例子：

[196] 衣之王服。(《左传·昭公十三年》)

同样的，我们必须看一下这个例子的上下文，即：

[197] 訾敖杀囚，衣之王服，而流诸汉，乃取而葬之。

例[197]的意思是訾敖杀死了一个囚犯，让他穿上王的衣服，并让尸体在汉水中漂流，然后又收尸而安葬，以安定国内的人心(沈玉成1997:439)。对于例[197]的“衣之王服”双宾句式的语义类型，需要考虑的是这是个“使动”类，即“訾敖让尸体穿上王的衣服”；还是“与格兼使动类”，即“訾敖给王的衣服尸体穿”。我们认为这个例子的语义类型和上边的三个有些不同。首先，例[197]中“衣”的对象是“尸体”；而例[191]、例[193]和[194]中“衣”的对象是“太子”。其次，由于例[197]的“之”(囚犯的尸体)是个无生命体，因此訾敖不可能把王的衣服“给”一具尸体，并让尸体把衣服穿上，尸体也不能自主地决定要不要接受訾敖给他的衣服，更没有办法自己穿上“王”的衣服。因此这个例子的“衣之王服”不能处理为“与格”类。正因为“之”(囚犯的尸体)是个无生命体，尸体不能亲自接受“衣”的领有权的转移，因此例[197]只能是“让尸体穿上王的衣服”，是个使动双宾语结构。

本文注意到上述四个和“衣”有关的双宾语结构的例子中，“衣”这个动作所影响的对象的生命度会决定该双宾语结构的语义类型。进一步说，如果“衣”的对象是有生命的人，那么这个双宾语结构的语义类型就是与格兼使动类；反之，如果“衣”的对象是无生命的个体，如“尸体”，由于尸体已经失去自主决定与活动的能力，这个双宾句结构的语义类型则属于使动类。

接下来再考察《左传》中两个和“佩”有关的进入双宾语结构的例

子，即：

[198] 佩之金玦。(《左传·闵公二年》)

[199] 用其衷则佩之度。(《左传·闵公二年》)

例[198]和[199]所表达的事件，其实与例[191]和[193]中“衣”的双宾语结构相关联。此处再次列举例[198]“佩”事件的上下文，即：

[200] 大子帅师，公衣之偏衣，佩之金玦。(《左传·闵公二年》)

通过前边对“衣之偏衣”语义类型的分析，“佩之金玦”由于和“衣之偏衣”有对举的关系，因此我们认为它们应具有相同的语义类型：由于王对太子的不重视，他才会把偏衣给太子穿、给太子佩戴金玦。因此例[198]的“佩之金玦”的语义类型也是“与格兼使动”类。

例[199]的“佩之度”双宾句式与例[193]的“衣之纯”双宾语结构也是相关联的。狐突主要指的是如果晋侯看重这件事，就会在半年前发布命令；赐予纯色的衣服，佩戴合适的饰物。而晋侯给不合适的饰物太子佩戴，是为了通过这一举动达到疏远太子的目的。因此例[198]以使动义理解为“晋侯让太子佩戴金玦”并不合适。本文认为，例[199]的“佩之度”双宾句式与例[193]的“衣之纯”双宾句式一样，都是“与格兼使动”双宾语结构。

### 5.5.4　使动双宾语结构

上古汉语中还有另外一批动词进入次要宾语型的双宾语结构时，表达的是间接致使义，如“负”：

[201] 负之斧钺。(《左传·昭公四年》)

例[201]的上下文是：

[202] 秋七月，楚子以诸侯伐吴。宋大子郑伯先归，宋华费遂郑大夫从。使屈申围朱方，八月甲申，克之，执齐庆封而尽灭其族。将戮庆封，椒举曰：“臣闻无瑕者可以戮人。庆封惟逆命，是以在此，其肯从于戮乎？播于诸侯，焉用之？”王弗听，负之斧钺，以徇于诸侯。

由于楚王不是亲手把斧钺放在庆封的背上，因此“负之斧钺”表达的不是直接致使，而应该是间接致使。表达间接致使的还有例[203]：

[203] 无生民心。(《左传·隐公元年》)

再看“枕”这个动词：

[204] 枕之股而哭之。(《左传·僖公二十八年》)

[205] 枕之股而哭之。(《左传·襄公二十七年》)

[206] 枕之股而哭之。(《左传·襄公三十年》)

[207] 枕尸股而哭。(《左传·襄公二十五年》)

由于四个例句十分相似，我们只看第一个例子的上下文，即：

[208] 卫侯先期入，宁子先，长牂守门，以为使也，与之乘而入。公子歂犬、华仲，前驱，叔孙将沐，闻君至，喜。捉发走出，前驱射而杀之。公知其无罪也，枕之股而哭之。歂犬走出，公使杀之，元咺出奔晋。

“枕之股”的“之”指的是“叔孙的头”，因此这不可能是间接致使，而只能解释为直接致使。

### 5.5.5　双宾语结构由“给予”到“使动”语义类型上的演变过程

根据上边的讨论，我们发现现有研究所谓的使动双宾语结构其实可以再细分成两个小类：一类以“饮、食、佩”为代表，而另一类则以“负、枕、生”等为代表。前者进入次要宾语型的双宾语结构时，表达的是给予和致使义，而后者表达的仅是致使义。值得注意的是，“衣”的使用情形涵盖了这两类，既能在进入次要宾语型的双宾语结构后表达给予和致使义，也能单独表达致使义。由于本书对于上古汉语的与格句式采取了一种以句式为中心的分析模式，因此我们认为上述的分别能很好地说明句式意义的演变，也就是同样的一个句式如何从表达给予类事件演变成表达致使类事件。此外，我们还可进一步解决一个理论上的问题。从一开始，本书就希望采取一种以句式为中心的分析模式来探讨上古汉语的与格句式，而如果我们紧紧把握住 Goldberg(1995)理论框架的精神，即可知道句式本身就具有自己的论元结构(argument structure)，并且能给动词指派额外的论元。强调句式在句法分析中的独立地位，可解决传统的处理方法在遇到动词的不同用法时，给动词添加新的意义的循环论证的弊病。我们这里举两个经典的例子说明，第一个是：

[209] Joe kicked Bill the ball.

kick做二价动词时，只能带施事和客体两个论元，而一般将之记录为 $kick_1$，但在例[209]中，这个动词却像个三价动词而出现在双宾语结构中(除了带施事和客体两个论元之外，还多带了一个接受者论元)。传统的以动词为中心的分析模式就把出现在例[209]中的kick分析为 $kick_2$，以和 $kick_1$ 加以区别。正如Goldberg(1995)所批评的，这样的分析显然有循环论证的嫌疑，因此并不合理，而构式语法的好处就在于我们可以避免为动词设定不合情理的意义，并借助具有独立地位的句式赋予动词以额外的论元成分。具体的做法可参考Goldberg(1995，吴海波译2007:51[①])，即：

> 例如，kick(踢)的参与者是踢者(kicker)和被踢物(kicked)，而双及物构式的论元是施事、受事和接受者。因此双及物构式可以提供给动词一个它所没有的接受者角色。角色的熔合如下所示：

① 为了让译文更通顺，本书作者对吴海波的翻译文字进行了改动。

复合结构：双及物+kick

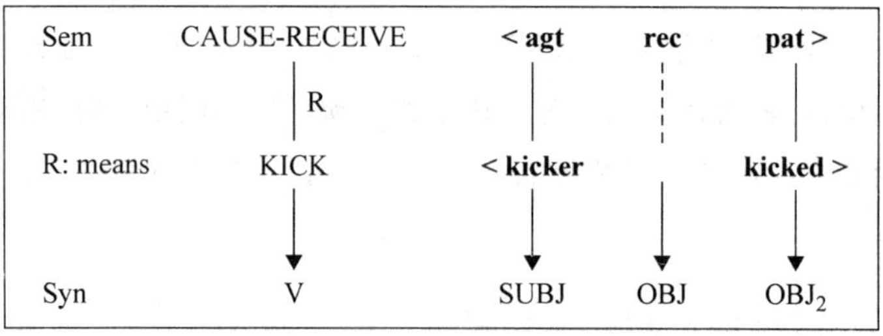


图 2.9

根据语义一致原则，参与者角色不能以其他方式和论元角色熔合，踢者角色(kicker)只能和施事角色熔合，因为施事角色是构式的三个论元中唯一一个能和踢者的语义角色相一致的。踢者既不是接受者也不是受事。被踢物角色(kicked)是受事角色而非接受者角色的一个实例。因此，接受者角色显然是由构式提供的。这个结构可以生产出类似例(42)的句子：

(42) Joe kicked Bill the ball.

(乔踢给比尔球。)

很显然地，根据上边的介绍，双宾语结构(也即是 Goldberg 的双及物构式)虽能赋予动词以额外的论元，但是这个额外论元的语义角色却是个接受者(recipient)。再稍微把句式意义加以扩展，会发现在 Goldberg(1995)的讨论中，这个由构式所赋予的额外论元的语义角色还可以是个施事主语心目中的接受者(intended recipient)，而更准确地说，就是受益者(beneficiary)。现代英语的例子如下：

[210] Sally baked Harry a cake.

由于在类型学的研究中，接受者和受益者两种语义角色非常相似(见下列取自 Haspelmath 2003 的语义地图)，因此双宾语结构除了能赋予动词以接受者的额外论元外，还能赋予动词以受益者的额外论元，这其实是不难明白的，正如图 5.18 所示：

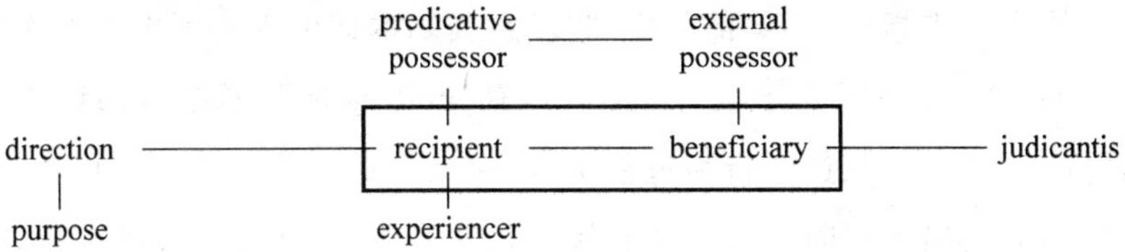


图 5.18　与格的概念空间/现代英语双宾语结构第一个宾语的语义地图

本章关于“投”的分析正是借鉴了构式语法的这个理论框架，说明了上古汉语中的一个二价动词如何在次要宾语型的双宾语结构中获得接受者的额外论元。此外，我们当然也可借用相同的框架解释上古汉语的受益类双宾语结构，如“立之君”的产生过程。一旦以此为基础，就会面对一个难题：如果句式能指派额外论元给动词，那么由于“饮、食、衣、佩、负、生、枕”等皆是二价动词，那么它们在次要宾语型的双宾语结构中表达致使的事件，必定也得从句式那里获得额外的论元，而这个额外的论元不是接受者，也不是受益者，而是个受使者(causee)。现代英语的次要宾语型的双宾语结构由于没有这个语义类型，因此 Goldberg (1995)对此也就缺乏了论述和说明，但由于我们处理的是上古汉语的语料，里头既然有这个语义类的双宾语结构，而本书又立足于构式语法的理论假说，因此有必要对此进行论述和说明。孙志阳(2006)已尝试着对上述问题做了初步的分析。从构式语法的角度分析《左传》的使动现象，由于角度新颖，因此有许多值得我们借鉴和参考的地方。他提出的解决方案是：无论从语音上还是从用法上看，“食”做二价的及物动词(如“食其肉”)的用法是其基本用法。动词“食”的基本词汇入构项，其语义内容由两大部分所组成：

| | | | | | |
|---|---|---|---|---|---|
| Syn [cat v] | | | | | |
| | | *eat-act* | | (*body-change*) | |
| | | actor | *A* | theme | *A* |
| Sem/cont | list | undergoer | *B* | loaded with | *B* |
| | | event | *D* | event | *D* |
| Valence | syn | NP | syn | NP | |
| | instance | *A* | instance | *B* | |

图 5.19　动词“食”的基本词汇入构项(取自孙志阳 2006：156)

他进一步指出，第一部分中，“食”在其基本词汇入构项中可看作行为动词，这个行为有“actor”（行动者），有“undergoer”（承受者）；而第二部分的内容表示在这个行为过程中，同时又伴随着另外一个过程，“食”的行为的发出者同时作为一个身体变化的客体，又在经历某种变化，这一过程中的参与者与第一个过程是一样的，只不过身份发生了变化，第一个过程中的“actor”（行动者）在这一过程中是作为“theme”（客体），而“食物”的身份由“undergoer”（承受者），变成“loaded with”（被摄入身体的东西）。它可以与一般的表示行为的“身体行为构式”（Body-act Construction）融合，这个过程可以图式为：

| | | | | | |
|---|---|---|---|---|---|
| Syn [cat v] | | | | | |
| | | *eat-act* | | | |
| | | actor | 1=*A* | | |
| Sem/cont | list | undergoer | 2=*B* | | |
| | | event | 4=*D* | | |
| Valence | syn | NP | syn | NP | |
| | instance | 1=*A* | instance | 2=*B* | |

| | | | | | |
|---|---|---|---|---|---|
| Syn [cat v] | | | | | |
| | | *eat-act* | | *body-change* | |
| | | actor | *A* | theme | *A* |
| Sem/cont | list | undergoer | *B* | loaded with | *B* |
| | | event | *D* | event | *D* |
| Valence | syn | NP | syn | NP | |
| | instance | *A* | instance | *B* | |

图 5.20　动词“食”与身体行为构式的融合(取自孙志阳 2006：157)

两者在语义和句法方面的内容都吻合（“食”的第一部分的语义内容与句式的语义内容完全相同，第二部分的语义内容可以认为并不参与这个融合的过程），当 A=1，B=2，D=4 时，融合成功。

“食”的使动双宾语结构（即“食大夫鼋”）是另外一个句式类型，其意思大致是“使身体承担某物”，孙志阳称之为“致使身体承担构式”（Cause-body-loaded-with Construction）：

| Syn [cat v] | | | | | | |
|---|---|---|---|---|---|---|
| | | *cause* | | *result* | | |
| | | causer | 1 | body-change | 3 | |
| Sem/cont | list | causee | 2 | theme | 2 | |
| | | cause-result | 3 | loaded with | 5 | |
| | | event | 4 | event | 4 | |
| Valence | syn | NP | syn | NP | syn | NP |
| | instance | 1 | instance | 2 | instance | 5 |

图 5.21 致使身体承担构式(取自孙志阳 2006:158)

他指出动词"食"第二部分的语义内容与这个构式中"result"(结果)的部分完全吻合,两者之间的融合过程如下:

| Syn [cat v] | | | | | | | |
|---|---|---|---|---|---|---|---|
| | | *cause* | | *result* | | *eat-act* | |
| | | causer | 1 | body-change | 3 | actor | 2=*A* |
| Sem/cont | list | causee | 2=*A* | theme | 2=*A* | undergoer | 5=*B* |
| | | cause-result | 3 | loaded with | 5=*B* | event | 4 |
| | | event | 4 | event | 4 | | |
| Valence | syn | NP | syn | NP | syn | NP | |
| | instance | 1 | instance | 2=*A* | instance | 5=*B* | |

| Syn [cat v] | | | | | |
|---|---|---|---|---|---|
| | | *eat-act* | | *body-change* | |
| | | actor | *A* | theme | *A* |
| Sem/cont | list | undergoer | *B* | loaded with | *B* |
| | | event | *D* | event | *D* |
| Valence | syn | NP | syn | NP | |
| | instance | *A* | instance | *B* | |

图 5.22 动词"食"与"致使身体承担构式"的融合(取自孙志阳 2006:158)

虽然上述以"食"为例,其他的"饮食类"动词如"饮、衣、佩、负"都有着一样的融合表现。换言之,"饮、食、衣、佩、负"这五个动词都享有共同的语义特征,"饮、食"是把液体、食物摄入到身体内,而"摄入某些东西"这样的语义特征还能延伸到其他三个动词"衣、佩、负",把衣物、佩饰或者是身体上承担某物体,转移到身体上、精神上。对于有使动用法的动词,为什么会有不同的论元结构呢?孙志阳的回答是:论元结构的不同，不必归之于动词义项的不同，而是可以看作是不同的构式所带来的论元结构的变化：动词本身的论元结构保持不变，当动词与不同的构式融合时，按照构式的论元结构来调整生成后的句子的论元结构。

孙志阳(2006)采用了构式语法的整体思路，也承认了双宾语结构能赋予动词以额外的论元，但是如果再仔细把这个问题加以考虑，则不难发现其中仍存在一个未完全解决的问题。根据上边的介绍，不难发现孙志阳对受使者(causee)这一语义角色的额外论元如何能由双宾语结构直接赋予给动词未有讨论，换句话说，双宾语结构给动词赋予受使者这一额外的论元是个在理论上未得到充分论述和证实的问题。更值得关注的是，在张敏(2008a)所提出的以处置和被动为核心的概念空间中，使役(causative)和接受者(recipient)、受益者(beneficiary)并不直接相连，因此如图5.23所示，上古汉语的双宾语结构如何能直接给动词赋予额外的受使者(causee)论元是个值得进一步讨论的问题。

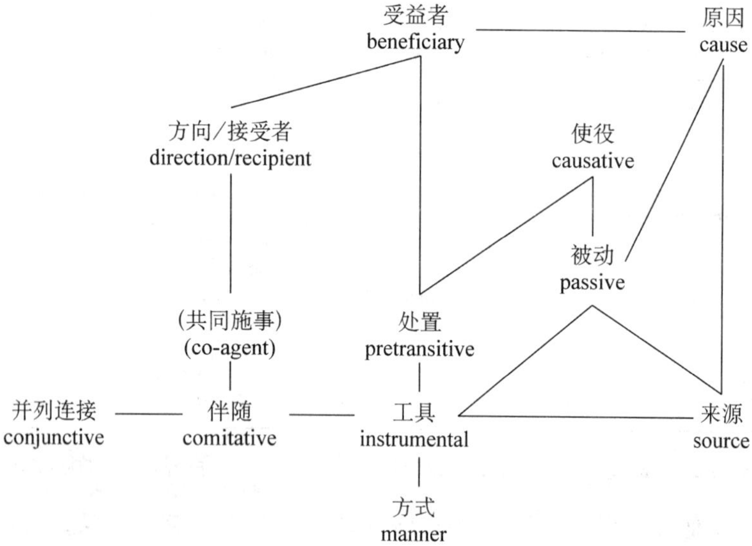


图5.23　以处置和被动为核心的概念空间

我们已借助语义地图这个新的语言类型学的工具分析了《左传》中不同语义类型的双宾语结构之间的亲疏远近关系。接下来将尝试利用同样的分析工具，在对“饮、食、衣”等动词进入次要宾语型的双宾语结构所构成的不同语义类型的分析基础上，回答何以给予类的双宾语结构能演变发展出使动类的双宾语结构。我们从图5.24观察到“GIVE”和“FEED”的概念在概念空间上位置相邻。这提示我们“食”和“饮”或许就可填入这两个位置，但问题是“FEED”并不是“吃”、“喝”的意义，而是“使吃”、“使喝”的意义。要解决这个问题其实并不难，关键就在于我们必须认识到双及物结构的概念空间表达的应该是事件类之间的关系（即由“GIVE”所代表的给予类事件和由“FEED”所代表的使动类事件），而不是具体动词之间的关系。一旦明白这一点，我们认为下列两个例子正好能和“与之璧”等给予类双宾语结构（即概念空间上的“GIVE”）相连，即：

[211] 及食大夫鼋。（《左传·宣公四年》）

[212] 子文饮之酒。（《左传·僖公二十七年》）

把上述两个例子所体现的“FEED”在双及物结构的概念空间勾勒出来，就得到如下的语义地图，即：

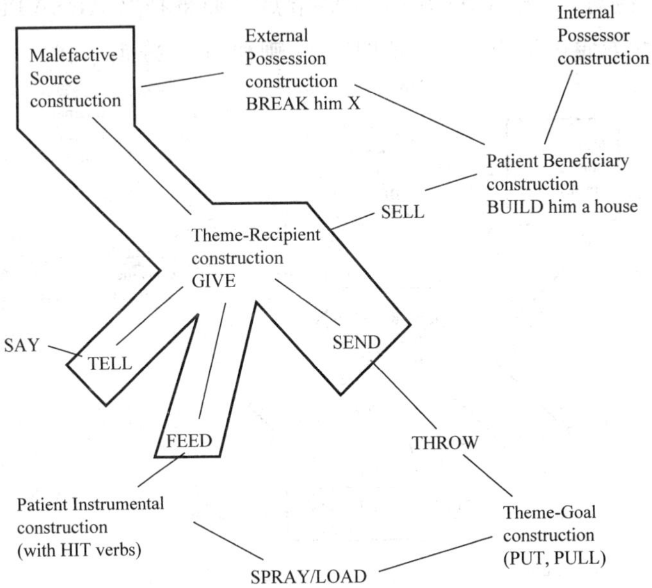


图5.24　《左传》双宾语结构的语义地图

须指出的是，《左传》中“饮”和“食”等动词进入双宾语结构后的语义类型并不是学界普遍认定的“使动”义；我们认为它们表达的是给予兼使动义。由于例[211]与[212]表示给予兼使动义，而和“与之璧”表示的给予义在语义上非常相近。更重要的是，例[211]和[212]中的主要宾语并不是受使者，而是接受者兼受使者，因此就和“与之璧”中作为接受者的主要宾语非常相近。

再看另外三个例子，即：

[213] 负之斧钺。(《左传·昭公四年》)

[214] 枕之股而哭之。(《左传·僖公二十八年》)

[215] 无生民心。(《左传·隐公元年》)

例[213]至[215]动词“负、枕、生”的双宾语结构的语义类型都属于“使动”类，这与“FEED”节点所表示的“通过给予而使某人进食”的意思有相近之处，因此我们认为可由“FEED”节点再延伸到“使某人进行某种动作”(CAUSE TO DO)的致使义节点。按照这样的逻辑，本文相信，《左传》双宾语结构的语义地图里，与“FEED”节点相邻的应该还有一个表“使动”义的“CAUSATIVE”节点。如果把“CAUSATIVE”纳入《左传》双宾语结构的语义地图当中，则如图 5.25 所示：

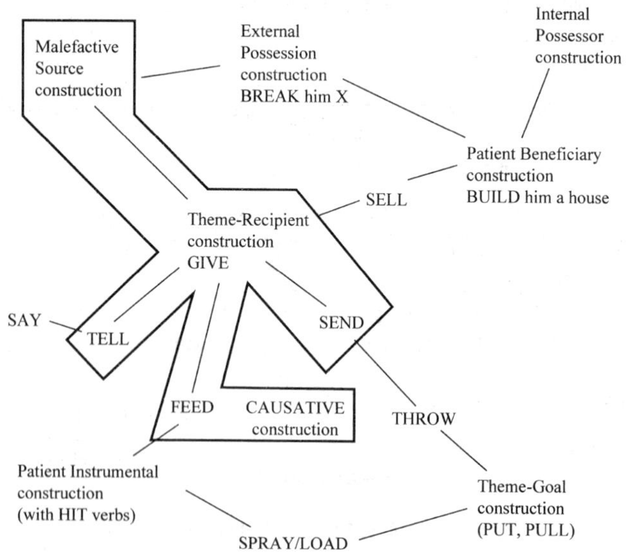


图 5.25 《左传》双宾语结构的语义地图

需要承认的是，在图 5.25 中把“CAUSATIVE”节点纳入《左传》双宾语结构的语义地图之内，是从理论推导出来的，目前尚无充足的语料对此加以证明。

再看动词“衣”在《左传》双宾语句式中的例子。

[216] 衣之偏衣。（《左传·闵公二年》）

[217] 衣之王服。（《左传·昭公十三年》）

动词“衣”的情况比较特殊，它的双宾语结构共有两种不同的语义类型。例[216]的“衣之偏衣”的语义类型是“与格兼使动”类；例[217]的“衣之王服”则是“使动”类。动词“衣”的这两个语义类型，正好落在图 5.25“FEED”节点和“CAUSATIVE”节点之间。

回到本文须解决的问题，即双宾语结构如何赋予动词以额外的“受使者”论元。我们认为初步的答案就在图 5.25 的语义地图中。此图显示了“FEED”节点和“CAUSATIVE”节点相邻，前者表达“给予兼使动”义，而后者表达“使动”义。《左传》里的“饮、食、佩”占据了“FEED”节点，“负、枕、生”占据了“CAUSATIVE”节点，而“衣”则同时占据了“FEED”和“CAUSATIVE”两个节点。在此基础上，本文认为《左传》的双宾语结构首先向“饮、食、佩”等动词指派额外的接受者论元，而由于这个接受者在获得从给予者那里转移过来的物体后会产生相关的动作行为，因此它同时也是一个受使者。之后“给予兼使动”义双宾语结构就借助了“衣”这个动词过渡到表“使动”义的双宾语结构，正如图 5.26 所示：

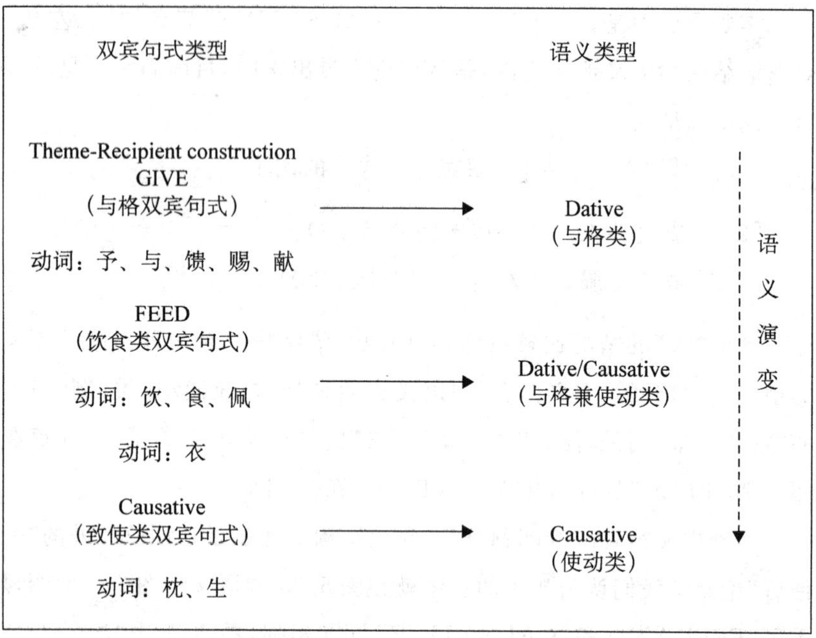


图 5.26　上古汉语的双宾句式类型与其对应的语义类型(取自文心宜 2011:121)

对于图 5.26，文心宜(2011)有一个更详细的说明。须指出的是，上述的分析仅仅是个初步的尝试，而我们也不能忽略了上古汉语具有音变构词的现象(周法高 1994)，如“饮”除了有上声的读音，还有去声的读音，因此若结合音变构词的现象来进一步探讨“饮、食”等七个动词如何获得额外的论元，这或许将比上述所提出的方案更为复杂。潘秋平(2012)已对此做了初步的探讨，而我们认为随着研究的深入，本节从论元结构的角度提出的额外论元如何获得指派的问题将逐步得到解决。

# 第六章　上古汉语的一种特殊的双宾语结构[①]

## 6.1　引言

语言类型学关于双及物结构和本书所谓的与格句式的研究成果都充分地体现在了"语义地图"(semantic map)上。"语义地图"是类型学研究多功能语法标记关联模式的新工具(Haspelmath 2003;张敏2008)。这一研究方法蕴涵两个重要的概念,一个是"概念空间"(conceptual space),另一个则是"语义地图"(semantic map)。前者体现了世界上众多语言的共性,而后者则突显了世界上任意一种语言的个性,两者相结合就能很好地体现出类型学研究所强调的语言的个性依旧具有共性这一大原则。下图是 Malchukov, Haspelmath & Comrie (2007)根据跨语言调查研究建立起来的双及物结构的概念空间:

① 这一章是作者在 2008 年根据 Phua Chiew Pheng(2005)中关于上古汉语双宾语结构句式多义性的讨论而展开的,作者曾将初步的研究成果拿来与张敏教授进行过讨论。之后,作者根据自己的思路指导新加坡南洋理工大学中文系本科学生张嘉慧完成了其题名为《从"我"和"吾"的分布看〈左传〉中特殊的双宾语结构》的毕业论文,其分析方法和思路均由本书作者提供,查阅材料和撰写过程中材料的铺排以及理论的建构,本书作者也积极参与。此章是本书作者和张嘉慧共同撰写的成果。

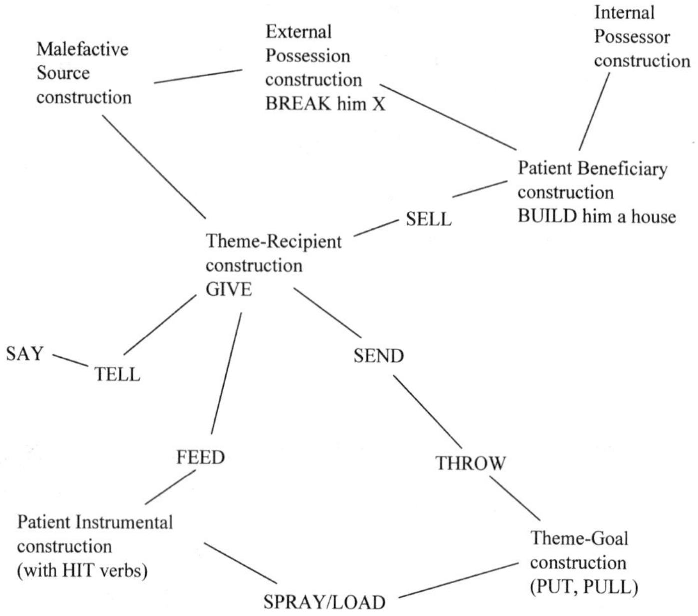


图 6.1 双及物结构的概念空间(Malchukov, Haspelmath & Comrie 2007)

这个概念空间是通过跨语言比较建立起来的,而类型学家也进一步假定它是人类大脑中普遍存在的语义空间,并提出"语义地图连续性假说"(The Semantic Map Connectivity Hypothesis)(Croft 2001)。根据这个假说,类型学家均认为通过一定数量的语言之间的比较所得出的概念空间对于所有的语言都有效。这里所谓的有效,指的就是在任意一种语言里,任何一个范畴(可以是词,也可以是句式)只要映射到某个概念空间里,这个范畴内的成员即便可占据该空间任何的区域,但所有成员,不论多寡,都必须构成一个没有断链现象的连续区域。这个连续的区域就是"语义地图",因此语义地图是就特定的某一种语言而言的,说的是这种语言里的一个语素或一个句式所具有的不同功能促使它占据概念空间里的某个不断链的连续区域。

下图能很好地说明现代英语不同类型的双及物结构(如双宾语结构 I gave her a book 和介宾补语式 I gave a book to her)内部不同语义类型的成员之间(如:双宾语结构中的 I sold her a book,I sent her a book,I told her a story 等)的亲疏远近关系:

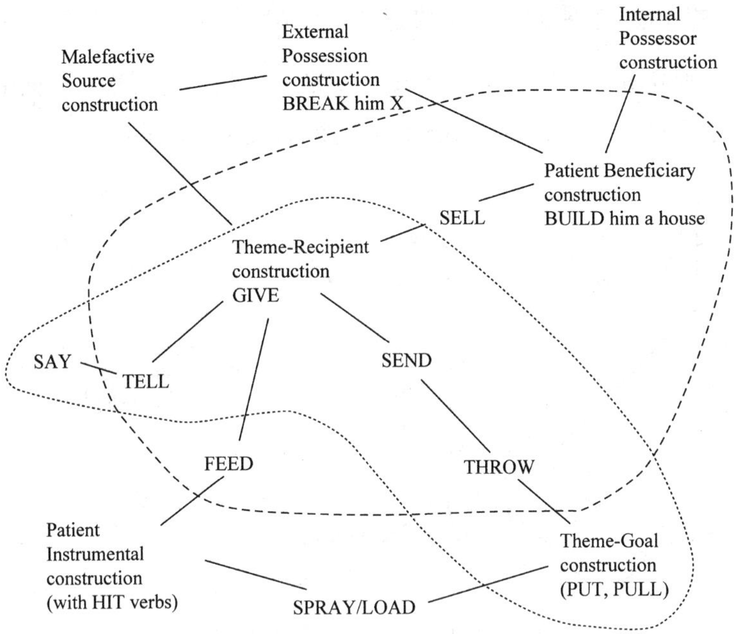


图 6.2　英语双宾句式的语义地图(DOC - - - - -)
和英语介宾补语式的语义地图(to-NP ············)①
(Malchukov, Haspelmath & Comrie 2007)

值得指出的是,在上古汉语的研究中,若我们稍微调整思路,不把这里的双及物结构仅理解为给予义的双及物结构,就能发现上古汉语的双及物结构其实也能通过图 6.1 的概念空间获得一个很好的说明和解释。本书在前面几章着重讨论了上古汉语的双宾语结构,而根据我们的分类,以下这些例子都是先秦汉语中的双宾语结构,即:

[1] 与之块。(《左传·僖公二十三年》)

[2] 告之悔。(《左传·隐公元年》)

[3] 输之粟。(《左传·僖公十五年》)

[4] 夺之牛。② (《左传·宣公十一年》)

---

① 画线部分表现的是现代英语不同双及物结构的语义地图。

② 对于这个例子的分析,历来就存在着许多争论。如刘宋川(1998,1999)认为它是双宾语结构,但贝罗贝(1999)则认为它是单宾语结构。关于“夺”的讨论,详见本书第四章。

[5] 饮之酒。[1]（《左传・僖公二十七年》）

根据这五个例句，我们可在图 6.1 的双及物结构的概念空间上勾勒出上古汉语双宾语结构的语义地图，即如图 6.3 所示：

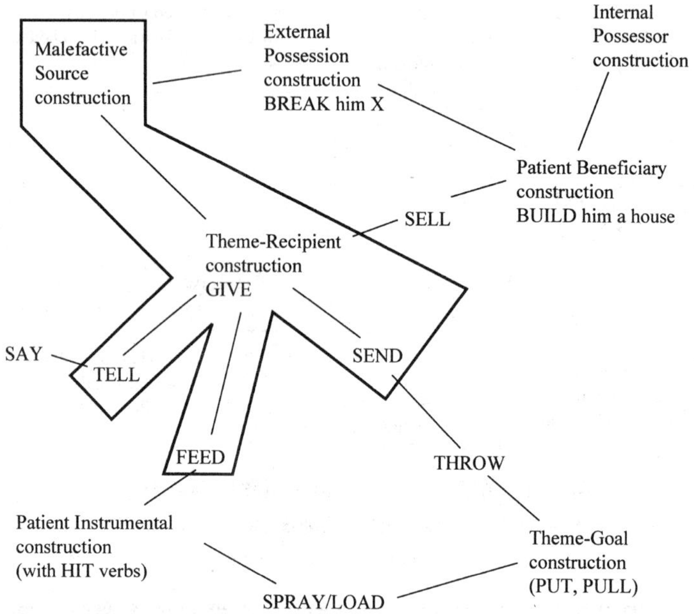


图 6.3 《左传》次要宾语型双宾语结构的语义地图[2]

这五个取自《左传》的双宾语结构的例句在双及物结构的概念空间上正好形成一个连续不断链的区域，符合了“语义地图连续性假说”。但尽管如此，根据刘宋川(1998，1999)的分类，《左传》中还存在着类似英语中 I baked her a cake 一类的表受益的双宾语结构，如：

[6] 天生民而立之君。(《左传・襄公十四年》)

① 对于这个例子的分析，邵永海(1990)、刘宋川(1998，1999)和贝罗贝(1999)等虽都认为是双宾语结构，但是他们对这个例子的分析稍有不同。关于这个问题的讨论，详见本书第五章。

② 双及物结构的概念空间上的动词是 FEED，尽管我们这里列举的例子是上古汉语的“饮”，但是从动词的语义类型上来看，这两个动词属同一类，此外，不少的学者如刘宋川(1998，1999)等，认为动词“食”同样也能进入上古汉语的双宾语结构，而我们在前边也已证明“食大夫鼋”是双宾语结构。

就上述例子,历来就存在着不同的看法,但本书第五章已从不同方面论证例[6]应被分析为受益类双宾语结构。一旦把这个语义类型的双宾语结构添加进图 6.3,不难发现这会导致图 6.3 产生断链的现象,如图 6.4 所示:

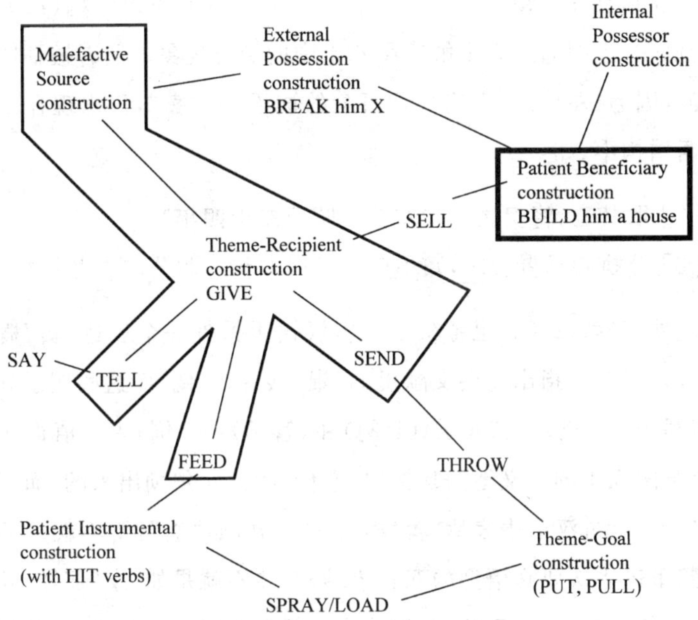


图 6.4 《左传》次要宾语型双宾语结构的语义地图(有断链现象)

这里出现断链现象有两个可能性:第一,在理论(conceptual)层面上,双及物结构的概念空间还建立得不够完善;第二,在事实(empirical)层面上,我们对于上古汉语双宾语结构的认识还不够深入和透彻。采取第一个解决方案的代价相当高昂,因为我们得另外对跨语言中反复出现的现象(即受益类的双及物结构不能跟给予类或取得类的双及物结构直接相联系)做出解释。有鉴于此,我们认为可尝试从第二个可能性下手,重新考察《左传》的双宾语结构,看是否因先入为主的偏见而对一些例子的句法结构做了不适当的分析。根据本书到现在为止的论述,我们认为只要立足于一个由上至下的句法分析模式,承认句式具有独立的意义,且不直接把二价动词排除在双及物结构之外,或许就能找到解决上述问题的切入口。

要解决这个问题，有两个办法，一个是在《左传》里找到证据说明表达“卖”(SELL)这个概念的动词能进入次要宾语型的双宾语结构，进而把断链的部分通过“卖”这个概念衔接起来；另外一个办法则是在上古汉语里找到有外位领有(external possession)的双宾语结构(次要宾语型)的例句，进而通过它来解决图6.4中的断链现象。前者被证明是走不通的，因为《左传》里表达“卖”概念的词语，如“卖”，仅出现在二价的单宾语结构中，如：

[7] 取其玉，将卖之。(《左传·昭公二十四年》)

[8] 公执归马者卖之，乃不归马。(《左传·昭公二十九年》)

此外，张敏(2004)也考察了上古汉语里另外一个表达“卖”概念的词语，即“粜”，并指出先秦文献里的“粜”共有19例，而这些例子分别出现在《墨子》(4例)、《韩非子》(1例)和《管子》(14例)中。值得注意的是，由于图6.4的语义地图是按照《左传》的例句勾勒出来的，而根据上边的讨论，上古汉语中表达“卖”概念的词语，如“卖”，要不就是无法在《左传》里进入次要宾语型的双宾语结构，要不就是如“粜”那样，并未出现在《左传》中。有鉴于此，我们认为必须考虑第二个途径，就是《左传》中是否存在着外位领有的双宾语结构(次要宾语型)。一些现象提示我们这样的考察是值得继续下去的。

上古汉语第一人称代词“我”和“吾”之间的区别，一直是学者们十分关注的问题。至今，讨论“我”、“吾”之别的学者已有不少，其中包括胡适(1918)、王力(1980)、潘允中(1982)、周法高(1990)、杨伯峻(2000)、何乐士(2000)和易孟醇(2004)等学者。在《左传》里，我们观察到特殊的“V＋我＋NP”句式，该批句式中的动词不管是在词汇层面的意义还是在句法层面的意义都体现出与军事活动有关(以下简称“$V_{军}$”)，而NP则表示处所名词或者地方名词(以下简称“$NP_{处}$”)，因此，我们将这批句式统称为“$V_{军}$＋我＋$NP_{处}$”，例如“伐我北鄙”。传统研究一般倾向于把这些例子当作单宾语结构来解释。按此说，“我”被看成是修饰“$NP_{处}$”的定语，而“我＋$NP_{处}$”只能被分析为表领属关系的无标志定中结构，进而充当“$V_{军}$”的宾语。就这个分析，学界一般都不会产生太大的争论和异议。但是，如果细加观察和思考，可发现如下事实：在“$V_{军}$”的句法位置上出现的动词包括了“伐、侵、取、入、焚、袭”等，而在“$NP_{处}$”的句法位置上也会出现“北鄙”、“西鄙”、“保城”、“鉴川”等处所名词或地方名词，唯独第一人称代词“我”的句法位置不能被“吾”取代。这让我们产生如下疑问：按照“我”和“吾”都能做定语的说法，从理论上而言，这两个人称代词应该是相通的，且能相互替换，可是在《左传》里却观察不到这样的句法分布，出现在该类句式中的第一人称代词都是“我”，而不用“吾”，因此我们仅观察到“$V_{军}$＋我＋$NP_{处}$”的结构，却没有看见“$V_{军}$＋吾＋$NP_{处}$”的结构。有鉴于此，倘若我们单纯地从句法的角度将“$V_{军}$＋我＋ $NP_{处}$”分析成单宾语结构的话，就无法很好地解释这样的不对称分布。这里头应该有被忽略的规律，而除非我们把上述的不对称分布视之为偶然，否则这样特殊的分布是需要获得进一步的解释的。由于在双及物结构的概念空间上产生断链现象的是《左传》，因此以下的讨论将集中围绕《左传》的例句展开。

## 6.2　“V＋第一人称代词＋NP”中“我”和“吾”的交替情形

“V＋ 第一人称代词＋NP”句式可以构成不同的结构，其中有两种可能性：

1. 第一人称代词与 NP 形成同位结构或者无标志的定中结构，“第一人称代词＋NP”成为动词 V 的直接宾语，构成单宾语结构。

2. 第一人称代词与 NP 分别成为动词 V 的主要宾语（即贝罗贝的间接宾语）和次要宾语（即贝罗贝的直接宾语），两者在结构上没有关系，与动词 V 构成双宾语结构。

本节主要描写当第一人称代词“我”或“吾”出现在“V＋第一人称代词＋NP”里的第一人称代词的位置时，“V＋我＋NP”以及“V＋吾＋NP”两种句式的结构特点。对于“V＋我＋NP”和“V＋ 吾＋NP”句式的取舍，有以下几点需要说明：

1.《左传》引自《诗》、《书》等传世典籍的文句均不列入分析范围。

2. 当"V＋吾＋NP"中的"吾＋NP"为"吾子"，可以译成今天现代汉语里的"您"，在上古汉语里是一种谦敬的用法，我们将之视作一个词，因此并不列入分析对象中。

3."V＋第一人称代词＋$NP_1$＋于／於＋$NP_2$"句式若为"于/於"的使动用法，例如"构我敝邑于大国"(《左传·宣公十四年》)、"绝我小国于周"(《左传·定公元年》)等句子，也不在我们的讨论范围之内。

4."V＋第一人称代词＋NP"倘若是"于/於"省略的结果，例如"俘我王官"(《左传·成公十三年》)，这类句式排除在讨论范围之外。

接下来，我们将对"V＋我＋NP"和"V＋吾＋NP"两种句式进行描写，主要分成三小节，首先就单宾语结构的"V＋吾＋NP"句式进行分析，主要是列举单宾语结构的"V＋吾＋NP"句式，以便与之后的"V＋我＋NP"句式做一个比照；其次从双宾语结构的角度看"V＋我＋NP"句式，同时还将观察在上述句式中第一人称代词的位置上，"我"和"吾"是否存在交替使用的情形；通过观察和比较单宾语结构和双宾语结构，就所观察到的现象提出问题，侧重剖析其他类型的"V＋我＋NP"句式，主要可以分成两大类：第一类是单宾语结构的"V＋我＋NP"；第二类是特殊的"$V_{军}$＋我＋$NP_{处}$"。

### 6.2.1 单宾语结构"V＋吾＋NP"

本节主要着眼于以下两点：一是单宾语结构"V＋吾＋NP"中动词V和宾语"吾＋NP"之间的结构关系；二是单宾语结构"V＋吾＋NP"中"吾"和"NP"之间的结构关系，通过本节的观察来与之后的"V＋我＋NP"句式做一个比照。单宾语结构句式指的是在动词V之后仅带一个直接宾语，因此，"V＋吾＋NP"中的"吾＋NP"必然是构成一个名词词组，两者的关系可以是同位结构或者是表领属的无标志定中结构，出现在动词后边。经过统计，"V＋吾＋NP"句式在《左传》里共出现58次，例如：

[9] 我食<u>吾言</u>。(《左传·僖公十五年》)

[10] 尔未逞吾志。(《左传·文公十七年》)

[11] 姑从楚以纾吾民。(《左传·襄公八年》)

[12] 姑成吾所。(《左传·襄公三十年》)

[13] 无乃辱吾君。(《左传·哀公十二年》)

[14] 何故以兵入吾门。(《左传·昭公二十五年》)

[15] 秦不哀吾丧,而伐吾同姓。①。(《左传·僖公三十三年》)

例[9]至[14]中的第一人称代词“吾”皆做其后边名词的定语,形成无标志的定中结构,并且与前边的动词 V 构成单宾语结构,而例[15]中的“吾”和名词词组(“同姓”)则形成同位关系,同样也和前边的动词 V 构成单宾语结构。此外,《左传》里的“V+吾+NP”句式有一个共同点,即“吾+NP”都构成同位结构或者表领属关系的无标志定中结构,换言之,“吾”皆作为修饰中心语 NP 的定语。再看下列这个例子,即:

[16] 盍归吾艾豭。(《左传·定公十四年》)

表面上看来,上述这个例子的表层结构为“V+吾+NP”,但是要把它判断为单宾语结构,恐怕还得进行一番说明。原因就在于“归”除了有“归还”的意思,而且还通“馈”,而不论是“归还”义,抑或是“赠送”义,“归”都是个给予类动词。考虑到给予类动词和次要宾语型的双宾语结构之间密切的搭配关系,以及上古汉语的领属代词“其”已开始产生非领属的用法②,因此我们认为“归吾艾豭”有可能是单宾语结构(即“归+[吾艾豭]”),也有可能是双宾语结构(即“归+吾+艾豭”)。在这个情形下,我们必须考察“归”这个给予类动词的句法表现。根据第四章的分析,如果给予类动词是受事型的,如“献”,则“$V_{给}$+其+NP”的线性结构必须分析为单宾语结构,而如果给予类动词是与事型的,如“与”,则“$V_{给}$+其+NP”的线性结构必须分析为双宾语结构。换言之,如果“归”是受事型,则“归吾艾豭”应是单宾语结构;反之,若是与事型,

① 关于“伐吾同姓”将在之后做更详细的讨论。

② 详见本书第四章的讨论。

则“归吾艾豭”为双宾语结构。考察“归”在《左传》里的句法表现，我们发现上述两种不同的分析都能获得支持，如：

[17] 夏，晋大子圉为质于秦，秦归河东而妻之。（《左传·僖公十七年》）

可见，“归”能带客体论元为直接宾语。此外，它也能进入间接宾语型的与格句式，如：

[18] 子祭于曲沃，归胙于公。（《左传·僖公四年》）

[19] 执虞公及其大夫井伯，以媵秦穆姬，而修虞祀，且归其职贡于王。（《左传·僖公五年》）

最后，我们也观察到这个给予类动词能进入次要宾语型的双宾语结构，如：

[20] 黄人不归楚贡。冬，楚人伐黄。（《左传·僖公十一年》）

[21] 立戴公以庐于曹。许穆夫人赋《载驰》。齐侯使公子无亏帅车三百乘、甲士三千人以戍曹。归公乘马，祭服五称，牛、羊、豕、鸡、狗皆三百与门材。归夫人鱼轩，重锦三十两。（《左传·闵公二年》）

有鉴于此，我们认为有必要再一次审视“吾艾豭”的上下文，即：

[22] 卫侯为夫人南子召宋朝。会于洮，大子蒯聩献盂于齐，过宋野。野人歌之曰：“既定尔娄猪，盍归吾艾豭？”大子羞之。（《左传·定公十四年》）

就这段话，杜预注曰：“娄猪，求子猪，以喻南子。艾豭喻宋朝。”因此“归”在这里不宜解释为“馈”，而必须解释为“归还”，全句的意思就是“归还我们那漂亮的种猪”（沈玉成 1997:545）。一旦我们把“归”做了这样的区分，则会发现《左传》中能进入次要宾语型的双宾语结构的“归”都属“馈赠”义（见例[18]至[21]），而不是“归还”义。这个观察也为邵永海（1990:553—554）所证实。此外，尽管例[23]似乎说明了“归还”义的“归”能进入次要宾语型的双宾语结构，即：

［23］使齐人归我汶阳之田。(《左传·成公二年》)

我们还是认为把例［16］的“归吾艾豭”分析为单宾语结构比较理想，原因有三。第一，“吾”一般不充当宾语(即使我们假定“吾”也经历了类似于“其”的演变，由于例［17］是个孤例，因此说服力不强)；第二，“归吾艾豭”和前边的“定尔娄猪”有对举的关系，因此“尔娄猪”的句法结构应能提示我们“吾艾豭”的句法结构。“尔”，按周法高(1990:90)的分析，“常用于领位”，因此“尔娄猪”是个定中结构。考虑到“归吾艾豭”和“定尔娄猪”之间的对举关系，两个分句应都是述宾结构，因此“吾艾豭”也应分析为定中结构。最后，我们认为例［23］的“归我汶阳之田”虽然是双宾语结构，但这并不能提示我们说“归吾艾豭”一定也必须是双宾语结构，尤其这两个例子中的客体论元毕竟还是存在着一些不同。根据李佐丰(2003a:138)的研究，《左传》的“人名不给地名做定语”，把例［23］分析为双宾语结构，这是完全合理的。反观例［16］，由于“艾豭”不是地名，因此分析为单宾语结构也一样是有道理的。

### 6.2.2　双宾语结构“V＋我＋NP”

本小节主要就一般学者对双宾语结构“V＋$NP_1$＋$NP_2$”的分类来看同为双宾语结构的“V＋我＋NP”句式，并且着眼于“V＋我＋NP”中第一人称代词的位置上，“我”和“吾”交替使用的情形。

双宾语结构是指“一个动词后边接连出现两个宾语，这两个宾语各自跟动词发生关系，它们彼此之间没有结构上的关系”(杨伯峻、何乐士1992:561)，其中“V＋$NP_1$＋$NP_2$”是双宾语结构里一种典型的类型，例如：

［24］王与之酒泉。(《左传·庄公二十一年》)

［25］公赐公衍羔裘。(《左传·昭公二十九年》)

以上二例中的$NP_1$“之”和“公衍”是双宾语结构中的主要宾语(也即是贝罗贝的间接宾语)；而$NP_2$“酒泉”和“羔裘”则是次要宾语(也即是贝罗贝的直接宾语)，$NP_1$(主要宾语)和$NP_2$(次要宾语)在结构上并没有关系。

以下将《左传》里的“V＋第一人称代词＋NP”做出归纳和总结，并通过《左传》中双宾语结构的类型来观察“我”和“吾”在双宾语结构中的分布，以及“我”和“吾”之间是否存在着交替的现象。

表 6.1　《左传》中双宾结构和单宾结构“V＋第一人称代词＋NP”的用例分布

| 双宾语结构 | | 单宾语结构 |
|---|---|---|
| V＋我＋NP | V＋吾＋NP | V＋吾＋NP |
| 25 | 0 | 59 |

表 6.2　《左传》中双宾语结构“V＋第一人称代词＋NP”的用例分布①

| | V＋我＋NP | V＋吾＋NP | 总计 |
|---|---|---|---|
| 给予类双宾语结构 | 8 | 0 | 8 |
| 告示类双宾语结构 | 2 | 0 | 2 |
| 称谓类双宾语结构 | 2 | 0 | 2 |
| 使动类双宾语结构 | 1 | 0 | 1 |
| 受益类双宾语结构 | 2 | 0 | 2 |
| 与动类双宾语结构 | 2 | 0 | 2 |
| 方式类双宾语结构 | 5 | 0 | 5 |
| 数量类双宾语结构 | 3 | 0 | 3 |
| 总计 | 25 | 0 | 25 |

以上二表清楚地显示，出现在双宾语结构中 $NP_1$ 位置上的第一人称代词都是“我”，而且毫无例外。这里就列举一些例子加以证明，即：

给予类

[26] 与我其拱璧。（《左传·襄公二十八年》）

[27] 赐我南鄙之田。（《左传·襄公十四年》）

---

① 刘宋川(1998,1999)从先秦文献中搜集归纳用例，然后根据述语动词同双宾语所构成的语义关系，将先秦双宾语结构分成八个类型：给与类型、取得类型、告示类型、称谓类型、为动类型、使动类型、与动类型和处置类型，这里所列举的不同类型的双宾语结构，除了参考刘宋川(1998,1999)外，还引用了本书前面几章的成果。

告示类

[28] 夫子语我九言。(《左传·定公四年》)

[29] 晋其许我诸侯乎。(《左传·昭公四年》)

称谓类

[30] 民其谓我何?(《左传·桓公六年》)

使动类

[31] 饮我酒,吾为子立之。(《左传·襄公二十三年》)

受益类

[32] 为我子。(《左传·襄公二十六年》)

由此可见,"我"和"吾"在双宾语结构中并不出现交替使用的现象。之所以如此,就在于"吾"一般都不能充当动词的直接宾语。

"我"和"吾"在单宾结构中是否存在着交替现象呢?下文将观察单宾语结构"V+第一人称代词+NP"中第一人称代词位置上的"我"和"吾"是否存在着交替现象,并且进行讨论。首先,且看上文所述的单宾结构"V+吾+NP"句式:

[33] 彼实构吾二君。(《左传·僖公三十三年》)

[34] 昔者诸侯事吾先君。(《左传·宣公十七年》)

[35] 我亦能事吾君。(《左传·昭公十五年》)

[36] 乃吾君也。(《左传·昭公二十七年》)

以上四例的"V+吾+NP"句式中的NP皆为表示君主的名词(以下简称"$NP_{君}$"),所构成的语义关系为"吾+$NP_{君}$",其结构为定中关系,是动词V的宾语,因此形成单宾语结构的"V+吾+$NP_{君}$"。观察所得,在"V+我+NP"句式里,动词V之后也出现了与"吾+$NP_{君}$"相同语义关系的"我+$NP_{君}$",如:

[37] 昔逮我献公及穆公相好。(《左传·成公十三年》)

[38] 蔑死我君,寡我襄公。(《左传·成公十三年》)

[39] 乃祖吾离被苫盖、蒙荆棘,以来归我先君。(《左传·襄公十

四年》)

[40] 昔虞阏父为周陶正,以服事我先王。(《左传・襄公二十五年》)

据观察,以上四例的结构为"V+我+NP$_{\text{君}}$",而例[34]、[35]中的"吾+NP$_{\text{君}}$"和[40]中的"我+NP$_{\text{君}}$"出现在相同的动词"事"后边充当直接宾语,换言之,动词"事"所带的宾语既可以是"吾+NP$_{\text{君}}$",亦可以是"我+NP$_{\text{君}}$",从而显示出了"我"和"吾"在单宾语结构中用作定语时是存在着交替现象的。根据上述对"V+吾+NP$_{\text{君}}$"做单宾语结构的分析,以及"我"和"吾"之间的交替性,我们可以推导出例[37]至[40]的"V+我+NP$_{\text{君}}$"也可作单宾语结构解,而"吾"和"我"在充当"NP$_{\text{君}}$"的定语时,是可以相互替换的。

### 6.2.3　其他的"V+我+NP"

通过以上的观察,我们可以得出以下结论:单宾语结构"V+吾+NP"中第一人称代词的位置上存在着"我"和"吾"交替使用的现象;双宾语结构"V+我+NP"里第一人称代词的位置上只出现"我",不出现"吾"。这部分主要就所观察到的现象提出问题,着重剖析其他类型的"V+我+NP"句式,主要可以分成两大类:一类是单宾语结构的"V+我+NP";另一类是特殊的"V$_{\text{军}}$+我+NP$_{\text{处}}$",第一类所讨论的"V+我+NP"的句法结构与单宾语结构的"V+吾+NP"是一致的,而第二类特殊的"V$_{\text{军}}$+我+NP$_{\text{处}}$"的句法结构与双宾语结构的"V+我+NP"是相似的,以下将逐一进行分析和说明。

#### 6.2.3.1 单宾语结构的"V+我+NP"

"我"和"吾"在"V+第一人称代词+NP"句式中第一人称代词的位置上互相交替,这说明了动词后如果出现"吾+NP$_{\text{君}}$"或"我+NP$_{\text{君}}$",一般被看成是定中关系,并与前边的动词V构成单宾语结构。

经过统计,"V+我+NP"句式在《左传》里共31见,除了上文所列举的[37]到[40]的例子外,还有一些例子如下:

[41] 命我文公戎服辅王。(《左传·襄公二十五年》)

[42] 今诸侯之事我寡君,不如昔者。(《左传·襄公十四年》)

[43] 昔伯舅大公,右我先王。(《左传·襄公十四年》)

[44] 用集我文公,是穆之成也。(《左传·成公十三年》)

[45] 而又讨我寡君。(《左传·成公十六年》)

上述五例的结构为“V+我+NP$_{君}$”,“我”和“吾”在“V+第一人称代词+NP$_{君}$”句式中第一人称代词的位置上是可以相互交替的。“我”和“吾”交替使用的情况说明,上述的“V+我+NP$_{君}$”跟“V+吾+NP$_{君}$”一样,都被分析为单宾语结构。由此,可以推断,“我”在充当定语时,可以用来修饰 NP$_{君}$,即构成“我+NP$_{君}$”的语义关系。

在考察《左传》里的“V+我+NP”句式时,下列的句式是需要注意的,即:

[46] 冬,十有二月,己丑,葬我君桓公。(《春秋·桓公十八年》)

[47] 命我先大夫婴齐。(《左传·昭公七年》)

[48] 昔召康公命我先君大公。(《左传·僖公四年》)

[49] 思我王度。(《左传·昭公十二年》)

[50] 赐我先君履。(《左传·僖公四年》)

上述的句式虽然看似为“V+我+NP”,其实不然,理应看成是“动词 V+(我+NP$_1$)+NP$_2$”的句式。其中值得注意的现象是,“我”在充当 NP$_1$ 的定语时,所构成的语义类型仍旧为“我+NP$_{君}$”,这似乎说明了“我”用作定语时的一大特点。例[46]至[50]并不符合“V+我+NP”结构,因此排除在考察范围之外。综上所述,被分析为单宾语结构的“V+我+NP”中的“我+NP”的语义类型都是“我+NP$_{君}$”,与君主有关,例如“我君”、“我先君”等。

6.2.3.2 **特殊的“V$_{军}$+我+NP$_{处}$”**

以上列举了单宾语结构和双宾语结构的“V+第一人称代词+NP”的例子,另外,还有一批“V+我+NP”句式,它们虽然与单宾语结构的“V+我+NP”有着同样的表层线性结构,但是基于它们在第一人称代词的位置上只出现“我”，不出现“吾”，形成了不对称的分布，因此，我们不直接把该批“V＋我＋NP”句式分析成单宾语结构，而特将此类句式看成是特殊的“V＋我＋NP”，也就是“$V_{军}$＋我＋$NP_{处}$”结构来处理。该句式所形成的结构关系正是这一章讨论的重点所在，以下先列举《左传》中的“$V_{军}$＋我＋$NP_{处}$”句式，如：

1.“伐＋我＋$NP_{处}$”共35见。[①]

[51] 夏，齐孝公伐我北鄙。(《左传·僖公二十六年》)

[52] 邾人来讨，伐我南鄙。(《左传·文公十四年》)

[53] 伐我保城。(《左传·成公十三年》)

[54] 伐我涑川。(《左传·成公十三年》)

[55] 莒人伐我东鄙，以疆鄫田。(《左传·襄公八年》)

在《左传》里，出现了1次“伐＋吾＋NP”的例子，即“伐吾同姓”(《左传·僖公三十三年》)，但此例与其他35个“伐＋我＋$NP_{处}$”的例子是有区别的。之前已经对该句进行了说明，“伐吾同姓”中的“吾同姓”是同位结构，因此该句只能看成是单宾语结构，[②]这个例子将列入上述单宾语结构的“V＋吾＋NP”里，同时这也符合了上文所阐述的“V＋吾＋NP”里的“吾＋NP”都构成同位结构或者表领属关系的无标志定中结构，而其他“伐＋我＋$NP_{处}$”句式的句法结构将在之后详细讨论。

2.“侵＋我 ＋$NP_{处}$”共10见。

[56] 狄侵我西鄙。(《左传·文公七年》)

[57] 齐侯侵我西鄙。(《左传·文公十五年》)

[58] 莒人侵我东鄙。(《春秋·襄公十四年》)

[59] 遂侵我师于蜀。(《左传·成公二年》)

---

① 由于有的句式的例子数量众多，所以在此并不一一列举。

② 李佐丰在《〈左传〉的体词性双宾语》中讨论双宾语结构的特点时提及，$名_1$与$名_2$不构成同位结构才得以构成双宾语结构。

3."取[1]＋我＋$NP_{处}$"共 2 见。

[60] 取我田畴而伍之。(《左传·襄公三十年》)

[61] 且齐人取我英丘。(《左传·哀公二十三年》)

4."入＋我＋$NP_{处}$"共 3 见。

[62] 入我河曲。(《左传·成公十三年》)

[63] 入我河县。(《左传·成公十三年》)

[64] 入我郊甸。(《左传·昭公九年》)

在《左传》里,出现了一例"入＋吾＋$NP_{处}$",即:

[65] 何故以兵入吾门。(《左传·昭公二十五年》)

在 6.2.1 中,我们把例[65]分析为单宾语结构,该例的出现似乎说明了在这批特殊的"$V_{军}$＋我＋$NP_{处}$"句式中出现了"我"和"吾"的交替使用现象,其实不然,详细的原因将在之后加以说明。

5."焚＋我＋$NP_{处}$"共 2 见。

[66] 焚我箕部。(《左传·成公十三年》)

[67] 焚我郊保。(《左传·襄公八年》)

6."倾覆＋我＋$NP_{处}$"共 2 见。

[68] 倾覆我国家。(《左传·成公十三年》)

[69] 倾覆我社稷。(《左传·成公十三年》)

7."翦＋我＋$NP_{处}$"共 1 见。

[70] 又欲阙翦我公室。(《左传·成公十三年》)

8."殄灭＋我＋$NP_{处}$"共 1 见。

[71] 殄灭我费滑。(《左传·成公十三年》)

---

① 严格来说,"取"属于三价动词,但是据观察,"取＋我＋ $NP_{处}$"都与军事活动有关,因此这符合了"$V_{军}$＋ 我＋ $NP_{处}$"句式,并不影响接下来的讨论。

9.“袭＋我＋$NP_{处}$”共1见。

[72] 袭我高鱼。(《左传·襄公二十六年》)

10.“迭[①]＋我＋$NP_{处}$”共1见。

[73] 迭我殽地。(《左传·成公十三年》)

11.“虔刘＋我＋$NP_{处}$”共1见。

[74] 虔刘我边陲。(《左传·成公十三年》)

12.“冯[②]陵/凭[③]陵＋我＋$NP_{处}$”共2见。

[75] 冯陵我城郭。(《左传·襄公八年》)
[76] 以凭陵我敝邑。(《左传·襄公二十五年》)

13.“荡摇＋我＋$NP_{处}$”共1见。

[77] 以来荡摇我边疆。(《左传·成公十三年》)

14.“疆＋我＋$NP_{处}$”共1见。

[78] 疆我田,取郑田。(《左传·襄公十九年》)

15.“陵[④]＋我＋$NP_{处}$”共1见。

[79] 以陵我小国。(《左传·哀公七年》)

上述所罗列的“$V_{军}$＋我＋$NP_{处}$”例子说明了一个现象,在《左传》里,出现在该句式中的第一人称代词都是“我”字,“吾”字一般不出现在该位置上,而唯一的例子——“入吾门”(《左传·昭公二十五年》)我们将在稍后的内容里做出解释。如之前在引言里的说明,“我”和“吾”既然都可以用作定语,那么,从理论上而言,在这个位置上,两者应该是可

① 根据《古汉语常用字字典》,“迭”念作yì(逸),通“轶”,袭击的意思。
② 根据《古汉语常用字字典》,“凴(冯)”念作píng,欺凌的意思,后来写作“凭”。
③ 根据《古汉语常用字字典》,在古代“凭”和“凴”是两个字,除了“靠着”的意义外,其他义项都不写作“凭”,现“凴”简化为“凭”。
④ 根据《古汉语常用字字典》,“陵”是侵犯、欺侮的意思。

以互相交替的，但是上述的例子却显示了“$V_{\text{军}}$＋我＋$NP_{\text{处}}$”句式并没有“我”和“吾”的交替现象，这个不对称的分布促成了特殊的“$V_{\text{军}}$＋我＋$NP_{\text{处}}$”的结构，成为我们讨论的重点。

## 6.3 “$V_{\text{军}}$＋我＋$NP_{\text{处}}$”的分析

从表面上看，“$V_{\text{军}}$＋我＋$NP_{\text{处}}$”的线性序列似乎跟单宾语结构的“V＋我＋NP”和“V＋吾＋NP”一致，但是，在“$V_{\text{军}}$＋我＋$NP_{\text{处}}$”中第一人称代词的位置上却没有“我”和“吾”的交替现象，[①]因而形成了不对称的分布，这样的句法表现又与双宾语结构的“V＋我＋NP”是类似的，基于上述的原因，我们暂且不就“$V_{\text{军}}$＋我＋$NP_{\text{处}}$”的句法结构进行判断，首先将这类特殊的“$V_{\text{军}}$＋我＋$NP_{\text{处}}$”在《左传》中的用例归纳成表 6.3，即：

表 6.3　“$V_{\text{军}}$＋我＋$NP_{\text{处}}$”句式在《左传》里的用例分布

| 句式的出现次数 / 动词 $V_{\text{军}}$ | “$V_{\text{军}}$＋我＋$NP_{\text{处}}$” |
|---|---|
| 伐 | 35 |
| 侵 | 10 |
| 取 | 2 |
| 入 | 3 |
| 焚 | 2 |
| 倾覆 | 2 |
| 翦 | 1 |
| 殄灭 | 1 |
| 袭 | 1 |
| 迭 | 1 |
| 虔刘 | 1 |

① 例[65]的“入吾门”(《左传・昭公二十五年》)似乎说明了在“V 军＋我＋NP 处”中“我”和“吾”的交替现象，其实不然，之后将就此做出详尽的说明。

（续表）

| | |
|---|---|
| 冯陵/凭陵 | 2 |
| 荡摇 | 1 |
| 疆 | 1 |
| 陵 | 1 |
| 总计 | 64 |

有人可能会提出这样的一个说法："$V_{军}$＋我＋$NP_{处}$"只是《左传》里描绘战争的独有句式，并不足以就此小题大做，但事实并非如此，在《史记》里也可以看到一样的句式，如：

[80] 三晋因齐丧来伐我灵丘。（《史记·田敬仲完世家》）

[81] 三十六年，秦侵我阴晋。（《史记·魏世家》）

[82] 十年，魏取我鲁阳。（《史记·楚世家》）

《史记》中的"$V_{军}$＋我＋$NP_{处}$"句式跟《左传》中的一样，并无"我"和"吾"的交替现象，两者的分布也不对称，由此可证，"$V_{军}$＋我＋$NP_{处}$"类句式并非《左传》所独有的。除非我们把该不对称的分布视作偶然，否则就必须提出合理的解释。据此，我们拟在前人研究成果的基础上，对表6.3"$V_{军}$＋我＋$NP_{处}$"句式的不对称分布进行分析和解释。

日本学者山崎直树在《〈左传〉中"吾""我"格表示的分裂条件》(1993)一文篇末所排除的分析对象正是本文所要讨论的"$V_{军}$＋我＋$NP_{处}$"句式，虽然这篇文章的重点在于通过语用的角度探讨"吾"和"我"用于主语位置和名词限定语位置时所体现出格表示的分裂，但显然山崎直树也注意到了"$V_{军}$＋我＋$NP_{处}$"，只是作者在其文章的理论框架里，无法就该句式的分布做出解释，因此，他把该批例子排除于文章的分析对象之外。然而，这样的观察却是有意义的，"$V_{军}$＋我＋$NP_{处}$"句式的不对称分布并非偶然，亦并非由本文首先提出，因此它的不对称分布是需要被分析和解释的。

从结构上而论，"$V_{军}$＋我＋$NP_{处}$"这样的句式可以有以下两种分析结论：一是单宾语结构，二是双宾语结构。从语义的角度来看，两种分析之间的差别不大，但在语法上却有着很大的差别。第一种分析认为“我＋NP”为表领属关系的定中结构，而第二种分析则认为“我”和“NP”分别为主要宾语和次要宾语，两者并无结构上的关系。从结构上而言，现有的研究都认为“$V_{军}$＋我＋$NP_{处}$”被解释为单宾语结构是没有问题的，而将该句式看成双宾语结构才是争议所在，也是比较难于断定的。

在传统的分析里，进入双宾语结构的动词应该都是三价动词，如给予类动词“与”、“赐”、“授”等都属于三价动词，因此出现在双宾语句里是为大家所认同的。但是“伐”、“侵”等军事类动词却属于二价动词，所以要进入双宾句式是存在着一定的争议性的。但是，这也并非不可能，陶红印(2000)认为，“使用频率越高的词，语法语义灵活性就越高，其特性就越容易产生变化，产生语法变化的可能性就越大”，以军事类动词中的“伐”为例，“伐”是高频动词，在《左传》里共出现了654次，因此，产生语法变化的可能性也随之增加。此外，陆俭明(2003)通过语义指向的论证，利用“总共”、“一共”一类副词在语义指向上的特点[①]，说明将“吃了他三个苹果”看作双宾语结构是可取的，而“吃了他”则是属于黏着的述宾结构。陆俭明(2002)也通过“语法动态性”的理论和“广义配价模式”来进一步说明“吃了他三个苹果”一类结构分析为双宾语结构的可取性。“吃”为二价动词，将“吃了他三个苹果”看成是双宾语结构，也就说明了二价动词是有可能进入双宾结构的。徐杰(2001)从普遍语法理论(Universal Grammar)中的约束理论(binding theory)来确定“他”在“吃了他四个橘子”一类句子中的语法地位。举例如下：(取自徐杰 2001：203)

[83] 老刘吃了$他_{a}$四个橘子。

[84] 老刘吃了$他_{b}$的四个橘子。

[85] 老刘批评了$他_{c}$。

---

① “总共”、“一共”在语义指向上有一个特点：所指的数量成分不能再受限定性定语的修饰，限定性定语成分包括表示领属关系的定语。

“他$_{a}$”和“他$_{c}$”都不能跟全句的主语名词“老刘”有语义同指关系，说得更具体一点，“他”只能指除了“老刘”以外的某个人，而一定不能指称“老刘”；而“他$_{b}$”可以跟“老刘”同指。根据约束理论的基本原理，①“他$_{a}$”和“他$_{c}$”不能跟主语“老刘”同指的语言事实说明了两者的“管辖范围”是整个句子，因此它们是宾语，而不是定语；“他$_{b}$”可以跟主语“老刘”同指表示它被包含在宾语名词短语“他的四个橘子”中。如此一来，通过约束理论，我们可以判定例[83]的“他四个橘子”在句子中不是二价动词“吃”的宾语，而例[83]的整个结构可以分析为由述宾结构所构成的述语再带宾语的双宾语结构。

以往的研究大多以动词为中心，认为动词的论元结构（argument structure）（论元的数目与论元的语义类型）是固定的，从这个角度而言，二价动词一般只出现在单宾语结构中，不出现在双宾语结构里。但是，根据陆俭明和徐杰对现代汉语的分析，动词的论元结构并不是句法分析的唯一依据，他们证明了二价动词也可以出现在三价动词经常出现的句法位置上，额外的论元由构式赋予，这样的探讨脱离了以往一般以动词为中心的研究，可见，双宾语结构并不只是局限于三价动词而已，“$V_{军}$＋我＋$NP_{处}$”句式有分析为单宾语结构和双宾语结构的可能性。当我们重新审视现有的语言事实时，能证明在现有的语法理论里，“$V_{军}$＋我＋$NP_{处}$”确实有可能被分析为双宾语结构，在此暂且不指出“$V_{军}$＋我＋$NP_{处}$”应该做哪一种结构分析，下文将就此逐步进行讨论。

下文主要分两部分来分析“$V_{军}$＋我＋$NP_{处}$”句式，首先从汉语的内部证据进行说明，主要通过语法、语用和语义的角度逐步说明“$V_{军}$＋我＋$NP_{处}$”分析为单宾语结构所面对的问题和局限性；其次通过与双宾语句的平行现象来论证“$V_{军}$＋我＋$NP_{处}$”可归属于双宾语结构。最后我们还将结合语义地图的推导来进一步论证“$V_{军}$＋我＋$NP_{处}$”具有被分析为双宾语结构的可能性。

---

① 根据约束理论三原则中的B原则规定，代词必须在它的管辖范围内自由（即不受约束）。

### 6.3.1 单宾语结构的"$V_{军}$ + 我 + $NP_{处}$"

以下我们将检讨几种对表6.3所呈现出的不对称分布所做出的解释。

6.3.1.1 数的差异

胡适(1918)在《吾我篇》说过,"我"字用作定语时,表复数为常,表单数为变;而"吾"字用作定语时,表单数为常,表复数为变,①据此说法,若把"$V_{军}$ + 我 + $NP_{处}$"中的"我"作表复数的"我们"解,并将该句式看成是单宾语结构的话,那么"我 + $NP_{处}$"就形成了定中关系的"我们的$NP_{处}$",故此"表单数为常"的"吾"就不出现在此位置上了。"$V_{军}$ + 我 + $NP_{处}$"句式中的"我"和"吾"不出现交替现象主要是因为单复数的分别,这样的说法,是否行得通呢?答案是否定的。以下将从第一人称代词里"数的差异"来论证"我 + $NP_{处}$"不能看成是表领属关系的定中结构。

黄盛璋(1963)对于胡适的"我"和"吾"用作定语时,"吾"字表单数为常,"我"字表复数为常的说法并不十分认同,他认为,"我"没有格位的区别,也没有数的区别,而"吾"有格位的限制,但没有数的限制。黄盛璋的说法与何乐士(2000)的"《左传》的'吾'、'我'都可表单数和复数"的说法大致上是一致的,综合黄氏和何氏的说法,他们都认为"我"和"吾"并没有偏向单数或复数的特征,它们既可以表示单数,亦可表示复数。因此,根据这样的思路来解释表6.3的不对称分布是行不通的。

人称代词单复数同形,只能根据上下文来判断有关代词所表示的是单数还是复数。"吾"在《左传》中亦不乏表复数的用法,以下列举了一些"吾"在句子里作复数"我们"解的例子,如:

[86] 彼实构<u>吾</u>二君。(《左传·僖公三十三年》)

[87] 吾乃休<u>吾</u>民矣。(《左传·襄公二十八年》)

---

① 胡适《吾我篇》(1918)的第二条通则"吾字用于偏次犹今言'我的'或'我们的'也,位于名词之前,以示其所属。单数为常,复数为变"以及第七条通则"我字用于偏次之时,其所指者,复数为常,单数为变"。

[88] 将存吾宗。(《左传·昭公四年》)

[89] 我亦能事吾君。(《左传·昭公十五年》)

[90] 我盍姑亿吾鬼神,而宁吾族姓。(《左传·昭公三十年》)

上引诸例,都不是出自于国君口中的言语,例[90]是子西对楚昭王的谏言,身为臣子,在帝王面前道"吾族姓",必然是今天所说的"我们的百姓"的意思,倘若作"我的百姓"解的话,便不符合当时的封建思想体系。因此,在上述例子中,"吾"作为定语来表示对其后边名词的领属关系时,必然得作复数"我们"解,才得以与客观世界相符合,这都说明了"吾"字在《左传》里也可用来表示复数。因此,"我"和"吾"都能够被解为复数,即不表示个人的"我",而表示集体的"我们"。由此说明,第一人称代词里数的差异并不能为表 6.3 中的"$V_{军}$ + 我 + $NP_{处}$"的不对称分布提供一个合理的解说。

6.3.1.2 从语用的角度看"$V_{军}$ + 我 + $NP_{处}$"中的"我 + $NP_{处}$"

山崎直树(1993)从语用的角度分析"我"和"吾"做定语时的分布。他考察了"我"和"吾"应用在对话中出现的环境,根据他的说法,"吾"做定语时有两种情况:一是指称说话者个人和说话者本身所有物(包括亲族)的情况;二是指说话的两方是属于同一集团(大多是指国家这类的单位)的成员,当某一方指称自己所属集团里的所有物(领土、君主等),说到"我的/我们的/其中的 XX"时,就是用"吾";而"我"做定语的用法只有一种,即说话的两方是来自两个不同集团的成员,当甲方向属于不同集团的乙方指称自己集团的所有物,说到"我的/我们的/其中的 XX"时,就用"我"。山崎直树这样的说法是否能解释表 6.3"$V_{军}$ + 我 + $NP_{处}$"句式的不对称呢?以下将给予分析。

对于山崎直树(1993)一文的论述,不宜全盘肯定,但却也不宜一概否定,以下二例是山崎直树在篇末里排除在考察对象之外的例子,也就是本文重点讨论的"$V_{军}$ + 我 + $NP_{处}$"句式,即:

[91] 齐人侵我西鄙。(《春秋·僖公二十六年》)

[92] 齐师侵我西鄙。(《左传·僖公二十六年》)

例[91]和[92]皆为我们所强调的“$V_{军}$＋我＋$NP_{处}$”句式，《左传》“$V_{军}$＋我＋$NP_{处}$”句式共计64句，仅有7句是出现在对话之中，其余的都是叙述文字，这无疑违背了山崎直树考察的前提，即“我”和“吾”须出现于对话之中。可见，“$V_{军}$＋我＋$NP_{处}$”句式无法完全在山崎直树的系统下操作。故此，他将该批句式排除于篇末，并另加以解说。

山崎直树对排除上述例子的说明是，当“说到‘我X’的时候（这时候‘我’＝‘鲁国的’），要使用‘我’”，同时，在《左传》里，“只要说到‘鲁国的XX’就会毫不例外地（这是难得的事）使用‘我’”，他认为这是一种特殊文体，因此排除在考察对象之外。按照山崎直树的分析，将上述例子译成白话文，就是“进攻鲁国的西部边境”，“侵我西鄙”自然就被分析成单宾语结构了，而“我西鄙”则理所当然地被解析为表领属的无标志定中结构了。山崎直树这样的解释在《左传》里似乎行得通，也不会出现太多的例外，但是倘若从历时的角度而论，此说就不成立了，且看《史记》里的两个句式：

[93] 秦来伐我皮氏。（《史记・魏世家》）

[94] 秦伐我宜阳。（《史记・韩世家》）

例[93]、[94]和例[91]、[92]的结构都是“$V_{军}$＋我＋$NP_{处}$”，然而，山崎直树对例[91]、[92]的解释用在例[93]、[94]上显然是行不通的，因为后者为叙述句，且其中的“我”并不指向“鲁国的”，而分别指向魏国及韩国，相同的句式，理应不会有两种不同的解说，如此一来，山崎直树对“我”的解说就行不通了。显然，他无法有效解释表6.3中“$V_{军}$＋我＋$NP_{处}$”句式的不对称分布。

综上所述，从语用的角度无法很好地说明“$V_{军}$＋我＋$NP_{处}$”应该属于单宾语结构，同时亦无法解释表6.3中“$V_{军}$＋我＋ $NP_{处}$”的不对称分布。

6.3.1.3 定中关系“我＋NP”和“吾＋NP”之间的语义关系

不少学者曾从定中结构之间的语义关系，即做定语的“我”和“吾”与中心语NP之间的关系着手，来探讨“我”和“吾”用作定语时的分工。

何莫邪(Harbsmeier 1997)曾以语义关系来区别“我”、“吾”,他认为“我心”和“吾心”的差异在于“我心”倾向于不定指代词(impersonal pronoun),即英语中的“one's heart”、“our heart”;而“吾心”则被看成是定指代词(personal pronoun),即英语中的“my heart”。易孟醇(2004:129)也认为,“我君”和“吾君”同做定语的语义差别在于“‘吾君’是一般的称谓,用‘我君’则不但显得亲敬,而且有强调的意味,强调‘其声之似’”。若把“$V_{军}$＋我＋$NP_{处}$”看成是单宾语结构,“我＋$NP_{处}$”为定中关系,那么是否可以将上述二位学者的说法套用于“我＋$NP_{处}$”呢？根据上下文,“$V_{军}$＋我＋$NP_{处}$”中的“我”并非不定指代词,而“我＋$NP_{处}$”也不表示亲敬和具有强调的意味,据此,上述二位学者的说法并不能为此提供合理的说明。以下拟对“我”和“吾”做定语,即“我＋NP”和“吾＋NP”之间的语义关系进行归纳,判断“$V_{军}$＋我＋ $NP_{处}$”是否因为定中结构之间的语义关系,而必须分析为单宾语结构。

从对“我＋NP”和“吾＋NP”之间语义关系的归纳中,可以看到以下的现象,即倘若 NP 为身体部位名词词组(以下简称“$NP_{身}$”)或者表示血缘亲属关系的名词词组(以下简称“$NP_{亲}$”)时,用以修饰的第一人称代词必然是“吾”。《左传》中“吾＋$NP_{身}$”的用例如下:

[95] 吾岂敢谓子面如吾面乎。(《左传·襄公三十一年》)

[96] 且君没于吾手。(《左传·哀公二年》)

[97] 谁能免吾首。(《左传·定公四年》)

[98] 彼见吾貌。(《左传·哀公二年》)

[99] 衣服附在吾身。(《左传·襄公三十一年》)

[100] 吾身泯焉。(《左传·昭公十八年》)

十三经里用以修饰 $NP_{身}$ 的第一人称代词也跟《左传》一样,皆使用“吾”,例子如下:

[101] 灾及吾身。(《公羊传·宣公十二年》)

[102] 吾日三省吾身。(《论语·学而》)

[103] 何以利吾身。(《孟子·梁惠王上》)

[104] 吾身不能居仁由义。(《孟子·离娄上》)

[105] 吾岂若于吾身亲见之哉。(《孟子·万章上》)

《左传》中"吾＋$NP_{亲}$"的用例如下:

[106] 苟君与吾父免矣。(《左传·成公二年》)

[107] 吾父之旗也。(《左传·哀公十三年》)

[108] 是我迋吾兄也。(《左传·定公十年》)

[109] 吾二昆其忧哉。(《左传·成公五年》)

[110] 吾母多而庶鲜。(《左传·昭公二十八年》)

十三经里用以修饰 $NP_{亲}$ 的第一人称代词也跟《左传》一样,皆使用"吾",例子如下:

[111] 昔者吾舅死于虎。(《礼记·檀弓下》)

[112] 吾夫又死焉。(《礼记·檀弓下》)

[113] 今吾子又死焉。(《礼记·檀弓下》)

[114] 吾女也。(《谷梁传·庄公四年》)

[115] 吾弟则爱之。(《孟子·告子上》)

在十三经里,同时也出现了以"我"来修饰 $NP_{亲}$ 的情况,如下:

[116] 子使告我弟。(《左传·哀公十五年》)

例[116]是十三经里唯一一个使用"我"来修饰 $NP_{亲}$ 的例子,属于孤例,这样的结构在《左传》中出现的用例仅 1 例,如下表所示:

表 6.4　"第一人称代词＋$NP_{身}$"
和"第一人称代词＋$NP_{亲}$"在《左传》中的用例分布

| | 吾 | 我 | 总计 |
|---|---|---|---|
| $NP_{身}$ | 6 | 0 | 6 |
| $NP_{亲}$ | 14 | 1 | 15 |
| 总计 | 20 | 1 | 21 |

总体而言,修饰"$NP_{身}$"或"$NP_{亲}$"以"吾"字为常,使用"我"字来修饰"$NP_{身}$"或"$NP_{亲}$"的情况是极少数的。此外,据观察,"吾＋$NP_{身}$"以

及“吾＋$\mathrm{NP}_{\text{亲}}$”的句法位置是自由的，既可以充当主语，也可以充当宾语，有些甚至可作为定语使用。

从“我＋NP”之间语义关系的归纳中，还可以观察到除了构成“我＋$\mathrm{NP}_{\text{君}}$”的语义类型之外，“我”和“NP”之间也构成了人际关系的语义类型，例如：

[117] 先君桓公命我先人典司宗佑。(《左传·庄公十四年》)

[118] 昔秦人负恃其众，贪于土地，逐我诸戎。(《左传·襄公十四年》)

[119] 将以老我师也。(《左传·文公十二年》)

[120] 散离我兄弟①。(《左传·成公十三年》)

[121] 扰乱我同盟。(《左传·成公十三年》)

[122] 帅我蝥贼。(《左传·成公十三年》)

例[117]中的“我先人”可以看成是“我＋$\mathrm{NP}_{\text{亲}}$”，但是这里所指的“先人”却是属于人际关系范畴里比较偏离核心的“NP”。据此，我们可以推论，在人际关系的范畴里，越接近核心的“NP”，就越倾向于非转让性领有关系(inalienable possessive)，用“吾”字来修饰，而越是远离人际关系范畴核心的非转让性领有关系，则使用“我”字来修饰。“第一人称代词＋$\mathrm{NP}_{\text{君}}$”也是属于人际关系的一种，但是由于$\mathrm{NP}_{\text{君}}$在人际关系范畴里介于核心范畴和非核心范畴之间，因此既可以使用“吾”来修饰，也可以使用“我”来修饰。

此外，“我”和“NP”之间也可以构成可转让性领有关系(alienable possessive)，如：

[123] 取我衣冠而褚之。(《左传·襄公三十年》)

[124] 翦我羁马。(《左传·成公十三年》)

① 这里的“兄弟”并非指向有血缘亲属关系的“兄弟”，而是指向宛如兄弟般密切的“兄弟之邦”。

[125] 芟[1]夷[2]我农功。(《左传·成公十三年》)

通过上述的观察，在“V＋第一人称代词＋NP”句式中，“吾＋NP”之间属于非转让性领有关系，如“吾＋$NP_{身}$”、“吾＋$NP_{亲}$”等，而“我＋NP”之间除了可以是非转让性领有关系，例如“我＋ $NP_{亲}$”、“我先人”等，也还可构成可转让性领有关系，例如“我衣冠”、“我羁马”等。我们似乎可从定中结构之间的语义关系入手证明“$V_{军}$ ＋我＋$NP_{处}$”应该分析为单宾语结构，具体论证如下：如果把“我＋$NP_{处}$”看成是定中结构，即可转让性领有关系，那么表示非转让性领有关系的“吾”就不能出现在“我”的位置上了，这样的分析看似可以解释表6.3的不对称分布，但实际上，并不尽如人意，因为“我＋$NP_{处}$”中的“$NP_{处}$”不属于国君，不具有领有的能力，因此不具备可转让性。总结起来，这样的分析所存在的局限性，可分两部分来说明。

首先，从“定中结构无定位”方面而言，按照世界语言的一般规律，定中结构是不受句法位置所规定的，换言之，定中结构的结构体“$NP_1$＋$NP_2$”可出现在主语、宾语和定语的位置上。上文所论及的“吾＋$NP_{身}$”和“吾＋$NP_{亲}$”句法位置的自由性就能很好地说明此规律。

观察所得，“$V_{军}$＋我＋$NP_{处}$”中的“我＋$NP_{处}$”只出现在动词后边，充当宾语，却从不充当句子的主语，例如“伐我北鄙”(《左传·僖公二十六年》)，可见，“我＋ $NP_{处}$”与“吾＋ $NP_{身}$”、“吾＋$NP_{亲}$”的句法表现是大不相同的，前者的句法位置相对受到更高的制约，它们只能出现在句子宾语的部分，如“侵我南鄙”(《左传·文公十五年》)，而后者句法位置的自由性则反衬了前者句法位置的局限性，据此，若“我＋$NP_{处}$”被分析成定中结构的话，就不符合“定中结构无定位”的语言共性了。

行文至此，或许会产生一个疑问：“我＋$NP_{处}$”可以看成是“我＋处所／地名名词”，也就是做一个地名或处所名词讲，那么“我＋$NP_{处}$”句法位置的局限性是否只是纯粹受到语义角色的制约，只出现在宾语的

---

① 根据《古汉语常用字字典》，“芟”念作 shān，本义为割草，这里引申为除去，消灭。

② 根据《古汉语常用字字典》，“夷”是铲平、消除的意思。

位置上，而不能做句子的主语呢？且看下例：

[126] 己丑，晦，公宫火。(《左传·僖公二十四年》)

[127] 齐侯曰："室如县罄，野无青草，何恃而不恐。"(《左传·僖公二十六年》)

[128] 都城过百雉，国之害也。(《左传·隐公元年》)

[129] 晋侯围曹，门焉多死。(《左传·僖公二十八年》)

上述四例中的"公宫"、"室"、"都城"、"门"都是处所名词，皆充当句中主语，可见处所名词或者地方名词也能做主语使用，因此，"我＋$NP_{处}$"并非受到语义角色的制约而只出现在宾语位置上，然而，它又确实是高度受限的，如：

[130] 我敝邑用不敢保聚。(《左传·僖公二十六年》)

在《左传》里，"我＋ $NP_{处}$"做主语仅有上述一例，但由于是孤证，所以排除在考察对象之外。

现代汉语也体现了"定中结构无定位"的语言共性，定中结构的"他姐姐"可以相当自由地出现在各种语境中，而"偷他一支笔"中的"他一支笔"却只能出现在"偷他一支笔"类结构里，这无疑说明了"他一支笔"与"他姐姐"是属于两个不同的表层结构。现代汉语中"偷他一支笔"类结构被看作是双宾语结构的句法证据，而"他一支笔"不被认为是领属定中关系，这正好也可以用来说明"我＋$NP_{处}$"句法位置的局限性及被解释为双宾语结构的可取性。

其次，从"人名不给地名做定语"方面而言，李佐丰(2003a)曾在研究《左传》的双宾语结构时对此有专门的说明，即人名不能充当修饰语来修饰地名，以下将从这一角度来论证"$V_{军}$＋我＋$NP_{处}$"不能被解析为单宾结构，且看以下例子：(例子取自李佐丰 2003a：138)

[131] 笃仲章而夺黎氏地。(《左传·宣公十五年》)

[132] 郄锜夺夷阳五田。(《左传·成公十七年》)

[133] 王夺郑伯政。(《左传·桓公五年》)

在春秋战国的时候，人们不会把“黎氏”、“夷阳五”、“郑伯”和“地”、“田”、“政”之间的关系看成是领属关系，他们认为“地”、“田”和“政”都是周王所有的，“黎氏”、“夷阳五”、“郑伯”只不过是为周王管理有关的“地”、“田”、“政”而已。因此，若将上述的“V＋我＋NP”看成是单宾语结构就意味着“我＋NP”为表领属关系的定中结构，也就是“我”是“NP”的领有者，这样就不符合当时的文化背景和人们的思想模式了。

就此，可提出两个疑问：一是“我”是人称代词，不是人名；二是“$V_{军}$＋我＋$NP_{处}$”中的“$NP_{处}$”是处所名词，不是地名，两者并没有违反上述法则，如此一来，该说法似乎就失效了。但是，对于“人名不给地名做定语”这一条法则，不能单纯地只凭法则的表面来进行判断，相反的，必须了解它是根据什么来立论的，也就是说，人名为何不能给地名做定语。

《左传》曾引述《诗经》里的一句话“溥天之下，莫非王土，率土之滨，莫非王臣”，这样的概念一直到春秋末年都还存在着，《左传·昭公七年》里就有一段话这么说，“天子经略，诸侯正封，古之制也，封略之内，何非君土，食土之毛，谁非君臣”，可见，在当时人们的思想中，天底下的一切都是属于周王的。

说明了“人名不给地名做定语”背后的立论点和扩大解释，了解了人名不作为地名的修饰语的原因，就不难理解“我＋$NP_{处}$”为何不能看成是表领属的定中结构，如此一来，“$V_{军}$＋我＋$NP_{处}$”也就不能简单地被解析为单宾语结构了，基于上述思想，若将之视为双宾语结构的话，不仅解决了汉学方面的难题，使语法上的表现在语义上得到解释，同时也能反映古今人们思想上的差异。

### 6.3.2 双宾语结构的“$V_{军}$＋我＋$NP_{处}$”

上一小节我们主要从语法、语用和语义角度论述了“$V_{军}$＋我＋$NP_{处}$”不能单纯地被分析为单宾语结构，本节我们将通过与双宾语句的平行现象，来论证“$V_{军}$＋我＋$NP_{处}$”可以被解为双宾语结构。我们还将以辅助性证据，即语义地图的推导，来证明“$V_{军}$＋我＋$NP_{处}$”句式具有被解释为双宾语结构的可能性。

### 6.3.2.1 通过与双宾句的平行现象来证明“$V_{军}$＋我＋$NP_{处}$”可解为双宾语结构

双宾语句“V＋$NP_1$＋$NP_2$”中$NP_1$的位置上出现的第一人称代词都是“我”字，这样的不对称分布正好和“$V_{军}$＋第一人称代词＋$NP_{处}$”的分布是一致的。《左传》中出现了“$V_{军}$＋我＋$NP_{处}$”句式，而几乎没有“$V_{军}$＋吾＋$NP_{处}$”句式。① 因此，“$V_{军}$＋我＋$NP_{处}$”与双宾语句在语法功能上的平行性质使我们产生了一个疑问，即“$V_{军}$＋我＋$NP_{处}$”是否跟双宾语结构的“V＋我＋NP”一样，可被看成是双宾语结构呢？从理论上而言，两者的平行现象说明了“$V_{军}$＋我＋$NP_{处}$”被分析为双宾语结构也是可取的。

这里拟将“$V_{军}$＋我＋$NP_{处}$”解析为双宾语句式，即“我”作为“$V_{军}$”的与事宾语，而“$NP_{处}$”则看成是“$V_{军}$”的受事宾语。杨伯峻、何乐士(1992)认为，双宾语句的远近宾语之间是不存在结构关系的。汉语里的代词都有做定语的语法功能，“代词＋名词”会被认为具有结构关系，在领属结构的范畴里，人称代词做定语，一般不带助词“之”，这也是在语法分析上把“$V_{军}$＋我＋$NP_{处}$”做双宾语结构解释时所要面对的争议，以致我们难以判断“$V_{军}$＋我＋$NP_{处}$”里的“我＋$NP_{处}$”是单宾语结构中的领属关系还是双宾语结构中的双宾语关系。把“$V_{军}$＋我＋$NP_{处}$”做双宾语结构的分析是颇具争议性的，因为传统研究一般认为只有三价动词才能够进入双宾语句式，正如给予类型双宾语结构中的动词“与、赐、授”等皆属三价动词，而“$V_{军}$”却属于二价动词。但是陆俭明和徐杰通过对现代汉语的结构分析，说明了在现代汉语中，二价动词进入双宾语结构的现象是存在的。此外，本书前几章也已证明在上古汉语中，二价动词也能进入次要宾语型的双宾语结构，如：

[134] 天生民而立之君，使司牧之，勿使失性。(《左传·襄公十四年》)

---

① 唯一的例子“入吾门”(《左传·昭公二十五年》)将在稍后做详细的说明和解释。

[135] 投之一骨，轻起相牙者，何则？(《战国策·秦策三》)

通过观察，在双宾语句里，主要宾语和次要宾语之间所构成的结构体的句法位置是高度受限的，它们只能做宾语使用，而从不充当句子中的主语部分，如：

[136] 赐我南鄙之田。(《左传·襄公十四年》)

[137] 齐人归我济西田。(《春秋·宣公十年》)

[138] 饮我酒。(《左传·襄公二十三年》)

以上三例中，主要宾语和次要宾语所组成的结构体"我南鄙之田"、"我济西田"和"我酒"都只出现在宾语位置上，这一情形在十三经里，几乎没有反例。孙锡信(1992)说过，"我"可用于双宾语句中做间接宾语(也即是本书的主要宾语)，而"吾"很少用于双宾语句。同时，"$V_{军}$＋我＋$NP_{处}$"里的"我＋$NP_{处}$"只做宾语，不出现在主语位置的情况与双宾语句是相当一致的，这样的平行现象为"$V_{军}$＋我＋$NP_{处}$"做双宾语结构解释提供了又一可能性。

以上的双宾语结构说若行得通的话，那回过头来看"入吾门"(《左传·昭公二十五年》)，这个例子似乎说明了在"$V_{军}$＋我＋$NP_{处}$"句式中的第一人称代词的位置上出现了"我"和"吾"的交替现象，然而，当"$V_{军}$＋我＋$NP_{处}$"句式做双宾语结构解释后，我们有理由相信，"入吾门"和"归吾艾豭"(《左传·定公十四年》)属于同一情况，其中的"门"和"艾豭"都不是处所或地名，因此不应作为例子来证明"吾"能在"归"和"入"等动词之后和"我"有替换的关系。

除了双宾句式的平行现象之外，军事类动词和给予类动词的句法表现也是一致的，两者带的宾语可以是与事宾语"人"，也可以是受事宾语"物"，以军事类动词"伐"和给予类动词"赐"为例，来看宾语为与事宾语"人"的例子，如：

[139] 我执曹君，而分曹、卫之田以赐宋人。(《左传·僖公二十八年》)

[140] 尽以其宝赐左右而使行。(《左传·文公十六年》)

［141］伐晋冠氏。(《左传·哀公十五年》)

［142］齐师伐我。(《左传·庄公十年》)

上述例子中的“宋人”、“左右”、“晋冠氏”和“我”分别是给予类动词“赐”和军事类动词“伐”的与事宾语，是行为动作涉及的对象。再来看宾语为受事宾语“物”的例子，如：

［143］因生以赐姓。(《左传·隐公八年》)

［144］遂伐虎门。(《左传·昭公十年》)

以上2例中的“姓”和“虎门”分别是“赐”和“伐”的受事宾语“物”，是行为动作涉及的事物或地点。“$V_{军}$＋我＋$NP_{处}$”与给予类双宾语句在句法表现上的平行现象让前者有理由可以分析为双宾结构，以“齐孝公伐我北鄙”(《左传·僖公二十六年》)为例，“我”做“伐”的宾语，整个结构可以分析为述宾结构带宾语的双宾语结构，即：

| | | | | |
|---|---|---|---|---|
| 齐孝公 | 伐 | 我 | 北鄙 | |
| 1 | 2 | | | 1—2 主谓关系 |
| | 3 | 4 | | 3—4 述宾关系 |
| | | 5 | 6 | 5—6 述宾关系 |

根据以上的切分，“伐我”构成述宾关系，根据语法理论，“吾”一般不做宾语使用，因此自然也就不能出现在该位置上了。把“$V_{军}$＋我＋$NP_{处}$”分析为双宾语结构可以很好地说明为什么“我”和“吾”在该句式中并不存在着交替现象，也得以解释表6.3的不对称分布。

**6.3.2.2 通过语义地图来证明“$V_{军}$＋我＋$NP_{处}$”具有被分析为双宾语结构的可能性**

以上通过汉语的内部证据来解释“$V_{军}$＋我＋$NP_{处}$”句式不能单纯地被解析为单宾语结构的原因，进而从与双宾句的平行现象来论证“$V_{军}$＋我＋$NP_{处}$”被分析为双宾语结构是可行的，接下来将通过外部证据，即类型学中的语义地图(semantic map)来论述“$V_{军}$＋我＋$NP_{处}$”句式具有被分析为双宾语结构的可能性。以下显示的是双及物结构的概念空间：

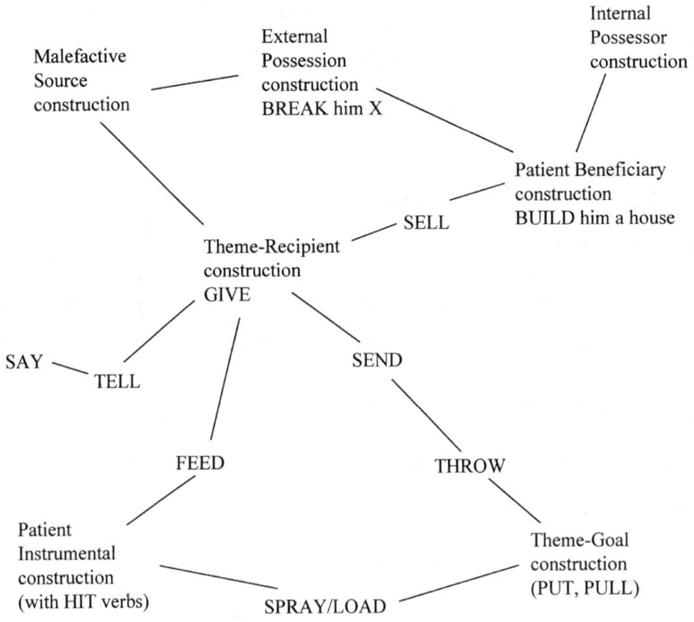


图 6.5　双及物结构的概念空间(取自 Malchukov, Haspelmath & Comrie 2007)

根据现有研究，古代汉语双宾结构涵盖了几种类型：与格结构(Theme-Recipient construction)，如"赐我南鄙之田"(《左传·襄公十四年》)；受损结构(Malefactive Source construction)，如"取我英丘"(《左传·哀公十三年》)；受益结构(Patient Beneficiary construction)，如"为我子"(《左传·襄公二十六年》)等，以下通过列举一些与格结构和受损结构的例子，来说明这些典型的双宾语结构的特点，然后进一步分析"$V_{军}$＋我＋$NP_{处}$"句式在语义地图中的地位。首先，以给予类动词"赐"和"献"为例，如：

[145] 公赐季友汶阳之田及费。(《左传·僖公元年》)

[146] 献一佩一裘于昭王。(《左传·定公三年》)

给予类动词"赐"和"献"都属于三价动词，行为动作发生的时候皆必须涉及三个方面，但是两者的句法表现是有区别的。"赐"是赏赐的意思，行为动作的发生必须是由上对下，以例[145]为例，句中的"赐"是由上层僖公把汶阳的田地和费的土地赏赐给下层季友的，通常这个“赐”的动作带有强迫性接受的意味，接受者是不能够随便拒绝的。“献”是奉献的意思，该行为动作的发生机制恰好与“赐”是相反的，“献”的方向是由下对上的，以例[146]为例，句中的“献”是下臣蔡昭侯把一块玉佩和一件皮衣献给上级楚昭王，而这个动作相较于“赐”而言，强迫性接受的意味是极为薄弱的，接受者是可以拒绝的。因此，通过对给予类动词“赐”和“献”的比较，可以做出以下的归纳：动词“赐”对于后边的宾语有高度的影响；而动词“献”对于后边的与事宾语的影响则相对较弱。接下来，以表蒙受的夺取类动词“夺”和“取”为例，如：

[147] 郄锜夺夷阳五田。(《左传·成公十七年》)

[148] 夺群公子秩。(《左传·昭公元年》)

[149] 齐人取济西之田。(《左传·宣公元年》)

[150] 取其玉。(《左传·昭公二十四年》)

夺取类动词“夺”和“取”皆是三价动词，但是跟与格结构的“赐”和“献”一样，“夺”和“取”的句法表现是不一样的。“夺”是强取的意思，而“取”是拿、取得的意思，王力(2005)认为“夺”是表示一种强迫的行为，尝试比较例[147]、[148]与例[149]、[150]，相较于“夺”，“取”是一种相对柔和的行为动作。因此，通过对夺取类动词“夺”和“取”的比较，可以做出以下的归纳：动词“夺”对于后边的与事宾语有高度的影响；而动词“取”对于后边的与事宾语的影响则相对比较弱。

根据给予类动词“赐”、“献”以及夺取类动词“夺”、“取”对其后的与事宾语的影响力的比较，可以得出以下的归纳和结论，即：

给予类动词：“赐” ＞ “献”

取得类动词：“夺” ＞ “取”

据观察，对与事宾语有高度影响的“赐”和“夺”所构成的“$V+NP_1+NP_2$”句式都是次要宾语型的双宾语结构，而对与事宾语有弱影响力的"献"和"取"则不进入这一类型的双宾语结构。[①] 在这个基础上，"$V_{军}$＋我＋$NP_{处}$"中的 $V_{军}$ 对"我"亦是高度影响的，因此，将"$V_{军}$＋我＋$NP_{处}$"分析为双宾语结构正好也符合了此项说明，那么"$V_{军}$＋我＋$NP_{处}$"究竟属于语义地图里的哪一个范畴呢？本文拟对现有语义地图所涵盖的范围继续扩展，将"$V_{军}$＋我＋$NP_{处}$"归纳入外位领有结构(External Possession construction)[②]中。这样的推断并非不可能，因为当"$V_{军}$＋我＋$NP_{处}$"句式被解析为双宾语结构，就意味着动词 $V_{军}$ 和宾语"我"的关系非常密切(之前已经证明双宾语结构里的 V 对于与事宾语 $NP_1$ 具有高度影响力)，那么也就符合了外位领有结构的特点，即动词 V 高度影响与事宾语 $NP_1$，且"我＋$NP_{处}$"并不构成定中结构出现在句子中，这为"$V_{军}$＋我＋$NP_{处}$"被解释为双宾结构提供了成立的可能性。接下来以《左传》里两个"V＋第一人称代词＋NP"的例子对此做进一步的解释和说明，即：

[151] 见吾貌。(《左传·哀公二年》)

[152] 伐我北鄙。(《左传·僖公二十六年》)

在此，我们把例[151]看成是单宾语结构，即将"吾貌"分析成无标志的定中结构，相信是不会有争议的。例[152]的句式一直是本文极力想要探讨和证明的，根据上述的分析方法，动词"伐"对后边充当宾语的第一人称代词"我"有高度的影响力；而动词"见"对后边充当"貌"的定语的第一人称代词"吾"的影响力则相对较弱，换言之，"伐我北鄙"被解析成双宾语结构是绝对行得通的，我们还可以推导出上古汉语双宾结构的语义地图所涵盖的范围能扩展至外部领有结构，如图 6.6 所示：

---

① 通过之前被分析为双宾语结构的"取我田畴"和"取我英丘"，我们可以推断，"取"进入双宾语结构的情况只局限于第一人称代词句式，即"取＋我＋$NP_{处}$"里，对此，本文暂且不做详细分析和讨论。

② 有关外位领有结构的说明，参看 Payne & Barshi (1999)。

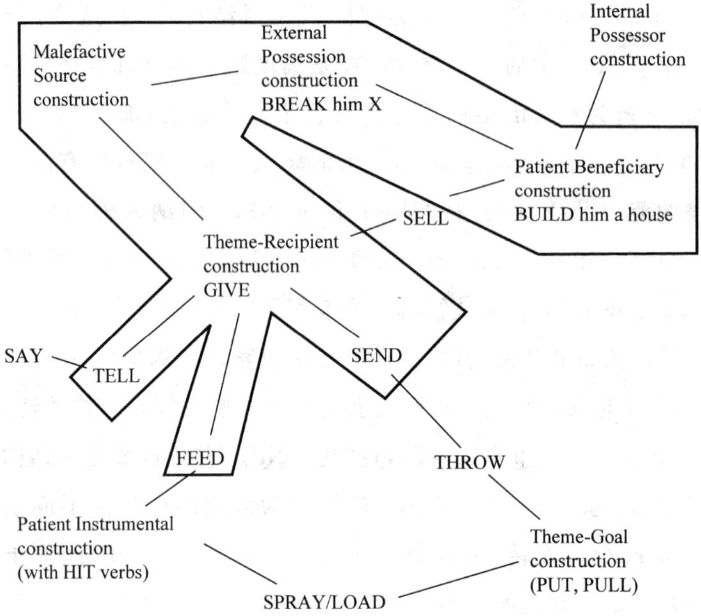


图 6.6 《左传》次要宾语型双宾结构的语义地图

通过各方面的推导与论证,"$V_{军}$+我+$NP_{处}$"句式中的"$V_{军}$"原先在词库中是二价动词,后面只能带上一个宾语,当我们把"$V_{军}$+我+$NP_{处}$"分析为双宾语结构时,"$V_{军}$"之后就带上了两个宾语(一个"我",一个"$NP_{处}$")。"$V_{军}$",就词汇平面而言,本来是二价动词,只是到了句法层面才前带一个主语,后带两个宾语,因此,"$V_{军}$"的前后总共出现了三个论元。在这种特殊的双宾语结构中,双宾语结构的构式赋予动词一个额外的新论元。[①] 综上所述,把"$V_{军}$+我+$NP_{处}$"句式分析为特殊类型的双宾语结构在现今的语法理论中是可取的,这也符合了认知语法中的原型理论(prototype theory),以特殊类型的双宾语结构"$V_{军}$+我+$NP_{处}$"和给予类双宾语结构为例,给予类双宾语结构是双宾语结

① 动词的意义(verb meaning)与构式的意义(construction meaning)在相互作用之下(interaction)就会产生一个特殊的含义(special meaning),可以把"$V_{军}$+我+$NP_{处}$"的分析写成:动词"$V_{军}$"的意义+构式"$V+NP_1+NP_2$"的意义→特殊的双宾结构类型,本文不在此进行详述。

构辐射范畴(radial category)内的原型成员(prototypical member),此结构满足了双宾结构的所有特点,或者进一步说,给予类双宾语结构是最典型的双宾语结构类型,因此它可以出现在任何语境中,并且是无标志的(unmarked);而特殊类型的双宾结构“$V_{军}$＋我＋$NP_{处}$”是非原型成员(non-prototypical member),它是从原型成员扩展出来,并且远离双宾语结构范畴核心的双宾结构类型,因此它出现的语境是高度标志(highly marked)的。

## 6.4　结论

综上所述,我们将从以下几个方面对本章进行总结:

1. 我们在前人研究成果的基础上,从第一人称代词“我”和“吾”语法分工上的不对称得出《左传》里特殊分布的“$V_{军}$＋我＋$NP_{处}$”句式。根据语法理论,“我”和“吾”皆可充当定语,在“我”的位置上理应会出现交替现象,但两者在该句式中并无交替现象,因此我们拟对该结构进行分析。

2. “我”和“吾”皆可做 $NP_{君}$ 的定语,即形成“V＋我＋$NP_{君}$”和“V＋吾＋$NP_{君}$”的单宾句式,这一交替现象从侧面说明了“$V_{军}$＋我＋$NP_{处}$”句式的不对称分布是有动因的,本文尝试就“$V_{军}$＋我＋$NP_{处}$”的不对称分布做出说明,并且分析“$V_{军}$＋我＋$NP_{处}$”的结构。首先,通过反面证据,主要从汉语内部语法、语用和语义的角度说明“$V_{军}$＋我＋$NP_{处}$”分析为单宾结构所产生的问题和局限性:

(1) 语法的角度:由于“我”和“吾”可以兼表单复数,因此第一人称代词里数的差异并不能说明“$V_{军}$＋我＋$NP_{处}$”所形成的不对称分布。

(2) 语用的角度:日本学者山崎直树(1993)分析“我”和“吾”做定语时的分布,将本文重点讨论的“$V_{军}$＋我＋$NP_{处}$”句式排除在外的理由并不成立。这样的处理主要有两个漏洞:第一,“$V_{军}$＋我＋$NP_{处}$”中的“我”不一定指向“鲁国的”;第二,“$V_{军}$＋我＋$NP_{处}$”并非《左传》所独有的句式,《史记》里也出现了该类句式,因此山崎直树对“$V_{军}$＋我＋$NP_{处}$”的解释不尽完善。

(3) 语义的角度：定中结构的“我＋NP”和“吾＋NP”有不同的语义表现，“吾＋NP”之间属于非转让性领有关系，而“我＋NP”之间既可以是非转让性领有关系，也可以是可转让性领有关系，这样的归纳似乎暗示我们可据定中结构中的语义关系将“我＋$NP_{处}$”结构看成是定中关系，但是这样的解释是有局限性的，我们根据“定中结构无定位”的世界语言规律和“人名不给地名做定语”的原则进一步说明了“我＋$NP_{处}$”不能解为领属关系，进而论证了“$V_{军}$＋我＋$NP_{处}$”也不能被看成是单宾结构。

3. 通过正面证据，即借助“$V_{军}$＋我＋$NP_{处}$”与给予类双宾语句的平行现象以及辅助性证据，即语义地图的推导，来说明“$V_{军}$＋我＋$NP_{处}$”句式可被解释为双宾语结构。跟给予类双宾语句一样，“$V_{军}$＋我＋$NP_{处}$”中的动词对后边所带的NP具有高度影响力，同时在“我”的位置上，极少出现“吾”，即使在第一人称的位置上出现“吾”，也作“我”解。语义地图为“$V_{军}$＋我＋$NP_{处}$”解作双宾语结构提供了成立的可能性，当“$V_{军}$＋我＋$NP_{处}$”被证实为双宾语结构，基于“$V_{军}$＋ 我＋$NP_{处}$”中的动词对后边所带的NP具有高度影响力，同时“我”和“NP”在句中不构成定中结构，上古汉语双宾语结构的语义地图得以扩展，从原来与格结构、蒙受结构和受益结构扩展至外位领有结构。通过将“$V_{军}$＋我＋$NP_{处}$”解作双宾语结构，将古代汉语双宾结构的语义地图进一步丰富和完善。

本章更大的意义在于尝试区分第一人称代词“我”和“吾”的作用以及在同一句法位置上的变格，即对语法结构组织的处理问题。除了在材料上界定“$V_{军}$＋我＋$NP_{处}$”为双宾结构之外，还利用《左传》里的分布格局(paradigm)进一步论证“$V_{军}$＋我＋$NP_{处}$”解作双宾结构的说法，这种额外的标准是基于系统上的考虑。

根据初步统算，第一人称代词“我”和“吾”分别作为定语的结构体在《左传》中的出现次数和出现率如下(“$V_{军}$＋我＋$NP_{处}$”里的“我＋$NP_{处}$”将不列入下列的统算)：

表 6.5　“我”和“吾”作为定语结构体在《左传》中出现的次数

| | “我＋NP” | “吾＋NP” | 总计 |
|---|---|---|---|
| 主语 | 18 | 57 | 75 |
| 宾语 | 42 | 97 | 139 |
| 定语 | 63 | 6 | 69 |
| 总计 | 123 | 160 | 283 |

表 6.6　“我”和“吾”作为定语结构体在《左传》中的出现率

| | “我＋NP” | “吾＋NP” |
|---|---|---|
| 主语 | 24% | 76% |
| 宾语 | 30.22% | 69.78% |
| 定语 | 91.3% | 8.7% |

当“$V_{军}$＋我＋$NP_{处}$”分析成双宾语结构之后，其中的“我＋$NP_{处}$”就不属于“我”作为定语的结构体了，少了这一批例子，表 6.5 和表 6.6 正好说明了当“我”和“吾”作为定语结构体，即形成“我＋NP”和“吾＋NP”结构时，“我＋NP”主要充当句子的定语，而“吾＋NP”则主要做句子的主语和宾语部分。

此外，通过前边的讨论所得：从语法功能的角度，第一人称代词“我”、“吾”和第二人称代词“汝”、“尔”形成了几乎一样的分布格局，如表 6.7 所示：

表 6.7　“我”、“吾”和“汝”、“尔”的分布格局

| | 主语 | 宾语 | 定语 |
|---|---|---|---|
| 第一人称代词 | 我、吾 | 我 | 吾 |
| 第二人称代词 | 汝、尔 | 汝 | 尔 |

第一人称代词“我”、“吾”和第二人称代词“汝”、“尔”均可作为主语，这几乎没有太大争议，在此不详述。易孟醇(2004)对于“汝”和“尔”用作宾语和定语做出了下列的说明：“‘女(汝)’主要用作宾语，绝少用作定语；而‘尔’相反，主要用作定语，绝少用作宾语”。在充当宾语的部分，“我”的此一语法功能是毋庸置疑的，因为“吾”作为宾语的使用是高

度受限制的，因此，“我”与“汝”具有相同的语法表现和分工格局，这一点应该是为大家所能接受的，相信最大的症结点仍旧在于“我”少用作定语之上。

在做定语方面，周法高(1990)认为，“‘汝(女)’绝少用于领位”，而“尔”和“汝”的不同点在于：“‘尔’常用于领位”。易孟醇(2004)也赞同这一观点，他认为，“汝”字“偶可做定语”，经过前边的排除和论证，在《左传》里，“我”做定语使用的比例是相当低的，同时也是高度受限的，因此，“汝”的此一语法特征与“我”是一致的，两者皆少做定语，那么出现在定语位置上的人称代词则多是“吾”和“尔”了。

除了在主语、宾语和定语方面有一样的分工格局之外，还可以从其他方面看出“我”和“汝”、“吾”和“尔”有共同的语法表现。“我”和“汝”皆可作为判断句主语和句尾宾语；反之，“吾”和“尔”都不做判断句主语和句尾宾语。本文认为，将“$V_{军}$＋我＋$NP_{处}$”看成双宾结构能满足各方面的理论和原则，是对该结构的合理分析。

# 第七章　结语

## 7.1　引言

与格句式这一句法结构不仅在汉语历史句法研究中占据着重要的地位，还在语言学理论的发展上扮演了举足轻重的角色（参看 Larson 1988，1990；Goldberg 1995；Malchukov，Haspelmath & Comrie 2010 等）。在过去三十多年里，以贝罗贝为代表的众多学者的著述使我们了解到了汉语史中不同类型的与格句式的特点及演变规律。正是在前辈学者所建立起来的坚实的基础上，本书才得以立足于认知语法和构式语法的理论框架，从一个较新的角度探讨汉语史中某个特定历史阶段中的与格句式。本书选择了上古汉语的与格句式作为讨论的焦点，不仅是因为现有的研究对于这个历史阶段中的不同与格句式，尤其是双宾语结构的描写非常充分和详尽，还因为我们坚信唯有准确地把握了上古汉语的语法系统，才能对上古以后汉语史的重要演变进行说明和解释。

本书立足于认知语言学的理论假说，承认句式和词语一样，具有独立的句法地位。基于这项认识，我们也承认句式和词语一样，除了具有自身的意义外，还体现了原型效应，因此不同的句式意义之间具有相互联系的关系。认知语言学虽然重视同一个句式的不同句式意义之间的关系，但是对此所进行的说明不免带有较强烈的主观推论色彩，而缺乏较客观的判断标准。就这个方面而言，语言类型学研究最近这十几年的快速发展使得我们有了新的分析手段来检视认知语言学者所推导出的不同句式意义之间的联系。这个手段就是语义地图模型。语义地图模型的出现使得我们能立足于跨语言比较的基础来讨论语言的多义性现象，但是由于我们关心的是句式意义之间的关系，而不是单个词语的不同意义之间的关联，因此必须指出的是，如果没有 Malchukov, Haspelmath & Comrie(2007)及 Malchukov, Haspelmath & Comrie (2010)的研究成果，本书对于上古汉语的不同与格句式所具有的不同句式意义之间的关联的讨论也必然缺少了客观的实证基础。正是因为认知语言学和语言类型学各自按自己的理论逻辑来发展，最后竟然来到了一个相互衔接的节点上，这就说明了它们各自的理论精神和分析手段一定具有相当的合理性。在这个理论基础上，我们进一步结合前辈学者所提供给我们的许多详尽而具体的关于上古汉语与格句式的事实描写，因此才得以开展上古汉语与格句式形式和意义的关系的讨论。

下文将总结本书中的主要发现以及一些可待继续探讨的问题。

## 7.2　上古汉语在句法形式和句式意义上的关联性

句法形式从一开始就被视为概念范畴(conceptual category)，就像其他简单的范畴，如单词“椅子”一样，句法形式和单词这两个范畴并没有本质的分别，它们之间的不同仅体现在内部的复杂程度有异。“椅子”这个单词可以采取范畴化(categorization)的形式来表现，如图 7.1 所示：

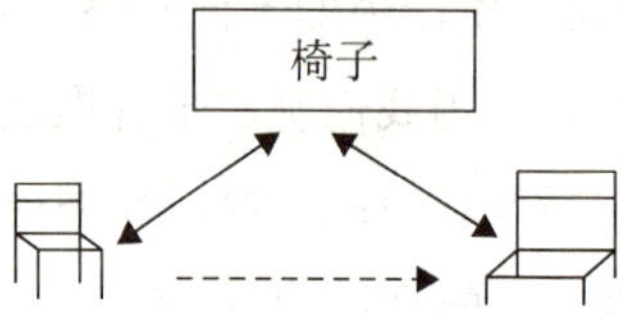


图　7.1

同样的道理，句法形式也可用相同的范畴化方式来分析，如图 7.2 所示：

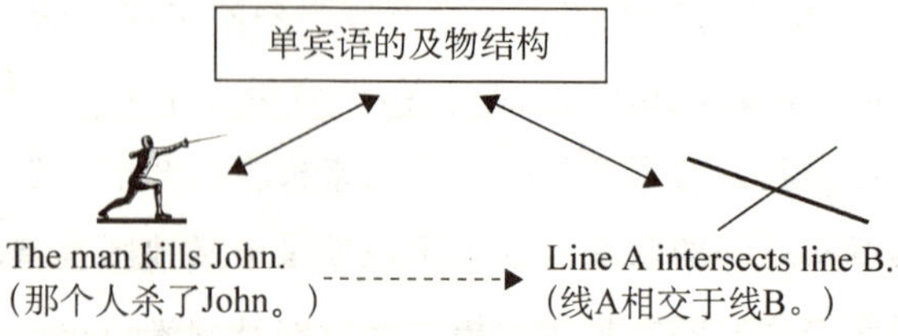


图　7.2

正是在这样的基础上，我们认为，当相同的语言形式(不论是单词，还是更为抽象和复杂的句法结构)在上古汉语中被用来编码不同的客观事件或情况时，其背后一定有其动因。道理并不难理解，以“椅子”这一范畴为例：客观世界中有各式各样的椅子，但教室的椅子就比属同一个范畴中的摇椅、理发椅或电动座椅等都更具代表性。从客观的角度着眼，这些椅子各有不同，但它们外表具有的相似性却足以使得它们被主观地识解为同一个范畴内的成员，因此我们才把“椅子”这一概念应用在这些不同的客观实体上。循着同样的思路，采用相同的句法形式来编码的不同客观事件或情况，它们之间也应具有某些相似性。这些相似性除了有客观的基础外，更重要的还在于主观的识解(conceptualization)。Langacker(1987，1991a，2008)就认为，句法形式就像词语一样能构成并象征着人类大脑的认知概念。当人类在交际沟通时，大脑会对所处理的事件或情况按我们的识解去选择某个特定的意象(imagery)，并根据这个意象决定使用某种句法形式来表达这个客观事件。所以，如果句式有意义，那么句式与反映人类客观经验情景的语义结构就会有直接联系。句式的构成其实是反映人类认知如何理解客观语义事件的一种句法结构式，如图 7.3 所示：

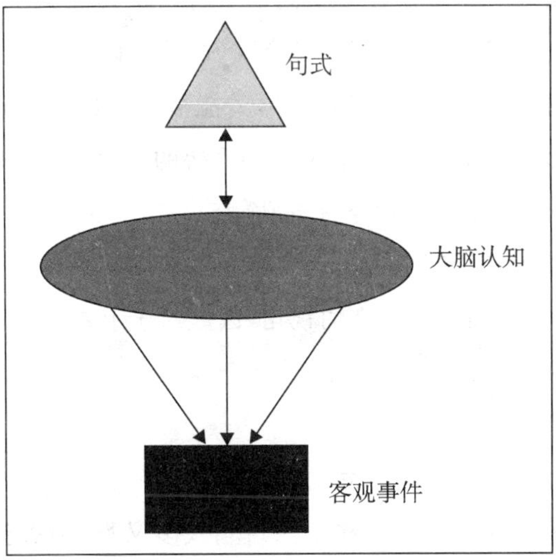


图 7.3

若从客观的角度着眼，事件是千差万别的，但认知语法相信客观世界的各种语义事件和语言编码之间必然存在人类的认知活动，因此通过观察语言，我们就能发现拥有相同句式编码的不同事件如何在人类的大脑里被理解为是相似或相同的事件，并能以此推测出这类语义事件的共同性质，了解句式本身所具备的多义性(polysemy)特点，如：

[1] I hit you.

[2] I love you.

[3] I see you.

"hit"、"love"和"see"各自代表的都是不同的事件："hit"对受事的影响是实际而直接的，"see"的动作影响是没有实际接触的，"love"则是某种心理情绪的传递影响。但是，这些不同类型的客观事件在英语中却同样被编码为及物句式。如果"hit"这种实际影响受事的动作是及物句式的典型事件(因为许多不同的语言都把"我打你"的事件编码为及物句式)，那么"see"和"love"之所以会同样被编码为及物句式，是因为大脑认知把"see"和"love"理解为一种虚拟的动作，而这种由施事者发出虚拟动作影响受事的事件在认知概念里被理解为与"hit"的事件相似甚至相同，所以客观上不同的事件才会被编码为相同的句式。也就是说，一个句法形式对应某种意义(即认知语法中的象征性观点)，不同客观事件必须具有相似的意义，才能被同样的句法形式编码。须再次提醒读者的是，这里所谓的"意义"指的是概念化(conceptualization)，而不是被满足的真值条件的功能。

本书的作用在于把上古汉语与格句式放置在上述的理论框架中进行，而正因为我们调整了研究的视角，因此对于上古汉语语法系统的组织也产生了新的认识。

### 7.2.1 相同的句法形式，不同的客观事件类

本书以上古汉语与格句式来探讨句式多义性，但关注的重点始终是上古汉语的双宾语结构，而在本节里，我们将进一步说明这种句式多

义性也体现在上古汉语的其他与格句式中。

7.2.1.1 上古汉语不同与格句式的句式意义的扩展

在本书中，我们讨论了上古汉语中不同的客观事件是如何表述的。真实世界中的不同客观事件有相同的句法形式编码，这说明了它们之间必有联系，而这种联系在认知语言学中主要是从主观识解的角度进行说明的。本书当然也不例外，但是我们还进一步采用了类型学上的语义地图来加以说明，如图 7.4 所示：

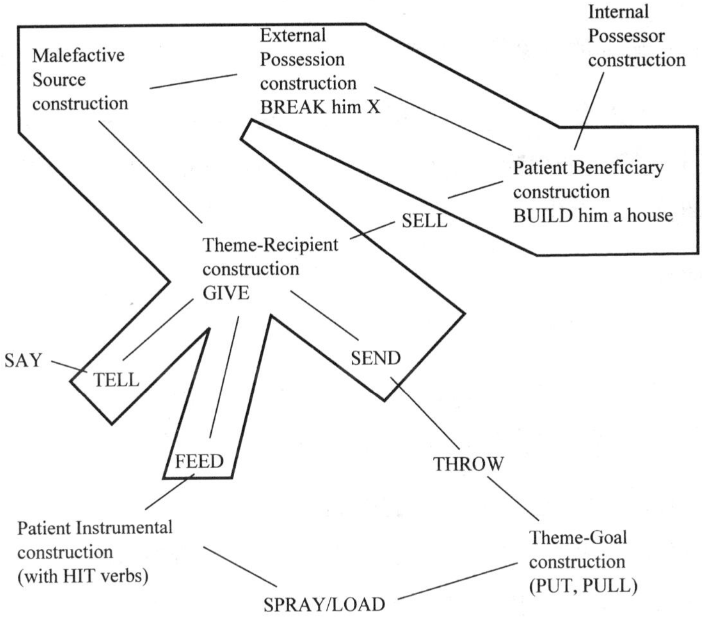


图　7.4

从图 7.4 中，我们发现上古汉语的次要宾语型的双宾语结构能用以表达给予类事件、取得类事件、告诉类事件、受益类事件等。这些不同的事件在双及物结构的概念空间上并未出现断链的现象，这不仅说明上述不同的事件在人类认知的概念上有着密切联系，还说明了句式意义的扩展是有规律的，这种规律还进一步体现在间接宾语型的与格句式(即“V＋DO＋ 于＋IO”)也能用来表达上述不同的事件，如：

[4] 献佩於子常。(《左传 · 定公三年》)

[5] 输粟于晋。(《左传·僖公十三年》)

[6] 取货于宣伯。(《左传·成公十六年》)

[7] 告败于王。(《左传·哀公十三年》)

以间接宾语型的与格句式来编码受益类事件,这类例子虽然不为大家所重视,但是我们也能找到。解惠全、洪波(1988:130)就指出下列这个例子中的"于"引进服务的对象,即:

[8] 齐侯使管夷吾平戎于王。(《左传·僖公十二年》)

这里服务的对象等同于本书中的受益者角色。类似的例子还有:

[9] 妇人遂行,生二子于郤氏。(《左传·成公十一年》)

[10] 言于齐侯曰:"群臣不尽力于鲁君者,非不能事君也。"(《左传·昭公二十六年》)

此外,另一个次要宾语型的与格句式(即以"以"为标记的与格句式)也能编码上述的一些事件,如:

[11] 王以后之鞶鉴予之。(《左传·庄公二十一年》)

[12] 将以子之命告寡君。(《左传·哀公二十七年》)

同样的,"以"这个介词能否用来引进受益者始终是个问题。虚词词典及传统字书都没有列出"以"具有引进"受益者"这项功能,但初步的考察却也显示《左传》中似乎有两个疑似例子,即:

[13] 楚子以蔡侯灭息,遂伐蔡。(《左传·庄公十四年》)

[14] 公送晋侯,晋侯以公宴于河上。(《左传·襄公九年》)

根据 Heine & Kuteva(2002),"受益"就是"为"、"为了…的利益",即标记着一个参与者的主要动词所标示的动作是为了他人的利益或代表他人。从以上的例子,我们可以看到参与者分别是"楚子"与"晋侯",而"以"是标记"受益"的符号,"灭"与"宴"则是主要动词。在此,两句的意思分别是"楚子为了蔡侯而灭了息国"与"晋侯为了公而宴于河上"。"蔡侯"与"公"就成了"受益者"。"以"在此都有着"为了"(for)的这层含义，是“受益者”标记。此外，罗端对甲骨文与金文的研究中也显示了“以”是具有引进“受益者”功能的。他所举的例子如下：

[15] 虢仲以王南征。(《虢仲盨盖》，西周晚期)

[16] 告曰以君氏令曰。(《五年召白虎毁》，西周晚期)

可见，上古汉语不同类型的与格句式除了用以编码给予类事件外，还能扩展到编码其他的事件。值得注意的是，这个扩展还在不同的与格句式中体现出了一定程度的平行性。

7.2.1.2 上古汉语不同与格句式和致使事件的关系

上述所提出的这种平行性也能体现在上古汉语与格句式用以表达致使的事件上。本书在第五章后半部分着重讨论上古汉语次要宾语型双宾语结构的下列例子，即：

[17] 晋侯饮赵盾酒。(《左传·宣公二年》)

[18] 食大夫鼋。(《左传·宣公四年》)

这些例子都表达了通过给予而促使致使动作产生的事件。此外，我们还探讨了下列这些没有给予却有致使行为的事件，如：

[19] 枕之股而哭之。(《左传·襄公二十七年》)

[20] 负之斧钺。(《左传·昭公四年》)

无论是否涉及给予，这四个取自《左传》的例子都清楚地显示次要宾语型的双宾语结构能由表达给予类事件扩展至致使类事件。一个值得继续探讨的课题就是上古汉语另外两类与格类型是否也具有相同的语义扩展。在此，不妨先看以下几个例句(齐世昌 1993)：

[21] 楚王逐张仪于魏。(《战国策·楚策三》)

[22] 善。请重公于齐。(《战国策·秦策二》)

[23] 韩强与周地，将以疑周于秦也，周不敢不受。(《史记·周本纪》)

首先，必须强调的是这些例子中由“于”所引介的宾语不可被分析为行为处所。比如说，例[21]的意思并不是“楚王在魏这个地方驱逐张仪”，更恰当的理解应是“楚王让魏国驱逐张仪”。上述三个例子的间接宾语都是国名，而我们也找到了其他显示间接宾语是个活生生的人的例子，即：

[24] 张仪又恶陈轸于秦王。(《战国策・秦策一》)

齐世昌(1993)把例[21]至[24]的“动词＋直宾＋于＋间宾”这一句法形式称为“使之被动”。这是一种以动词为本位的句法分析模式，按这个分析，能进入该句式进而表达致使意义的动词都被认为本身就具有致使义，因此“逐张仪”就是“使陈轸被逐”，而“于”由于能引入施事，一般把它分析为被动标志。把这几个部分联系起来，就成了由“于”引介执行“逐”这一个行为动作的施事。齐世昌(1993)以“使之被动”这一新术语来分析上述的例子，这似乎暗示着它们都是融合了动词的致使用法，再带上一个表示被动的介宾词组。事实上，这一分析是有问题的。我们且以例[21]为例加以讨论。首先，“逐”这个动词在《左传》中并没有致使的用法。其基本的用法如下：

[25] 国人逐之。(《左传・哀公十一年》)

姚庆保(2002)考察了《左传》的及物动词的使动用法，举的例子有：

[26] 行有日，公朝国人，使贾问焉。(《左传・定公八年》)

[27] 彘子曰：“败楚、服郑，于此在矣。必许之!”。(《左传・宣公十二年》)

其中没有包括以“逐”为动词的例子。此外，我们虽不怀疑例[21]中的“于”能够引介“逐”这一行为动作的施事者，但只要稍观察例[28]，就能清楚地看到当“于”被用作被动标志时，它紧跟着主要动词，两者之间是不允许插入其他的语法成分的。而例[21]中的“于”显然不是如此。

[28] 夫子再逐于鲁。(《庄子・让王》)

魏伯特(Reynolds 1996)反对将例[21]至[24]分析为被动句式，并围绕着以下两个例子展开分析：

[29] 严遂重於君。(《战国策·韩策二》)

[30] 杜赫欲重景翠于周。(《战国策·东周》)

他(Reynolds 1996:170—171)指出:

> 在此,"重"可被称为意动式被动:"严遂被君主视为重臣"。如果这是正确的,那么第二个句子或许也能被称为某种被动式:"杜赫要让景翠被周王重视"。无论是在英语或汉语里,这类使之被动都显得怪异。如果我们自始不把这些句式看作被动式,而像译文一样把它们视为标记了的感受者,那么我们就能避免上述问题。这是又一个支持感受者句式,而反对意动式被动说的理由。无论如何,这个致使句式中的"于"可以被理解为引入感受者。那个觉得景翠变得重要的人是周王。①

最值得注意的是,他(Reynolds 1996:171)总结道:

> 能够最好地解释我们的意图的例子应当属于致使句式中的"恶"(毁谤):
>
> 张仪又恶陈轸于秦王 48b/19/16 战②

---

① 原文为:Here 重 *drjungx*"important; heavy"could be claimed as putative passive: "Yen Sui was considered important by his lord."If this is correct, then the second sentence should probably also be considered some kind of passive:"Tu Ho wanted to make Ching Ts'ui be considered important by Chou."This sort of causativized passive is odd in English and Chinese. If we do not consider such structures passives in the first place, but treat them as suggested in the translation, as marking the experiencer, we can avoid this problem. This is another reason to argue against putative passive, and in favor of experiencer construction. More to the point, however, the *ʔjag* in the causative is a good candidate for an experiencer interpretation. It is in the eyes of the ruler of Chou that Ching Ts'ui becomes important.(作者注:*ʔjag* 是于。)

② 原文为:The best example for our purposes seem to lie in the causative of *ʔak* "to make ugly (=to slander)":

张仪又恶陈轸于秦王　48b/19/16　战

Chang Yi again made Ch'en Chen ugly (=slandered him) to the King of Ch'in.(作者注:*ʔak* 是恶。)

这段话清楚地显示魏伯特把"张仪又恶陈轸于秦王"视为一种使动句式。根据这个认识，我们其实可以把例子中的"于"分析为一个引入受使者(causee)的使役标记。我们发现《左传》中与之类似的例子有：

[31] 诸侯将见子臧于王而立之。(《左传·成公十五年》)

[32] 初，齐豹见宗鲁于公孟，为骖乘焉。(《左传·昭公二十年》)

魏伯特这个分析最大的好处在于能获得跨语言证据的支持。在提出跨语言证据之前，这里必须强调的是表示致使义的"动词＋直宾＋于＋间宾"句式的确立，是完全建立于上古汉语的证据之上的：即直接宾语紧密地出现于动词之后，而介词"于"则标志间接宾语。由于本书已一再重申间接宾语是一种句法关系，它和不同的语义角色之间并不存在着一一对应的关系，因此我们这里要接着指出的是，语言类型学对使役句式的研究凸现了人类语言中的间接宾语除了能和接受者对应外，还经常和受使者对应。

这里需介绍Comrie就受使者的编码所提出的格阶级(case hierarchy)假说。Comrie(1975，1976)指出，受使者的名词短语在形态致使过程(morphological causativization)中的句法关系原则上可根据以下的格阶级序列来做出预测：

主语 ＞ 直接宾语 ＞ 间接宾语 ＞ 旁格

依据这个阶级序列，如果基本动词是个只带有一个核心名词短语的不及物动词，致使者的名词短语将占据主语的句法位置，而受使者的名词短语就只能占据格阶级中仅较主语关系次一等的句法关系，即直接宾语的句法位置。如果基本动词是带有两个核心名词短语的及物动词，致使者的名词短语将依旧占据主语的句法位置，而充当基本动词的直接宾语的名词短语也将占据继主语之后的直接宾语的句法位置，至于受使者的名词短语则将占据格阶级中的下一个空置的最高句法位置，也就是间接宾语的句法位置。土耳其语清楚地印证了这些预测，以下例子完全体现了Comrie所提出的格阶级的作用，即：

土耳其语

[33] Hasan öl-dü

Hasan die-PST

Hasan died.（哈山死了。）

[34] Ali Hasan-ı öl-dür-dü

Ali Hasan-DO die-CS-PST

Ali killed Hasan.（阿里杀了哈山。）

[35] müdür mektub-u imzala-dı

director letter-DO sign-PST

The director signed the letter.（那位董事签了那封信。）

[36] dişçi mektub-u müdür-e imzala-t-tı

dentist letter-DO director-IO sign-CS-PST

The dentist made the director sign the letter.（那位牙医让董事签了那封信。）

上古汉语中受使者的编码能够以格阶级来进行预测，如例[21]所示。“逐”的及物用法是它的基本义项，在及物的致使句式里，受使者会被指派给间接宾语，而在本书中，上述所有例子的受使者都占据了间接宾语的句法位置，而这正好符合格阶级的预测，即：

[37] 国人逐之。→ 及物句式

[38] 逐张仪于魏。→ 及物致使句式

有鉴于此，我们相信齐世昌(1993)所举的例子都是及物致使句式的实例。

以下我们再讨论以“以”为标记的与格句式能否用来表达致使类事件。就这个问题，历来有争议。吴福祥(2003)探讨了汉语处置式的产生与演变经历了“连动式＞工具式＞广义处置式＞狭义处置式＞致使义处置式”的连续发展过程。在文中，他指出由于“以”从未发展出“狭义处置式”的功能，因此也就不可能具备“使役”功能。这个结论或许可再进一步讨论，因为连金发(Lien Chin-fa 2003)指出上古汉语中的

“以”其实是具有“使役”的功能的，例如：

[39] 必以长安君为质。(《战国策·赵策四》)

[40] 王以三王之子为质焉。(《左传·宣公四年》)

连金发强调“X + $V_1$(以)+ Y + $V_2$(为)+ Z”这个句式除了可用来表示“使役”(causative)外，还能表示“意动”(putative)，而“以”跟“为”占据了这个句式中两个动词的位置。他的这个观点能帮我们证明以“以”为标记的与格句式可由给予类事件扩展到致使类的事件，但是我们不禁要问“以”的“使役”功能是否一定只能和“为”这个动词搭配？换言之，上古汉语和“以”有关的使动句式是否只能采取“以……为……”的句法结构？

赵大明(2005)认为《左传》中率领义的“以”已经由动词语法化为介词，其功能是“引进施事进行某种活动时所带领或携带的对象”。然而，值得一提的是，赵大明在文章中举出了一批例子，这批例子中的“以”乍看之下似乎都能被理解为“率领”的意思，即：

[41] 吴子以罪人三千先犯胡、沈与陈，三国争之。(《左传·昭公二十三年》)

[42] 晋侯将以师纳公。(《左传·昭公三十一年》)

[43] 王怒，将以狄伐郑。(《左传·僖公二十四年》)

[44] 公患三桓之侈也，欲以诸侯去之；三桓亦患公之妄也，故君臣多间。(《左传·哀公二十七年》)

[45] 楚子辛、郑皇辰侵城郜，取幽丘。同伐彭城、纳宋鱼石、向为人、鳞朱、向带、鱼府焉，以三百乘戍之而还。(《左传·成公十八年》)

虽然如此，赵大明并不把上述例子中的“以”分析为“率领”义，而是解释为“利用”、“凭借”、“依靠”义。这主要是考虑到充当主语的施事如“吴子”、“晋侯”等都没有直接参与谓语动词所表示的行动。以例[43]来说，王其实并没有参与“伐”的行动，而是利用或依靠“狄”来从事“伐”的动作。由此可见，赵大明是把这些例子中的“以”分析为工具标记。这固然有一定的道理，但是我们认为如果参考跨语言的证据，如例[46]

至[48]，就能发现工具标记能被用作使役标记，考虑到上述例子表达的意思都和致使类事件有关，我们认为更准确的分析是应把“以”理解为使役标记。以下是一些跨语言的证据：

Kannada 语言(Cole 1983)

[46] *Avanu* *nanninda* *bisketannu* *tinnisidanu*

He. NOM I-INST biscuit eat-CAUS

He got me to eat the biscuit.(他使我吃饼干。)

北印度语(Saksena 1980)

[47] *Mai-nee* *raam-see* *kitaab* *parb-vaa-ii*

I-AGT Ram-INST book read-CAUS-PAST

I had Ram read the book.(我使 Ram 读书。)

芬兰语(Comrie 1976)

[48] *Mina* *rakennutin* *talo-n* *muurarei-lla*

I build. CAUS house-DO bricklayers-INSTR

I make the bricklayers build the house.(我使砖匠建房子。)

根据 Heine & Kuteva(2002)中所说，“使役”就是“使某件事情演变成这个样子”(cause to be)或“使某个人去做某件事”(cause to do)；即标记着施事者所造成的行动或情形。从这个定义看来，施事者只是造成行动与情形的更变，并未直接参与那项行动或更变。这一点与赵大明所陈述的那批例子相辅相成，根据赵大明的那批例子，我们有理由相信这批例子中的“以”并非伴随标记，而应被解为“使役”功能。赵大明的例证不仅显示了“以”的“使役”功能，还从而证明了“以”的“使役”功能并不一定要被“为”这个动词制约。即使在没有“为”的情况下，“以”仍有可能具备“使役”功能。这一点正好回答了笔者之前对连金发所提出的质疑。

上边的讨论揭示了上古汉语的三种主要的与格句式除了可用以表达给予类的事件，也能用以表达致使类的事件。下表清楚地表现了这种平行的现象：

表 7.1

| 与格句式结构 \ 事件类型 | 给予类事件 | 致使类事件 |
|---|---|---|
| 次要宾语型的双宾结构 | 赐之金 | 饮之酒 |
| “于”的与格句式 | 献马於季孙 | 逐张仪於魏 |
| “以”的与格句式 | 以天下与舜 | 以三公子为质 |

给予类事件和致使类事件之间的这种关系应不是个偶然的现象，因此我们除了能在上古汉语的传世文献中观察到这种联系，也能在跨语言的证据中看到。Kemmer & Verhagen(1994)从类型学的角度考察了人类语言中的使动句式(causative constructions)。他们总结道：

> 与其把分析式的致使句式视为较复杂的底层结构的简化，倒不如把它们理解为是较简单的表达方式的延伸、扩展更合适。因此，不及物谓语的致使式(譬如：I made Mary cry)其实可被视为是以拥有两个参与者的简单句式为模型(如：I ate the cake)而建构起来的，而及物谓语的致使式(譬如：He had the servant taste the food)则是被视为是以拥有三个参与者的简单句式为模型(譬如：I gave Mary a flower 或 She broke it with a hammer)塑造的，即主要是双及物和工具式的句子类型。①

借助上述看法，我们可把上古汉语的三个主要的与格句式视为及物致使句式表达的模型板：

---

① 原文为：Analytic causative constructions can best be described as extensions of simpler kinds of expressions, rather than as reductions from more complex underlying structures. In particular, causatives of intransitive predicates (e. g. *I made Mary cry*) are viewed as modeled on simple two-participant clauses (like *I ate the cake*), and causative of transitive predicates (e. g. *He had the servant taste the food*) are seen as modeled on simple three-participant clauses (like *I gave Mary a flower*, or *She broke it with a hammer*—i. e. mainly ditransitive and instrumental clause types).

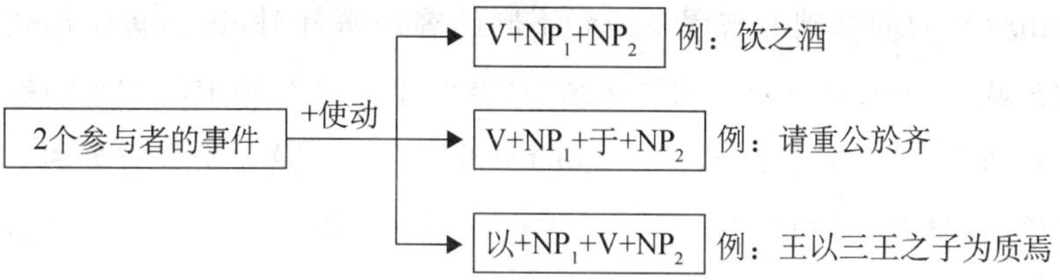


图　7.5

### 7.2.2　相同的客观事件类，不同的句法形式

遵循认知语言学的基本原则，句法形式在句法分析中有自己独立的地位，而其本质上就和词语一样，都是音义结合的符号性单位，区别仅在于内部复杂程度的高低不同而已。根据这个认识，同样的客观事实只要是以不同的句法形式来进行编码，按认知语言学的思路来分析，这些不同的句式即便表达的还是同样的认知基底(conceptual base)，但是因为对这个认知基底采取了不同的认知观察角度，因此也就赋予了它不同的意象(imagery)，进而产生不同的意义。这就表现了认知语法中的凸现(profile)这个概念的重要性。

7.2.2.1 上古汉语不同与格句式在意义上的不同

在考察上古汉语的与格句式时，我们严格遵循了上述的基本原则，即不同的句法结构体现了不同的语义，因此揭示了上古汉语不同类型的与格句式在语义结构上其实是有不同的。这一点就集中体现在“赐”和“献”、“语”和“言”以及“夺”和“取”的讨论上。讨论的意义如下：

第一，它说明了传统的按动词的语义类(如贝罗贝的 Va 给予类和 Vb 取得类)来分析动词和不同与格句式之间的搭配关系是存在着局限性的。导致这个局限性的根本原因就在于这个句法分析模式仅承认动词对句法分析有制约作用，而忽略了句式本身也有自己的作用。

第二，它说明了句式多义性的存在，而且不同的句式意义之间具有隐喻(metaphor)和转喻(metonymy)的关系。

第三，由于这三对动词属不同的语义类，而它们内部所存在的差异却又有平行的现象，这就说明了当一个句法形式在主观识解(conceptualization)的基础上被用来编码不同的客观事件时，这个句法形式在源头域(source domain)的语义结构(类似于语义结构中的 DNA)被它所延伸到的目标域(target domain)所承继下来。这是个很有趣的语言现象，而且其实它也印证了由语法化(grammaticalization)研究所得出的结论。Hopper(1991)提出了语法化的存留原则(Persistence Principle)。他指出当一个形式通过语法化过程而由实词转变为虚词时，只要符合语法系统规则，一些原本保存于实词的意义会残留在虚词上，而这个虚词的句法分布也体现了其源自于某个实词的历史发展轨迹。[①]

就第三点，下表中两个不同类型的与格句式的对比是个很好的说明：

表 7.2

| 与格句式类型 / 事件类型 | 次要宾语型的与格句式 | 间接宾语型的与格句式 |
|---|---|---|
| 给予类事件 | 赐之金 | 献马於季孙 |
| 告诉类事件 | 语我九言 | 言诸昭子 |
| 取得类事件 | 夺之牛 | 取货于宣伯 |
| 致使类事件 | 饮之酒 | 逐张仪於魏 |

在编码给予类事件时，次要宾语型的双宾语结构中的接受者角色比它在间接宾语型的与格句式中(即以“于”为标记的与格句式)更受到行为动作的影响。这能通过这两个给予类动词和不同类型的与格句式在搭配上所呈现出的不对称分布看出。有趣的是，我们也说明了取得类动词“夺”应是这类动词中首先进入次要宾语型的双宾语结构的领头者。只要比较“夺”和“取”这两个取得类动词的句法分布，就

① 原文为：When a form undergoes grammaticalization from a lexical to a grammatical function, so long as it is grammatically viable some traces of its original lexical meanings tend to adhere to it, and details of its lexical history may be reflected in constraints on its grammatical distribution.

能说明为什么“夺”比“取”更容易进入次要宾语型的双宾语结构，也揭示了次要宾语型的双宾语结构在进行扩展时(由给予类事件到取得类事件的编码)，其原本所具有的语义结构起着一定的支配作用。同样的情形还体现在言说类事件的编码上。下文我们将把上述的认识运用到致使类事件上，尝试说明出现在次要宾语型的双宾语结构中的受使者所受到的致使者的影响大于出现在间接宾语型的与格句式的受使者。

根据 Dixon(2000)，如果一种语言只有一个表达致使的机制或手段，这个机制或手段大体所涵盖的语义范围就会较广，但如果语言中具有两种或两种以上表达致使的机制或手段，则它们之间一定会有语义上的差异。接下来我们将根据 Dixon(2000)所定下的一些语义范畴，探讨上古汉语两种不同的致使句式之间的语义差异。Dixon(2000)认为可分别从动词、受使者和致使者三个主要方面来讨论。由于这里的篇幅有限，我们无法就每个方面都进行详细的论证，因此只强调那些和我们讨论有关的内容。本章 7.2.1.2 节考察了上古汉语不同与格句式和致使事件的关系。如果把焦点限制在次要宾语型及间接宾语型的与格句式上，我们发现当把这两种不同类型的与格句式扩展到致使类事件的编码上，能进入这两种不同句式的动词其实恰好是互补的。换言之，在致使类事件的编码上，那些能进入次要宾语型的双宾语结构的动词和进入间接宾语型的与格句式(即以“于”为标记的与格句式)是全然不同的。根据邵永海(1990)的研究，能进入《左传》次要宾语型的双宾语结构以表达致使意义的动词是衣、佩、饮和食。第五章的讨论允许我们在这一批动词上再添加“枕、生、负”等三个动词。这七个动词有一个共同点，即描述的是一种具体的行为动作，而这一行为动词会在时间和空间域中逐步展现出来。至于出现在间接宾语型的与格句式中用以表达致使意义的动词，我们这里引用了齐世昌(1993)的研究成果。这些动词是疑、重和恶，都是描述心理活动的心理动词。虽然我们也可把非心理动词，如“逐”包括进来，但基于心理动词被次要宾语型的双宾语结构排斥这一客观事实，致使类的双宾语结构无法用来编码一个包含心理活动的致使事件是显而易见的。

这样的分布究竟说明了什么？我们认为可参考语言类型学者对致使句式的认识。Croft(1991:245)很贴切地概括了Cole(1983)的一个重要看法：

> Cole(1983)观察到这么一个事实，即一些人类语言在赋予及物动词的受使者以格位标记时是有差异的。这种差异和其他的宾语或间接论元的存在无关。材料是复杂的，但是Cole的基本结论是：当受使者受直接能量的影响，它会被编码为直接宾语；当受使者受间接能量的影响，它会被编码为工具宾语；而当动词是个心理动词，它则会被编码为与格……。①

请注意文中所提到的致使事件中的受使者被赋予与格和心理动词的关系，我们在本书第一章就曾指出，严格意义上的与格句式其实是“V＋直接宾语＋于＋间接宾语”，因此当我们从上古汉语的语料中发现表达致使类的事件时，严格意义的与格（即由“于”来标记）仅和心理动词共现，这种平行的现象似乎已无法被视为偶然。

接下来，我们将探讨在表达致使类事件时，两种不同句式中的受使者究竟有什么不同。在次要宾语型双宾语结构的致使类事件中，受使者对事件可能缺乏支配的能力。以下这个例子最能说明这一点，即：

［49］枕尸股而哭。（《左传·襄公二十五年》）

---

① 原文为：Cole (1983) also observes this fact and points out that some languages actually vary with respect to the case marking assigned to the causee of a transitive verb regardless of the presence of other object or oblique arguments. The facts are complicated, but Cole's basic conclusion is that the direct object causees are found when direct force is applied, instrumental causees are found when indirect causation is involved, and dative causees are frequently found when the verb is a cognitive verb...

例[49]的受使者是个失去生命、毫无意志的尸体,明显对"枕"这个行为动作缺乏支配的能力。这个特点也显示在其他的例子中,如:

[50] 晋侯饮赵盾酒。(《左传·宣公二年》)

[51] 公问之,子家以告。及食大夫鼋,召子公而弗与也。(《左传·宣公四年》)

[52] 大子帅师,公衣之偏衣。(《左传·闵公二年》)

[53] 王弗听,负之斧钺,以徇于诸侯。(《左传·昭公四年》)

须注意的是,这四个例子中的致使者和受使者的社会地位有差别,占据主语位置的致使者显然高于占据主要宾语位置的受使者。这个出现在致使类事件的编码上的分布恰好就和在为给予类事件编码时所观察到的分布一致,如:

[54] 王於是乎赐之彤弓一、彤矢百、兹弓矢千。(《左传·文公四年》)

[55] 公在会,馈之刍米,礼也。(《左传·僖公二十九年》)

此外,在言说类的事件上,也能观察到类似的分布:

[56] 夫子语我九言曰。(《左传·定公四年》)

[57] 晋侯许之七百乘。(《左传·成公二年》)

这是一个我们在以间接宾语型(即以"于"为标记的与格句式)来编码致使类事件中从未考察过的受使者的特点。在这个句式中出现的受使者,都是有意志的人或是由人组成的国家群体,正如:

[58] 诸侯将见子臧于王而立之。(《左传·成公十五年》)

[59] 张仪又恶陈轸于秦王。(《战国策·秦策一》)

[60] 善。请重公于齐。(《战国策·秦策二》)

[61] 韩强与周地,将以疑周于秦也,周不敢不受。(《史记·周本纪》)

基于没有生命,且毫无意志的受使者不能出现在以间接宾语型的与格句式（以"于"为标记）来编码的致使类事件中，我们认为在这个句式中，由"于"引介的受使者对事件拥有了更大的支配能力。这并不完全在我们的意料之外，因为本书既然提出由"于"引入的宾语就是间接宾语，而根据 Langacker（1987，1991a）的观点，间接宾语的原型成员不是接受者（recipient），就是感受者（experiencer）。此外，语言类型学的研究也能进一步证明这一点。Jae Jung Song（2001：283）比较了致使类事件中的受使者用受格（即本书的直接宾语）标记和用与格（即本书的间接宾语）标记所具有的语义差异。他以日语为例说明其结论，即：

> 在日语中，受使者的名词短语——或 Comrie（1975，1976）框架下的充当不及物动词的主语的名词短语——能被受格 o 或与格 ni 标记。（须注意的是这两个句子都牵涉形态致使。）
>
> （51）Japanese
>
> Kanako ga Ziroo o ik-ase-ta
>
> Kanako NOM Ziroo ACC go-CS-PST
>
> Kanako made Ziroo go.（Kanako 使 Ziroo 离开。）
>
> （52）Japanese
>
> Kanako ga Ziroo ni ik-ase-ta
>
> Kanako NOM Ziroo DAT go-CS-PST
>
> Kanako got Ziroo go.（Kanako 请 Ziroo 离开。）
>
> 在表达致使类事件上，这两种编码下的受使者角色具有清楚的语义上的差异。在（51）里，受使者对致使类事件有着较低程度的支配力，而在（52）里，受使者对致使类事件具有较高程度的支配力。换言之，（52）的受使者较（51）更像施事。（51）的受使者其实概念上和受事是一样的，因为致使者不需要受使者的意志来促成致使类事件。另一方面，我们认为（52）的致使者需要受使者的意志来促成致使类事件。我们或许也可以这么说，缺少了受使者的

参与就会导致致使类事件无法发生。[①]

最后，让我们从致使类事件中致使者角色的角度来考察两种句式的不同。我们认为采用次要宾语型的双宾语结构来编码的致使者是直接作用于受使者的。这个结论是根据比较以下两个句子所得出的，即：

[62] 公饮之酒。(《左传·昭公二十一年》)

[63] 陈人使妇人饮之酒。(《左传·庄公十二年》)

例[63]是双重致使句(double causative)。陈人是引发"饮"这个致使类事件产生的最初源头，但他是通过促使另外一个人做出一些举动以引发某人饮酒事件的产生。显然，"陈人"并不是直接造成"饮"这个行为动作的致使者。若从致使者的角度来看，妇人才是直接导致"饮"这个行为动作产生的致使者，而"陈人"充其量仅是个间接的致使者。基于"陈人"和例[62]的"公"具有不同的编码，而"陈人"又无法采用例

---

① 原文为：In Japanese the causee NP — or the subject NP of the basic intransitive verb in the sense of Comrie (1975, 1976) — is marked by either the accusative case *o* or the dative case *ni*. (Note that the two sentences both involve morphological causativization.)

(51) Japanese

Kanako ga　Ziroo o　ik-ase-ta

Kanako NOM Ziroo ACC go-CS-PST

Kanako made Ziroo go.

(52) Japanese

Kanako ga　Ziroo ni　ik-ase-ta

Kanako NOM Ziroo DAT go-CS-PST

Kanako made Ziroo go.

There is a clear semantic difference between (51) and (52) in terms of the role of the causee in the overall causative situation. In (51) the causee is understood to exercise a lower degree of control over the caused event, while in (52) it is interpreted to exercise a higher degree of control over the caused event. In other words, the causee in (52) is more agentive than that in (51). The causee in (51) is, in fact, akin conceptually to the patient because the causer does not appeal to the causee's volition or will in effecting the caused event. In (52), on the other hand, the causer is expected to appeal to the causee's volition or will. It may not be unfair to say that the caused event may not come about without the causee's complying with the causer's demand or request.

[62]的编码,因此我们认为通过次要宾语型的双宾语结构来表达致使类事件时,其致使者会直接促成行为动作的产生。进一步说,由于是直接致使,因此我们发现出现在这类双宾语结构中的致使者通常都和受使者(如例[62])出现于同一空间和时间里。反观间接宾语型的与格句式(以"于"为标记的与格句式),当它被用来编码给予类事件时,其致使者通常不具备这个特点。在此不妨考虑以下的这个例子:

[64] 韩强与周地,将以疑周于秦也,周不敢不受。(《史记·周本纪》)

很明显,在例[64]所表达的致使类事件(即使某人对某人产生怀疑)里,事件中的致使者(即韩国)并不能和事件中的受使者(即秦国)共存于同样的时空中。这个特点我们可借助现代英语的"John makes Mary dislike Terry"(约翰使玛丽讨厌特里)来说明。在这个致使类事件里,约翰并不一定必须在玛丽的面前说特里的坏话以达到使玛丽讨厌特里的目的。约翰也可以在背后通过对一些事件进行操纵,间接地导致玛丽厌恶特里。根据上边的讨论,我们认为次要宾语型的双宾语结构表达致使类事件时,凸现了致使者所具有的直接致使的特点,而间接宾语型(以"于"为标记)的与格句式表达致使类事件时,则凸现了致使者所具有的间接致使的特点。我们还注意到例[62]的致使者和受使者的语言距离(linguistic distance)较例[64]的更近,因此这也是一种"图样象似性"(diagrammatic iconicity)的体现。①

7.2.2.2 "V+于+间接宾语"和"V+直接宾语+于+间接宾语"的关系

根据上边所述,不同的句式即使表达同一个客观事件,但因为主观识解的关系,就构成了不同的语义结构。按这个思路,下列两个例子的语义结构不能是相同的,即:

[65] 献马于季孙。(《左传·哀公六年》)

① 关于"图样象似性"的介绍,详见张敏(1998)。

［66］获叔子与析朱鉏，献于王。（《左传·哀公八年》）

换言之，“$V_{给}$＋于＋间接宾语”和“$V_{给}$＋直接宾语＋于＋间接宾语”之间的关系应如下图所示：

图　7.6

但是一般的学者都认为它们之间存在着派生关系，“V＋于＋间接宾语”是通过省略“V＋直接宾语＋于＋间接宾语”中的直接宾语而派生出来的，正如贝罗贝所描述的那样（贝罗贝 1986；Peyraube 1987）：

V＋直接宾语＋于＋间接宾语

＞ V＋ø＋于＋间接宾语 ＞ V＋ 于＋间接宾语

正是由于按本书的理论假说所获得的结论和现有的研究成果有抵触，因此我们须在结论的部分对该问题稍做说明。我们虽承认就该问题而言，从认知语言学的思路得出的结论确实违反了人们的直觉，但是这不应成为继续讨论的障碍。有两方面的考虑促使我们认为现有研究所得出的结论或许值得商榷，一个方面是从实证的角度出发，另外一个方面则是从理论的角度出发。

从实证的角度着眼。我们发现至少有一个所谓的与格动词（即给予类动词）能同时出现在上述两种以“于”为标记的与格句式中，但两者在句法主语位置上投射的参与者角色却会依据直接宾语在表层结构出现与否的情况而有所不同。以“嫁”为例，“嫁其外妹於施孝叔”（《左传·成公十一年》）的施事者是投射在主语的位置上，但直接宾语在表层结构的省略却会影响人物客体角色被投射到相同的句法位置，如“凡公女嫁于敌国”（《左传·桓公三年》）。如果“V＋于＋IO”确实是由“V＋DO＋于＋IO”演变而来的，那么直接宾语的省略应不会引发动词的语义角色的重新排列。另外，从标记角度来看，如果“V＋DO＋ 于＋IO”是基础句式，而“V＋于＋IO”是派生出来的，那么前者在标记特征上应该是无标记，而后者则是有标记的，因为后者是依附于前者而产生出来的。标记这个概念和出现频率高低有关，因此如果上述假设成立，“V＋DO＋ 于＋IO”在出现频率上应会比“V＋于＋IO”高，但是，《尚书》中的情形却并非如此。在这个早期的上古汉语的传世文献中，动词“让”只出现在“V＋于＋IO”的句式中，而不出现在“V＋DO＋ 于＋IO”的句式中。

再从理论的角度方面着眼。虽然派生的假设并不表示两种以“于”为标记的与格句式在语义结构上是等同的，但这样的倾向却是无可避免的。这一点在一些采取结构主义的研究范式，认为语义与真实的客观世界的某些实体或事件直接对应的著作中显得尤为突出。由于例[65]和例[66]皆指向同一个客观的给予类事件，因此把它们视为具有相同的语义结构其实也是相当自然的。再加上同一个接受者的语义角色总是投射在相同的表层句法结构位置上，这就更促使人们认定两种以“于”为标记的与格句式之间存在着上述所说的衍生关系。如果说这两种与格句式在语义结构上等同且能相互替换，那么我们就得解决一个由此而衍生出来的理论问题。在此之前，构式或句式在本书中已被证明是具有意义且本身体现原型效应的句法范畴。因此，在表层结构出现直接宾语的“V＋DO＋ 于＋IO”的句式意义的扩展应和“V＋于＋IO”相同，但我们却不难发现这两个句式所组成的语义网络组织并不完全一致。前者能表达致使类事件，如：

[67] 楚王逐张仪于魏。（《战国策·楚策三》）

[68] 善。请重公于齐 。（《战国策·秦策二》）

[69] 韩强与周地，将以疑周于秦也，周不敢不受 。（《史记·周本纪》）

但不能表达比较类事件，后者则与之相反，如：

[70] 季氏富于周公。（《论语·先进》）

[71] 郢异於他子。（《左传·哀公二年》）

有鉴于此，派生假说可能有值得进一步探讨的必要。

### 7.2.3 关于句式多义性的讨论

虽然句式多义性是本书所坚持的理论假说，但近期的一些研究也提醒我们这里头其实还存在一些理论层面上的争议。Croft(2003a：53)就指出：

> 句式是对说话者大脑中句法模式的呈现，它是有意义的。①

但他认为如果仔细检验就会发现，句式多义性(constructional polysemy)的说法或许并不是那么准确。因此Croft(2003a：53)又进一步指出：

> 如果更深入地考察双及物结构，可以发现双及物结构所具有的不同句式意义并非真正的多义性，因为每个动词的语义类只跟双及物结构中的一个句式意义相联系。②

具体来说，从材料的角度，次要宾语型的双宾语结构能表达至少两种不同的事件类，如给予类和受益类事件，而Goldberg(1995)就是从这个角度来说明句式多义性的。Croft(2003a)质疑这个语言现象能否称为句式多义性，因前一类事件只和某个语义类的动词搭配，而后一类事件则和另外一个语义类的动词搭配。正因为如此，Croft(2003a)认为现代英语的双宾语结构并未展现真正的句式多义性。基于这个认识，Croft(2003a)提出了特定动词类句式(verb-class-specific construc-

---

① 原文为：On the whole, these arguments... convincingly demonstrate that constructions are necessary part of the model of syntactic representation for a speaker's knowledge of their language, and that constructions have meanings.

② 原文为：If we examine ditransitive construction more closely, it appears that the variation in the ditransitive construction's meaning is not truly polysemy. Each verbal semantic class is associated with only one sense of the ditransitive construction.

tion)和特定动词句式(verb-specific construction)两项假说以完善以句式为中心的句法分析模式的理论。

Croft 的这个看法无疑深化了我们对句式多义性的认识，因此是颇具启发性的。就他所提出的问题，我们可以借本书对上古汉语阶段性的讨论成果提出一些初步的反驳意见。本书第一章曾做过这样的试验，即把上古汉语次要宾语型的双宾语结构(句式)所承载的不同意义和类型学上对于表一般给予义的语素(词语)所承载的不同意义(Newman 1996, 1997)进行排列和对照，进而观察到它们之间在意义的扩展上具有平行的现象。这不仅着重说明了句式的地位和词语的地位应该是一样的，都有其独立的句法地位，还能说明所观察到的平行现象由于横跨了句式和词语两个范畴，因此是无法视之为偶然的。一旦明确这一点，就必须指出当我们说句式有意义，凸现的是以词类进行排列的某种句法形式所体现的意义。例如，Goldberg(1995)的双及物句式，其句法形式结构是 $V+NP_1+NP_2$，而她的使之移至句式，其句法形式结构为 $V+NP+PP$。由于此处强调的是 $V+NP_1+NP_2$ 和 $V+NP+PP$ 等抽象结构所构成的句法单位和词语的句法单位地位相当(即 $V+NP_1+NP_2=$ 一个词的单位，而 $V+NP+PP=$ 另外一个词的单位)，因此如果这些不同的抽象的句法结构皆表达了不同的事件类，依我们对词语的分析，这其实就是一种句式多义性的表现。Croft 所提出的问题固然深化了我们的认识，但是却忽略了如果过于强调特定动词类(verb-class-specific)或特定动词(verb-specific)的作用，就无法认清某个特定的句式所展示出的不同句式意义其实是有联系的。例如现代英语的次要宾语型双宾语结构搭配制作类动词会产生受益的意义，这固然符合了 Croft(2003a)所谓的特定动词类的句式的说法，但是根据我们的讨论，上古汉语的双宾语结构也能表达受益的意义，但是搭配的动词却不一定就是制作类动词。有鉴于此，强调动词类对句式意义的制约作用固然好，但是却忽略了不同语言中的双宾语结构虽然搭配不同动词类，但除了表达给予类事件外，都和受益类事件有关。我们认为这就是句式多义性的意义和价值所在，而本书一直结合语言类型学中的语义地图模型来分析上古汉语的不同与格句式，正是立足于这样的认识。我们认为Croft所提出的特定动词类的句式或特定动词的句式的假说并没有就上述提出的平行的语言事实给予适当的认可，且忽略了这些不同语义之间的联系（不论是在句式还是词语的层面上）的底层概念动因（underlying conceptual motivation）。

此外，我们在本书中通过对上古汉语不同与格句式的句式意义的探讨，还发现在上古汉语内部，不同的与格句式在句式意义的扩展上也存在着平行的现象，正如表7.3所示：

表 7.3

| 事件类型／句式类型 | 给予类事件 | 言说类事件 | 受益类事件 | 致使类事件 |
|---|---|---|---|---|
| 次要宾语型的与格句式 | 赐之金 | 语我九言 | 立之君 | 饮之酒 |
| 间接宾语型的与格句式 | 献马於季孙 | 言诸昭子 | 平戎于王 | 逐张仪於魏 |
| “以”的与格句式 | 以天下与舜 | 以公卒告王 | 以蔡侯灭息 | 以三公子为质 |

有意思的是，这种平行现象正好和跨语言中所观察到的平行现象，以及从句式和词语各自在意义上的扩展所观察到的平行现象是高度一致的，因此我们认为不宜轻易否定句式多义性的存在价值。

接下来，我们将立足于本书所坚守的一个基本的理论假说，进一步说明句式多义性确实存在于人类语言中。从第一章开始，我们就指出以句式为中心的句法分析模型强调句式和词语是一样的，因此这里我们将借助词语在语法化过程中所体现的特点来说明句式意义的扩展也体现了相同的特点。由于这个特点能说明词语如何从某个意义演变为另外一个意义，而一般的研究都把它和词语的多义性相联系，因此如果某个句式在扩展过程中，自某个句式意义演变到另外一个句式意义也体现了相同的特点，这只能说明句式和词语一样，都具有多义性的属性。有鉴于此，我们有必要稍微介绍一下语法化研究中所提出的搭桥语境（bridging context）。Heine（2002）在题为《语境在语法化中的作用》（*On the Role of Context in Grammaticalization*）的文章中就提出了语法化过程中相关语境的理论框架。他把语境分为搭桥语境(bridging context)、转换语境(switching context)和固化语境(conventionalization)三类。其中,转换语境虽然是语法化过程的重要阶段,但是在这个阶段之前的搭桥语境中,语境和概念化相互作用却是促使新的意义在旧的意义的基础上产生出来的关键。我们可以参考 Matthews 和 Yip(2009:372—373)所举的现代汉语方言的例子加以说明,即:

[72] 无乞侬掠著汝。

别让人捉到你。Don't let anyone catch you. (允许义)

别让(自己)被捉到。Don't get (yourself) caught. (被动义)

值得注意的是,同样的一个词语形式"乞"在这里体现出允许义和被动义,除了说明"乞"的被动从"乞"的允许义演变过来外,还让我们看到在讨论词语的多义性时,除了能观察到这个词语搭配不同的动词时承载不同的意义外,还能观察到即使在搭配同样的一个动词时,它也能承载不同的意义。这就是所谓的"搭桥语境"。

由于本书把次要宾语型的双宾语结构当成一个构式或句式,而在认知语言学的传统中,一个构式或句式就是一个独立的句法分析单位,地位等同于一个词语。"搭桥语境"对于讨论词语的多义性既然是重要的,而按本书所采取的理论假说,即句式和词语本质相同,那么我们也应能在句式的层面上观察到相同的情形。我们只要看一下世界上的其他语言,就会发现确实能找到相关证据。在祖鲁语(Zulu)中,当出现在双宾语结构中的动词不是给予类的动词时,这个构式或句式通常不表示典型的给予义(即领有权的转移),但是当动词 punza("喝"的意思)进入这个语言的双宾语结构时,整个句子不仅承载了致使义,而且还允许承载了给予义的解读(Taylor 1998),如图 7.7 所示:

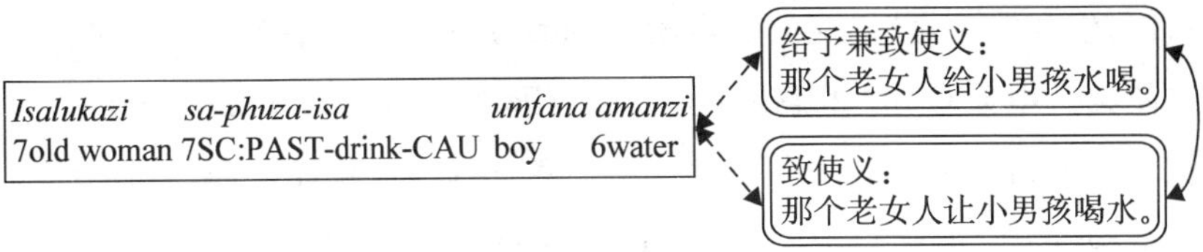


图 7.7

一个句法形式承载了两种意义，这和上边所说的词语方面的“搭桥语境”有相似的地方。类似的情形也见于克拉语(Cora)(Vazquez Soto 2002:230—231)。

立足于上古汉语，我们只要稍微把本书第五章对次要宾语型的双宾语结构用以编码致使类事件的不同例子加以排列，就可观察到一个清楚的句式意义演变序列，如图 7.8 至 7.10 所示：

动词为“饮、食”

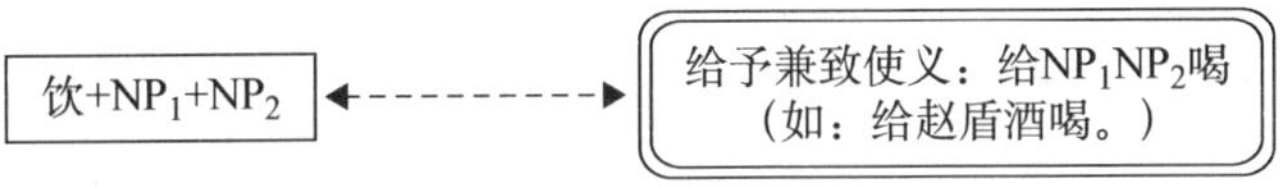


图 7.8

动词为“衣”

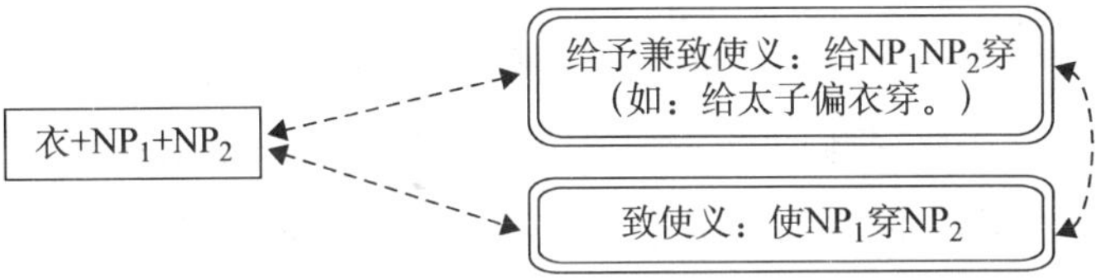


图 7.9

动词为“枕”

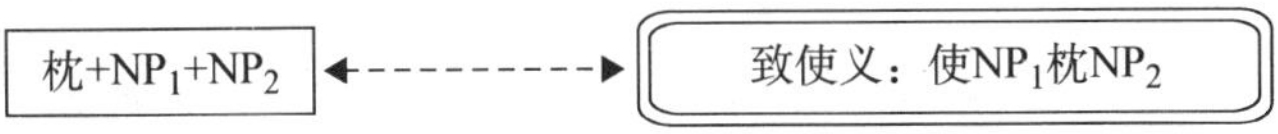


图 7.10

图 7.8 和 7.10 确实能用来证明 Croft 所说的“双及物结构所具有的不同意义并非真正的多义性，因为每个动词的语义类只跟双及物结构中的一个意义相互联系”：它们虽同样都是次要宾语型的双宾结构的

示例，但和“饮、食”搭配的表示给予和致使义，而和“枕”搭配的则表示致使义。根据 Croft 的解说，由于动词语义类（verb semantic class）只和双宾语结构中的其中一个意义相关联，因此，他建议用特定动词的句式结构（verb-class-specific construction）来取代句式多义性（constructional polysemy）的概念。然而，只要我们仔细考虑图 7.9 的意义，就能说明 Croft(2003a)的结论并不全面。图 7.9 显示了一种类似于词语层面的“搭桥语境”，而我们可以推测图 7.8 和 7.10 之间的句式意义正是依赖图 7.9 的这个阶段作为过渡而产生的。正因为存在着句式层面的“搭桥语境”，而这除了显示句式意义的扩展有规律性外，还显示了即使同一个动词（即图 7.9 中的“衣”）进入了同一个句式，我们还是找到同一个句法形式表达两种不同但却相近且有联系的句式意义。从这个角度着眼，我们认为句式多义性的概念还是有存在的必要。

## 7.3 上古汉语的句法关系

本书非常关注句式，也强调了句式在句法分析中应具有自己的独立地位。从这个角度切入来讨论上古汉语的句法系统是个全新的尝试和努力，因此一般而言，本书所处理的课题也都是较新的。这些课题包括了不同与格句式的句式意义的扩展以及它们之间在句式意义上的区别等。虽然如此，我们书中的一些讨论也能对汉语语法史中一直以来所重视的课题予以有益的思考。对于这些原有的课题，由于我们在本书中采取了一种有别于结构主义语言学理论的思路，因此除了能较清楚地认识其中所存在的局限性外，也能借助认知语言学和语言类型学的研究成果提升对这些课题的认识。一个重要的课题就是上古汉语的句法关系。以往的研究同样也注意到这个课题，但由于缺乏一套有效的分析工具，因此如何准确地界定不同句法关系，以及如何应用定义去看待上古汉语的传世文献中的材料就成了个问题。

本书接受 Langacker(1987，1991a)和 Croft(1991，2001，2003b)的观点，认为可参考动词所表述的事件来为句子的主语、直接宾语和间接宾语等下定义。和本书所坚持的理论精神一致，这三种不同的句法关系各自都体现了原型效应，因此我们认为要较全面地理解这些不同的句法关系，还是必须参考图 7.11 所示的范畴三角图。这个三角形有三个显著特点：第一，图式[A]提取其各个示例之间的共同点；第二，示例[B]和[C]以不同方式具体说明该图式；第三，示例之间相互类似，但有些示例比另一些示例更好地说明该图式。[①]

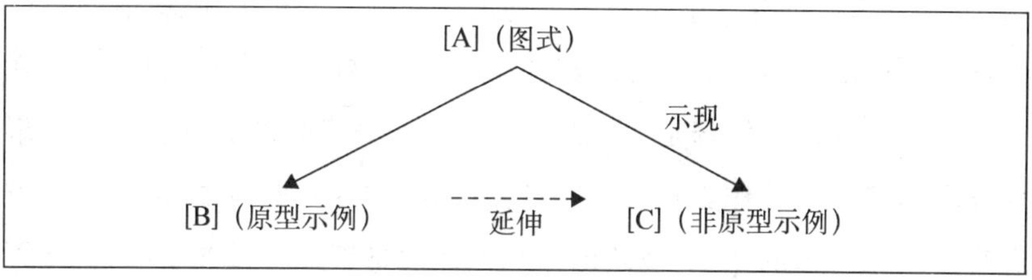


图　7.11

按这个理解，直接宾语和间接宾语都有典型成员和非典型成员。就所具有的典型成员而言，直接宾语是受事(patient)，而间接宾语是接受者(recipient)或感受者(experiencer)。从概念化的角度着眼，可发现直接宾语的典型成员会受“动词”所表述的行为动作影响而产生位移或内部变化；反观间接宾语，这方面的内容并不突出。从句法编码的角度看，我们也注意到它们在形式和意义的搭配上(见图 7.12)正好也体现了“接近即强度”(closeness as strength)的象似性原则。

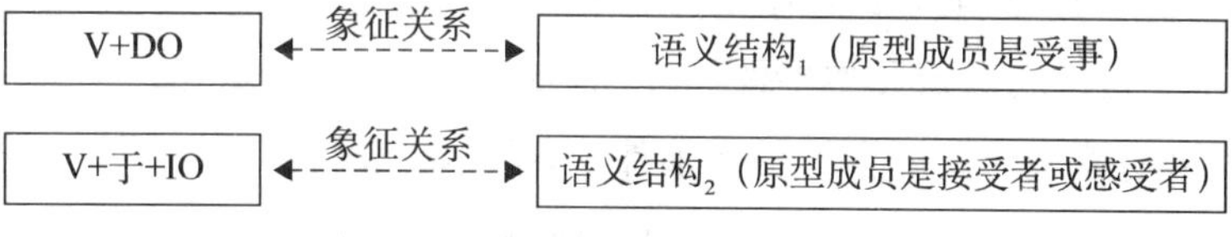


图　7.12

根据这一象似性原则，在编码含有两个参与者的事件时，及物句式“动词＋直宾”编码的是高及物性事件，其中包括被突出的动作链上从头至尾的物理能量转移；及物句式“动词＋于＋间宾”编码的是低及物性事件，并不包括这类能量转移。这方面的内容在本书的第二章已做

① 可参看本书第一章 1.3.2 节。

了论证，而这里我们希望进一步说明怎么运用这个发现来解决上古汉语中的一个问题。“杀”表达的无疑是一个及物性（受事的“受影响性”）极高的事件，因此单及物动词“杀”的受事论元一般都直接充当直接宾语，如《左传·哀公三年》的“赵鞅杀士皋夷，恶范氏也”。但上古汉语里又可见“杀”与其宾语之间带上介词“于”的例子，如《吕氏春秋·疑似》的“丈人智惑于似其子者，而杀于真子”，其中“于”似无所解（它不是引出处所或被动句施事的“于”），因此以往学者多以为衍出或仅有补足音节的作用。我们的解释是，类似这类“杀于某某”的构造只能表达受事仅仅是间接受到动作影响（这正是《吕氏春秋》该句的原意，即施事并没有直接杀死自己的儿子，他杀的只是他认为是冒充自己儿子的鬼，尽管被杀者实际上不是冒充的），类似的意义差别亦见于上古汉语里“见＋宾语”（如《论语：雍也》“子见南子”）和“见＋于＋宾语”（如《左传·文公十八年》“仲见于齐侯”）这样的对立。上面“杀于真子”这类格式实际上是将这个单及物事件视同低及物性事件，即所用的表层形式与“献于王”（《左传·庄公三十一年》）无别，以此突显受事角色的低受事性。

由于直接宾语和间接宾语都是体现原型效应的范畴，因此对于它们的其他延伸成员（extended members），我们其实也可以做一些探讨。这里就以间接宾语为例。给予类事件常被视为具体说明“V＋于＋间接宾语”这一句式的原型事件，而给予类事件中的接受者角色也就是间接宾语的原型成员。在给予类事件中，接受者角色实际上并不完全是被动的。正如 Langacker（1987，1991a）所分析的，这个语义角色除了被动地参与获取客体的外部活动，也能内在地感知到这个客体的转移，并与这个转移的客体保持精神上的联系，随后对这个客体行使控制权。可见，在整个转移的过程中，它始终保持着清醒的认识。也正因为接受者具有这个特点，因此接受者和 have、see、know 这类动词的主语一样具有积极、主动的特质。这方面的内容，正如图 7.13 所示：

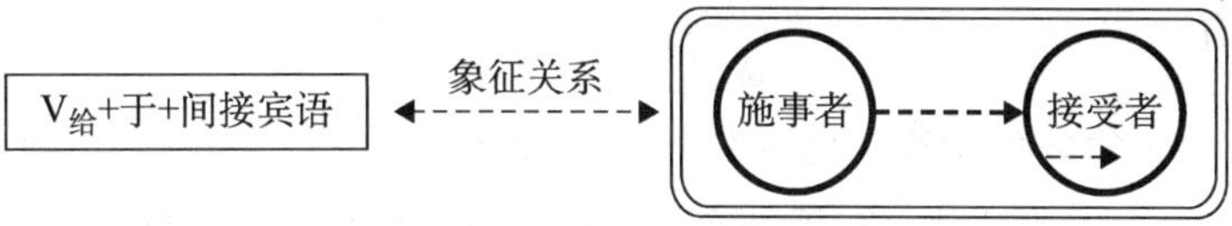


图 7.13

最右边圆圈里的虚线箭头表示接受者经历的心理过程。以图 7.13 为基础，我们能较容易地解释“V＋于＋间接宾语”这一句式如何延伸至两个参与者都自愿参与及共同完成的事件，如例[73]和[74]所示：

[73] 卫人杀吴行人且姚而惧，谋於行人子羽。(《左传・哀公十二年》)

[74] 晋赵婴通于赵庄姬。(《左传・成公四年》)

上述两例中动词的语义特征表现为需要两个有相似参与程度的自愿参与者，如图 7.14 所示：

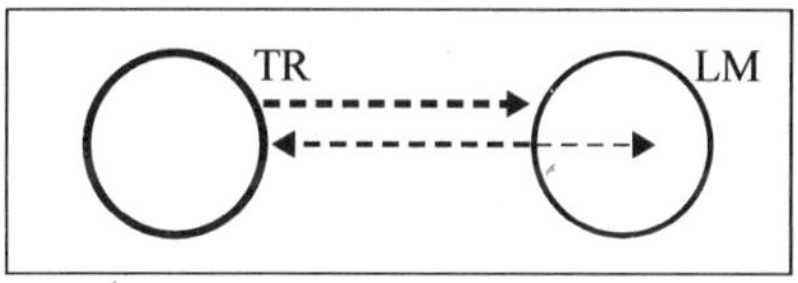


图 7.14

其中一个参与者被“于”标记，这一特定的参与者必须有感知力，在心理上积极参与该活动，因此得以被识解为感受者。而同样需要两个参与者的共同努力但并不突出两者参与的心理方面的事件，则通常不使用“于”来标记其中任何的参与者，如：

[75] 师及齐师战于郊。(《左传・哀公十一年》)

而先秦文献中找不到以下这类例子，即：

[76] *师战于齐师。[1]

可见例[76]不符合上古汉语语法的句法规律。支持这一立场的例

① *号表示我们在先秦文献中找不到这样的例子。

子还有：

[77] 公会吴于鄫。(《春秋·哀公七年》)

[78] 秋，晋士鞅，宋乐祁犁，卫北宫喜、曹人、邾人、滕人会于扈。(《春秋·昭公二十七年》)

[79] *公会于吴。

接下来，我们还可引入维特根斯坦(Wittgenstein)的家族相似性(family resemblance)的原则来进一步说明"V＋于＋间接宾语"的扩展。家族相似性理论规定，一个范畴中的成员就如同一个家族的成员，每个成员都和其他一个或数个成员共有一项或数项特征，但几乎没有一项特征是所有成员都共有的(张敏 1998:53)，如下图所示：

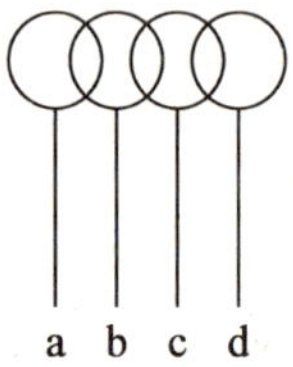


图 7.15

a,b,c,d 四名成员同属一个范畴，但不具备完全相同的特征。以此为启发，我们有理由认为一个范畴的延伸不一定作用于该范畴的原型成员，也可作用于该范畴的边缘成员。因此，图 7.14 可进一步延伸至编码心理经验的事件，其中地标(landmark)为感受者，如图 7.16 所示：

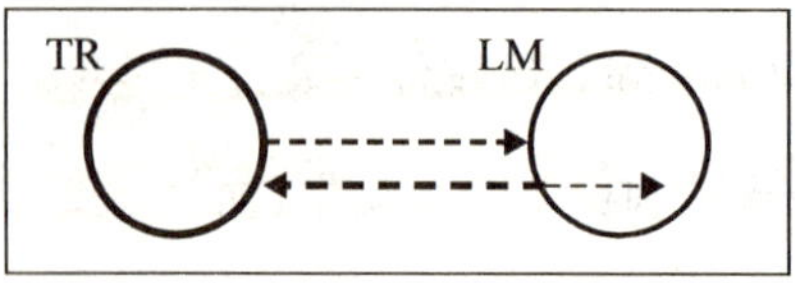


图 7.16

这一图像中，地标的意志的凸现度大于射体(trajector)，正如从地标至射体的黑虚线所示。上古汉语中这类语义结构的例子包括：

[80] 时则有若伊尹，格于皇天。(《尚书·君奭》)

[81]（胥童）嬖於厉公。（《左传·成公十七年》）

随着射体和坐标间不对称关系的逆转，图 7.16 可进一步延伸至编码射体和坐标有身体接触的事件，且地标位于行动链之首，如图 7.17 所示：

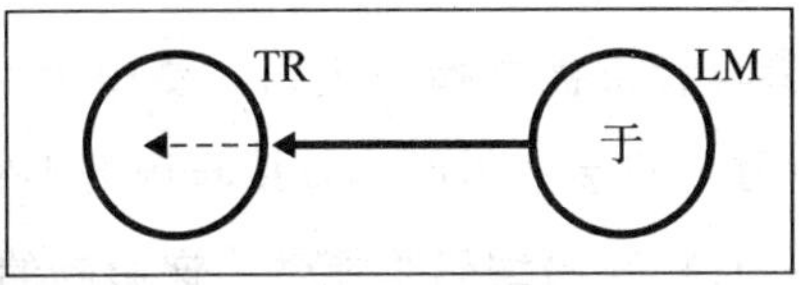


图　7.17

具体说明这一语义结构的例子如下：

[82] 郤克伤於矢。（《左传·成公二年》）

[83] 困于石。（《左传·襄公二十五年》）

[84] 困于酒食。（《周易·困》）

上述例子似乎与行动链（action chain）之能量源头成员（energy source）通常投射至主语相违，如：

[85] 盗杀蔡侯申。（《春秋·哀公四年》）

例[85]的语义结构如下：

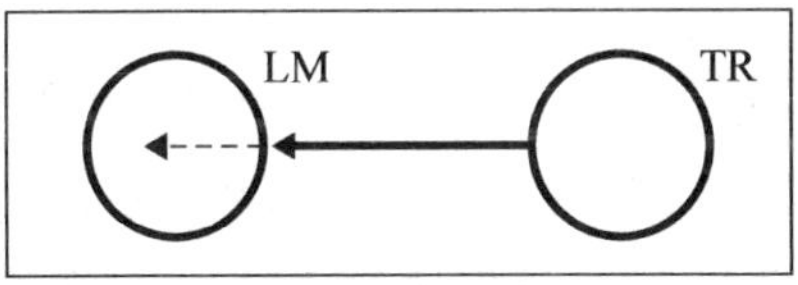


图　7.18

图 7.17 和 7.18 的认知基底并没有很大的差异，因此例[82]至[84]由间接宾语来编码施事确实是个不好解决的难题。如果仔细考察，即可发现，这类由“V＋于＋间接宾语”编码的事件偏离了典型事件结构。如 Comrie(1989：128)所言，标记逆转和结构标记之间有关联，即：

……最自然的及物结构中的A具有高度的有生性和定性；对这一模式的偏离会导致更有标记的结构。[①]（“A”指及物动词的主语）

例[82]至[84]说明，施事的有生性低于受事。因此，基于关联规则（即最有话题性的参与者将被选择为主语），受事因此被提前至主语的位置。工具施事投射至间接宾语而非直接宾语的事实也可从这方面获得解释。如前所述，直接宾语编码受能量传递影响的参与者，而间接宾语编码相较之下不受能量传递影响的参与者。在这些例子中，由于工具这个参与者是能量传递的媒介，因此它本身基本上不受能量传递所影响。许多人把例[82]至[84]分析为被动结构，但按照我们的分析，这些例子并不符合认知语法对被动语态的定义。Langacker(1987:234)就指出：

此外，由于被动结构的主要功能是允许主语的有标记选择（基于话语目的），因此我们预测这一结构和原型行动动词具有最根深蒂固的关系，因为上述动词最自然的图形或背景分别对准主语或宾语，因此在支配某个特定选择上具备最强的效果。[②]

回头看例[82]至[84]，很明显地，这些句子在施事降格这一重要方面和被动语态类似，但它们并不是真正的被动结构的例子，因为这一句式是用在受事者（即受事）的语用地位超过施事（即无生的工具施事）的时候。

---

① 原文为：... the most natural kind of transitive construction is one where the A is high in animacy and definiteness; and any deviation from this pattern leads to a more marked construction.

② 原文为：Moreover, since a primary function of the passive construction is to permit a marked choice of subject (for discourse purposes), we can expect this construction to be most deeply entrenched with prototypical action verbs where natural figure/ground alignment has the strongest effect in dictating a particular selection.

## 7.4　从上古汉语出发看汉语的历时演变

贝罗贝(Peyraube 1999b)明确区分了句法变化动因(motivation)和句法变化机制(mechanism)。按这个区分,我们认为汉语历史语法的研究工作主要集中在变化机制上,而对于导致汉语史上句法变化的因素却鲜有研究。他(Peyraube 1999b:199)进一步指出,类推和重新分析的过程常被误认为句法变化的动因,而不是简单的变化机制。[1]可见,从当前研究的角度来看,过往所强调的类推和重新分析无法说明为什么句法结构或句法系统会产生变化。由于促使句法结构及句法系统产生变化的问题永远是语言研究的重要问题,因此我们希望在本书对上古汉语与格句式的研究成果上,提出以下几点观察以推进相关研究:

第一,我们不能像过去那样把句法结构和动词间的兼容性当作理所当然的问题。以往关于历时演变的研究只注重句法结构的变化。例如,汉语被动结构的研究只考虑不同文献中被动标记的变化,而不理会与不同被动结构兼容的动词的类型。由于坚信同一类型的动词(如及物动词)都能同样自由地进入相同的句法结构中,因此很少有人把动词和句法结构间的兼容性当成值得深入关注的问题。我们认为这一根深蒂固的观念使我们失去了观察句法变化进展的机会。例如,学界一向认为给予类动词能轻易出现在次要宾语型的双宾语结构中,但本书经过仔细的考察和描写,发现事实并不完全如此。给予类动词其实还可细分为不同的小类,而其中某小类的给予类动词和次要宾语型的双宾语结构的搭配是高度受限的。这个给予类动词类的次类能以"献"为代表。此外,属言说类动词的"言"和"问"也揭示了同一现象。值得指出的是,这些动词虽不能出现在早期传世文献的次要宾语型的双宾语结构中,但在较晚的传世文献中却也逐步产生这种用法。如:

---

① 原文为:The processes of analogy and reanalysis have often been wrongly identified as factors motivating syntactic change, and not as simple mechanisms of change.

[86] 赵王献之美人。(《史记·淮南衡山列传》)

[87] 括母问奢其故。(《史记·廉颇蔺相如列传》)

就这种演变,我们的解释是“献”和“问”在这个时期符合了进入次要宾语型的双宾语结构的句法条件。[①] 问题当然可以再追问下去,为什么之前就不符合呢?这就涉及到了上古汉语句法系统中直接宾语和间接宾语的对立。[②] 最后,我们还可以再问一个问题,既然存在前一阶段不符合而后一阶段符合的问题,那么何以“问于某人”会演变为“问某人”(也即是间接宾语演变为直接宾语),进而造成接下来一系列的句法变化,而“问某事”则无法变为“问于某事”(也即是直接宾语变为间接宾语)呢?我们认为这种不对称的句法现象可在认知层面上找寻到动因。[③] 这段文字虽只是一个简单的勾勒,但是我们应不难发现,上述的认识都是建立在我们对语言分析采取了另外一种理论假说的基础上的。

第二,我们希望强调的是,要说明和解释汉语史的演变,了解不同阶段的句法系统的特点是必要的,而上古汉语的句法系统既然是早期的句法系统,深刻地理解它应有助于我们说明上古汉语之后的句法演变。

贝罗贝(贝罗贝 1986;Peyraube 1988a)最重要的发现就是揭示了新的与格结构“动词$_1$+动词$_2$+间宾+直宾”(即本书的“动$_1$+动$_2$+主要宾语+次要宾语”)突然在汉代汉语里的出现。如:

[88] 厚分与其女财。(《史记·司马相如列传》)

此外,他也注意到另外一个新的与格结构“动词$_1$+直宾+动词$_2$+间宾”在魏晋南北朝时期开始出现:

[89] 阮家既嫁丑女与卿。(《世说新语·贤媛》)

---

① 详见本书第三章。

② 详见本书第二章。

③ 详见潘秋平(2009)。

就它们之间的关系,贝罗贝认为魏晋南北朝出现的“动词$_1$+直宾+动词$_2$+间宾”其实源自于汉代出现的“动词$_1$+动词$_2$+间宾+直宾”。我们在本书中已初步论述这一说法并不完全符合语言事实。此外,它也忽略了贝罗贝系统中的动b类(即取得类动词)和动c类(即一般的二价动词)在先秦汉语中编码“使领有”(caused possession)事件上是有困难的。换言之,在和表“使领有”事件类对应时,这些动词和先秦汉语的三个主要的与格句式在搭配上明显受到局限。我们认为“动词$_1$+直宾+动词$_2$+ 间宾”和“动词$_1$+动词$_2$+间宾+直宾”之所以产生主要是和上述的限制密切相关。由于本书已对“动词$_1$+直宾+动词$_2$+间宾”的来源有了初步的论述,[①]接下来我们将就“动词$_1$+动词$_2$+间宾+直宾”的产生原因做初步的解释。

就“动词$_1$+动词$_2$+间宾+直宾”,贝罗贝(Peyraube 2001:3)指出,这一结构明显是多余的,因为动词$_2$表述的给予意义已经包含在动词$_1$里面。这是“加强信息性”的好例子。[②] 至于为何出现这个新的与格结构,贝罗贝似乎暗示了信息原则和经济原则之间存在竞争。这也许是一种可能性,但我们认为其中还存在着另外一个更重要的原因。贝罗贝(Peyraube 2001:3)指出,若所指称的事物在前文已出现,直接宾语(即客体的参与者角色)通常是可以被省略的。他举出的例子恰好就是“献”:

[90] 献遗其亲戚。(《史记·孟尝君列传》)

表面看来,这个例子似乎证明了贝罗贝的观点,但是我们不应该忽略“献”在先秦汉语中是个受事型的给予类动词,因此是无法带接受者论元为其直接宾语的。有鉴于此,我们怀疑“动词$_1$+动词$_2$+间宾+直宾”之所以产生,原因和“动词$_1$+直宾+动词$_2$+间宾”应该是相同的。

---

① 参看本书第三章。

② 原文为:The construction is obviously redundant, as the meaning“to give”expressed by the $V_2$ is already included in $V_1$. This is a good example of“strengthening of informativeness”.

我们如果再考察先秦汉语的传世文献，就会发现“动词$_1$＋动词$_2$＋间宾＋直宾”的出现也许不是那么突然。因为在《诗经》中能找得到以下的例子：

［91］投畀豺虎。（《诗经·巷伯》）

魏培泉(1993)也举过类似的例子，而这些例子和例［91］中的动词$_1$一样，都不是给予类动词，这一事实符合我们的推测，即由于非给予类动词和次要宾语型的双宾语结构之间的关系是有标记的，无法通过原有的句式表达和这些动词相关的给予类事件，因此通常会因有这样的限制而带头进入新的与格结构。这个推测是合理的，因为我们发现这个动词带头出现在贝罗贝提出的“动词$_1$＋动词$_2$＋间宾＋直宾”结构中，如例［92］所示：

［92］毋投与狗骨。（《礼记·曲礼上》）

《礼记》的成书年代通常被认为是战国晚期，有趣的是，动词“投”在大约同样的时期出现在次要宾语型的双宾语结构中，如：

［93］投之一骨，轻起相牙者。（《战国策·秦策三》）

因此，我们怀疑这可能是因类推作用所致：

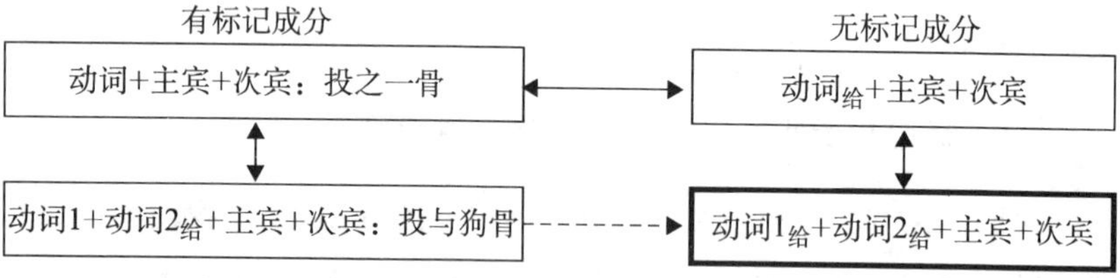


图　7.19

正如贝罗贝所说的，类推是一种演变机制，并无法解释句法演变的动机。按照上述所勾勒的方案，我们就可初步解释新的与格结构的产生过程(即上图中加粗方框的部分)。我们也考虑到占据动词$_1$位置的动词并不一定全是［＋给予］的与格动词，这一个立足于对先秦汉语的句法系统的理解所提出的解释应比原有的结论具备更有力的证据。

# 参考文献


白川静著，杜正胜译　2001　《诗经的世界》，台北：东大图书股份有限公司。

贝罗贝　1986　双宾语结构从汉代至唐代的发展，《中国语文》第3期，204—216页。

———　1989　早期"把"字句的几个问题，《语文研究》第1期，1—9页。

———　1998　古代汉语中的"动＋之＋名"结构，载郭锡良(主编)《古汉语语法论集》，北京：语文出版社，392—407页。

车淑娅　2000　从《论语》、《孟子》、《韩非子》看"问"的用法的演变，《周口师范高等专科学校学报》第6期，94—97页。

———　2002　"告"之宾语演变轨迹，《殷都学刊》第3期，99—101页。

陈保亚　2009　《当代语言学》，北京：高等教育出版社。

陈超然　1995　《汉语中的存在句：以结构语法观点为本的分析》，台湾清华大学硕士学位论文。

陈宁萍　1987　现代汉语名词类的扩大——现代汉语动词和名词分界线的考察，《中国语文》第5期，379—389页。

陈祥明　2000　先秦至六朝汉语中"于"的一种用法辨析，《大理师专学报》第4期，57—60页。

程湘清(主编)　1984　《两汉汉语研究》，济南：山东教育出版社。

———　1992a　《先秦汉语研究》，济南：山东教育出版社。

———　1992b　《魏晋南北朝汉语研究》，济南：山东教育出版社。

储泽祥　1997　现代汉语的命名性处所词，《中国语文》第5期，326—335页。

戴浩一、张敏　2003　《汉语名词和动词的认知语言学解析》，未刊稿。

冯胜利　1997　"管约"理论与汉语的被动句，《中国语言学论丛》第1辑，1—27页。

———　2000　"写毛笔"与韵律促发的动词并入，《语言教学与研究》第1期，25—31页。

———　2005　轻动词移位与古今汉语的动宾关系，《语言科学》第4期，3—16页。

龚煌城　2002　《汉藏语研究论文集》，台北："中研院"语言所筹备处。

顾　阳　1999　双宾语结构，载徐烈炯(主编)《共性与个性——汉语语言学中的争议》,北京语言文化大学出版社。

郭　锐　2003　“把”字句的语义构造和论元结构,《语言学论丛》第 28 辑,152—181 页。

郭锡良　1994　远古汉语的句法结构,《古汉语研究》增刊,13—21 页。

———　1997　《汉语史论集》,北京:商务印书馆。

———　1998a　介词“以”的起源和发展,《古汉语研究》第 1 期,1—5 页。

———　1998b　介词“于”的起源和发展,载郭锡良(主编)《古汉语语法论集》,北京:语文出版社,88—103 页。

郭锡良　(主编)1998　《古汉语语法论集》,北京:语文出版社。

郭锡良　(主编)1999　《古代汉语》,北京:商务印书馆。

何慧芳　2010　《上古汉语的取得类双宾:兼论“之”和“其”的问题》,新加坡南洋理工大学中文系学士学位论文。

何乐士　1980　先秦“动+之+名”双宾式的“之”是否等于“其”,《中国语文》第 4 期,283—291 页。

———　1984a　《史记》语法特点研究,载程湘清(主编)《两汉汉语研究》,济南:山东教育出版社,1—261 页。

———　1984b　从《史记》和《世说新语》的比较看《世说新语》的语法特点,载程湘清(主编)《两汉汉语研究》,济南:山东教育出版社,86—178 页。

———　1989　《左传虚词研究》,北京:商务印书馆。

———　2000　《古汉语语法论文集》,北京:商务印书馆。

胡安顺　2001　“以”、“帅”的带领意义异同辨,《陕西师范大学学报》(哲学社会科学版)第 4 期,145—149 页。

胡家聪　1995　《管子新探》,北京:中国社会科学出版社。

胡　适　1918　吾我篇,载季羡林(主编)《胡适全集》第 18 卷,合肥:安徽教育出版社(2003),238—243 页。

胡竹安、杨耐思、蒋绍愚(主编)　1992　《近代汉语研究》,北京:商务印书馆。

黄典诚　1992　《诗经通译新诠》,上海:华东师范大学出版社。

黄居仁、张莉萍、安可思、陈超然　1999　词汇语义和句式语义的互动关系,《中国境内语言暨语言学》第 5 辑,台北:“中研院”语言所筹备处,413—438 页。

黄盛璋　1963　古汉语的人身代词研究,《中国语文》第 6 期,443—472 页。

贾则復　1984　古汉语中有关“于”字的两个问题,《中国语言学报》第 2 期,185—198 页。

李崇兴　1992　处所词发展历史的初步考查,载胡竹安、杨耐思、蒋绍愚(主编),《近代汉语研究》,北京:商务印书馆,24—63 页。

李方桂　1980　《上古音研究》,北京:商务印书馆。

蒋绍愚　2006　汉语词义和词汇系统的历史演变初探——以“投”为例,《北京大学学报》(哲学社会科学版)第 4 期,84—105 页。

李景林、王素玲、邵汉明译注 1995 《仪礼译注》,长春:吉林文史出版社。
李佐丰 1994 《文言实词》,北京:语文出版社。
—— 2003a 《上古汉语语法研究》,北京:北京广播学院出版社。
—— 2003b 《先秦汉语实词》,北京:北京广播学院出版社。
刘百顺 1981 也谈"动·之·名"结构中的"之",《中国语文》第5期,384—388页。
刘川民 1994 上古汉语中"以A为B"式变换结构及相关问题,《呼兰师专学报》第3期,53—56页。
刘丹青 2001 汉语给予类双及物结构的类型学考查,《中国语文》第5期,387—398页。
—— 2003 《语序类型学与介词理论》,北京:商务印书馆。
刘宋川 1998 先秦双宾语结构考查,载郭锡良(主编)《古汉语语法论集》,北京:语文出版社,431—454页。
—— 1999 先秦双宾语结构的分类,《中南民族学院学报》(哲学社会科学版)第4期,93—97页。
—— 2001 两汉时期的双宾语结构,《湖北大学学报》(哲学社会科学版)第5期,56—62页。
—— 2002a "为+名$_1$/代+名$_2$"结构式论析,《古汉语研究》第3期,80—86页。
—— 2002b 两汉时期的双宾语结构,载《纪念王力先生百年诞辰学术论文集》,北京:商务印书馆,97—104页。
刘 利 1995 《国语》的"为之名"结构及其他,《古汉语研究》第3期,63—67页。
柳士镇 1992 《魏晋南北朝历史语法》,南京:南京大学出版社。
—— 1998 《语文丛稿》,南京:南京大学出版社。
刘耀华 1995 左传"以+宾"结构与动词关系,《汉字文化》第3期,6—11页;29页。
陆俭明 2002 再谈"吃了他三个苹果"一类结构的性质,《中国语文》第4期,317—382页。
—— 2003 《现代汉语语法研究教程》,北京:北京大学出版社。
罗根泽 1966 《管子探源》,香港:太平书局。
吕叔湘 (主编) 1981 《现代汉语八百词》,北京:商务印书馆。
马庆株 1983 现代汉语的双宾语构造,《语言学论丛》第10辑,166—196页。
—— 1998 动词的直接配价和间接配价,载袁毓林、郭锐(主编)《现代汉语配价语法研究》(第二辑),北京:北京大学出版社,283—294页。
梅祖麟 1980 四声别义中的时间层次,《中国语文》,427—433页。
—— 1990 唐宋处置式的来源,《中国语文》第3期,191—206页。
—— 1991 从汉代的"动、杀"、"动、死"来看动补结构的发展——兼论中古时期起词的施受关系的中立化,《语言学论丛》第16辑,112—136页。
梅祖麟 2000 《梅祖麟语言学论文集》,北京:商务印书馆。
——— 2004 介词"于"在甲骨文和汉藏语里的起源,《中国语文》第4期,323—332页。
牟宗三 1983 《中国哲学十九讲》,台北:台湾学生书局。
潘允中 1982 《汉语语法史概要》,河南:中州书画社。
潘秋平 2004 上古汉语中的清浊别义及其相关的问题,载《丁邦新教授荣休纪念论文集》,香港:香港科技大学人文学部中国语言学研究中心,1—67页。
——— 2009a 上古汉语双及物结构再探,《历史语言学研究》第3期,74—94页。
——— 2009b 从认知语法看上古汉语的"于",《汉语史学报》第8期,134—148页。
——— 2010 从语义地图看上古汉语的双及物结构,《历史语言学研究》第4期,129—159页。
——— 2012 上古汉语的饮食类动词,香港中文大学中国语言及文学系50周年系庆活动——承继与拓新:汉语语言文字学国际研讨会论文。
潘秋平、王毓淑 2011 从语义地图看《左传》中的"以",《语言学论丛》第43辑,1—54页。
彭林译注 1997 《仪礼全译》,贵阳:贵州人民出版社。
齐世昌 1993 古汉语使之被动用法,《古汉语研究》第4期,22—26页。
钱宗武 2001 今文《尚书》双宾语句型和双宾语动词的选择,《云梦学刊》第22卷第6期,105—107页;115页。
屈万里 1997 《尚书今注今译》,台北:商务印书馆。
邵永海 1990 从《左传》和《史记》看上古汉语双宾语结构及其发展,载严家炎、袁行霈(主编)《缀玉集:北京大学中文系研究生论文选编》,北京:北京大学出版社,550—575页。
沈家煊 1994 R. W. Langacker的"认知语法",《国外语言学》第1期,12—20页。
——— 2000 说"偷"和"抢",《语言教学与研究》第1期,19—24页。
——— 2006 《认知与汉语语法研究》,北京:商务印书馆。
沈 培 1992 《殷墟甲骨卜辞语序研究》,台北:文津出版社。
沈玉成 1997 《左传译文》,北京:中华书局。
沈阳、何元健、顾阳 2001 《生成语法理论与汉语语法研究》,哈尔滨:黑龙江教育出版社。
时 兵 1999 古汉语双宾句再认识,《安徽大学学报》(哲学社会科学版)第6期,100—106页。
——— 2002 《古汉语双宾结构研究》,安徽大学博士学位论文。

时　兵　2003　也论介词“于”的起源和发展,《中国语文》第4期,343—347页。
———　2007　《上古汉语双及物结构研究》,合肥:安徽大学出版社。
石定栩　2008　长短“被”字句之争,《青海民族学院学报》(社会科学版)第3期,111—117页。
时良宾　2003　也谈上古汉语“夺＋之＋名”结构,《乐山师范学院院报》第7期,49—51页。
山崎直树　1993　《左传》中“吾”“我”格表示的分裂条件,《古汉语研究》第1期,90—96页。
杉田泰世　1998　介词“于”的未完成用法,载郭锡良(主编)《古汉语语法论集》,北京:语文出版社,123—130页。
孙锡信　1992　《汉语历史语法要略》,上海:复旦大学出版社。
———　1997　《汉语历史语法丛稿》,上海:汉语大词典出版社。
孙玉文　1999　论“食”的音变构词,见《古汉语研究》第4期,30—34页。
———　2007　《汉语变调构词研究》,北京:商务印书馆。
孙志阳　2006　《〈左传〉中的使动用法》,香港科技大学博士学位论文。
唐钰明　1994　古汉语“动＋之＋名”结构的变换分析,《中国语文》第3期,216—220页。
唐钰明、周锡馥　1985a　论上古汉语被动式的起源,《学术研究》第5期,98—100页。
———　1985b　论先秦汉语被动式的发展,《中国语文》第4期,281—285页。
陶红印　2000　从“吃”看动词论元结构的动态特征,《语言研究》第3期,21—38页。
丁邦新　1998　《丁邦新语言学论文集》,北京:商务印书馆。
王　力　1980　《汉语史稿》,北京:科学出版社。
———　1989　《汉语语法史》,北京:商务印书馆。
———　2005　《汉语史稿》,北京:中华书局。
王冠军　1982　古汉语双宾句问题刍议——兼与王力先生商榷,《齐鲁学刊》第2期,83—86页。
魏培泉　1993　古汉语介词“于”的演变史,《“中研院”历史语言研究所集刊》第62本第4期,717—786页。
———　2004　《汉魏六朝称代词研究》,台北:“中研院”语言所。
文心宜　2011　《〈左传〉使动双宾语结构再探》,新加坡南洋理工大学中文系硕士学位论文。
吴福祥　1997　唐宋处置式及其来源,*Cahiers de Linguistique Asie Orientale*(《东亚语言学报》)第26卷第2期,201—220页。
———　2000　关于述补结构“V死O”的来源,《古汉语研究》第3期,44—48页。
———　2003　再论处置式的来源,《语言研究》第3期,1—14页。

吴福祥、洪波(主编) 2003 《语法化与语法研究》(一),北京:商务印书馆。
Goldberg 著,吴海波译 1997 《构式:论元结构的构式语法理论》,北京:北京大学出版社。
吴竞存、侯学超 1982 《现代汉语句法分析》,北京:北京大学出版社。
吴峥嵘 2009 《〈左传〉索取、给予、接受义类词汇系统研究》,四川:巴蜀书社。
夏先培 1999 《左传交际称谓研究》,湖南:湖南师范大学出版社。
向 熹 1998 《简明汉语史》,北京:高等教育出版社。
相宇剑 1999 也说中古双宾语结构的形成与发展,《古汉语研究》第1期,40—44页。
——— 2003 左传双宾语句研究,暨南大学硕士学位论文。
萧 红 1999 也说中古双宾语结构的形式与发展,《古汉语研究》第1期,40—44页。
谢纪锋 1992 《虚词诂林》,哈尔滨:黑龙江人民出版社。
解惠全、洪波 1988 "于""於"介词用法源流考,《语言研究论丛》(五),南开大学出版社,116—139页。
谢质彬 1996 古代汉语反宾为主的句法及外动词的被动用法,《古汉语研究》第2期,32—40页。
——— 1998 上古汉语中的工具主语句,载郭锡良(主编)《古汉语语法论集》,北京:语文出版社,555—566页。
辛志凤 2000 试析古汉语"以……为……"结构,《黑龙江教育学院学报》第6期,71—72页。
徐 丹 1990 关于给予式的历史发展,《中国语文》第3期,219—226页。
徐 杰 2001 《普遍语法原则与汉语语法现象》,北京:北京大学出版社。
徐适端 2002 《韩非子单音动词语法研究》,成都:巴蜀书社。
徐子宏 1989 赐予义动词在《左传》中的分布情况,《广西大学学报》(哲学社会科学版)第2期,34—40页。
颜景常 1980 古汉语中的"为之b"结构,《中国语文》第5期,394—395页。
杨伯峻 1982 古汉语中之罕见语法现象,《中国语文》第6期,401—409页。
——— 1985 句型同而意义异例证,《中国语文》第1期,32—35页。
——— 1993 《孟子译注》,北京:中华书局。
——— 2000 《古汉语虚词》,北京:中华书局。
杨伯峻、何乐士 1992 《古汉语语法及其发展》,北京:语文出版社。
杨树达 1965 《词诠》,北京:中华书局。
——— 1984 《高等国文法》,北京:商务印书馆。
姚庆宝 2002 《〈左传〉及物动词作使动用考察》,华南师范大学硕士学位论文。
姚振武 1999 先秦汉语受事主语句系统,《中国语文》第1期,43—53页。
叶友文 1988 隋唐处置式内在渊源分析,*Journal of Chinese Linguistics*(《中国

语言学报》)第16卷第1期,55—71页。

易孟醇 2005 《先秦语法》(修订本),长沙:湖南大学出版社。

易中天 1995 《新译国语读本》,台北:三民书局。

于智荣 2002 上古典籍中表"率领"诸义的"以",《语文研究》第2期,33—37页。

余蔼芹 2003 尚书中的定中结构,《中国语文研究》第1期,1—8页。

余贞洁 2003 也谈古汉语处所词语作补语问题,《上饶师范学院学报》(社会科学版)第2期,79—84页。

袁毓林 2004 论元结构和句式结构互动的动因、机制和条件——表达精细化对动词配价和句式构造的影响,《语言研究》第3期,1—10页。

——— 2010 《汉语配价语法研究》,北京:商务印书馆。

袁毓林、郭锐 (主编) 1998 《现代汉语配价语法研究》第2辑,北京大学出版社。

张伯江 1999 现代汉语的双及物结构式,《中国语文》第3期,175—184页。

——— 2000 论"把"字句的句式语义,《语言研究》第1期,28—40页。

张 赪 2002 《汉语介词词组词序的历史演变》,北京:北京语言文化大学出版社。

张国宪 2001 制约夺事成分句位实现的语义因素,《中国语文》第6期,508—518页。

张嘉慧 2009 《从"我"和"吾"的分布看〈左传〉中特殊的双宾结构》,新加坡南洋理工大学中文系学士学位论文。

张 敏 1990 《汉语方言反复问句的类型学研究》,北京大学博士学位论文。

——— 1998 《认知语言学和汉语名词短语》,北京:中国社会科学出版社。

——— 2000 语法化的类型学及认知语言学考量——从使役与被动标志兼用现象谈起,温州:中国第九届近代汉语学术研讨会。

——— 2003 从类型学看上古汉语定语标记"之",载吴福祥、洪波(主编)《语法化与语法研究》,北京:商务印书馆,239—294页。

——— 2008a 空间地图和语义地图上的"常"与"变":以汉语被动、使役、处置、工具、受益者等关系标记为例,天津:南开大学文学院的学术报告会。

——— 2008b 粤语"倒置双宾结构"的成因及给予动词"畀"的性质:类型学研究引发的新思路,广东:第二届汉语语法南粤论坛论文。

——— 2009 语义地图模型及其在汉语多义语法形式研究中的运用,第五届汉语语法化问题国际学术讨论会论文,上海:上海师范大学。

——— 2010 语义地图模型:原理、操作及在汉语多功能语法形式研究中的运用,《语言学论丛》第42辑,3—60页。

——— 2011 汉语方言双及物结构南北差异的成因——类型学研究引发的新问题,《中国语言学集刊》第4卷第2期,87—270页。

张其昀(主编) 1994 《古代汉语》,江苏教育出版社。

张先坦 2002 先秦"动.之(其).名"结构的重新考察,《重庆三峡学院学报》第6期,40—43页。

张耘梅 1996 "以犹使也"说,《浙江师大学报》(社会科学版)第1期,92页。

赵伯义 2001 论古代汉语的使动双宾语,《邢台师范高专学报》第3期,5—8页。

赵 诚 1996 金文的"于",《语言研究》第2期,105—110页。

赵大明 2005 《左传》中率领义"以"的语法化程度,《中国语文》第3期,226—231页。

——— 2007 《〈左传〉介词研究》,北京:首都师范大学出版社。

甄尚灵 1984 古汉语中与"语"和"言"带宾语有关的句式,《中国语文学报》第2期,199—208页。

周法高 1962 《中国古代语法·构词篇》,台北:台联国风出版社。

——— 1990 《中国古代语法·称代篇》,北京:中华书局。

——— 1993 《中国古代语法·造句篇》,台北:"中研院"历史语言研究所。

——— 1994 《中国古代语法·构词篇》,台北:"中研院"历史语言研究所。

祝敏彻 1957 论初期处置式,《语言学论丛》第1辑,17—33页。

朱德熙 1979 与动词"给"相关的句法问题,《方言》第2期,81—87页。

——— 1982 《语法讲义》,北京:商务印书馆。

——— 1985 《语法答问》,北京:商务印书馆。

——— 1990 《语法丛稿》,上海:上海教育出版社。

——— 1999 《朱德熙文集》,北京:商务印书馆。

朱晓农 2008 《方法:语言学的灵魂》,北京:北京大学出版社。

Achard, Michel. 1998. *Representation of Cognitive Structures: Syntax and Semantics of French Sentential Complements*. Berlin: Mouton de Gruyter.

Ahrens, Kathleen. 1994. The meaning of double object construction in Chinese. In *Proceedings of the Sixth North American Conference on Chinese Linguistics* (Vol. 1), 1—14. Los Angeles: University of Southern California.

Aissen, Judith. 2003. Differential object marking: iconicity vs. economy. *Natural Language & Linguistic Theory* 21: 435—483.

Alsina, Alex. 1992. On the argument structure of causatives, *Linguistic Inquiry* 23: 517—555.

Amberber, Mengistu. 2009. Quirky alternations of transitivity: The case of ingestive predicates. In Newman John (ed.), *The Linguistics of Eating and Drinking*, 45—63. Amsterdam: John Benjamins.

Ambridge, B., Pine, J. M., Rowland, C. F. and Chang, F. 2012. The roles of verb semantics, entrenchment and morphophonology in the retreat from dative argument structure overgeneralization errors. *Language* 88. 1:

45—81.

Anderson, John M. 1971. *The Grammar of Case: Towards a Localistic Theory*. Cambridge: Cambridge University Press.

Aoun, Joseph and Audrey Li Y. H. 1989. Scope and constituency. *Linguistic Inquiry* 20: 141—172.

Bailey, Beryl Loftman. 1966. *Jamaican Creole Syntax: A Transformational Approach*. Cambridge: Cambridge University Press.

Baker, Mark C. 1988. *Incorporation: A Theory of Grammatical Function Changing*. Chicago: University of Chicago Press.

——— 1997. Thematic roles and syntactic structure. In Haegeman, Liliane (ed.), *Elements of Grammar: Handbook of Generative Syntax*, 73—137. Dordrecht: Kluwer.

Barðdal, Jóhanna. 2007. The semantic and lexical range of the ditransitive constructions in the history of (North) Germanic, *Functions of Language* 14.1: 9—30.

Barcelona, Antonio (ed.) 2000. *Metaphor and Metonymy at the Crossroads: A Cognitive Perspective*. Berlin: Mouton de Gruyter.

Bates, Elizabeth and Brian MacWhinney. 1982. Functionalist approaches to grammar. In Wanner, E. and L. Gleitman (eds), *Language Acquisition: The State of the Art*, 173—218. New York: Cambridge University Press.

Baxter, William. 1992. *A Handbook of Old Chinese Phonology*. Berlin and New York: Mouton de Gruyter.

Baxter, William and Sagart Laurent. 1998. Word formation in Old Chinese. In Packard, Jerome L. (ed.), *New Approaches to Chinese Word Formation: Morphology, Phonology and the Lexicon in Modern and Ancient Chinese*, 35—76. Berlin and New York: Mouton de Gruyter.

Isaiah Berlin. 1967. *The Hedgehog and the Fox: An Essay on Tolstoy's View of History*. London: Weidenfeld & Nicolson.

Boas, Hans Christian. 2003. *A Constructional Approach to Resultatives*. Stanford, Calif.: CSLI Publications.

Bolinger, Dwight. 1977. *Meaning and Form*. London: Longman.

Borg A. J. and Comrie, Bernard. 1984. Object diffuseness in Maltese. In Frans Plank (ed.), *Objects: Towards a Theory of Grammatical Relations*, 109—126. London: Academic Press.

Bruyn, Adrienne, Pieter Muysken and Maaike Verrips. 1999. Double-object constructions in the Creole languages: development and acquisition. In DeGraff, Michel (ed.), *Language Creation and Language Change: Creo lization, Diachrony and Development*, 329—373. Cambridge, Mass.: MIT Press.

Bybee, Joan. 1985. *Morphology: A Study of the Relation between Meaning and Form*. Amsterdam: John Benjamins.

——— 2003. Cognitive processes in grammaticalization. In Tomasello, Michael (ed.), *The New Psychology of Language: Cognitive and Functional Approaches to Language Structure* (Vol. II), 145—167. New Jersey: Lawrence Erlbaum Associates Inc.

Campbell, Aimee and Michael Tomasello. 2001. The acquisition of English dative constructions. *Applied Psycholinguistics* 22:253—267.

Chao, Yuen-ren. 1968. *A Grammar of Spoken Chinese*. Berkeley: University of California Press.

Chen, Chao-jan, Huang, Chu-Ren and Kathleen Ahrens. 1997. Metaphorical usage of constructions: Pseudo-transitivization and pseudo-measurement of action sentences in Mandarin Chinese. Presented at ICCL-6 Conference. Leiden University.

Cheng, L.-S. Lisa, C.-T. James Huang, Y.-H. Audrey Li, and C.-C. Jane Tang. 1999. *Hoo, hoo, hoo*: Syntax of the causative, dative and passive construction in Taiwanese. In Ting, Pang-hsin (ed.), *Contemporary Studies on the Min Dialects*, 146—203. *JCL* Monograph Series Number 14. Project on Linguistic Analysis, University of California.

Chomsky, Noam. 1976. *Syntactic Structures*. Paris: Mouton.

Cole, Peter. 1983. The grammatical role of the causee in Universal Grammar. *International Journal of American Linguistics* 49:115—133.

Colleman, Timothy. 2010. The benefactive semantic potential of "caused reception" constructions: a case study of English, German, French, and Dutch. In Zúniga, Fernando and Seppo Kittilä (eds), *Benefactives and Malefactives: Typological Perspectives and Case Studies*, 219—243. Amsterdam: John Benjamins.

Comrie, Bernard. 1975. Causatives and universal grammar. *Transactions of the Philological Society* 1974, 1—32.

——— 1976. The syntax of causative constructions: cross-linguistic similarities and divergences. In Shibatani, Masayoshi (ed.), *The Grammar of Causative Constructions*, 262—312. New York: Academic Press.

——— 1979. Definite and animate direct objects: a natural class. *Linguistica Silesiana* 3:13—21.

——— 1980. Agreement, animacy and voice. In Gunter Brettschneider and Christian Lehmann (eds), *Wege zur Universalien Forschung* (Sprachwissenschaftliche Beiträge zum 60. Geburtstag von Hansjakob Seiler), 229—234. Tubingen:Gunter Narr.

Comrie, Bernard. 1989. *Language Universals and Linguistic Typology* (2nd edn). Chicago:The University of Chicago Press.

Croft, William. 1988. Agreement vs. case marking and direct objects. In Barlow, Michael and Charles A. Ferguson (eds), *Agreement in Natural Language: Approaches, Theories, Descriptions*, 159—180. Stanford: Center for the Study of Language and Information.

——— 1990a. *Typology and Universals.* Cambridge: Cambridge University Press.

——— 1990b. Possible verbs and the structure of events. In Tsohatsidis, S. (ed.), *Meanings and Prototypes: Studies in Linguistic Categorization*, 48—73. London:Routledge & Kegan.

——— 1991. *Syntactic Categories and Grammatical Relations: The Cognitive Organization of Information.* Chicago:University of Chicago Press.

——— 1993. Case marking and the semantics of mental verbs. In Pustejovsky, James (ed.), *Semantics and the Lexicon*, 55—72. Dordrecht:Kluwer Academic.

——— 1994. Voice: beyond control and affectedness. In Hopper, Paul and Barbara Fox (eds), *Voice: Form and Function*, 89—117. Amsterdam: John Benjamins.

——— 1995. Autonomy and functionalist linguistics. *Language* 71:490—532.

——— 1998. Event structure in argument linking. In Butt, Miriam and Wilhelm Geuder (eds), *The Projection of Arguments:Lexical and Compositional Factors*, 1—43. Stanford:Center for the Study of Language and Information.

——— 1999. Some contributions of typology to cognitive linguistics. In Janssen, Theo and Gisela Redeker (eds), *Cognitive Linguistics: Foundations, Scope and Methodology*, 61—93. Berlin:Mouton de Gruyter.

——— 2001. *Radical Construction Grammar:Syntactic Theory in Typological Perspective.* Oxford:Oxford University Press.

——— 2003a. Lexical rules vs. constructions:a false dichotomy. In Hubert Cuyckens, Thomas Berg, René Dirven and Klaus-Uwe Panther (eds), *Motivation in Language:Studies in Honour of Günter Radden*, 49—68. Amsterdam:John Benjamins.

——— 2003b. *Typology and Universals*, 2nd edition. Cambridge:Cambridge University Press.

Croft, William. 2012. *Verbs: Aspect and Causal Structure*. Oxford: Oxford University Press.

Croft, William, Jóhanna Barðdal, Willem Hollmann, Maike Nielsen, Violeta Sotirova and Chiaki Taoka. 2001. Discriminating verb meanings: The case of transfer verbs. Handout, LAGB Autumn Meeting, Reading.

Crystal, David. 1967. Word Classes in English. *Lingua* 67: 24—56.

Cynthia, Allen. 1995. *Case Marking and Reanalysis: Grammatical Relations from Old to Early Modern English*. Oxford: Clarendon Press, 1995.

DeGraff, Michel (ed.). 1999. *Language Creation and Language Change: Creolization, Diachrony and Development*. Cambridge, Mass.: MIT Press.

DeLancey, Scott. 1984. Notes on agentivity and causation. *Studies in Language* 8: 181—213.

Dixon, R. M. W. 1972. *The Dyirbal Language of North Queensland*. Cambridge: Cambridge University Press.

——— 1980. *The Languages of Australia*. Cambridge: Cambridge University Press.

——— 2000. A typology of causatives: form, syntax and meaning. In Dixon, R. M. W. and Alexandra Y. Aikhenvald (eds), Changing Valency: Case Studies in Transitivity, 30—83. Cambridge: Cambridge University Press.

Dixon, R. M. W. and Alexandra Y. Aikhenvald (eds). 2000. *Changing Valency: Case Studies in Transitivity*. Cambridge: Cambridge University Press.

Dobson, W. A. C. H. 1959. *Late Archaic Chinese*. Toronto: University of Toronto Press.

——— 1962. *Early Archaic Chinese*. Toronto: University of Toronto Press.

——— 1964. *Late Han Chinese: A Study of the Archaic-Han Shift*. Toronto: University of Toronto Press.

Djamouri, Redouane. 2001. Markers of prediction in Shang bone inscriptions. In Chappell, Hilary (ed.), *Sinitic Grammar: Synchronic and Diachronic Perspectives*, 143—171. Oxford/New York: Oxford University Press.

Dryer, Matthew S. 1986. Primary objects, secondary objects and antidative. *Language* 62.4: 808—845.

Dryer, Matthew S. and Haspelmath, Martin (eds). 2011. *The World Atlas of Language Structures Online*. Munich: Max Planck Digital Library.

Fagerli, Ole Torfinn. 2001. Malefactive by means of *GIVE*. In Hanne Gram Simonsen, Rolf Theil Endresen (eds), *A Cognitive Approach to the Verb: Morphological and Constructional Perspectives*, 203—222. Berlin ; New

York: Mouton de Gruyter.

Fillmore, Charles. 1970. The grammar of *hitting* and *breaking*. Jacobs, R. A. and P. S. Rosenbaum (eds), *Readings in English Transformational Grammar*, 120—133. Washington, D. C.: Georgetown University Press.

——— 1977. Scenes-and-frames semantics. In Antonio Zampolli (ed.), *Linguistics Structures Processing*, 55—81. Amsterdam and New York: North Holland Publishing Company.

——— 1982. Frame semantics. In The Linguistic Society of Korea (ed.), *Linguistics in the Morning Calm*, 111—137. Seoul: Hanshin Publishing Company.

——— 1988. The mechanisms of construction grammar. In Shelley Axmaker, Annie Jaisser, and Helen Singmaster (eds), *Proceedings of the Fourteenth Annual Meeting of the Berkeley Linguistics Society*, 35—55. Berkeley: Berkeley Linguistics Society.

Fillmore, Charles, Paul Kay and Catherine O'Connor. 1988. Regularity and idiomaticity in grammatical constructions: The Case of let alone. *Language* 64: 501—538.

Genetti, Carol. 1991. From postposition to subordinator in Newari. In Traugott, Elizabeth and Bernd Heine (eds), *Approaches to Grammaticalization* (Vol. 2), 227—256. Amsterdam: John Benjamins.

——— 1997. Object relations and dative case in Dolakha Newari. *Studies in Language* 21.1: 37—68.

Givón, Talmy. 1984. *Syntax: A Functional-typological Introduction* (Vol. I). Amsterdam/Philadelphia: John Benjamins.

——— 1990. *Syntax: A Functional-typological Introduction* (Vol. II). Amsterdam/Philadelphia: John Benjamins.

——— (ed.). 1997. *Grammatical Relations: A Functionalist Perspective*. Amsterdam/Philadelphia: John Benjamins.

Goldberg, Adele E. 1995. *Constructions: A Construction Grammar Approach to Argument Structure*. Chicago and London: The University of Chicago Press.

——— (ed.). 1996. *Conceptual Structure, Discourse, and Language*. Stanford, Calif.: CSLI Publications.

——— 2006. *Constructions at Work: The Nature of Generalization in Language*. New York: Oxford University Press

Goldsmith, J.. 1980. Meaning and Mechanism in Grammar. In S. Kuno (ed.), *Harvard Studies in Syntax and Semantics*, 423—449.

Gropen, J. and S. Pinker. 1991. Affectedness and direct objects: The role of lexical semantics in the acquisition of verb argument structure. In Levin, Beth and Steven Pinker (eds), *Lexical and Conceptual Semantics*, 153—196. Cambridge: Blackwell.

Haiman, John. 1978. A study of polysemy. *Studies in Language* 2.1:1—34.

——— 1980. The iconicity of grammar. *Language* 56:515—540.

——— 1983. Iconic and economic motivation. *Language* 59:781—819.

——— 1985a. *Natural Syntax: Iconicity and Erosion*. Cambridge/New York: Cambridge University Press.

——— (ed.). 1985b. *Iconicity in Syntax: Proceedings of a Symposium on Iconicity in Syntax*, Stanford, June 24—6, 1983. Amsterdam: John Benjamins.

Harbsmeier, Christoph. 1997. XUNZI and the problems of impersonal first person pronouns. *Early China* 22:181—220.

Harley, Heidi. 1996. If you have, you can give. In Brian Agbayani and Sze-Wing Tang (eds), *Proceedings of WCCFL* XV, 193—207. University of California, Irvine, Stanford: CSLI.

——— 2002. Possession and the double object construction. In *Linguistic Variation Yearbook* 2, 29—68. Amsterdam/Philadelphia: John Benjamins.

Harris, Alice C. and Lyle Campbell. 1995. *Historical Syntax in Cross-linguistic Perspective*. Cambridge and New York: Cambridge University Press.

Haspelmath, Martin. 1999. The change of behavioral and coding properties in constructional grammaticalization. Paper presented at the Conference on New reflections on grammaticalization, Potsdam, June 17—19, 1999.

——— 2003. The geometry of grammatical meaning: semantic maps and cross-linguistic comparison. In Michael Tomasello (ed), *The New Psychology of Language: Cognitive and Functional Approaches To Language Structure* (Vol. 2), 211—242. Leipzig, Germany: Max Planck Institute for Evolutionary Anthropology.

——— 2011. On S, A, P, T, and R as comparative concepts for alignment typology. *Linguistic Typology* 15.3:535—567.

Haspelmath, Martin *et al*. 2001. *Language Typology and Language Universals: An International Handbook*. Berlin/New York: W. de Gruyter.

Heine, Bernd. 1990. The dative in Ik and Kanuri. In Croft, William, Keith Denning and Susanne Kemmer (eds), *Studies in Typology and Diachrony*, 129—160. Amsterdam/Philadelphia: John Benjamins.

——— 1992. Grammaticalization chains. *Studies in Language* 16.2:335—368.

Heine, Bernd. 1997. *Cognitive Foundations of Grammar*. Oxford: Oxford University Press.

——— 2002. On the role of context in grammaticalization. In Wischer, Ilse and Gabriele Diewald (eds), 83—102. Amsterdam: John Benjamins.

Heine, Bernd, U. Claudi and F. Hunnemeyer. 1991. *Grammaticalization: A Conceptual Framework*. Chicago and London: The University of Chicago Press.

Heine, Bernd and Tania Kuteva. 2002. *World Lexicon of Grammaticalization*. Cambridge: Cambridge University Press.

Holton, David, Peter Mackridge and Irene Philippaki-Warburton. 1997. *Greek: A Comprehensive Grammar of the Modern Language*. London: Routledge.

Hopper, Paul. 1991. On some principles of grammaticalization. In Traugott, Elizabeth and Bernd Heine (eds), *Approaches to Grammaticalization* (Vol. I), 17—35. Amsterdam: John Benjamins.

Hopper, Paul and Sandra A. Thompson. 1980. Transitivity in grammar and discourse. *Language* 56:251—299.

Hopper, Paul and Elizabeth Closs Traugott. 1993. *Grammaticalization*. Cambridge: Cambridge University Press.

——— 2003. *Grammaticalization* (2nd edn). Cambridge: Cambridge University Press.

Huang, C. T. James. 1995. Historical syntax meets phrase structure theory: Two notes on the development of verb-complement constructions. Paper presented at the Joint Meeting of the 4th International Conference on Chinese Linguistics and 7th North American Conference on Chinese Linguistics, The University of Wisconsin-Madison.

Huang, Shuanfan. 1978. Historical change of prepositions and emergence of SOV order. *Journal of Chinese Linguistics* 6.2:212—243.

——— 1983. Morphology as a cause of syntactic change: The Chinese evidence. *Journal of Chinese Linguistics* 12.1:54—85.

Hudson, R. 1992. So-called "double objects" and grammatical relations. *Language* 68.2:251—276.

Ikegami, Yoshihiko. 1987. "Source" vs. "goal": A case of linguistic dissymmetry. In René Dirven and Günter Radden (eds), *Concepts of Case*. Tubingen: Gunter Narr Verlag.

——— 2000. The schemata for motion and action: A typological consideration. In Lockwood, David G., Peter H. Fries and James E. Copeland (eds), *Functional Approaches to Language, Culture, and Cognition: Papers in*

*Honor of Sydney M. Lamb*. Amsterdam/Philadelphia: John Benjamins Publishing.

Israel, Michael. 1996. The *Way* constructions grow. In Goldberg, Adele (ed.), *Conceptual Structure, Discourse, and Language*, 217—230. Stanford, Calif.: CSLI Publications.

Jackendoff, Ray. 1990. *Semantic Structure*. Cambridge: MIT Press.

Jun, Jong Sup. 2003. *Syntactic and Semantic Bases of Case Assignment: A Study of Verbal Nouns, Light Verbs and Dative*. Ph. D. dissertation. Brandeis University

Kabata, Kaori and Sally Rice. 1997. Japanese *ni*: The particulars of a somewhat contradictory particle. In Marjolijn Vespoor, Kee Dong Lee, and Eve Sweetser (eds), *Lexical and Syntactical Constructions and the Construction of Meaning*, 107—127. Amsterdam/Philadelpha: John Benjamins.

Kabata, Kaori. 2000. *Japanese Ni: A Cognitive Analysis of a Lexically Complex Particle*. Ph. D. dissertation. University of Alberta.

Kakouriotis, A. 1994. On the double object construction in English and Modern Greek. *Studies in Language* 19. 1:1—35.

Kemmer, Suzanne and Arie Verhagen. 1994. The grammar of causatives and the conceptual structure of events. *Cognitive Linguistics* 5:115—156.

Kordoni, Valia. 2004. Between shifts and alternations: ditransitive constructions. http://cslipublications. stanford. edu/HPSG/5/kordoni. pdf

Kozinsky, Isaac, Maria Polinsky. 1993. Causee and patient in the causative of transitive: coding conflict or doubling of grammatical relations? In Comrie, Bernard and Maria Polinsky (eds), *Causatives and Transitivity*, 177—240. Amsterdam: John Benjamins.

Kroeger, Paul R.. 2004. *Analyzing Syntax: A Lexical-Functional Approach*. Cambridge, UK/New York: Cambridge University Press.

Lakoff, George. 1987. *Women, Fire, and Dangerous Things: What Categories Reveal About the Mind*. Chicago: University of Chicago Press.

—— 1999. *Philosophy in the Flesh: The Embodied Mind and Its Challenge to Western Thought*. New York: Basic Books.

Lakoff, George and Mark Johnson. 1980. *Metaphors We Live By*. Chicago and London: The University of Chicago Press.

Langacker, Ronald W. 1987. *Foundations of Cognitive Grammar* (Vol. I): *Theoretical Prerequisites*. Stanford: Stanford University Press.

—— 1990. Settings, participants, and grammatical relationships. In

Tsohatzidis, S. L. (ed.), *Meanings and Prototypes: Studies in Linguistic Categorization*, 213—238. London and New York: Routledge.

Langacker, Ronald W. 1991a. *Foundations of Cognitive Grammar* (Vol. II): *Descriptive application*. Stanford: Stanford University Press.

——— 1991b. *Concept, Image, and Symbol: The Cognitive Basis of Grammar*. Berlin/New York: Mouton de Gruyter.

——— 1993. Reference-point constructions. *Cognitive Linguistics* 4:1—38.

——— 1999. *Grammar and Conceptualization*. Berlin/New York: Mouton de Gruyter.

——— 2001. Lecture notes on Introduction to the Theory of Cognitive Grammar. Summer Linguistics Institute, 2001. University of California, Santa Barbara.

——— 2008. *Cognitive Grammar: A Basic Introduction*. New York: Oxford University Press.

——— 2009. *Investigations in Cognitive Grammar*. Berlin/New York: Mouton de Gruyter.

LaPolla, Randy. 2012. Arguments for a construction-based approach to the analysis of Chinese. Keynote presentation to The Second International Symposium on Chinese Language and Discourse, Nanyang Technological University.

Larson, Richard K. 1988. On the double object construction. *Linguistic Inquiry* 19:335—392.

——— 1990. Double objects revisited: reply to Jackendoff. *Linguistic Inquiry* 21: 589—632.

Laura, Janda. 1993. *A Geography of Case Semantics: The Czech Dative and the Russian Instrumental*. Berlin/New York: Mouton de Gruyter.

——— 1997. GIVE, HAVE and TAKE in Slavic. In Newman, John (ed.), *The Linguistics of Giving*, 249—266. Amsterdam/ Philadelphia: John Benjamins.

Lee, David. 2001. *Cognitive Linguistics: An Introduction*. Melbourne; Oxford; New York: Oxford University Press, 2001.

Leek, Frederik Van Der. 1996. Rigid syntax and flexible meaning: The case of English ditransitive. In Goldberg, Adele (ed.), *Conceptual Structure, Discourse, and Language*, 321—332. Stanford, Calif.: CSLI Publications.

Legge, James. 1991a. *The Chinese Classics: Confucian Analects, The Great Learning and The Doctrine of the Mean*. Taipei: SMC Publishing Inc.

——— 1991b. *The Chinese Classics: The Works of Mencius*. Taipei: SMC Publishing Inc.

Legge, James. 1991c. *The Chinese Classics: The Book of Poetry*. Taipei: SMC Publishing Inc.

——— 1991d. *The Chinese Classics: The Book of Historical Documents*. Taipei: SMC Publishing Inc.

——— 1991e. *The Chinese Classics: The Chunqiu with Zuozhuan*. Taipei: SMC Publishing Inc.

Lehmann, Christian, 2004. Cognitive roles, participants roles and syntactic relations. http://www.uni-erfurt.de/sprachwissenschaft/personal/lehmann/CL_Publ/Cognitive_roles_semantic_roles_syntactic_functions.pdf

Levin, Beth. 1993. *English Verb Classes and Alternations: A Preliminary Investigation*. Chicago: University of Chicago Press.

——— 1999. Objecthood: An event structure perspective. In *Proceedings of CLS* 35 (Vol. 1): The Main Session, 223—247. Chicago Linguistic Society, University of Chicago, Chicago, IL.

Lewandowska-Tomaszczyk, Barbara. 2002. Polysemy: mechanisms and research methodology. In Lewandowska-Tomaszczyk, Barbara. and Kamila Turewicz (eds), *Cognitive Linguistics Today*, 81—96. Frankfurt am Main; New York: Peter Lang Verlag.

Li, Charles and Sandra A. Thompson. 1974. An explanation of word order change: SVO > SOV. *Foundations of Language* 12:201—214.

Li, Ying-che. 1980. The historical development of the coverb and the coverbial phrase in Chinese. *Journal of Chinese Linguistics* 8:273—293.

Lien, Chinfa. 1998. Bidirectional diffusion in sound change revisited. *Journal of Chinese Linguistics* 21.2:255—276.

——— 2003. Coding causatives and putatives in a diachronic perspective. *Taiwan Journal of Linguistics* 1:1—28.

——— 2005. Families of ditransitive constructions in *Li Jing Ji*, *Language and Linguistics* 6.4:707—737.

Lin Tzong-Hong. 2001. *Light Verbs Syntax and the Theory of Phrase Structure*. Ph. D. dissertation. University of California.

Lord, Carol. 1993. *Historical Change in Serial Verb Constructions*. Amsterdam/Philadelphia: John Benjamins.

Lord, Carol, Yap Foong Ha and Shoichi Iwasaki. 2002. Grammaticalization of "give": African and Asian perspectives. In Wischer, Ilse and Gabriele Diewald (eds), *New Reflections on Grammaticalization*, 217—236. Amsterdam/Philadelphia: John Benjamins.

Maarten Lemmens. 1999. Diachronic perspectives on lexical and constructional interdependency in English. Presented at the 6th ICLC in Stockholm (1999).

Matthews, S. and Virginia Yip. 2009. Contact-induced grammaticalization: Evidence from bilingual acquisition. *Studies in Language* 33:2, 336—395.

Malchukov, Andrej, Martin Haspelmath and Bernard Comrie. 2007. Ditransitive constructions: a typological overview. http://email. eva. mpg. de/~haspelmt/DitransitiveOverview. pdf

Malchukov, Andrej, Martin Haspelmath and Bernard Comrie. 2010. *Studies in Ditransitive Constructions: A Comparative Handbook*. Berlin/New York: De Gruyter Mouton.

Næss, Ashild. 2007. *Prototypical Transitivity*. Amsterdam/Philadelphia: John Benjamins.

——— 2009. Varieties of dative. In Malchukov, Andrej and Andrew Spencer (eds), *The Oxford Handbook of Case*, 572—580. Oxford/New York: Oxford University Press.

Newman, John. 1993. The semantics of giving in Mandarin. In Geiger, R. A. and B. Rudzka-Ostyn (eds), *Conceptualizations and Mental Processing in Language*, 433—486. Berlin and New York: Mouton de Gruyter.

——— 1996. *Give: A Cognitive Linguistic Study*. Berlin and New York: Mouton de Gruyter.

——— (ed.). 1997. *The Linguistics of Giving*. Amsterdam/Philadelphia: John Benjamins.

——— (ed.). 2009. *The Linguistics of Eating and Drinking*. Amsterdam/Philadelphia: John Benjamins.

Nomura, Masuhiro. 2000. *The Internally-headed Relative Clause Construction in Japanese: A Cognitive Grammar Approach*. Ph. D. dissertation. University of California, San Diego.

Nöth, W. 1990. *Handbook of Semiotics*. Bloomington & Indianapolis: Indiana University Press.

Park, Jeong-Woon. 1994. *Morphological Causatives in Korean: Problems in Grammatical Polysemy and Constructional Relations*. Ph. D. dissertation. University of California, Berkeley.

Payne, Doris L. and Immanuel Barshi. 1999. *External Possession*. Amsterdam: John Benjamins.

Peyraube, Alain. 1987. The double object construction in *Lunyu* and *Mengzi*. In *Wang Li Memorial volumes: English Volume*, 331—358. Hong Kong:

Joint Publishing Co.

Peyraube，Alain. 1988a. Syntaxe diachronique du chinois：évolution des constructions datives du XIVe siècle av. J.-C. au XVIIIe siècle. [Paris]：Collège de France，Institut des hautes études chinoises：En vente，De Boccard，diffusion.

——— 1988b. Syntactic change in Chinese：On grammaticalization. *Bulletin of the Institute of History and Philology* 59：617—652.

——— 1989a. History of passive construction in Chinese until the 10th century. *Journal of Chinese Linguistics* 17.2：335—373.

——— 1989b. History of the comparative construction in Chinese from the 5th Century B.C. to the 14th Century A.D. In *Zhongyanyuan di'er jie guoji Hanxue huiyi lunwen Ji*. [Collected papers of the Academia Sinica Second International Chinese Studies Conference]，589—612. Taipei：Academia Sinica.

——— 1994. On the history of Chinese locative prepositions. In Paul Jen-kuei Li，Chu-Ren Huang and Chih-Chen Jane Tang (eds)，*Chinese Languages and Linguistics* 2：361—387.

——— 1996. Recent issues in Chinese historical syntax. In Huang，C.-T. James and Audrey Li Y.-H. (eds)，*New Horizons in Chinese Linguistics*，161—214. Dordrecht：Kluwer Academic Publishers.

——— 1997. On word order in Archaic Chinese. *Cahiers de Linguistique Asie Orientale* 26.1：3—20.

——— 1999a. The "Verb + *zhi* + Noun" structure in Classical Chinese. *Chinese Languages and Linguistics* 5：593—613.

——— 1999b. Historical change in Chinese grammar. *Cahiers de Lingistique—Asie Orientale* 28.2.

——— 2001. Lecture notes on Historical Chinese Syntax. Summer Linguistics Institute，2001. UC，Santa Barbara.

——— 2003a. On the history of place words and localizers in Chinese：A cognitive approach. In Li，Yen-hui Audrey and Andrew Simson (eds)，*Functional Structure(s)，Form，and Interpretation：Perspectives from East Asian Languages*，180—198. London；New York：Routledge Curzon.

——— 2003b. On moving constituents in Chinese historical syntax. In *Papers from the Third International Conference on Sinology，Linguistics section*，141—156. Taipei：Academia Sinica.

Peyraube，Alain and Hilary Chappell. 2001. Causative structures in early modern Southern Min：A diachronic approach. Presented at the $10^{th}$ Annual Conference of the IACL and $13^{th}$ NACCL，UC Irvine. June 22—24. 2001.

Peyraube, Alain and T. Wiebusch. 1994. Problems relating to the history of different copulas in Ancient Chinese. In Chen, Matthew and Ovid Tzeng (eds), *In Honor of William S.-Y. Wang*, 383—404. Taipei: Pyramid Press.

Phua, Chiew Pheng. 2002a. *Dating the Chapters in Guanzi —— Evidence from the Historical Linguistics Perspective*. MPhil dissertation. Hong Kong University of Science & Technology.

——— 2005. *Dative Constructions and Their Extensions in Archaic Chinese: A Study of Form and Meaning*. Ph. D. dissertation. Hong Kong University of Science & Technology.

——— 2008. Direct and indirect object in Archaic Chinese: A cognitive linguistics perspective. *Language and Linguistics* 9.3:547—584.

——— 2009. The *Yu*-dative construction"V+*yu*+IO"in Archaic Chinese: A cognitive typological perspective. *Language and Linguistics* 10.4:763—815.

Peirce, Charles S. 1932. *Collected writings II: Elements of Logic*. Cambridge, MA: Harvard University Press.

Perlmutter, David and Paul M. Postal. 1984. The 1-advancementment exclusiveness law. In Perlmutter, David and Carol Rosen (eds), *Studies in Relational Grammar* 2, 81—125. Chicago: University of Chicago Press.

Pinker, Steven. 1989. *Learnability and Cognition: The Acquisition of Argument Structure*. Cambridge, Mass.: MIT Press.

Polinsky, Maria. Double objects in causatives: towards a study of coding conflict. *Studies in Language* 19.1:129—221.

Polinsky, Maria and Isaac Kozinsky. 1992. Ditransitive constructions in Kinyarwanda: coding conflict or syntactic doubling? *Proceedings of CLS* 28: 426—442.

Popper, Karl. 1992. *Conjectures and Refutations: The Growth of Scientific Knowledge*. London/New York: Routledge.

Pulleyblank, Edwin G. 1986. The locative particles *Yu* 于, *Yu* 於 and *Hu* 乎. *Journal of the American Oriental Society* 106.1:1—12.

——— 1995. *Outline of Classical Chinese Grammar*. Vancouver: UBC Press.

Quirk, R., S. Greenbaum, G. Leechand J. Svartvik. 1985. *A Comprehensive Grammar of the English Language*. London: Longmans.

Radford, Andrew. 1999. *Syntax: A Minimalist Introduction*. Cambridge: Cambridge University Press.

Rappaport Hovav, M and Beth Levin. 2008. The English dative alternation: The case for verb sensitivity. *Journal of Linguistics* 44:129—167.

Reddy, Michael J. 1979. The conduit metaphor — A case for verb sensitivity. In A. Ortony (ed.), *Metaphor and Thought*, 284—324. Cambridge: Cambridge University Press.

Reynolds, Robert. 1996. *Passives in Classical and Han Chinese: Typological Considerations*. Ph. D. dissertation. University of Wisconsin-Madison.

Rice, Sally. 1987. *Toward a Cognitive Model of Transitivity*. Ph. D. dissertation. University of California, San Diego.

Rice, Sally and Kaori Kabata. 2007. Cross-linguistic grammaticalization patterns of the allative. *Linguistic Typology* 11.3:453—516.

Rude, Noel. 1997. Dative shifting and double objects in Sahaptin. In Givón, Talmy (ed.), Grammatical Relations: A Founctionalist Perspective, 323—349. Amsterdam/Philadelphia: John Benjamins.

Rugemalira, Josephat M. 1993. Bantu multiple "object" constructions. *Linguistic Analysis* 23.3—4:226—252.

Saksena, Anuradha. 1980. Causative relations in Hindi. *General Linguistics* 20:1, 23—38.

——— 1981. The affected agent. *Language* 56:812—826.

Shibatani, Masayoshi. 1976. The grammar of causative constructions: A conspectus. In Shibatani, Masayoshi (ed.), *Syntax and Semantics 6: The Grammar of Causative Constructions*, 1—42. New York: Academic Press.

——— 1985. Passives and related constructions. *Language* 61:821—848.

——— 1988. *Passives and Voice*. Amsterdam: John Benjamins.

——— (ed.). 2002. *The Grammar of Causation and Interpersonal Manipulation*. Amsterdam/ Philadelphia: John Benjamins.

Shibatani, Masayoshi, Zhang Qin and Lu Tao. 1994. Chinese benefactive constructions: Toward a formal analysis of the schema-based cognitive approach. In Chen, Y. Matthew and Ovid J. L. Ovid (eds), *In Honor of William S-Y. Wang*, 459—477. Taipei: Pyramid Press.

Silverstein, Michael. 1976. Hierarchy of features and ergativity. In Dixon, R. M. W (ed.), *Grammatical Categories in Australian Languages*, 112—171. Australia: Australian Institute of Aboriginal Studies.

Song, Jae Jung. 2001. *Toward a Typology of Causative Constructions*. München: Lincom Europa.

Stolz, Thomas. 1996. Some instrumentals are really good companions — some are not (On syncretism and the typology of instrumentals and comitatives). *Theoretical Linguistics* 23:1, 2.

Sugita Yasushi. 1994. Imperfective use of the preposition "YU" in Archaic

Chinese. *Current Issues in Sino-Tibetan Linguistics*, Osaka.

Sun, Chaofen. 1991. The adposition *yi* and word order in Classical Chinese. *Journal of Chinese Linguistics* 19—2.

—— 1996. *Word-order Change and Grammaticalization in the History of Chinese*. Stanford. CA:Stanford University Press.

Sweetser, Eve. 1987. The definition of lie:An examination of the folk theories underlying a semantic prototype. In Holland, D. and N. Quinn (eds), *Cultural Models in Language and Thought*, 43—66. Cambridge:Cambridge University Press.

—— 1990. *From Etymology to Pragmatics*. Cambridge:Cambridge University Press.

Tai, James H-Y. 1975. One two functions of place adverbials in Mandarin Chinese. *Journal of Chinese Linguistics* 3—2/3.

—— 1985. Temporary sequence and Chinese word order. In John Haiman (ed.), *Iconicity in Syntax*, 49—72. Amsterdam:John Benjamins.

—— 1989. Toward a cognition-based functional grammar of Chinese. In Tai, James H. Y. and Frank F. S Hsueh (eds), *Functionalism and Chinese Grammar*, 187—226. Chinese Language Teachers Association Monograph Series No. 1.

—— 1993. Iconicity: motivations in Chinese grammar. In Mushira, Eid and Gregory Iverson (eds), *Principles and Prediction: The Analysis of Natural Language*. Amsterdam:John Benjamins.

Takashima, Ken-ichi and Anne O. Yue. 2000. Evidence of possible dialect mixture in Oracle-Bone inscriptions. In Ting, Pang-hsin and Yue Hashimoto (eds), *In Memory of Professor Li Fang-Kuei*, 1—52. Taipei:Academia Sinica and Seattle:University of Washington.

Talmy, Leonard. 2000a. *Toward a Cognitive Semantics* (Vol. 1):*Concept-structuring Systems*. Cambridge, MA.:MIT Press.

—— 2000b. *Toward a Cognitive Semantics* (Vol. 2):*Typology and Process in Concept Structuring*. Cambridge, MA.:MIT Press.

Taylor, John. 1998. Double object constructions in Zulu. In Newman, John (ed.), *The Linguistics of Giving* 67—96. Amsterdam/Philadelphia:John Benjamins.

—— 2002. *Cognitive Grammar*. Oxford:Oxford University Press.

Tenny, Carol. 1994. *Aspectual Roles and the Syntax-Semantics Interface*. Dordrecht:Kluwer.

Ting, Pang-hsin and Yue Hashimoto (eds). 2000. *In Memory of Professor Li*

*Fang-kuei*. Taipei: Academia Sinica and Seattle: University of Washington.

Tomasello, Michael. 1998. The return of constructions. *Journal of Child Language* 25:431—442.

——— 2003. *Constructing a Language—A Usage-based Theory of Language Acquisition*. Cambridge, Massachusetts: Harvard University Press.

——— (ed.)1998. *The New Psychology of Language: Cognitive and Functional Approaches to Language Structure*. Mahwah: Lawrence Erlbaum.

——— (ed.)2002. *The New Psychology of Language: Cognitive and Functional Approaches to Language Structure* (Vol. II). New Jersey: Lawrence Erlbaum.

Toshiyuki Kumashiro. 2000. *The Conceptual Basis of Grammar: A Cognitive Approach to Japanese Clausal Structure*. Ph. D. dissertation. University Of California, San Diego.

Traugott, Elizabeth Closs. 1982. From propositional to textual and expressive meanings: Some semantic-pragmatic aspects of grammaticalization. In Lehmann, Winfred P. and Yakov Malkiel (eds), *Perspectives on Historical Linguistics*, 245—271. Amsterdam/Philadelphia: John Benjamins.

——— 1989. On the rise of epistemic meanings in English: An example of subjectification in semantic change. *Language* 65:31—55.

Traugott, Elizabeth Closs and Bernd Heine. 1991a. *Approaches to Grammaticalization* (Vol. 1). Amsterdam: John Benjamins.

——— 1991b. *Approaches to Grammaticalization* (Vol. 2). Amsterdam: John Benjamins.

Traugott, Elizabeth Closs and Richard B. Dasher. 2002. *Regularity in Semantic Change*. Cambridge: Cambridge University Press.

Tyler, Andrea. 2012. *Cognitive Linguistics and Second Language Learning: Theoretical Basics and Experimental Evidence*. New York: Routledge.

Ungerer, F. and H.-J. Schmid. 1996. *An Introduction to Cognitive Linguistics*. London: Longman.

Van Hoecke, Karen. 1996. The Latin dative. In Van Belle and Van Langendonck (eds), 3—38. Amsterdam/Philadelphia: John Benjamins.

Van Belle, William and Willy Van Langendonck (eds). 1996. *The Dative* (Vol. 1), *Descriptive Studies*. Amsterdam/Philadelphia: John Benjamins.

Van Langendonck, Willy and William Van Belle (eds). 1998. *The Dative* (Vol. 2), *Descriptive Studies*. Amsterdam/Philadelphia: John Benjamins.

Van der Leek, Frederike. 2000. Caused-Motion and the "bottom-up" role of grammar. In Foolen, Ad and Frederike van der Leek (ed.). *Constructions in*

*Cognitive Linguistics*, 301—331. Amsterdam/Philadelphia: John Benjamins.

Van Valin, Robert D. Jr. and Randy J. LaPolla. 1997. *Syntax: Structure, Meaning and Function*. Cambridge: Cambridge University Press.

Vazquez Soto. 2002. Some constraints on cora causative constructions. In Shibatani, Masayoshi (ed.), *The Grammar of Causation and Interpersonal Manipulation*, 197—224. Amsterdam/ Philadelphia: John Benjamins.

Vitale, Anthony J. 1981. *Swahili Syntax*. Dordrecht, Holland: Foris Publications.

Wang, William. S. Y. 1969. Competing changes as a cause of residue. *Language* 45:9—25.

——— (ed.). 1977. *The Lexicon in Phonological Change*. The Hague: Mouton.

——— 1978. The three scales of diachrony. In Kachru, B. B. (ed.), *Linguistics in the Seventies: Directions and Prospects*, 63—76. Department of Linguistics, University of Illinois.

——— 1979. Language change — a lexical perspective. *Annual Review of Anthropology* 8:353—371.

——— 1982. Variation and selection in language change. *Bulletin of the Institute of History and Philology* 53:495—519.

Wierzbicka, Anna. 1986. The meaning of a case: A study of the Polish dative. In R. D. Brecht and J. D. Levine (ed.). *Case in Slavic*, 386—426. Colimbus: Slavica.

——— 1988. *The Semantics of Grammar*. Amsterdam: John Benjamins.

Wischer, Ilse and Gabriele Diewald. 2002. *New Reflections on Grammaticalization*. Amsterdam/Philadelphia: John Benjamins.

Xu Liejiong and Alain Peyraube. 1997. On the double object construction and the oblique construction in Cantonese. *Studies in Language* 21.1:105—127.

Yan, Yaoliang. 2003. *The Grammaticalization of Yu from a Verb to a Function Word*. Ph. D. dissertation. University Of Minnesota.

Yap, Foong-Ha and Shoichi Iwasaki. 2003. From causatives to passives: A passage in some East and Southeast Asian languages. In Casad, Eugene H. and Gary B. Palmer (eds), *Cognitive Linguistics and Non-Indo-European Languages*, 419—445. Berlin: Mouton de Gruyter.

Yue-Hashimoto, Anne. 1991. Stratification in comparative dialectal grammar: A case in Southern Min. *Journal of Chinese Linguistics* 19:24—42.

——— 1993a. The lexicon in syntactic change: Lexical diffusion in Chinese syntax. *Journal of Chinese Linguistics* 21.2:13—254.

Yue-Hashimoto, Anne. 1993b. Language contact and linguistic change: Recent development of the Southern Min neutral question forms. Presented at the 2nd International Conference on Chinese Linguistics, Paris, June 2, 3—25.

——— 1998. *Zhi* in pre-Qin Chinese. *T'oungPao* LXXXIV: 239—292.

Zaenen, Annie, Joan Maling and Höskuldur Thráinsson. 1985. Case and grammatical functions: The Icelandic passive. *Natural Language and Linguistic Theory* 3: 441—483.

Zhang, Min. 1995a. Iconicity and word order change in Chinese. In Camacho, Jose and Lina Choueiri (eds), *The Proceedings of the Sixth American Conference on Chinese Linguistics* (Vol. II), 249—263. GSIL: University of Southern California.

——— 1995b. Lexical diffusion in syntactic change: Evidence from Mandarin dialects. Presented at the joint meeting of the 4th International Conference on Chinese Linguistics and 7th North American Conference on Chinese Linguistics, The University of Wisconsin-Madison, June 27—30.

——— 2000. Syntactic change in Southeastern Mandarin: How does geographical distribution reveal a history of diffusion? In Ting, Pang-hsin and Yue Hashimoto (eds), 197—242. Taipei: Academia Sinica and Seattle: University of Washington.

Zhang, Ren. 2002. *Enriched Composition and Inference in the Argument Structure of Chinese*. Ph. D. dissertation. York University.

Zúñiga, Fernando and Seppo Kittila. 2010. *Benefactives and Malefactives: Typological Perspectives and Case Studies*. Amsterdam/Philadelphia: John Benjamins.

# 后　　记

我虽是中文系出身，但在新加坡国立大学（国大）修读本科时感兴趣的却是中国古代哲学，直到研究生阶段才立志以汉语语言学为专业，所以在这本书问世之际，心里难免诚惶诚恐，颇有一种献丑的感觉。

回想起来，能写出这本小书实在是要感谢我的母校，香港科技大学（科大）对我的培养以及一路以来给我启发、提携和指导的众多师长。我很庆幸能在丁邦新先生主持科大人文暨社会科学学院院务工作，并大力在此发展汉语语言学之际进入科大学习。五年的研究生生活非常短暂，但因科大延聘了许多一流学者为教授或访问教授，再加上每个学期都有许多学术讲座，而丁先生除了坚持要求我们每个研究生在出席每一次讲座之前都必须把主讲者的论文看完，也鼓励我们在讲座上提问，有时甚至还会当场点名让我们即席提问，因此自己也就能在这不长的时间里对这门学问由毫无所知到略知一二，也为我日后完成这本小书打下了基础。我清楚地记得自己到科大后第一门课就是丁先生讲授的汉语音韵学。丁先生在学习上对我们的要求虽严格，但正如张洪年先生在《丁邦新教授荣休纪念论文集》序文中所说的，“待学生如子侄，从读书到做人，无不关切”。2002年春天，我曾因一些个人原因考虑离开科大，丁先生知道后，让我去见他。他明白我的委屈，但也告诉我如果选择这样离去，一辈子将背负着这个打不开的心结。2004年春天丁先生从科大荣休，我在献给丁先生的文章后记中总结了自己的这段经历：“这三年多里，有时不免走得跌跌撞撞，但是在此之后，还能在科大完成这篇关于清浊别义的文章，没有丁先生当时的一席话，大概是不可能的。”同样的话用于这本书的出版应也是恰当的。

除了丁先生之外，张洪年先生对我的爱护和鼓励同样使我心存感激。我在科大的第一年，因张先生回美国，因此仅知道他是我的同学姚玉敏的导师。第二年他回到了科大，但因我的课都已修完，因此在姚玉敏的鼓励下旁听了他的本科生和研究生课程。那是我第一次见到张先生。2003 年春天我正式选修了张先生开的研究生课程，而他因考虑到我在前一年已系统地把课旁听过一次，因此让我无须和大组一起上课，可自己独立学习，并在每个星期和他会面讨论。这一年的春天香港恰好发生了疫情，而这样的课程安排也一直持续到学段末。我一直都未曾替张先生想过，这样的上课安排其实是加重了他已有的工作负担，尤其是他当时也是人文学部的主任，双肩承担着沉重的行政工作，一直到了后来，当我自己也成了别人的老师时，才深切体会到其中的艰辛和不易。这门课的作业，我借助粤语的历时材料讨论了粤语倒置双宾的产生机制，而张先生在批改之后鼓励我以这篇文章参加黄维珺中国文化论文奖的评选。我一直都未意识到这个提议对我的意义，直到多年以后朱晓农先生在一次聚会上无意间提起曾给我的作业打了个甲等的好成绩以鼓励我重拾信心，我才恍悟，自己今天之所以还能在这条路上继续努力，这其中是凝聚了众位师长的苦心和期望的。

我必须深深地感谢我的导师张敏先生，没有他，我大概也不会走上这条研究汉语语言学的路。1998 年我问了当时还在国大任教的张敏老师是否能收我当学生，他当时似没多加考虑就答应了，一点也不在意我并非汉语语言学专业科班出身。1999 年他离开新加坡到科大任教，而我在隔年也顺利地通过面试进入科大学习，正式成为他的学生。我一直未问过他当时为什么会同意收我当学生，但记得在一次闲聊中他提到了“立志”、“下决心”的重要性，而我也深刻地记得他唯一一次对我显露不满，就是在我刚抵达科大后选择助教工作时，竟选择了“中国哲学”，而放弃了“语言学导论”。他对我虽未苛责，但我却感受到他的失望，最后也硬着头皮接下了“语言学导论”的助教工作。张敏老师大概知道我的不安，也知道我的不足，因此在我前两年的研究生学习生活里，给予我细心的指导，并给我的每一篇作业提出建议。此外，因自己不是科班出身，有时不免也会出现一些低层次的错误，但他总是那么的宽容,而这也让我有勇气再继续往前走。2002 年的一次课业上的挫折击碎了我逐步建立起来的信心和勇气,而我的沮丧似乎也感染了他。这次事件后我重新振作,终于如期完成了从语言特点给《管子》断代的硕士学位论文,并顺利地考进了科大的博士班。由于科大的博士训练在香港是出了名的漫长,而经费资助也仅足够维持三年的生活,因此打一开始,张敏老师就叮嘱我要尽早完成课业,从而保证有足够的时间为博士学位论文做准备。我原本打算从认知语言学的角度研究上古汉语的"于/於",但最后却因在国大图书馆查阅资料时无意间看到了一篇关于与格句式和使动的论文而决定调整论文的方向。我那时本已从香港回到新加坡准备开始撰写论文,而为此与就业申请事宜又临时决定飞回香港。由于这之前已把新的论文提纲电邮给了张敏老师,而恰好那时自己又需更换新手提电脑,因此在科大电脑展的长长的队伍里,老师一边陪我排着队,一边和我讨论新的论文提纲。这一幕至今仍深深刻在我的脑海中。

本书以我的博士学位论文为基础,而在撰写博士学位论文的阶段里,我主要是以电邮和张敏老师保持联系。由于我们的作息时间完全不同,我休息的时间恰好是他工作的时间,因此在那几个月里,有时我在晚上休息前把一天已完成的文稿通过电邮传给他,隔天起身查看电邮时就能收到他的修改批注。科大毕业后的某一次谈话中,我们闲聊到博士毕业后的就业问题时,他就提到导师其实也须和学生一起拼搏才能让学生准时毕业以找到工作。我的博士学位论文主要是从认知语言学的角度探讨上古汉语的与格句式,而本书除了保留这个研究视角外,还引入语义地图的分析框架。我还清楚地记得自己是如何学习语义地图的。2008 年 7 月我回香港看老师,而他当时也刚结束学术休假从莱比锡回到了香港。一天傍晚,他请我在科大 LG7 的学生食堂吃晚餐,这顿饭大概吃了两到三个小时,而我也在这顿饭后大致掌握了语义地图的操作方法。这就是我的导师,我记得他为朱德熙先生写的纪念文章中有这样一段文字,"做学问要有一颗童心才行,就像小孩儿在地上玩泥巴似的,只有本身的乐趣,而没有任何功利的动机和其他目的"。

我还要感谢新加坡南洋理工大学(南大)中文系的一批本科学生在本书的撰写过程中所给予的大力协助。他们是江凌、吴南财、李忠良、郑子慧、李宛芯、佘溆渝和卓如意。此外,我也要感谢这些年来一直鼓励我和帮助我的长辈和朋友。他们是华初的谢美德老师、邬史昌老师、吕振端老师;法国国家科研中心的贝罗贝先生;北大的郭锐老师、李小凡老师、项梦冰老师和汪锋;南大的郭淑云老师和衣若芬老师;科大的姚玉敏、范广欣、许国惠和黄文坚。我的科大同学张晖一直很关心本书的出版,屡次来函询问出版进度,但本书出版之际,他却已不在了。

本书的修订及出版获得中国教育部人文社会科学重点研究基地重大项目北京大学汉语语言学研究中心“汉语多功能语法形式的语义地图研究”(编号08JJD740058)及香港研究资助局研究计划“A Semantic Map Approach to Comparative Chinese Dialectal Grammar”(编号645510)的资助,特此致谢。

最后,感谢我的家人在本书写作前后给予的支持、协助和关怀。没有他们,本书是无法问世的。

2013年10月于新加坡